"神话学文库"编委会

主　编

叶舒宪

编　委
（以姓氏笔画为序）

马昌仪	王孝廉	王明珂	王宪昭
户晓辉	邓　微	田兆元	冯晓立
吕　微	刘东风	齐　红	纪　盛
苏永前	李永平	李继凯	杨庆存
杨利慧	陈岗龙	陈建宪	顾　锋
徐新建	高有鹏	高莉芬	唐启翠
萧　兵	彭兆荣	朝戈金	谭　佳

"神话学文库"学术支持

上海交通大学文学人类学研究中心

上海交通大学神话学研究院

中国社会科学院比较文学研究中心

陕西师范大学人文社会科学高等研究院

上海市社会科学创新研究基地——中华创世神话研究

"十二五""十三五"国家重点图书出版规划项目
第五届、第八届中华优秀出版物奖获奖作品

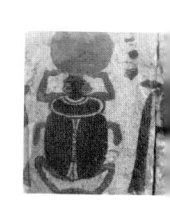

神话学文库
叶舒宪 主编

［英］罗伯特·A.西格尔（Robert A. Segal）◎编
陈金星◎主译　胡建升◎校译

心理学与神话

PSYCHOLOGY AND MYTH

陕西师范大学出版总社

图书代号　SK23N1140

Psychology and Myth/Edited with introductions by Robert A. Segal / ISBN: 9780815322550
Copyright © 1996 by Routledge
Authorized translation from English language edition published by Routledge, part of Taylor & Francis Group LLC; All Rights Reserved.

本书原版由 Taylor & Francis 出版集团旗下，Routledge 出版公司出版，并经其授权翻译出版。版权所有，侵权必究。
Shaanxi Normal University General Publishing House Co. Ltd. is authorized to publish and distribute exclusively the Chinese (Simplified Characters) language edition. This edition is authorized for sale throughout Mainland of China. No part of the publication may be reproduced or distributed by any means, or stored in a database or retrieval system, without the prior written permission of the publisher.

本书中文简体翻译版授权由陕西师范大学出版总社有限公司独家出版并限在中国大陆地区销售，未经出版者书面许可，不得以任何方式复制或发行本书的任何部分。

陕版出图字:25 - 2019 - 099

图书在版编目(CIP)数据

心理学与神话/(英)罗伯特·A.西格尔编;陈金星主译. — 西安：
陕西师范大学出版总社有限公司，2023.10
(神话学文库 / 叶舒宪主编)
ISBN 978 - 7 - 5695 - 3694 - 2

Ⅰ.①心… Ⅱ.①罗… ②陈… Ⅲ.①神话—研究 Ⅳ.①B932

中国国家版本馆 CIP 数据核字(2023)第 110449 号

心理学与神话
XINLIXUE YU SHENHUA

[英]罗伯特·A.西格尔　编　陈金星　主译　胡建升　校译

出 版 人	刘东风
责任编辑	王文翠
责任校对	庄婧卿
出版发行	陕西师范大学出版总社 （西安市长安南路 199 号　邮编 710062）
网　　址	http://www.snupg.com
印　　刷	中煤地西安地图制印有限公司
开　　本	720 mm × 1020 mm　1/16
印　　张	22
插　　页	4
字　　数	375 千
版　　次	2023 年 10 月第 1 版
印　　次	2023 年 10 月第 1 次印刷
书　　号	ISBN 978 - 7 - 5695 - 3694 - 2
定　　价	128.00 元

读者购书、书店添货或发现印刷装订问题，请与本公司营销部联系、调换。
电话:(029)85307864　85303635　传真:(029)85303879

"神话学文库"总序

叶舒宪

神话是文学和文化的源头,也是人类群体的梦。

神话学是研究神话的新兴边缘学科,近一个世纪以来,获得了长足发展,并与哲学、文学、美学、民俗学、文化人类学、宗教学、心理学、精神分析、文化创意产业等领域形成了密切的互动关系。当代思想家中精研神话学知识的学者,如詹姆斯·乔治·弗雷泽、爱德华·泰勒、西格蒙德·弗洛伊德、卡尔·古斯塔夫·荣格、恩斯特·卡西尔、克劳德·列维-斯特劳斯、罗兰·巴特、约瑟夫·坎贝尔等,都对20世纪以来的世界人文学术产生了巨大影响,其研究著述给现代读者带来了深刻的启迪。

进入21世纪,自然资源逐渐枯竭,环境危机日益加剧,人类生活和思想正面临前所未有的大转型。在全球知识精英寻求转变发展方式的探索中,对文化资本的认识和开发正在形成一种国际新潮流。作为文化资本的神话思维和神话题材,成为当今的学术研究和文化产业共同关注的热点。经过《指环王》《哈利·波特》《达·芬奇密码》《纳尼亚传奇》《阿凡达》等一系列新神话作品的"洗礼",越来越多的当代作家、编剧和导演意识到神话原型的巨大文化号召力和影响力。我们从学术上给这一方兴未艾的创作潮流起名叫"新神话主义",将其思想背景概括为全球"文化寻根运动"。目前,"新神话主义"和"文化寻根运动"已经成为当代生活中不可缺少的内容,影响到文学艺术、影视、动漫、网络游戏、主题公园、品牌策划、物语营销等各个方面。现代人终于重新发现:在前现代乃至原始时代所产生的神话,原来就是人类生存不可或缺的文化之根和精神本源,是人之所以为人的独特遗产。

可以预期的是，神话在未来社会中还将发挥日益明显的积极作用。大体上讲，在学术价值之外，神话有两大方面的社会作用：

一是让精神紧张、心灵困顿的现代人重新体验灵性的召唤和幻想飞扬的奇妙乐趣；二是为符号经济时代的到来提供深层的文化资本矿藏。

前一方面的作用，可由约瑟夫·坎贝尔一部书的名字精辟概括——"我们赖以生存的神话"（Myths to live by）；后一方面的作用，可以套用布迪厄的一个书名，称为"文化炼金术"。

在21世纪迎接神话复兴大潮，首先需要了解世界范围神话学的发展及优秀成果，参悟神话资源在新的知识经济浪潮中所起到的重要符号催化剂作用。在这方面，现行的教育体制和教学内容并没有提供及时的系统知识。本着建设和发展中国神话学的初衷，以及引进神话学著述，拓展中国神话研究视野和领域，传承学术精品，积累丰富的文化成果之目标，上海交通大学文学人类学研究中心、中国社会科学院比较文学研究中心、中国民间文艺家协会神话学专业委员会（简称"中国神话学会"）、中国比较文学学会，与陕西师范大学出版总社达成合作意向，共同编辑出版"神话学文库"。

本文库内容包括：译介国际著名神话学研究成果（包括修订再版者）；推出中国神话学研究的新成果。尤其注重具有跨学科视角的前沿性神话学探索，希望给过去一个世纪中大体局限在民间文学范畴的中国神话研究带来变革和拓展，鼓励将神话作为思想资源和文化的原型编码，促进研究格局的转变，即从寻找和界定"中国神话"，到重新认识和解读"神话中国"的学术范式转变。同时让文献记载之外的材料，如考古文物的图像叙事和民间活态神话传承等，发挥重要作用。

本文库的编辑出版得到编委会同人的鼎力协助，也得到上述机构的大力支持，谨在此鸣谢。

是为序。

序　言

迄今为止，最具影响力的神话心理学理论莫过于西格蒙德·弗洛伊德（Sigmund Freud）和 C. G. 荣格（C. G. Jung）的理论了。他们二人都认为，神话是无意识的显现，但他们关于无意识的本质的理解存在差异。弗洛伊德认为，无意识包含不被社会接受的内驱力，而这种内驱力已被转变为无意识；而荣格认为，它应该包含未充分发展的，但绝非反社会方面的人格，而这种人格生来就是无意识的。由此，弗洛伊德和荣格对神话的功能也持有不同的看法。对弗洛伊德来说，神话的功能在于采用掩饰的间接的形式释放出无意识的内驱力；而荣格则认为，神话的功能在于使人发现自己的未知面。对二人来说，神话首先服务于个人，其次才服务于社会。

极少有理论尝试回答有关神话的三个主要问题，即神话的本源、功能和主题，但这三个问题弗洛伊德学派和荣格学派都涉及了。二者都试图解释神话兴起和延续的手段，而不只是单单指出神话所服务的需求。进而，这两种理论所运用的丰富的专业术语，可以将明显的主题——无论它是神灵、英雄人物还是整个世界——翻译成无意识的渴望和内容。

本书包含弗洛伊德和荣格对神话的分析，以及他们的追随者对其理论的扩展和修正，还包括人类学家和民俗学家对这些理论的应用，关于这些理论的批评以及神话心理学研究述评。

目　录

自我心理学与神话研究 ················· 雅各布·A.阿尔罗 / 001
神话、民间传说和心理分析 ·············· L.布里斯·波伊尔 / 019
无义之象 ····························· 约瑟夫·坎贝尔 / 029
滚动的头颅：面向复兴的精神分析神话研究 ······ 迈克尔·P.卡罗尔 / 072
神话心理学 ························· 克拉伦斯·O.蔡尼 / 101
荣格及其批评者 ························· 卡洛斯·德雷克 / 110
潜水捞泥者：神话中的男性创世 ············· 阿兰·邓迪斯 / 127
梦的材料和来源：典型之梦 ················· 弗洛伊德 / 149
手足相争、俄狄浦斯情结与神话
　　　············ 梅尔维尔·赫斯科维茨　弗朗西斯·赫斯科维茨 / 154
荣格论神话 ······················· 威尔逊·M.哈德森 / 174
儿童原型心理学 ··························· 卡尔·荣格 / 186
民俗与心理学 ························· 韦斯登·拉巴 / 206
从历史和精神病学看俄狄浦斯神话：一种新的诠释 ········ A.J.列文 / 217
母权制中的情结与神话 ········· 布罗尼斯拉夫·马林诺夫斯基 / 239
《意识的起源与历史》导言 ··············· 埃利希·诺伊曼 / 258
神话和传说探析 ··············· 奥托·兰克　汉斯·萨克斯 / 265
伊甸园 ······························· 吉沙·罗海姆 / 293
参考文献 ·· / 335
译后记 ·· / 337

自我心理学与神话研究[①]

雅各布·A. 阿尔罗

就像天上的一颗流星,密封舱缓缓地穿过大气层,降落在地球上。人类历史上第一位宇航员从密封舱里走了出来,这艘专门建造的密封舱让宇航员在外太空恒星遍布的黑暗中感到安全。在不到一天的时间里,这个神话般的故事便传遍整个世界,即使是众神的信使,长着翅膀的赫尔墨斯(Hermes)也做不到。有报道称,这位宇航英雄,原本是一个苏联木匠的儿子,现在竟然成了显赫贵族的后代。一天之内,人类神话诗意的创造已经将其变为太空时代的第一位英雄。

约瑟夫·坎贝尔(Joseph Campell)(11)写道:

> 如果不信仰神话遗产中的某些安排,人类显然难以在宇宙中生存下去。实际上,人的生命的完满程度与他的神话传统的深度和广度成正比,而与他的理性思维不成正比。那么,这些虚幻主题的力量究竟源自何处呢?这些主题被赋予力量去刺激民众创造他们的文明,每种文明都有其美丽的和自我控制的命运。每当人们寻找一些可靠的东西来开创他们的生活时,他们选择的不是充斥于世的事实,而是一些远古的充满想象的神话——他们不愿优雅地接受世界的馈赠,却宁愿以某位暴烈之神的名义把自己和邻居的生活变成地狱。这是为什么呢?

从弗洛伊德开始,精神分析学家就研究人类的诸种心灵力量,它们非常有趣,还不为人所知,并且常常让人难以捉摸。经过对精神病症、艺术、性格、宗教以及所有个体与集体精神创造的研究之后,精神分析已经找到一些有关儿童心理冲突的有趣迹象。这些儿童心理冲突涉及人类的生命本能,根植于人类基本的生物本性之中,并被儿童期的经验改造。例如,在古代神话的星体起源

[①] 本文为作者1961年5月7日在芝加哥举行的美国精神分析学协会大会上发表的主席演讲。

说里，精神分析让我们更加清晰地看到，儿童期的本能冲突以浮想联翩、精心制作的方式投射到天空中。

对社会科学家而言，用精神分析的方法研究神话拥有广阔的前景。例如，罗海姆（Róheim）（60，61）已经阐释了如何用神话分析的方法来理解某个文化中各个成员之间主要的、常见的心理冲突。波拿巴（Bonaparte）（9）在《战争神话》（*Myths of War*）一书中研究了大灾难期间典型的集体精神创造。从这些"自发生成的"神话中，我们可以感受到潜在无意识愿望的复苏，这些愿望与防御机制一起，可以起到抑制焦虑的作用。这只是两个例子，还有许多这样的例子。

因此，可以设想在《梦的解析》（*The Interpretation of Dream*）出版六十年后——弗洛伊德在此书中第一次涉猎神话学——社会科学家应该清楚地意识到，精神分析有利于推动神话学研究。但事实却并非如此，许多研究民俗学和神话学的学者借着科学主义的名义，断然否认精神分析学在这一领域的贡献。与早期弗洛伊德的里程碑式著作《梦的解析》的批评者一样，他们也是那么庸俗、市侩。

正如道森（Dorson）（15）所说，学界的主要批评，直指精神分析学家滥用"无意识象征"。关于这种方法，他认为：

> 一切都变得豁然开朗，梦、神话、童话只讲一个普通的故事，一个关于生殖器-肛门的长篇故事……当今的精神分析神话学家为无意识象征而争吵，当然，类似的情况也曾发生在天体神话学家之间，他们曾为了太阳、星星和风暴哪一个最重要的问题争得面红耳赤……在解释神话和故事时，无意识的语言像是梵书，它只是一种猜测，没有明确的意思。因此，各种解释彼此之间大相径庭，到底哪个是正确的呢？精神分析学家，如同语文学者，从外部关注民俗学材料，他们先入为主急切地想要利用这些材料。

这篇文章的观点所引起的争论是过去诸多争论中影响极大的一个，而在当时，自我心理学还没有建立起来。但是，神话的精神分析不一定要从外部关注民俗学材料，而且无法证实的象征阐释也不一定完全正确。我们在这篇评论中所遭遇的情况，展示了"文化滞后"的另一种现象。道森考量精神分析学的方法论的主要依据是按照地貌学观点（topographic point of view）和自我心理学出现之前的精神分析方法研究材料。当然，并非所有人类学家和神话学学者都认同他关于精神分析方法论的观点，还有学者根本没有受到这种文化滞后的影响。

精神分析学的概念不断更新，其隐含的意思就让人更加难以捉摸，即使在精神分析学学科内部也存在类似的滞后现象，那么，就不能要求相关领域的学者都能跟得上潮流。更有甚者，连许多消息较灵通的神话学学者也有许多误解，难以消除。他们认为，精神分析学家把神话和梦混为一谈；他们虽然承认神话学与文学之间的紧密联系，但却不愿接受精神分析自我心理学为评价梦、神话以及文学创作的功能所做的区分。

本次交流的目的之一就是要说明自我心理学知识如何帮助我们建立一个参照系，在这个参照系内，神话的精神分析研究才能建立在可以被证实的方法之上。简要地回顾一下这方面研究的历史，有助于引起我们对该问题的重视。兰克（Rank）的第一本神话研究著作《英雄诞生的神话》（*The Myth of the Birth of the Hero*）（52）和亚伯拉罕（Abraham）的《梦与神话》（*Dreams and Myths*）（1）于《梦的解析》出版九年之后问世，只比《性欲理论三讲》（*Three Contributions to the Theory of Sex*，又译《性学三论》）晚出了四年。当时精神分析学还是一门新兴的学科，学界不仅不承认精神分析的基本概念，甚至还嘲笑其所取得的成果。重读兰克的书后，我们看到他是如何从神话研究的角度努力证实精神分析在无意识领域所获得的研究成果的正确性，尤其是对儿童期性欲的研究。他的方法是用神话的显性内容去证明精神分析所发现的关于梦与症状的隐性内容。在进一步论证他的观点时，兰克（以及他在这一领域的追随者）遇到了诸多困难。他颠倒了研究程序，运用"无意识机制"，特别是象征主义，来寻找神话显性内容中新的或是隐含的意义。在重新阐释神话后，他又用这些数据来证明儿童的无意识性欲这一精神分析概念的正确性。正是由于他试图同时证明两个独立的科研目标，才招致了许多批评。这些批评认为他的研究主观武断，并有先入为主的嫌疑。

但是，必须承认，这种以地貌学假说为基础的技术理论一方面增加了阐释的随意性，另一方面使象征主义的解释更加方便（33）。近期在解释沉默问题在治疗情境中的作用时，这里的一些观点已经得到讨论（6）。以地貌学假说为基础的技术旨在把无意识转换为意识。梦是通往无意识的最佳捷径，而象征主义则是解梦的最简通途。主张必须修改自我的防御机制，进而改变其自动作用的理论出现得较晚（44）。以象征来释梦强调内容的重要性，而不是防御作用的重要性（39，45）。这种理论认为，当患者处于积极的移情作用时，他接受医生对梦的分析以及对无意识材料的解释，从而对医生的治疗满怀信心，最终产生疗效。

弗洛伊德、亚伯拉罕以及其他精神分析学的先驱曾谈到过梦与神话的相似性。神话可以像梦一样被解析，在不考虑联想的情况下，精神分析的象征主义知识可以解释神话的"意义",但这种意义的所指却不是很明确[①]。这样一来,人们认为神话学家或人类学家的正移情作用不值得相信,因而他们的解析就显得苍白无力,无法激起人们的信任感。在之后的岁月中,一些在治疗过程中出现的问题预示了这种发展趋势,这是因为在精神分析治疗过程中,患者对治疗医师的信任感与积极配合并不能同时奏效。

精神分析学对神话研究的贡献绝不仅仅是能展现病人在神话里的无意识愿望。神话是某一社会群体的共同经验,是共同幻想的一种特殊形式。在共同需要的作用下,神话能使个体与同一文化中的其他成员建立情感上的联系。因此,我们可以从心理的整合(psychic integration)功能这一视角来研究神话——神话怎样在抵御负罪感和焦虑中产生作用,神话怎样让个体适应现实生活以及他所在的社会群体,神话怎样影响个体认同和超我的形成。

既然神话被描述为一种普遍的共同幻想,那么就让我们进一步详细探讨一下这类心理活动,或可将这类精神活动称为无意识幻想思维(23,25)。这种无意识幻想形式是刚刚形成的特殊本性,它与投注潜能(persistent cathectic potential)密切相关,而投注潜能则由本我的本能愿望产生。按照它们发生作用的原始规则,这些愿望一直在寻求即时而完全的释放。通过完全释放,本能愿望想激活心理机制,以找到类似以前的高度满足感。对发展中的自我而言,其任务是延缓冲动的即时释放,或促使其以一种合适的方式表现出来,从而避免个体内部的心理冲突与焦虑,或者阻止个体与现实世界的冲突。

无意识幻想思维是自我与本我的本能需要相结合的一个阶段。除了处于深度昏迷或无梦睡眠中,投注潜能无时无刻不处于活跃状态。通过对幻觉、梦和白日梦的研究可知,无意识幻想思维会进入意识经验。近期的研究表明,在知觉形成和解释外部世界的过程中,这种无意识趋势发挥了巨大的作用。波茨(Pötzl)(51)、费舍尔(Fisher)(17,18)及其他精神分析学家已经证实了弗洛伊德的临床结论,即几乎所有的感官刺激都会留下某种心理记录,并且常常留在意识层之外。感知意识还需要一种心理机制——某种精力投注——在很大程度上,它与幻想愿望表现出来的生命本能有关。感官刺激的记录从不间断(28),而意识则时断时续,部分原因是当自我无意识幻想筛选有用的感官材料

[①] 神话的意义是人类学家和神话学家共同面临的难题。利奇(Leach)(42)把神话的目的或意义划分为两类:第一类神话旨在解释原因不明的问题,如世界的起源;第二类神话正如某种咒语,旨在用象征的手法来改变残酷的现实。还有一大部分神话学家(31,43,48)把神话看作过去的社会活动和仪式在人类记忆中的积淀。神话和与其相关的仪式是一个整体的两个方面。

时，伴有精力投注的间歇性爆发。正是因为这种心理活动影响了意识对感知原材料的选择，才造成了种种错觉或对现实的扭曲。根据感知材料的性质、投注潜能的层次以及自我作用的状态，就会产生各种不同形式的精神产物。正是由于自我活动的共同母体，梦、症状、幻想和神话诞生了。在释放的快乐原则作用下，无意识幻想愿望使自我活动的某一方面时刻不停地吸收、综合、联系或误解感知材料和现实世界观①。就像人类第一位宇航员的故事那样，一个真正伟大的英雄形象常常与业已存在的无意识幻想融为一体，并且，依据内在需要，人们轻松地体验现实世界。

蔡斯（Chase）（13）说："神话是一个美学装置，这个装置可以把神秘力量的想象世界强行塞进与客观生活之间可控的合作，从而产生一种真实感，它既听命于无意识，又受控于意识。"正如贝雷斯（Beres）（7）所说："要是没有想象，我们只能感觉、体验现实；只有通过想象，现实才能成为意识的对象。"

每个人的幻想生活中都有层级存在（5），这种层级差异不仅反映个人经验的变迁，而且反映心理分化和自我发展的影响。要是可以从静态类比的角度来比拟这个不断变化的状态，或许我们可以认为各种无意识幻想构成了一个彼此关联的系统。这些无意识幻想聚集在若干个基本的本能愿望周围，每组都由不同形式的愿望组成，它们试图平息关于这些愿望的内在心理冲突。每种愿望对应着个人发展过程中不同的"心理时刻"，展示了在生命的某个特定阶段起作用的各种力量，而自我吸纳本能愿望的要求，是为了应对不断增长的协调和防御职责。继续从静态类比的角度来看，我们可以把这些无意识幻想之间的相互关系，想象成为一组叠放的幻灯片，在不同时期与不同的心理条件下，一个或多个被组织好的形象会被投射出来，并引发人们的关注。

在俄狄浦斯阶段过后，无意识幻想经验在一定程度上就出现了。幻想系统是相对稳定的，这是个体心理结构的一个代表性特点。精神分析学的基本术语

---

① 马丁·H.斯坦恩（Martin H. Stein）（66）近期从另一个角度详细论述了这个问题。根据弗洛伊德的观点，斯坦恩认为精力投注［投注（cathexis），亦称"贯注""精力投入"，精神分析术语，指将力比多（欲力、心力）投注于人、事、物的心理历程——译注］不定期爆发，"筛选机制"都处于心理机制的表层（知觉－意识）。他在地貌学假说的框架内思考这些关系，强调意识的不同阶段的重要性。因此，在他看来治疗环境下的睡眠、自由联想与做梦没有区别。贝特兰·D.卢因（Bertram D. Lewin）按照这一推理补充道，艺术创造是用文字或雕塑的手段对梦的描绘。这种推理大大削弱了自我在不同精神产物形成的过程中的作用，使它们没有了差别。正如我在上文所言，在我看来，梦、幻想、症状等源自一个母体。自我为了达到自卫、调整、综合等目的，修改了本能冲动，导致各种不同精神产物的形成。从狭义上来说，以地貌学假说为基础的论述似乎认为神话与梦一样。

"固恋"（fixation）就表现了这个特点。无意识幻想的派生物显示了自我不断增长的控制需求。在治疗过程中，只要能够重建儿童本能愿望转变的心理起源，我们就能够在短期内找到一系列关于儿童本能愿望的梦幻式的表述。而且，临床经验显示，一组幻想怎样通过遮蔽、否定其他幻想而发挥防御作用（56）。自我的防御需求极其强烈，个体在防御需求的驱使下，坚持完全遮蔽这种性质的幻想，并且把它们伪装成自我能够接受的形式，如同曾发生过一样。克里斯（Kris）（41）在他的研究中称这种现象为"个人神话"。

关于个体幻想与个人神话成为共享幻想和群体神话的步骤，需要稍费口舌谈谈群体形成和艺术功能。许多相关的评论已广为人知，我们这里只做简要介绍。共享白日梦只是群体形成的一个步骤。共享白日梦使人们在共享需要的基础上产生相互认可的感觉，进而形成了弗洛伊德（27）在《群体心理学与自我分析》（Group Psychology and the Analysis of the Ego）一书中讲到的那种无组织的群体。因此，神话创作者与社会中的诗人和先知是同路的，他们表达了人类普遍的幻想诉求。神话创作者把先前充满负罪感的个人幻想改造成为现成的并且能为社会所接受的愿望。弗洛伊德（21，23）、兰克（53）和萨克斯（Sachs）（62）都讲到艺术和艺术家有缓解个体负罪感的社会功能。在对先知的研究中（4），我已经清楚地解释了，相同的动机如何在迷狂宗教启示中召唤先知，人们必须依照公共生活的要求放弃本能愿望，而这种压制欲望的不可能承受的压力在睡梦中得到缓解，正是基于此，社会才可能存在。个体之梦和白日梦都被遗忘，而共享白日梦和神话则成为个体社会化的工具。神话，如同诗歌，才能够也必须被记住、被重复。冲动的外化或外射产生了幻想，这不仅使共享成为可能，而且，正如布鲁纳（Bruner）（10）所说："通过得体的艺术和象征，冲动的外化能抑制恐惧和冲动。"只有通过梦中放弃本能愿望产生的影响，才能够实现个体的社会化，而神话、艺术甚至宗教，只不过是辅助性的制度化手段。

在神话形成的初期，无论是群体，还是个体，只需要真实体验的心灵就足矣。群体与其个体成员出于防御、调节和获得本能满足的需要，对历史和历史上的英雄形象进行修饰或伪造，或二者兼有，这种修饰或伪造还有助于性格的培养和超我的形成。但真实事件的阴影是必需的，通过此阴影，神话的结构才能建立。群体成员的内在需要才是神话的本质所在。如果考虑到自我对事件的防御性扭曲作用，那么，试图细致地重构群体在某一特定历史时期的重要事件（30，58，59）的方法是不太周全的。我怀疑，这些思考是否真的与精神分析学对神话研究所做的贡献有关。

从自我的角度思考神话和幻想的相似作用与发展过程后，我想可以提出几点有利于神话学研究的建议。

1. 仅仅通过近乎单调的重复描述，从而证明神话文本中的本我愿望还不够。运用自我心理学的知识，我们也能获知不同神话之间的差异，即使这些神话具有相同的主题。主题相同，但神话表述不同，就可以与个体生命中不同防御形式的无意识幻想相对应，根据群体成员不同层面的心理整合需求，这些幻想获得外化，并得到艺术加工。神话的特殊形式构成了群体需要能够接受的艺术形式。

2. 根据默里（Murray）（49）的解释，对于人类学家和神话学家而言，有多少个研究目的，就有多少种神话分类法。人类学家在给神话分类时，往往拘囿于考虑神话的显性因素。但从精神分析学的观点来看，比较神话学研究更重视如何通过自我的活动来修正本能愿望的各种活跃力量。正如我希望表达的那样，神话与个体发展过程中特殊心理时刻的诉求相对应，根据这种关系，才有可能把一系列具有不同个体特征的神话进行归类。

3. 精神分析学家所理解的神话意义需要澄清。我们的研究方法适用于神话诉求的研究，以及作为人类普遍经验的神话持久性的研究。我们虽然研究个体，但我们仍然能够意识到，精神分析学为神话学的普通心理学研究所做出的贡献。在评价其神话研究的意义时，克拉克洪（Kluckhohn）（38）也阐明了相似的观点：

> 人们难以理解（神话的）持久性，除非我们假设，儿童与父母的关系以及其他童年的经验，是普遍的，它们不会因为文化的差异而有所改变，所以这些神话意象对人类心灵而言具有独特的同质性。特定的神话主题在不同的地方反复出现，尽管历史与地理存在差异，但它们都向我们透露了人类心理某些相同的东西。在特定的现实世界中，人类受到诸多必然因素的限制，诸如婴儿的无助，不同性别的双亲，等等，这些因素与某种生物机制的互动，就产生了各种想象物以及超强意象的一些规律性。

在语言和隐喻的研究中，卡西尔（12）也得出了类似的结论。

迄今为止，我在某种程度上一直试图说明的东西是从精神分析学的角度来理解神话对人类精神的特殊同质性。从对个体患者的研究当中，我们就可以确定，个体心理斗争的哪些方面已外化在神话之中。我们的患者对同一神话材料的反应重复出现，且较为相似，可以证实我们的神话解析是有效的。当然，取样的数量是个方法论问题，但是我要提醒的是，弗洛伊德（22）通过研究少数患者的案例阐释有关拯救的神话和幻想，而他的解析随后却被数以百计（如果不是数以千计）的患者的类似观察报告证实了。

我现在建议，通过将单个患者研究的临床数据关联起来，阐明这些假设的有效性。为了便于说明，我选择了几个神话故事，它们的基本主题均与儿童期的经验有关。我提及的这些神话表达了近乎普遍的愿望，即想通过吞食父亲的阴茎来得到它，并且通过使用这个全能的器官来践行儿童的阴茎功能观。将这个基本主题作为一条组织原则，才有可能把一系列神话故事完整地整合到一起，而过去都是单独研究这类神话故事。为了证实这个观点，集中研究与这一主题相关的三个故事，是有很多好处的，至于为何选择这几个故事，下文会逐渐阐述清楚。我还会提到这三个故事的中级或退化的版本，其主题都是希望阉割父亲。这三种神话是杰克与豆茎、普罗米修斯（Prometheus）的悲剧神话以及摩西（Moses）在西奈山得到律法的故事（童话故事也包括在内，因为人类学家认为童话故事是删减版的神话）。

在这些神话的显性内容里，我们可以发现一些相似之处。在每个故事里，主人公登上高处，返回时就带着某种权力、财富或知识的标志，这些都来自天上的一位全能的神。在前两个故事里，主人公都是小偷，他对父亲的（无意识中的）意象带有明显的敌意。但是，在摩西的故事里，主人公与上帝的关系却是和谐的，因为共同的目标，他们合二为一。强调这些差异，也很重要，因为只有在治疗过程中，我们才能依次观察每个患者，看他是顽皮的或者精神变态的杰克，是普罗米修斯，还是摩西。患者与这些人物或类似人物的认同，满足了他们在生命不同阶段的需求。

这个问题的童话版属于儿童期愿望达成的趋向，儿童期超我尚未形成，其作用微乎其微，对报复的恐惧还一无所知（24）。例如，在对一名二十五岁男子的分析过程中，我们惊奇地发现，其俄狄浦斯情结的原始表现依然很强烈。他深受学习和工作压力的折磨。他的父亲是一个以自我为中心，好像无所不能的人，而实际上是个自大、狡猾且成功的商人。在父亲面前，他总是战战兢兢。他最喜爱的电影是《巴格达窃贼》。他小时候就看过这部片子，此后，他强迫自己观看该片的所有重播，无论在电影院，还是在电视上。影片中，年轻的小偷到喜马拉雅山上的神庙里偷盗大佛额上珠宝的场面，让他感到阵阵激动和欢喜。二流文学作品或电影中的几乎任何情节都在他的幻想中得到重新编辑，与杰克与豆茎故事的情节近乎完全一致。他执着于这种原始愿望的达成,受制于对报复的恐惧。在现实中,他是一个永不得志的普罗米修斯,丝毫也不敢接触神圣的知识。进入青春期之后,他曾通过认同一个宗教营地的顾问,摆脱了父亲那令人窒息的影响。在两个月的时间里,营地的氛围使他变得充满活力,极富创造力。而且,他还展示了自己的领袖气质和想象力,这让他颇感意外。他一度找到了新的自我,主观上,他表现出像摩西一样想满足自己强烈的自恋欲,代表了整个人类与上帝的第二次相遇。不幸的是,当他从营地返回家中,在与父亲现实的对峙中,他的新自我立即就崩溃了。

普罗米修斯的神话已被广泛研究,亚伯拉罕(1)和弗洛伊德(29)很早就注意到了盗窃阴茎的主题。在这个版本的神话中,极为突出的便是对报复的恐惧所产生的碾压式的冲击,它已经超出了简单童话无忧无虑的愿望达成阶段。这个神话记录了放弃俄狄浦斯愿望阶段之前的心理发展,以及超我的形成。这个原始道德寓言暗示,想要建立内部抑制和谴责机制,以防止惩罚和阉割,但是更加中性、现实和真正道德的父亲形象的认同感,仍然没有得到有力的增强。

摩西得到律法的神话则出现较晚,属于同一主题的另一类阐释。摩西的逆子形象在《圣经》中多次出现,他不仅反叛他的养父——法老,而且至少有一次他违抗了上帝的旨意。更让人吃惊的是,在所有这些例子里,神杖都表现非凡。

在摩西在西奈山的故事中,我们可以发现一些普罗米修斯神话里的元素已经被分为若干个发展阶段,逐步获得改造。在新的版本里,起初违背和侵犯众神的罪行转化为执行上帝的旨意。认同的过程已经被介入,如人和上帝之间的认同(父亲和儿子之间的认同)。这种认同是建立在道德层面上,而非建立在本能层面上。认同感最终得到升华,伴随而来的是由满足感转变为自恋的全能感。受压迫者的回归,也没有逃过神话作者们的眼睛。摩西得到神旨下山时,神旨本来是上帝赐给全人类的礼物,摩西和上帝已没有什么分别,神火之光遍布摩西全身,光线或神角在头部出现。放纵和叛逆的罪行已转移至失控的以色列暴民身上,摩西和上帝,自己(自我)和父辈的道德准则(超我)合二为一,以便谴责其他人的不道德行为。因此,摩西神话阐释了一个基本的主题,反映了超我形成初期与自我结合的类型。①

到目前为止,我希望,我呈现给大家的有关幻想逐步形成的内容,不会让大家得出过于简单化的概念。我此前已经提出,临床经验告诉我们,不同阶段的心理发展所产生的各式各样的愿望,如何汇入一整套的幻想意象,甚至在意识中也能感受到这种幻想的存在。在满足特定条件的情况下,自我可能允许某些早期受抑制愿望以退化的形式重新活动。例如,被升华的摩西幻想有一变种。《圣经》中生动地记录了以西结(Ezekiel)受神的启示,开始履行先知使命的故事。未来的先知首先看到上帝高大的形象坐在王座之上,他随后注视着上帝勃起的阴茎。最后,一卷写有上帝旨意的羊皮书卷被狠狠地塞进先知的口中。羊皮书卷有种甜液体的味道,像蜂蜜。在吞入上帝的旨意之后,先知就变成了一位特别的、无所不能的人,他为上帝代言,也就等同于上帝。这种渴望吞下父亲阴茎的幻想愿望展现了一个过程,克里斯(40)让我们注意这个问题,也就是说,随着若干升华机制的建立,本能愿望的退化形式的复活和放纵才可能被允许。这个因素是神话和神话创作最具吸引力的地方之一。

神话的层次问题,以及同一神话英雄在不同神话里的不同描述问题,得到众多人类学家的研究。他们分别从进化、历史、道德和"理性"的角度来解释这种现象。例如,在美洲印第安传说中,有位深受人们喜爱的人物叫作"变形者"(Transformer),他把世界从本初状态变成现在的样子。据说,他消灭了在大地上横行的野兽,传授了让人们生活得更加舒适的技艺。博厄斯(Boas)(8)写道:"现在变形者常以两种伪装出现:他可能是普罗米修斯式的英雄,是一位仁慈善良的神,呵护人类,为人类造福;他更可能是个捣蛋鬼[如美洲印第安人中的渡鸦、水貂、蓝松鸦、郊狼(Coyote)、'老头'、曼纳博卓或格鲁斯卡普(Glooscap)],毫无责任感,或者自私自利。在实现自己本能欲望或贪欲时,他碰巧帮助了人类。"博厄斯猜想,在原始美洲神话里,自私、放荡的变形者的形象,要比后来的版本更加真实。只是随着社会的进步,变形者才逐步被塑造为崇高形象。事实上,变形者自身的性格差异有时是极为明显的,"两组故事的矛盾"极为尖锐,以至于"变形者这个人物(被)分裂为两个或更多部分,一部分代表真正的文化英雄,其他部分仍然保留捣蛋鬼的特征"。

---

① 《圣经》中雅各(Jacob)之梦的故事以及相关的事件,即在利百加(Rebecca)的帮助下欺骗以撒(Isaac)的故事,都属于这个系列。尼德兰(Niederland)(50)研究了这个神话,他特别重视一些过渡时期的象征,这些象征对于从儿子向父亲的过渡有重要的心理意义。

蔡斯（13）评论说，博厄斯的理论只是一种猜想。他指出，这种理论运用进化论观念来解释变形者在不同神话中所表现出的双重性格。他接着提出，应该在广阔的"社会角色"的层面上来理解这种现象。在有关同一个基本主题的不同神话故事里，他发现了斗争的证据，这种斗争处于普通人与祭司-思想家之间，或处于术士与宗教徒之间。从精神分析学的角度来看，不同层面的幻想所形成的诉求，似乎更能说明这种相互矛盾的神话的持久性。在变形者神话中，我们可以再次认识到，童话——杰克和普罗米修斯——是自我融合本我愿望在诸多层面的展现。

一些相似的情况广泛存在于另一类神话中，尽管它们表面上完全不同，但本质一致。在《圣经》里，亚伯拉罕（Abraham）和撒拉（Sarah）的故事广为流传。这对无儿无女的夫妻热情地招待了三位天使——化身为人的上帝信使，堪称典范。在离开前，天使们预言撒拉会在有生之年生下一个男孩。还有一则是关于鲍西斯（Bausis）和菲利蒙（Philemon）（14，32）的希腊神话，他们取悦化身为人的众神。众神现出真身后，想回报他们二人的盛情款待，年迈的菲利蒙说："我们已经一起生活了许多年，从无恶言相向，执手偕老，来日无多，求神让我们在死亡来临时一起死去，永远不离不弃。"众神满足了他们的愿望，这对深爱着对方的夫妇死后，变成了两株相依相偎的树，就连枝叶也交错缠绕在一起，彼此不分。鲍西斯和菲利蒙一生没有孩子。

关于死亡和弥留之际的爱欲意义，已经在文学作品中被描写过，尤其表现在亚伯拉罕对《死亡仪式上的新娘》（2）的诗意解析，以及琼斯（Jones）的噩梦研究（34）。此外，死亡是一切愿望皆能实现的未来乐园，而且琼斯还在另外两篇文章里（35，36）说明，在无意识中想要孩子的愿望在意识层面表达为共同死亡的幻想，这是防御表征的反例。在每一个神话中，我们可以发现，必须经过一定的时间，想要孩子的愿望才能实现，这些事实也能进一步证明，这两个神话的起源是相同的。很明显，这种幻想的出现不会早于儿童意识到婴儿出生前必要的心理问隔。斯坦恩（65）和施莱辛格（Schlesinger）（63）已经详细解释了不祥预兆、诺言和预言的防御意义。所以，在本质上，这两个神话肯定与给圣母（Madonna）报喜和圣母经耳朵受孕的经典神话（37）是同类的。这些神话全部都是报喜故事，即受胎神话。但是，在后一个神话中，升华了的宗教背景允许具有乱伦性质的得子意愿以退化的形式呈现。

从个体发展及其与社会观念的融合方面来说，神话在心理分化和性格建构中所扮演的角色是最重要的角色。布鲁纳(10)说:"在受神话指导的社会中,存有大量的神话意象和神话模式,以及一系列隐喻认同,它们都可以为个体渴望提供模式。"某一文化或者社会的神话,可以为年轻一代解决儿童期的本能愿望冲突指明方向。对普罗米修斯进行残酷报复的方式,是希腊社会特有的心理方法,影响了年轻一代放弃本能愿望的过程。弗洛伊德(20)指出,与我们社会的理想化客体不同,在古希腊、古罗马时期,本能愿望被提升和理想化了。尽情放纵本能是众神独享的特权,为了实现必须放弃本能愿望的目的,早期的希腊宗教和道德把狂妄自大(hybris)——自大的众神特权——定为最严重的犯罪。也许我们能把古希腊道德无上命令解释为:人必须服从众神,即人与神不一样。然而,这却与主题相似的摩西神话中的解决方案大相径庭,摩西神话则对无上命令总结为:人应该服从上帝,要像上帝一样。

总的来说,各大宗教及其某些仪式,如果不是所有仪式的话,都可以被看成人们共同参与神话或幻想共享的范例。以前有关宗教仪式的研究侧重于研究宗教仪式与执拗症的相似性。但是,这个框架过于狭小,不足以观察宗教经验的丰富性。通过认同作为宗教基础的神话中一个或者多个主要人物,宗教仪式能满足人的本能愿望。从心理整合的角度来看,宗教以某种方式能够全部释放所有属于美感的心理功能。某些宗教仪式明显地、有意识地把神话主题表演出来,例如,苦路(The Stations of the Cross)。在其他宗教仪式里,仪式的神话背景无意识地显现出来,如入会仪式(3,57)。

安娜·弗洛伊德(Anna Freud)(19)曾经指出,每个社会都在努力使年轻一代接受该社会的理想和目标。通过它们的神话,该社会营造出一种有利于实现认同的氛围(46,47)。为了满足这个需要,所有的社会都不断地解释与再解释自己的历史与英雄。这项技术之所以有效,是因为儿童期本能愿望能够在神话英雄中找到认同感,由此得到(无意识的)满足,进而获得强大的动力。这样一来,认同感产生了,随后学习英雄美德的途径也已准备就绪。例如,小女孩从圣母玛利亚(Madonna)的认同中满足了乱伦的无意识愿望,因此,她还会有意识地模仿圣母玛利亚形象所体现出的崇高品质,如纯洁、道德、爱心等等。

一些作家十分关注神话变迁和消亡的问题。神话的变迁和消亡是一个广为人知的文化现象。从精神分析学的角度来看,它反映了群体习俗变化如何使神话或传说中的英雄形象充满活力或丧失活力。从犹太人理想形成的一些方面,也可以看到这样的一些转变。在军国主义民族运动兴起前,犹太儿童受到的教育旨在培养一种性格结构,这种性格结构能适应在大离散时贫民区的生活需要。在这个过程中,受赞许的理想形象是拉比·约翰兰·本·扎卡伊(Rabbi Jochanan Ben Zakkai)。他是一名教师,能预见到罗马人即将胜利。而耶路撒冷终将沦陷。他藏在一具棺材里,想逃出被团团包围的耶路撒冷。在被押送到罗马皇帝面前时,他预言了罗马的最终胜利,而且由于他的预言,罗马皇帝特许他开办了一家法学院,使其能进一步研究法律。他向暂时的权威屈服,从而成为传统犹太价值的典范。到了现代,民族主义盛行,人们以神话的方式颠覆了传统的价值观,重新评价、解释历史,塑造新的神话英雄——英雄的特征与塑造现代人性格的要求是一致的。为了满足这些需要,马卡比英雄(Maccabean heroes)的形象在最近几年已逐渐被恢复,而马卡比英雄长期以来受犹太塔木德传统的压制。

这些思考给精神分析学带来一系列发人深思的问题,即我们这个时代的神话和认同需求。在剩下的时间里,我不可能详细解释我的观点,但是我想勾勒一个理论框架。

通过放弃和认同,即通过超我的形成来解决人与人之间的心理冲突,从来没有完全成功(16)。几大宗教提出的理想形成和认同模式近来明显没有多少吸引力了。在我们的文化里,存在两种相互竞争的神话,它们都想以不同的方式来塑造性格和培育心理。一种神话通过主流风俗起作用,试图指向各种内化的抑制和心理内部的变化。与这种主流风俗并行不悖的是一种完全相反的趋势,它试图重建自我理想,把儿童期的野心理想化,从而满足日益增强的自恋需要。自恋性格的困境和自恋症越来越多,在病症形成过程中,患者无法抑制自己内部的心理冲突,只能被迫以各种方式把这些冲突外化。安妮·莱希(Annie Reich)(54,55)在文章里讲到自恋对象的选择和用病理学的方法来规范自尊心的问题。她清楚地说明,这类患者试图在这些理想化的对象中找到认同。这些患者的困扰是自我认同和"如果我是"的身份混淆。"不仅社会依照理想化了的神话为自己定位,个体也无意识地模仿主流神话,从而理清自己内心的混乱身份。生活制造了神话,但最终还是要模仿神话。"

从大众传媒对新兴偶像如神一般的崇拜现象中,我们能看到这个问题突出的文化面貌。现代的神话英雄只是希腊主神们的修订版。大群的神父和社会活动家赋予他们无穷的能量。就像神一样,他们大肆放纵本能,丝毫不受约束。他们演出的是反社会的白日梦。现实的情况是,大众传媒让他们,如果不是从奥林匹斯山上,也至少是从好莱坞山上下来,作为活生生的例子生活在我们中间，使我们相信，儿童期神话般自恋的自我理想的认同是可以实现的。

众多社会学家认为，美国文化存在危机，它源于对快乐之人的神话感到困惑。这些权威人士认为，我们不再是"神话指导的社会"，新的一代正在寻找令人满足的或者具有挑战性的神话形象作为认同模式。当主流神话不能提供这些外在模式，也不能适应人类的种种困境，"受挫感首先表现在神话创作中，而后表现在独自寻找内在身份中"。（10）很难从个体患者的研究中找到证据来说明这个过程走了多远，但是这种变化的一些临床表现已经在我们上面提及的各类患者中反映出来了。大概是因为主流宗教神话已经不能切合患者的内心困境，才出现了古老神话复苏的现象。从神话学的角度来说，我们的社会并非不是个"神话指导的社会"，琳琅满目的媒体、连环画和文学作品推出一拨又一拨的神话人物，他们与经典原型没有分别。要实现自恋型自我理想的患者几乎无一例外地在治疗过程中引入一些这样的认同证据，包括自古希腊神灵乃至连环画中的英雄人物。例如，一位患者在记起"沙赞"（Shazam）这个魔法词语前，还不能全面理解认同漫画主人公神奇队长（Captain Marvel）的这种潜伏期幻想。这个魔法词语可以把一个普通人变成一个神。它是由希腊的各位英雄的首字母组成的，他们是苏格拉底（Socrates）、赫拉克勒斯（Hercules）、阿特拉斯（Atlas）、宙斯（Zeus）、阿波罗（Apollo）和墨丘利（Mercury），每位英雄都代表着一种理想特质。

就连精神分析自身也卷进了这个神话，也许会成为这个神话的一部分。精神分析制造了魔幻气氛，患者将全能感觉投射到分析者身上，在治疗过程中，这些常常以皮格马利翁（Pygmalion）和盖拉蒂（Galatea）神话的某些版本的形式逐步积累。不幸的是，我们要耗费大量的时间和精力使患者相信，在这种幻想中，和所有幻想一样，各个人物既是他们自己的愿望，也是自我向外投射的表象。要是解决不了移情神话的这个方面，结果可能是一篇没有任何结论的分析。施密德伯格（Schmideberg）（64）说，要是连分析者自己也认同这种神话，结果会更糟。

在儿童期和青春期，大众媒体里鲜明、听得着、看得见的弱化表现的神话，对自我构建（26）和幻想形成有着重要的影响，而且它们还与行为问题相关。

神话学研究在社会里的实际应用意义极为重大。在新近历史中，有意并且常常是恶意创造和使用神话取得的巨大成功，让我们有理由关注精神生活的这个方面。

如此宏大的一个课题，以及众多相关的课题，不可能在这么一篇小文章里进行详细的讨论。在此，我用有限和介绍性的研究试图指出，合理使用精神分析学知识来理解甚至是掌握神话，这一方面的研究大有前途，因为神话是人类灵魂最重要的表现形式之一。

参 考 文 献

1. Abraham, K. Dreams and myths: a study in folk-psychology (1909). *Clinical Papers and Essays on Psychoanalysis*. New York: Basic Books, 1955.

2. Abraham, K. A complicated ceremonial found in neurotic women (1912). *Selected Paper on Psychoanalysis*. London: Hogarth Press, 1942.

3. Arlow, J. A. A psychoanalytical study of a religious initiation rite: Bar Mitzvah. *The Psychoanalytic Study of the Child*, 6: 353 – 374. New York: International Universities Press, 1951.

4. Arlow, J. A. The consecration of the prophet. *Psychoanal. Quart.*, 20: 374 – 397, 1951.

5. Arlow, J. A. Masturbation and symptom formation. *This Journal*, 1: 45 – 58, 1953.

6. Arlow, J. A. Silence and the theory of technique. *This Journal*, 9: 44 – 55, 1961.

7. Beres, D. Perception, imagination and reality. *Int. J. Psychoanal.*, 41: 327 – 334, 1960.

8. Boas, E. *Race, Language and Culture*. New York: Macmillian, 1940. [Cited by Chase (13).]

9. Bonaparte, M. *Myths of War*. London: Imago, 1947.

10. Bruner, J. S. Myths and identity. In: *Myth and Mythmaking*, ed. H. A. Murray. New York: George Braziller, 1960.

11. Campell, J. *Masks of God*. New York: Viking Press, 1959.

12. Cassirer, E. *Language and Myth*, tr. S. K. Langer. New York: Dover, 1946.

13. Chase, R. *Quest for Myth*. Baton Rouge: Louisiana State University Press, 1949.

14. Coolidge, O. *Greek Myths*. Boston: Houghton Mifflin, 1949.

15. Dorson, R. M. Theories of myths and the folklorist. In: *Myth and Mythmaking*, ed. H. A. Murray. New York: George Braziller, 1960.

16. Erikson, E. H. The problem of ego identity. *This Journal*, 4:56 – 121,1956.

17. Fisher, C. Dreams and perception: the role of preconscious and primary modes of perception in dream formation. *This Journal*, 2:389 – 445,1954.

18. Fisher, C. Dreams, images, and perception: a study of unconscious-preconscious relations. *This Journal*, 4:5 – 47, 1956.

19. Freud, A. Psychoanalysis and the training of the young child. *Psychoanal. Quart.*, 4:15 – 24, 1935.

20. Freud, S. Three essays on the theory of sexuality (1905). *Standard Edition*, 7: 125 – 245. London: Hogarth Press, 1953.

21. Freud, S. The relation of the poet to day-dreaming (1908). *Collected Papers*, 4: 173 – 183, London: Hogarth Press, 1934.

22. Freud, S. Contribution to the psychology of love: a special type of choice of objects made by men (1910). *Collected Papers*, 4: 192 – 202. London: Hogarth Press, 1934.

23. Freud, S. Formulations regarding the two principles in mental functioning (1911). *Collected Papers*, 4: 13 – 21. London: Hogarth Press, 1934.

24. Freud, S. The occurrence in dreams of material from fairy-tales (1913). *Collected Papers*, 4: 236 – 243. London: Hogarth Press, 1934.

25. Freud, S. The unconscious (1915). *Collected Papers*, 4: 98 – 136. London: Hogarth Press, 1934.

26. Freud, S. Mourning and melancholia (1917). *Collected Papers*, 4: 152 – 170. London: Hogarth Press, 1934.

27. Freud, S. *Group Psychology and the Analysis of the Ego* (1921). London: Hogarth Press, 1940.

28. Freud, S. A note upon the "mystic writing-pad" (1925). *Collected Papers*, 5: 175 – 180. London: Hogarth Press, 1950.

29. Freud, S. The acquisition of power over fire (1932). *Collected Papers*, 5: 288 – 294. London: Hogarth Press, 1950.

30. Freud, S. *Moses and Monotheism* (1937 – 1939). London: Hogarth Press, 1939.

31. Graves, R. *The Greek Myths*. New York: George Braziller, 1957.

32. Hamilton, E. *Mythology*. New York: Little, Brown, 1940.

33. Hartmann, H. Technical implications of ego psychology. *Psychoanal. Quart.*, 20: 31 – 43, 1951.

34. Jones, E. *On the Nightmare* (1910 – 1912). London: Hogarth Press, 1949.

35. Jones, E. On "dying together." With special reference to Heinrich von Kleist's suicide (1911). *Essays on Applied Psychoanalysis*, 1: 9 – 15. London: Hogarth Press, 1951.

36. Jones, E. An unusual case of "dying together" (1912). *Essays on Applied Psychoanalysis*, 1: 16 – 21. London: Hogarth Press, 1951.

37. Jones, E. The madonna's conception through the ear (1914). *Essays on Applied Psychoanalysis*, 2: 266 – 357. London: Hogarth Press, 1951.

38. Kluckhohn, C. Recurrent themes. In: *Myths and Mythmaking*, ed. H. A. Murray. New York: George Braziller, 1960.

39. Kris, E. Ego psychology and interpretation in psychoanalytic therapy. *Psychoanal. Quart.*, 20: 15 – 30, 1951.

40. Kris, E. *Psychoanalytic Explorations in Art*. New York: International Universities Press, 1952.

41. Kris, E. The personal myth: a problem in psychoanalytic technique. *This Journal*, 4: 653 – 681, 1955.

42. Leach, E. Levi-Strauss in the Garden of Eden: an examination of some recent developments in the analysis of myth. Trans. *N. Y. Acad. Sci.*, Series 2, 23: 386 – 396, 1961.

43. Levi-Strauss, C. The structural study of myth. In: *Myth: A Symposium*, ed. T. A. Sebock [Biographical and Special Series of the American Folklore Society, Vol. 5]. Bloomington, Ind. : Indiana University Press, 1955.

44. Loewenstein, R. M. The problem of interpretation. *Psychoanal. Quart.*, 20: 1 – 14, 1951.

45. Loewenstein, R. M. Ego development and psychoanalytic technique. *Am. J. Psychiat.*, 107: 617 – 662, 1951.

46. Lubin, A. J. A feminine Moses : a bridge between childhood identification and adult identity. *Int. J. Psychoanal.*, 39: 535 – 546, 1958.

47. Lubin, A. J. A boy's view of Jesus. *The Psychoanalytic Study of the Child*, 14: 155 – 168. New York: International Universities Press, 1959.

48. Malinowski, B. *Myth in Primitive Psychology*. London: Kegan Paul, 1926.

49. Murray, H. A., ed. *Myths and Mythmaking*. New York: George Braziller, 1960.

50. Niederland, W. G. Jacob's dream. With some remarks on ladder and river symbolism. *J. Hillside Hosp.*, 3: 73 – 97, 1954.

51. Pötzl, O. The relationship between experimentally induced dreams images and indirect vision (1917). In: *Preconscious Stimulation in Dreams, Associations, and Images* [Psychological Issues, 2 (3), No. 7] New York: International Universities Press, 1960.

52. Rank, O. *The Myth of the Birth of Hero* (1909). New York: Robert Brunner, 1952.

53. Rank, O. *Art and Artist*. New York: Tudor, 1932.

54. Reich, A. Narcissistic object choice in women. *This Journal*, 1: 22 – 44, 1953.

55. Reich, A Pathological forms of self-esteem regulation. *The Psychoanalytic Study of the Child*, 15: 215 – 232. New York: International Universities Press, 1960.

56. Reider, N. Reconstruction and screen function. *This Journal*, 1: 389 – 405, 1953.

57. Reik, T. *Ritual* (1919). New York: International Universities Press, 1958.

58. Reik, T. *Myth and Guilt*. New York: George Braziller, 1957.

59. Reik, T. *Mystery on the Mountain*. New York: Harper, 1959.

60. Róheim, G. *Psychoanalysis and Anthropology*. New York: International Universities Press, 1950.

61. Róheim, G. The óedipus complex, magic and culture. In: *Psychoanalysis and The Social Sciences*, 2: 173 – 228. New York: International Universities Press, 1950.

62. Sachs, H. The community of daydreams (1920). In : *The Creative Unconscious*. Cambridge,

Mass. : Sci-Art Publishers, 1942.
63. Schlesinger, H. J. A contribution to a theory of promising. Paper presented at the American Psychoanalytic Association, Chicago, May, 1961.
64. Schmideberg, M. After the analysis. *Psychoanal. Quart.*, 7: 122 – 142, 1938.
65. Stein, M. H. Premonition as a defense. *Psychoanal. Quart.*, 22: 69 – 74, 1953.
66. Stein, M. H. Trauma and dream. Paper presented before the New York Psychoanalytic Society, February 28, 1961.

神话、民间传说和心理分析

L. 布里斯·波伊尔

人类学的一个重要领域是研究人类的作品，这些作品是关于人类个体在文化习俗影响下产生的心理问题的一种象征性表述。这种文化表述有许多方式，例如宗教治疗、民间艺术、民间音乐、民间舞蹈、民间服饰以及口头或民间文学，包括神话。

人类学家已经广泛地涉及了民间传说的研究。他们从表现性文化（expressive culture）中发现许多线索，这些线索有利于他们理解社会结构、社会化过程以及作为研究对象的群体的精神功能。巴斯科姆（Bascom，1954）拓展了马林诺夫斯基（Malinowski，1926）"神话作为一种信仰宪章"的论断。巴斯科姆讨论了民间传说的社会语境、民间传说与文化的关系以及民间传说的功能。关于民间传说的功能层面，他还分析了民间传说的娱乐因素、文化效用、教育作用以及保持文化模式统一的作用。关于如何从深层次解释民间传说的心理功效的问题，他明智地将其留给了心理分析学家，同时，在解释这些功能的过程中，他也向心理分析学家发起了挑战。

早在公元前 4 世纪，人们就开始研究民间传说。当时西西里的哲学家欧赫美尔（Euhemeris）认为，神话有其历史传统基础。他指出，神话中的英雄是现实中存在的人物，人们以自己的形象来塑造众神。民间传说和民间故事的现代系统研究肇始于 1812 年的格林（Grimm）兄弟（道森，1963）。继他们之后，还包括德朗尚（Deslongchamps，1838）、库恩（Kuhn，1843）、缪勒（Müller，1888）和司汤达（Steinthal，1856）。1846 年，汤姆斯（Thoms）提出了"民间传说"这一术语，取代了之前的名称，诸如"民间古物"和"通俗文学"［默顿（Merton），1846］。

民间传说没有一致的定义。不同国家的民俗学家对民间传说做了不同的解释，即使是在同一国家，也存在不同的理解方式。《民间传说、神话和传奇标准词典》（利奇，1949—1959）给出了二十一种简明的定义。在对民间传说的界定中，许多不太成功的尝试更是屡见不鲜，其中包括从传播方式的角度和从"民间"一词的角度对其进行的界定。为了行文的需要，民间传说指口头传统或在口头传统中，它是口头文学或民间文学的同义语。

外行习惯将神话与口头文学的其他形式分开，而民俗学家和人类学家却将神话纳入民间文学的主要类型，与传奇、民间故事、童话、谚语和迷信等并列。这些具体分类的民间文学各自都需要比较详细的定义［布鲁范德（Brunvand），1968；罗海姆，1941；汤普森（Thompson），1946；尤特利（Utley），1961］。邓迪斯（Dundes，1965）曾列出许多小类型。

即使人们对民间传说的构成持有相同的态度，但对其起源还存有异议。在民间传说研究史上，有各式各样的详尽理论，这些理论解释了民间传说是如何产生的。

语言学家缪勒通过比较神话学研究的方法，提出了太阳神话学，尽管太阳神话学目前已被抛弃（汤普森，1946）。缪勒假定，当雅利安（Aryan）众神的观念第一次出现时，一个"神话的时代"到来了。这个时代还不是文明的开端，而仅仅是语言的早期阶段，因为还没有产生抽象的概念。缪勒比较了不同神话中诸神的名称与梵语（Sanskrit）天体的名称，从而断定所有主神的名称都来源于太阳现象。他的追随者扩展了神话的天文解释，用它们来解释世界各地的文本。类似的研究也衍生了一种广为接受的观点，即从神话中寻找动物象征的动物学解释［德古本纳提斯（DeGubernatis），1872］。

大多数理论力图阐明民间传说的两个特征为非理性和多样性。

关于民间传说中非理性的最佳解释，心理分析学家仍然需要去寻找，也就是说，民间传说的形式结构并未遵循亚里士多德的逻辑，而是遵循无意识思想的内在推理逻辑。

格林兄弟、德朗尚、库恩、缪勒和司汤达已向我们阐明了口头文学的显在内容，其包含了世界各地民间传说的各种主题。两个重要的解释已用于说明多样存在的原因：一是多元起源说，二是单一起源说及传播论。

多元起源说

根据多元起源说理论，同一事物可能独立地多次出现。多元起源说与人的"心理统一性"的概念相关。大部分人类学家运用目前已过时的生物学"心理统一性"概念。生物学心理统一性与达尔文主义进化论观点相关，但多元起源说抛弃了进化论的基础。英国人类学派比较神话学家强烈拥护多元起源说，他们认为人类进化史都经历了三个相同的阶段：原始阶段、野蛮阶段、文明阶段。这一理论最具代表性的人物是兰（Lang）。他们相信，19世纪开化的英国人的祖先也曾与澳大利亚土著居民及美洲印第安文化相似。对于民间传说理论来讲，这一设想非常重要，因为它也假设早在原始阶段人类世界就出现了民间传说，只是随着人类的进步，民间传说才衰落了。在进化过程中，只剩下口头文学的残篇——遗存留存于文明时代。维多利亚时期的英国人被认为太过于理智，而不善于以非理性的方式来表达自己，犹如民间传说的显在内容那样。由于这种遗存如此零碎，以至于如果没有思辨性的历史重建，要理解它们是非常困难的，而对过去的浪漫情绪和崇拜，都会将历史重建变成一种学术消遣。历史重建需要对现代"野蛮人"（savages）的口头文学展开研究。据称，这一理论解释了为什么欧洲民间传说在农民中尤其突出，因为农民被等同于没有开化的野蛮人。

关于多元起源说的概念，缪勒与兰两派之间发生了一场广泛而激烈争论。对缪勒的观点来说，兰"遗存"的观念是致命的，后者彻底否定了前者的"太阳论"。

单一起源说及传播论

今天，人类学家更倾向于从单一起源说和传播论的角度来解释民间传说的多样存在，这种观点认为，口头文学的主题产生于单个文化或少数文化，通过传播，它们最后融入其他文化的民间传说。但是，在心理分析学家看来，这样的解释只是表面的分析。在大量的民俗学和人类学文献中，人们能够发现传播论的踪迹（尤特利，1974）。

鲁斯（Rooth，1962）认为，与主流的人类学观点不同，目前大多数民俗学家倾向于多元起源说。

自19世纪人类学家和民俗学家引进进化论以来，其他三种路径也对"心理统一性"概念的形成做出了贡献。这些学者包括荣格、列维－斯特劳斯（Levi-Strauss）和弗洛伊德。他们都认为无意识是人类神话产生的决定力量，而民间传说的象征和母题是由心理冲突的掩饰性投射构成的。

荣格的假设为这种创新力量源于集体无意识中由种族遗传的原型产生的刺激。这种集体无意识有别于受压抑的个人无意识心理冲突，个体无意识只是由个体生活经验的残留构成（荣格，1916，1935）。最初的原型无所不在，亘古不变,放之四海而皆准,从人类发展的史前时期就已经存在。很多人类学家错误地把达尔文进化论移用到心理领域,而荣格的观点与他们有明显的一致性。荣格认为原型决定了正常人和精神错乱者的梦,决定了精神病幻觉、伟大神话的某种意象以及人类的各种艺术形式。克莱因学派(Kleinian)也有相似的看法[拉斯科夫斯基(Rascovsky)等,1971]。

列维-斯特劳斯(1967)认为,无意识仅是内在结构的功能,它使感官观察具有逻辑顺序。无意识是一种人体特殊机能,无意识的结构功能决定了民间传说的内容。不过,他没有解释清楚心理机制中的冲突是如何投射到表现性文化中的。他赞同荣格、某些克莱因派学者和早期人类学家的观点,也认为口头文学的根源可追溯到史前时代。

弗洛伊德学派的心理学家认为,民间传说的根源是个体现实生活经验中受压抑的矛盾冲突。他们认为,人类拥有物种特有的基因遗传,这种遗传本质上是生物社会性,因为人类内在特性决定于其与家庭内部环境在适当时机的相互作用。人类从出生开始就需要经历漫长的社会化过程,因为只有这样,人类成人后才能被社会接受。人类有相似的生理与心理基本需要,同时,人类又受制于相似的源于育儿经历的挫折和内部心理冲突。人类内驱力衍生物的变迁是由文化条件塑造的,反映在孩子的培育方式中。个人心理防卫技巧,包括个体的梦、幻觉以及幻想,都不足以消除人类的自觉或不自觉的内疚感和焦虑感。这种防卫技巧作用的发挥正得益于表现性文化,也包括民间传说。

无论是在前意识和(或)无意识的情况下,梦和民间传说的潜在主题能够被与它们相关的听众理解,其理解程度则要看听众多大程度上共享和投注(cathect)梦与神话所表现的未解决的心理冲突。在孩子们看来,他们有父母不可接受的愿望。当父母也表达相同的意愿,或者未表现出反对孩子的愿望时,孩子就会感到父母没理解他。在某种程度上,成年人如同孩子,他们也需要得到认可以及个人心理防卫的技巧。具有影响力的社会成员,世俗或是宗教的,便成为父母的替代者。宗教领袖成了更为有效地减轻人们焦虑的模范。他们公开表述的梦(部分在前意识情况下能被听众理解)——能够被他所属群体的成年人接受,而通过再度修正,使之进一步化为口头文学,由此,最终为文化所接受。正是由于群体共享的心理冲突、原始象征含义以及有限的自我防卫技巧,都反映在梦的母题中,因此,相同或相似的民间传说可以在任何时间产生。由此看来,群体中具有影响力的人物之梦能够通过传播的方式留存在民间传说之中。

某种口头文学要存留在民间传说中，必须包含满足个人和群体民俗功能的潜在要素。口头文学要满足替代和补充的功能。如果以某种口头文学替代现有的民间传说，那么，意味着与之对应的潜在之物可能更加适合，也就是说，与之对应的潜在之物被掩饰得更好。另一种可能是社会条件的原因，例如一些口头文学来源于相对强大的社会中，这些社会将其民间传说强加给相对弱小的社会。还有可能，某些群体成员欣赏另一个群体的口头文学，便通过自己的文化特性仿效别人。不管是出于什么样的原因，某个群体的民间传说被别的群体接受，民间传说中潜在的主题和象征必定对该群体有可供选择之处，它能提供一致的教训，还能为个体的防卫和适应提供手段。

根据弗洛伊德精神分析学派的观点，如果没有心理统一性的存在，不仅大人物的梦不能被纳入所在群体的民间传说，而且一个社会的传统民间文学也不可能传播到另一个社会中去。每一种文化传递都可以看成传播的结果。

几乎从心理分析方法诞生之始，其实践者就开始认真地研究神话以及其他形式的民间传说，特别是童话。他们研究口头文学，通常不了解口头文学所产自的文化，也不了解接受者的文化（通过传播）。当时他们的思维受地貌学观点主导，即众所周知的本我心理学或利比多心理学（弗洛伊德，1900，第7章；1915），许多心理分析学家运用民间传说研究来揭示他们目前研究成果的合理性，即无意识机制的合理性，特别是象征主义的合理性。同样，他们寻求解释民间传说的显在内容，同时，还利用那些运用于解释的概念，来支持这些概念的合理性。从大量相关文献中摘取一些，就足以证明［梅德（Maeder），1909；里克林（Riklin），1908；西尔伯（Silberer），1910；施托菲（Storfer），1912；威尔科（Wilke），1914］。但其他学科的代表人物，却通过引用兰克（1909，1922）的大量研究成果，来反对这种研究方法。

在民间传说的解释中，通过揭示集体无意识中的原型在民间传说主题和象征的作用，荣格及其追随者继续使用这种推理方法［贝恩斯（Baynes），1924；赫尔佐格（Herzog），1967，伊恩德利（Iandelli），1967；施密兹（Schmitz），1932；瓦特（Waters），1950］。他们这项工作受到了不同学科中社会科学家的批评［拉巴（LaBarre），1948；鲁斯，1957］。

俄 狄 浦 斯

弗洛伊德（1900）对俄狄浦斯王神话的兴趣和分析，是精神分析涉足民间传说最为著名的例子。这则神话的分析和由此命名的情结成为许多不同社会科学作者论文和专著的焦点。马莱（Mullahy，1948）以神话和情结为重点，比较了弗洛伊德、荣格、阿德勒（Alder）、沙利文（Sullivan）、霍妮（Horney）和弗洛姆（Fromm）的心理分析倾向。莱萨（Lessa，1961）收集了大洋洲的传说，并评论了世界各地的民间传说文献，他认为，较之于多元起源说，传播论更能诠释俄狄浦斯神话的分布。与马林诺夫斯基一样，莱萨（1956）推断恋母情境由文化决定，而非具有普遍性，"因为许多社会体制不易于恋母的发展"（第71页）。弗洛姆（1951）重新分析了这个神话，他否定了多元决定论，也反对性解释（sexual interpretation），托雷斯（Torres）也认为这种解释是荒谬的。马林诺夫斯基与琼斯（Jones）之间的关于非父系文化中俄狄浦斯情结适用性的著名争论，帕森斯（Parsons，1964）已经评论过。福特斯（Fortes，1959）将俄狄浦斯和约伯（Job）神话与西非秉持祖先崇拜的部落宗教进行比较，就是一个简略多元决定论的典型例子。为了理解英国社会结构的神话和宗教仪式，福特斯忽略了此类阉割象征，诸如俄瑞斯忒斯（Orestes）杀了自己的母亲之后咬掉自己的手指，西坡拉（Zipporah）实施割礼以避免摩西被耶和华（Yahweh）杀掉，俄狄浦斯弄瞎自己的眼睛，以及成年仪式上的割礼［贝特尔海姆（Bettelheim），1954］。莱德（Reider，1960）和赖克（Reik，1923）发现，可以从俄狄浦斯的角度理解许多关于犹大（Judas）的中世纪传奇。拉斯科夫斯基夫妇（1969）发现，俄狄浦斯父母的杀子行为对俄狄浦斯精神失常负有相应的责任。格伦博格（Grunberger，1962）探讨过反犹主义中包含的俄狄浦斯因素。

除了对俄狄浦斯神话的解读之外，弗洛伊德对其他民间传说的解释很少受到质疑［弗洛伊德，1912，1913；弗洛伊德与奥本海姆（Oppenheim），1909］。某种程度上可能是由于他的保守观点。他希望，神经症的研究能够用于解决神话形成的内在问题。弗洛伊德承认并抱怨，他和他的追随者都是神话学的门外汉。亚伯拉罕（1909）对普罗米修斯神话成功的分析也未受批评，他运用梦的语言来理解口头文学，至今依然是这方面的典范。在宗教研究方面，他对阿蒙霍特普四世（Amenhotep IV）的细致研究（1912）也颇有建树。同样，其他一些著名的专著中，诸如赖克（1912）的《孩子们如何编织童话》也未受到过质疑。

尽管地貌学理论仍然在精神分析思想中有所流行，但大多数心理分析对民间文学的研究目标，却是为了展示口头文学的主题和象征，与他们的患者的梦、幻想、移情反应之间的巧合。一些书和文章依旧是出于这样的目的。对象征含义的理解，一些早期的学术贡献是无价的，是难以撼动的［格瑞博（Graber），1925］。

自我心理学

但是，随着结构理论和自我心理学的引入，学界对儿童分析方面的兴趣也逐渐增强，并重新运用精神分析治疗精神错乱。心理分析学家在民间传说心理功能方面的运用和理解方面逐渐发生了转变。调查研究主要有以下两种路径：临床研究和跨文化研究。

心理分析学家很早就了解到，在不了解口头文学的病人的梦和幻想中，出现过口头文学的主题。他们也知道，当个体听到民间文学的主题后，当它们反映欲望集中的、未解决的心理冲突时，传说便会激起他们的焦虑和内疚。目前，随着对自我及其功能的兴趣和理解，心理分析学家已经认识到，患者在童年时期接受的主题，特别是神话故事和宗教神话的主题，是如何影响患者的性格结构塑造，以及神经官能症、精神错乱症的显在内容［巴林特（Balint），1935；伯格勒（Bergler），1961；比尔兹（Bilz），1943；布赖尔（Briehl），1937；布勒（Buhler）等，1958；迪克曼（Dieckmann），1966；卡普兰（Kaplan），1963；科里斯（Kris），1932；卢宾（Lubin），1958；缪勒－埃兹巴赫（Müler-Erzbach），1953；鲁宾斯坦（Rubenstein），1953］。

如前面内容所提及的，心理分析学家对民间文学的跨文化研究，始于研究民俗学家所积累的民俗材料。到目前为止，民俗学家几乎只是对口头文学的形式和历史方面感兴趣。马雷特（Marett，1920）曾呼吁，他们很想了解口头文学中被忽略了的心理分析研究。一些19世纪著名的人类学家，如布林顿（Brinton，1896），已经认识到表现性文化的心理投射，并认为在社会和心理结构的语境中研究民间传说，是十分必要的。然而，在20世纪中叶之前，即使是那些最有心理分析倾向的人类学家，他们的民族志研究也并未包括社会化进程的系统观察研究，所以布林顿所提倡的这种研究路径并未引起注意。由于研究数据的缺乏，心理学家不能从社会科学家那里得到更多的信息，因此，无法检验他们精神分析观点的跨文化运用。

精神分析学家对自我心理学的兴趣日趋浓厚，但想弄清这种日趋浓厚的学术兴趣对系统研究所产生的影响是很难的。然而可以肯定的是，在理解社会结构与育人实践对个体性格养成的影响，以及在文化表达的形式和主题的作用方面，这种兴趣确实为人类学家提供了希望。德弗罗（Devereux）和拉巴（1961）

后来都暗示，文化与个体性格的心理分析法将成为有关社会人的研究领域中最为有效的途径之一。

第一个通过系统心理分析训练学习到如何运用田野资料来检验精神分析的跨文化观念，以及如何收集此类信息的人类学家是罗海姆。他开始涉足专业研究之时，就对口头文学产生了浓厚的兴趣（罗海姆，1913）。当时的民俗学家还认为理解民间文学的关键在"原始人"。罗海姆（1925，1974）将澳大利亚土著民作为研究对象。后来对跨文化理解文化表达感兴趣的人类学家与民俗学家也接受了心理分析的培训和专业学习。他们有 R. M. 波伊尔（R. M. Boyer）与 L. B. 波伊尔（1967）、卡瓦略－内图（Carvalho-Neto, 1968）、德弗罗（1948, 1969）、狄维士（DeVos, 1962）、邓迪斯（1962）、弗里曼（D. Freeman, 1967）、朱尔斯·亨利与祖尼亚·亨利（Jules Henry and Zunia Henry, 1944）、希普勒等（Hippler et al., 1974）、拉巴（1970）、敏思特伯格（Muensterberger, 1950, 1964）、波辛斯基（Posinsky, 1956）和怀汀（Whiting, 1959）。

心理分析学家也逐渐学习了人类学，或者加入了跨学科的田野工作，诸如埃里克森（Erikson, 1950）与福克斯（Foulks, 1972）；弗里曼（1968），卡迪纳（Kardiner, 1939），卡迪纳等（1945），马克林（Margolin, 1961）以及巴林夫妇（the Parins）与摩根索勒（Morgenthaler）（巴林等，1966，1972）。其中 L. B. 波伊尔（1962，1974）对表现性文化的跨文化研究最感兴趣。

心理分析学改变了地貌学理论的主导地位，并转向了结构假设；同样，心理分析的观点也改变了民间文学的心理功能。以下的评论便是当前精神分析理解这些功能的综述。

当前的观点

神话是共享幻想的特殊形式。基于共同的心理需求，神话可以将个体融入他所在的文化集体。我们可以从神话在心理和社会的整合作用方面来研究它；神话不仅可以减轻个人的内疚感和焦虑感，而且它是一种适应社会的形式；作为集体形式的幻觉，它加强了社会群体的凝聚力。因此，神话会影响现实感和超我的发展［阿尔罗（Arlow），1961］。

弗洛伊德认为，作为一种心理活动的类型，无意识幻想是未充分发展的。内驱力衍生物的释放，及其产生的动力，启动了心理机能，因而得到感官印象，这种印象模仿已感知到的极其愉快的印象。自我的一个功能就是减缓本能内驱力衍生物的释放，通过一种适应性整合的方式来表现，从而避免内部心理冲突以及同现实世界的碰撞。依据印象的性质，精力投注的潜在水平和自我机能的状况，精神产物会出现不同的形式；基于以上这些活动，梦、症状、幻想以及表现性文化便会产生。重要的外部事件融入无意识幻想愿望的存在结构，现实依据心理需要而被体验。

个体幻想过程中的层次不仅反映出个体经历的变迁，而且也反映出心理分化与自我发展的影响。每个无意识的幻想相互之间存在着整体关系，它们以本能愿望和内驱力衍生物为基础被分类。每一类都由解决愿望的内部心理冲突的不同尝试所构成，并且这些尝试对应着个体发展过程中不同的精神活动。在不同的时间和情境中，任何一个组成的意象都可能成为焦点。自我的防备需求可能变得如此强大，以至于每个连续的意象都栩栩如生，使幻想如同过去的真实经历。

神话和相关现象是集体接受的意象，这些意象在自我的防备和调整机能中起过滤作用。它们强化了对个体幻想与个体神话的驱除和压抑作用［埃根（Eggan），1955］。共享的白日梦是集体形成和巩固的一步，并在共同需求基础上引发相互认同。神话创作者与诗人、先知一道为集体服务，把共同享有的意愿表现出来，这些意愿表现为负疚的、私人的幻想。阿尔罗（1951）已向我们阐明，在宗教启示和先知召唤的领域，同样的动机是如何运行的。带有个体特性的梦将会被遗忘。共享的白日梦是社会化的手段，由此形成性格。神话应该被记住并且被重复叙述。幻想引起冲动，它的外化使共享的过程成为可能，并且通过艺术和象征的方式，来增强抑制恐惧和内疚的作用。神话、艺术和宗教都是促进社会适应的制度化手段，一般情况下，通过在夜梦中取消本能弃绝（instinctual renunciation）从而使这种社会适应成为可能。在神话的创作中，对于个体和集体来说，仅仅需要一个现实的经验为核心。群体对历史和历史英雄的修改和歪曲，是出于防备、调整以及本能满足的目的，这种目的就是为这个集体及其个体服务，这些修改和歪曲也作用于性格的形成。

参 考 文 献

Abraham, K. (1909). Dreams and Myths: A study in folk psychology. In *Clinical papers and essays on psychanalysis*. New York: Basic Books, 1955. pp. 151 – 209.

Boyer, L. B. Remarks on the personality of shamans, with special reference to the Apache of the Mescalero Indian reservation. In W. Muensterberger and S. Axelrad (Eds.), *Psychoanalytic study of the society*. New York: International Universities Press, 1962. pp. 233 – 254.

Boyer, L. B. The man who turned into a water monster: A psychoanalytic contribution to folklore. In W. Muensterberger and A. Esman (Eds.) *Psychoanalytic study of the society*. New York: International Universities Press, 1974. pp. 100 – 133.

Boyer, L. B., and Boyer, R. M. A combined anthroplogical and psychoanalytic contribution to folklore. *Psychoanalytic Africaine*, 1967, 3, 333 – 372.

Devereux, G. *Essais d'ethnopsychiatrie générale*, Paris: Gallimard, 1969.

Freud, S. (1900) The interpretation of dreams. *Standard Edition*, 1953, 4 and 5.

Freud, S. (1912) The theme of the three caskets. *Standard Edition*, 1958, 12, 289 – 302.

Freud, S. (1913) The occurrence in dreams of material from fairy tales. *Standard Edition* 1958, 12, 279 – 288.

Freud, S. (1915) The unconscious. *Standard Edition*, 1957, 14, 159 – 215.

Freud, S. and Oppenheim, D. E. *Dreams in folklore*. New York: International Universities Press, 1909.

Hippler, A. E; Boyer, L. B.; and Boyer, R. M. The psychocultural significance of the Alaska Athbascan Potlatch ceremony. In W. Muensterberger and A. Esman (Eds.), *Psychoanalytic study of the society*. New York: International Universities Press, 1974. pp. 204 – 234.

Jacques, H. P. *Mythologie et psychanalyse: Le chatment des danaides*. Montreal: Les Editions Lemeac, 1969.

Muensterberger, W. Oral trauma and taboo: A psychoanalytic study of an Indonesian tribe. In G. Róheim (Ed.), *Psychoanalysis and social science*. New York: International Universities Press, 1950. pp. 129 – 172.

Muensterberger, W. Remarks on the function mythology. In W. Muensterberger and S. Axelrad (Eds.) *Psychoanalytic study of the society*. New York: International Universities Press, 1964. pp. 94 – 97.

Rank, O. *Psychoanalytische Beiträge zur Mythenforschung: Gesammelte Studien aus den Jahren 1912 bis 1914* (2nd ed.) Vienna: International Psychoanalytischer Verlag, 1922.

Reik, T. *Der eigene und der fremde Gott*. Leipzig: Internationaler Psychoanalytischer Verlag, 1923.

Róheim, G. Myth and folktale. *American Imago*, 1941, 2, 266 – 279.

Silberer, H. Phantasie und Mythos. *Jahrbuch der psychoanalyischer und psychopathologischer Forschung*, 1910, 2, 541 – 622.

无义之象

约瑟夫·坎贝尔

一

我记得伯特兰·罗素（Bertrand Russell）曾经对纽约的一名听众说：所有的美国人都认为，世界诞生于1492年，并在1776年获得救赎。那么，我要告诉你，文化因素也许可以解释神话象征的历史与理论。虽然我的主题仅关乎特定的区域，但是我们通常认为，该主题具有普适性。那么，就让陈述自身来说明其主题吧。

我清楚地记得，几个世纪以来，欧洲大大小小的思想家莫不认为世界诞生于公元前4400年，并在公元1世纪得到救赎；该隐（亚当和夏娃的长子）是首位农学家、首个杀人凶手和首位城市的缔造者；造物主对近东地区某支游牧部族钟爱有加，为他们分开红海之水，并向他们透露，他是如何安排人类的命运。但当造物主化身为该族一名女子所诞之子时，该族并无一人能认出他，所以造物主转而关注地中海北岸：意大利、西班牙、法国、瑞士、德国、英格兰、荷兰和斯堪的纳维亚，还一度关注过奥匈帝国。

我很乐于承认，当哥伦布那三艘无畏的小船（分别是一百吨的圣玛利亚号、五十吨的平塔号帆船和四十吨的尼娜号帆船）的船首犁开那环绕全球、形如咬尾蛇的大海时，欧洲人思想中的神话时代受到了致命的打击，随之而来的是，一个以全球思维、历险实验和经验实证为特点的现代。

距哥伦布发现新大陆约二百年前，圣托马斯·阿奎那（St. Thomas Aquinas）试图通过有理有据的论证，向人们表明，亚当和夏娃被驱逐出来的伊甸园，是实实在在的一个地方，等待人们去发现。他曾写道："伊甸园与人世，被凡人无法逾越的高山、海洋或酷热之地隔开,故著述地形之人并未提及。"① 圣毕德尊者(The Venerable Bede)先于阿奎那五百五十年就理智地暗示,伊甸园是精神的而非物质的。② 更早的圣奥古斯丁(Augustine)早已摒弃此概念,坚称伊甸园既是物质的,也是精神的。③ 阿奎那支持奥古斯丁的观点,他写道:"《圣经》之伊甸园已经作为历史叙述被记录下来,因此,无论伊甸园这一说法出现在《圣经》何处,我们在给出精神层面解释时,必须以历史记述为基础。"④

但丁认为,伊甸园在炼狱山山顶。他那个世纪的人想象,炼狱山位于覆盖了整个南半球海洋的正中心。哥伦布也认同这个神话想象。他写道:"地球就像一个梨,一部分是圆圆的果实,另一部分是细长的梨柄;或者说像一个有着女人乳头般突起的圆球。"⑤ 他相信,人们会在南方找到这个突起。在他的第三次航行中,北行的船速快于南行,哥伦布认为,这恰好说明船队开始顺山下行。更让他对自己的错误坚信不疑的是,几周前,当他的船队航行至特立尼达岛和南美洲大陆之间时,即其航线的南端,大量的淡水从磅礴的奥里诺科河注入大海,河海交汇处雷鸣般的声音以及滔天的巨浪,几乎摧毁了他的船只,他相信,如此大的水量只会源自伊甸园四条河流中的一条,而他一定是抵达了梨柄之处。⑥ 向北航行,就会将伊甸园甩在身后。

后来,在轮番的重击之下,不管是人间,或是天国之伊甸园,其意象最终消亡,而哥伦布至死也不知道,他竟然是肇事者。1497 年,瓦斯科·达·伽马率队绕过南非。1520 年,麦哲伦的船队绕过南美洲,在穿过了海洋和酷热之地之后,并未发现伊甸园。1543 年,哥白尼发表了日心说。大约六十年之后,伽利略开始用望远镜进行天文研究。众所周知,这些研究直接引发了宗教裁判所对其新宇宙观的谴责。

以下是神圣法庭对伽利略的判词:

伽利略,已故的温琴佐·伽利雷之子,佛罗伦萨人,现年七十岁。

---

①《神学大全》(Summa Theologica),第Ⅰ部分,问102,第1篇,答3。
②《标准注释书》(Glossa ordinaria),《创世记》,Ⅱ,8(Ⅰ,36F)。
③《论〈创世记〉字解》(De Genesi ad Litt.)Ⅷ,Ⅰ(PL 34,371);参见《上帝之城》(De Civit. Dei)ⅩⅢ,21(PL 41,395)。
④《神学大全》,第Ⅰ部分,问102,第1篇。
⑤ 塞西尔·简(Cecil Jane),《克里斯托·哥伦布的旅行;第一次和第三次航行日志,关于第一次航行和最后一次航行的通信以及安德烈·伯纳德的第二次航行日志》(The Voyages of Christopher Columbus; being the Journals of his First and Third, and the Letters Concerning his First and Last Voyages, to which is added the Account of his Second Voyage Written by Andreas Bernaldez),伦敦1930,第36页。
⑥ 同上。

由于你1615年曾在神圣法庭受指控，把假学说当作真学说，擅自讲授太阳处于宇宙中心的说法，说太阳是静止不动，而地球不是处于宇宙的中心，却以每日一周的方式运行；你还因把同一学说教给弟子而受到指控；还有，你与一些德国数学家们通信谈论该学说；另外，你请人出版了一本论述太阳黑子的书，还发表了其他一些同类学说。因这种学说抵触了《圣经》，你便以自己的解释对《圣经》做批注。接着，有人呈上一封信的抄本，据说是你写给前弟子的信。这封信以哥白尼的假说为基础，有多处主张违背《圣经》的权威及其真正含义。

基于上述理由，神圣法庭为了纠正混乱，并补救加之于神圣信仰的严重损害，兹奉教皇陛下和最高宗教法庭诸位红衣大主教阁下之命，责成若干神学家，对太阳稳定和地球运动这两个命题达成如下裁决：

1. 太阳处于宇宙中心，静止不动。这个命题非常荒唐，在哲学上是荒谬的，在形式上是异端的，因为它与《圣经》相抵触。

2. 地球既不处于宇宙中心，也不是静止不动的，而是在做自转和周日运动。这个命题在哲学上也是荒谬和错误的。若从神学角度来考虑，此命题至少就信仰而言是错误的。

因此……在吾主耶稣基督以及他极其荣耀的圣母玛利亚的圣名保佑下，我们现在以书面文件宣布：我们达成如下声明，宣布、判决、通告：伽利略……神圣法庭认为，你有异端的重大嫌疑，因为你曾坚持与《圣经》相反的错误学说，认为太阳处于宇宙的中心，不自东至西运行，而地球正在运行，不处于宇宙的中心。在已经被宣布为与《圣经》相抵触之后，本应该尽量赞成与支持这一意见；因此，依据神圣教规和其他针对类似犯人的根本法，才决定贬责和惩处你。不过我们愿意宽恕你，只要从现在起，你以我们规定的方式，在我们面前，真心诚意而非装模作样地发誓、弃绝、诅咒并憎恨上述异端邪说，以及其他一切违背天主教和罗马使徒教会教义的异端邪说。[①]

仅仅三个世纪之后，即便是太阳的中心地位也被颠覆〔用哥白尼的英译者托马斯·迪格斯（Thomas Digges）的话来说，"太阳就像国王处在中心统治和制

[①] 费伊（J. J. Fahie），《伽利略生平和著作》（*Galileo, His Life and Work*），纽约1903，第313页以下；引自伯特兰·罗素，《科学观》（*The Scientific Outlook*），纽约1931，第24—32页。

定法律"]。借助美国大型望远镜，人们已经明白，凸透镜状的银河系是由一千亿颗星体构成，而太阳只是位处边缘、微不足道的一颗，距银河系的中心大约二万六千光年（也就是说，光以每年六千万亿英里的速度运行，需要二万六千年，才能穿越这一距离）。此外，人们还发现，银河系绕其中心自转，太阳以同样的速度绕银河系运行一周，大约需要两亿年。银河系也不是唯一的星系。通过分析加利福尼亚威尔逊山天文台所拍摄的照片，人们发现，在星系团中，常常聚集着一千多个星系。迄今为止，人们已经确定多个星系团。这一发现表达这样一个概念：在星系团中，我们所在的银河系，只是处在边缘位置，就像太阳从曾经居于中心的王者地位，沦落为银河系内的无名小卒。

　　故事先讲到这里。下面，借着演说中的一个主要话题，我想问：一个见识了全新宇宙观的人该如何理性地去理解、诠释、评价或利用《圣经》里的神话宇宙观，或其他依旧向现代世界灌输迷信说法的古老传统？马丁·路德曾攻击哥白尼，说他是"一只蠢驴，想要推翻整个天文学，并否定《约书亚记》的言语，而这一切只是哗众取宠，为了证明他自己才华卓绝"。诚如所见，教皇和宗教裁判所那些地位显赫的红衣主教曾颁布法令说，他对宇宙的形态和状态的描述是错误的，并与《圣经》相违背。那么，现在我们难道不能以那些自信的神学博士的口吻说：既然以前错误的被证明是正确的，那么以前被奉为圭臬的就是错误的、可笑的，在哲学上是立不住脚的，仅仅因为它明显与事实相悖吗？

　　十年前，圣母升天被定为教义，那么，现代社会该如何理解人们这种虔诚的信仰？人们是否能想象一具肉体从地面升起，先穿过了太阳系，再穿过银河系，接着穿过了星系团，而后再穿过星系团之外的空间。如果是这样，那么，它以何种速度运行？毫无疑问，它一定仍在飞行。耶稣基督和圣母玛利亚的肉身在不到两千年前升天，耶稣甚至先于圣母十五年升天，即便他们以光速前进（对于肉身这显然不可能），他们也不过行进了两千光年，还远没有超出银河系。这情形很是荒诞，甚至使人生厌。我们不禁要问：在当今，此类说法是否蕴含着精神或是其他层面的意义？此类说法最初是从字面上理解，据记载，约书亚曾使太阳停止运行，而神的居所就在土星附近。但对于此类说法，与中世纪虔信者相比，现代人要求给出更详细的解释。此外，这个问题不仅明显地触及天主教，同时，也触及信奉传统的每一个人。虽然那些想维系传统的人会从象征意义的角度对一些传统重新解释，不可否认，传统自诞生之日起就被奉为至理，可从字面意义与象征意义理解之（这如同旧瓶装新酒），或者用圣奥古斯丁的观点，从物质和精神角度来理解传统。此外，传统确保其信仰者有着高于其他族群的精神优越感。我们可能会问:在当今世界是否还有此种危险之妄言的生存空间?

因此,我们要问:这个被称为错误的神话概念,在哲学上是站不住脚的,是可笑的,在形式上是疯狂的,在现代科学的光照下,还有什么价值和意义?毫无疑问,答案就是过去二十五年里在这个大厅中举行的伊拉诺斯讲座(Eranos Lectures)多次谈及的话题。神话概念的价值在于在研究中应发掘其心理学和社会学功效,而非实证科学中需要被驳斥的一个体系,应关注符号给个体性格和社会结构所带来的影响,而非它们作为宇宙意象时显露出的明显的不一致性。换句话说,其价值在于艺术性而非科学性。正如人们可从心理学角度研究艺术,视之为心灵脉络和结构的象征与表象;那么,人们也可从同一个角度研究神话、童话、古代哲学、宇宙观和玄学的原型。

鲁道夫·卡尔奈普(Rudolf Carnap)教授在"拒绝形而上学"一章中阐述了这一观点。该文见《哲学与逻辑句法》(*Philosophy and Logical Syntax*)一书,该书将他在伦敦大学所做的讲座收录成集,并于1935年出版。在书中,他说形而上学的命题"谈不上对与错,只是出于表达的需要",就像音乐、诗谣或笑声。但是,形而上学的命题并无表述意义。它们装作有理论意义,这样,不仅读者和听者被骗了,就连形而上学者也被骗了。卡尔奈普写道:"形而上学者相信在他的论文里,他是在断定什么,由此被拖入辩论和争论,来反对其他形而上学者的命题。然而一个诗人并不断言其他人的诗是错误的或是不正确的;他通常称其为劣诗。"①

在许多文章中,荣格清晰区分了"符号"和"象征"的概念。符号指涉某种清晰可知的概念或事物。象征是用可能的最佳形象来暗指某种相对未知之物。象征不是复制,其他方式也无法准确和清晰地表达它。当然,如果它的喻义被解读,潜在的意义被和盘托出,那么,这种象征也就完结了。②

据此,我们可大致总结,科学的象征以及象征逻辑中所蕴含的象征,都是符号;同理,艺术中的形象都是象征。

在印度哲学中,有两个词和上述的"符号"和"象征"这两个词相对应。第一个词是 pratyakṣa(由 prati 加上 akṣa 构成:prati 意为接近、与……成对照,

---

① 鲁道夫·卡尔奈普,《哲学与逻辑句法》,伦敦 1935,第 30/31 页。
② C. G. 荣格,《心理学类型》(*Psychologische Typen*),苏黎世:拉舍尔出版社,1921,第 674—685 页。

akṣa 意为眼睛。所以，整个词的意思为与目相对、显而易见），意指直观的、清晰的、能被感官直接感知的领域，属于清醒的意识范畴。在此，主客体相互分离，人所观察的都是显见之物，事物与其概念之间的逻辑关系很大程度上可以用欧几里得或亚里士多德式的说法表达：A 不是非 A；两个物体不能同时占据一个空间。但在现代物理学中，这些规则的界限变得模糊起来，因此，某些科学和逻辑公式显现出一些艺术特征。但是，这些现代公式的精妙并不能为人肉眼所见，它所涉及的也不是一些显见之物，而是印度人所说的微妙之物，因此，我们只能将其归入第二个词中。

第二个词是 parokṣa（由 paras 加上 akṣa 构成：paras 意为超出、远离、高于，akṣa 意为眼睛。所以，整个词的意思为超越眼识），与荣格的"象征"相对应，其所指不能为清醒意识所立见，纯然悟性的、精神的、神秘的，这与柏拉图的理念很相像。其所指被称为 adhidaivata，意为神一般的或天使般的。但是它们又可以在灵视中被圣贤之人体察，属于梦境的意识范畴。

在梦境和幻境中，不断变化的景象乃是微妙之物，富于变化，其意不像显见之物可从外得，而需内心自悟。此外，其逻辑也非亚里士多德式。我们知道，在梦中，尽管主客体表面看起来是相互分离的，但实际是完全一致的；两个或更多的客体可以并且总是同时占据同一个位置。这些景象具有多元和多义的特点，另外，我想补充的是，如果从清醒意识的角度来分析，具有这两种特点的景象更是层出不穷。列维－布留尔（Lévy-Bruhl）用"神秘互渗"一词很好地解释了这一领域的规则，而荣格也经常引用该词。在东方世界，神、鬼、天堂、炼狱和地狱都属这一领域，都是微妙之物，都是梦境中微观景象的宏观对应物。但在这个层面上，不存在 A 与非 A 的清楚区别，清楚区别属于清醒意识的领域。在这个层面上，微观宇宙和宏观宇宙之间的区别并非表面显现的那样不同，诸神及天堂地狱皆存于汝心。

与西方世界不同，东方世界的宗教艺术并不指向清醒意识，而是梦境意识。所以，现代科学发现对印度教和佛教的困扰远远小于它对基督教和犹太教的困扰。在基督教和犹太教里，象征都是被当作符号来教授和解读的。即便如此，在东方，人们认为梦境意识现象学与清醒意识现象学之间仍然有交流的必要。

在梦境中，微观和宏观毫无二致，而在我们清醒时，他们就被认作互为影像（anurūpam）①。实际上，当任何一个神话象征体系存在并完全发挥作用时，它会毫无例外地把物质层面和精神层面的种种现象，以单一而紧密的顺序结合在一起。如前所述，物质层面就是显而易见的、现量的、知觉的（pratyakṣa），属于清醒意识之列；而精神层面就是形而上学的、神秘的、纯然悟性的、超知觉的（parokṣa），属于梦境意识之列。古代文化领域及其历史的特点就是符号与象征、事实与幻想非精确的融合。因此，我们或可说，1492年这个关键日期最重要的哲学价值就在于它明显地区别了梦境意识和清醒意识。同时，一些清明睿智之士也将钻研的重点由前者转至后者，我们称此为科学的革命，其进程延续至今，并达到了相当的高度：创造了新世界，或借用神话意象来说，这像是"天地分离"。

现在必须明白，神话宇宙观关注的不是客观事实，而是梦和幻境的作用，所以不能从显微镜和望远镜下理解神学及形而上学命题的内在意义（如果有的话）。尽管任何自然科学研究都无法验证这些命题，可是心理学科却可以给出答案，并且已经在帮助人们理解这些命题方面取得了巨大的进展。

对一些人来说，从心理学而不是从宇宙观解读传统观点，确实使那些古老的宗教重回中心地位，并接近人类精神的曼陀罗。它不仅代表了人类意识进化史上正在逝去的一个阶段，同时又代表着永恒的精神遗产——人类心灵结构的象征。现在，人们或可解释圣母和耶稣（过去是，现在永远是神和人）升天的教义，但须审慎，三百年前即使慎之又慎，却仍难逃一难。在人们因祸得福的鼓噪声中，"上帝之城"的那艘船得以冲越岩礁，劈波斩浪，全力前行。

现在，让我们冷静、客观、诚实地问一下：这些声名狼藉的宇宙观教义现在重新作为心理学象征出现，还有这些名不副实的古老命题已经被证明无法表征宏观，难道它们真的能揭示微观吗？这些形式——神圣的曼陀罗、圣像、具（yantra），这些神灵安坐于世界四周，向世人传播其道德信条，或是化作凡人，再重回天堂——这都是某种自然或超自然法则（这些规则保证人的意义和命运，约束并指引着人走向正确的终途）守卫者的象征吗？也就是说，作为微观宇宙的全称命题，甚或最终以神秘方式作为宏观宇宙的全称命题，它们有意义吗？抑或是我们将其视为人类文化在某个特定阶段的某种形式所发挥的功能，

---

① 参见阿南达·K.库马斯瓦米（Ananda K. Coomaraswamy），《艺术中自然的变形》（*The Transformation of Nature in Art*），剑桥马萨诸塞州：哈佛大学出版社，1934，第五章，"超知觉"，第129页；此中我采用了该印度术语的解释，把它们与荣格的"符号"与"象征"视为一类。

这种功能不仅具有普遍心理的有效性，而且是由社会上的各种因素所决定的。在后者中，就像虾要褪壳，或蝴蝶须破蛹而出，虾壳或蝶茧已经被抛弃、被捅破（它们确实在1492年已被捅破），就应该将其甩掉。

最近几十年，考古研究领域取得了许多关键性的进展，而其中最有趣最重要的一项莫过于近东考古挖掘的平稳发展。这使人们清晰认识到最早期新石器时代文化形式的主要中心起源和传播途径。为了简单说明这些考古成就与此次讲座的主题密切相关，我先要谈一下粮食生产和家禽饲养，这两者是任何高等文化的基础，也包括前哥伦布时期的美洲人。远在公元前6000年，粮食生产和家禽饲养在近东地区已具雏形，并以近东为中心向东、西两个方向大幅传播，取代了传统的狩猎和食物采集两种不稳定的生产方式，公元前2000年左右最终抵达亚洲的太平洋沿岸和欧洲、非洲的大西洋沿岸。与此同时，在近东，更深层次的发展已然谢幕。这种持续发展的神话与技术效应延续了以往的传播路径，再次抵达太平洋沿岸与大西洋沿岸。

也就是说，由食物采集、狩猎和植物块茎采集的社会转变为农耕、家禽饲养和粮食生产的社会，只发生在特定的时间和特定的区域。一些农耕高等文明的艺术和神话均源于近东地区。该地区的发展状况可分为四个阶段。

第一个阶段，我们称为原始新石器时代（Proto-Neolithic）。20世纪20年代中叶，多萝西·加罗德（Dorothy Garrod）教授在巴勒斯坦加尔默耳山（Mt. Carmel）山洞中的一系列考古发现成为这个阶段的主要代表。[①] 在考古中，人们发现，南至埃及的阿勒旺（Helwan），北达贝鲁特（Beirut）和耶卜鲁德（Yabrud），西抵伊拉克的库尔德山区的广阔区域，许多器物异常相似，都具有公元前7000年或公元前6000年兴旺一时的纳图夫（Natufian）文化的特点。器物的材料表明，当时的社会结构是游牧、半游牧和狩猎形式的结合体。出土器物中包含大量具有旧石器时代晚期细石器文化特点的燧石和骨器。他们还没有在村庄中定居，但已经使用某种类似谷物的草本植物来补充食物供应。遗址中石质镰刀的发掘表明，农耕已具雏形。同时，遗址中还出土了大量的猪、羊、牛及马科动物的骨头，这进一步表明，即便纳图夫人尚未驯化这些日后常见的家畜，但已经在宰杀它们。这种生活方式只是过渡性的，我想请你们记清时间：大约在公元前7000年或公元前6000年。尽管人类彼时已在地球上生活了五十多

---

① D. A. E. 加罗德、D. M. A. 巴特（D. M. A. Bate），《加尔默耳山的石器时代》（*The Stone Age of Mount Carmel*），牛津大学出版社，1937。

万年,但这却是首次有迹象表明,人类社会开始转向农业社会。①

第二个阶段是近东地区村庄农业的发展,我们可以称之为"基底新石器时代"(Basal Neolithic)。这一时期大致处于公元前5000年与公元前4000年之间(但是最近在耶利哥的考古发现表明,实际的时间更早于此)。关于这一时期,我们拥有大量的优质考古数据。以农庄经济为基础的乡村定居生活已成为固定模式,谷物以小麦和大麦为主,家畜以猪、羊、牛为主(在此,也许应该加上狗,因为早在旧石器时代末期公元前15000年,狗已经作为狩猎助手融入了人类大家庭)。此时,人类掌握的技能包括制陶、纺织、木工和建房。此时的陶器突然发生了飞跃,变得异常精美,富于装饰。有充分的证据表明,此时的陶器出现了全新的艺术概念和审美形式。

在法国南部和西班牙北部的洞穴中,人们发现了更早期的旧石器时代的艺术作品(大约在公元前50000—公元前20000年)②。作品中并没有曼陀罗和类

---

① 在简要概括中,我忽略了极为复杂的问题,即热带种植者的芋头、番薯、可可种植园与新石器时代农业群落的可能关系。相对年份尚未确定,还有不管怎样这种可能关系(我相信是可能的)并没有充分考虑到我的论点,为了保证时间和篇幅,即使是对这个问题的粗略考虑也是必需的。对这个问题的评介,可参见阿道夫·E. 杰森(Adolf E. Jensen),《古老种植者的神秘世界观》("Die Mythische Weltbetrachtung der alten Pflanzer-Völker"),见《伊拉诺斯年鉴》(*Eranos-Jahrbuch*)1949,第421—473页。我认为,亚欧高级文明的发展源于近东新石器文化,这主要得自戈登·柴尔德(V. Gordon Childe),《最古老东方之新视野》(*New Light on the Most Ancient East*),伦敦和纽约1934;亨利·法兰克福(Henri Frankfort),《近东文明的诞生》(*The Birth of Civilization in the Near East*),伦敦1951;罗伯特·J. 布雷伍德(Robert J. Braidwood),《近东与文明的奠基》(*The Near East and the Foundations of Civilization*),奥雷贡大学出版社,1952;卡尔顿·S. 库恩(Carleton S. Coon),《人的故事》(*The Story of Man*),纽约1954。四个阶段的归类和描述是基于罗伯特·J. 布雷伍德和琳达·布雷伍德(Linda Braidwood),《西南亚最古老的村落共同体》("The Earliest Village Communities of Southwestern Asia"),见《世界史》(*Cahiers d'histoire mondiale*)1,2,巴黎1955年10月,第278—310页;E. A. 斯柏瑟(E. A. Speiser),《美索不达米亚文明的发端》("The Beginnings of Civilization in Mesopotamia"),载《美国东方学会期刊》(*Journal of the American Oriental Society*)增刊4,1939;罗伯特·W. 厄里克(Robert W. Eherich)编,《旧世界考古学的相对年表》(*Relative Chronologies in Old World Archaeology*),芝加哥1954;罗伯特·冯·海涅-戈尔登(Robert Von Heine-Geldern),《古代文明的起源》("The Origin of Ancient Civilizations"),载《第欧根尼》(*Diogenes*)13,1956年春季刊。

② 参见阿贝·H. 布留尔(Abbé H. Breuil),《四万年的洞穴艺术》(*Four Hundred Centuries of Cave Art*),蒙提涅克(Montignac),多尔多涅(Dordogne),无日期,第32/33页。试图用碳-14确定这些古老的时段,其结果被阿贝称为"荒唐的结果"以及"名声不佳的不足的"时间段。一些其他权威则接受这些时段,并认为洞穴塑像和绘画大约处于公元前20000年至公元前10000年之间[例如可参见卡尔顿·S. 库恩对格林·丹尼尔(Glyn Daniel)一书《拉斯科和卡尔纳克》(*Lascaux and Carnac*)的评论,见《自然历史:美国自然史博物馆杂志》(*Natual History: The Magazine of the American Museum of Natural History*)LXVI,7,1957年9月,第341页]。"我们还需等待,"阿贝·布留尔写道,"直到我们知道这种技术的限制,看起来当材料年份超过一万五千年或两万年,它就不那么精确。"(前引书)赫伯特·库恩(Herbert Kühn),《欧洲图像》(*Die Feelsbilder Europas*),斯图亚特1952,第12页,认为年代在公元前60000年至公元前10000年。

似的几何构图。这些画在或刻在洞穴墙上的动物形象大都重叠在一起①，并非出自审美情趣，也不具有旧石器时代末期作品中的美学组织形式。在更近的公元前15000—公元前7000年，地中海地区的许多岩画已经失去了早期的印象派美感和精准，一些甚至退变为纯粹的几何线条和抽象图案。此外，在一些宗教圣殿中，人们发现了一些扁平的绘有图案的鹅卵石，上面出现了几何符号：十字架、中心带点的圆环、上下带点的线、条纹、波浪纹以及类似字母E的图案②。但是，即便是在狩猎时代的晚期，我们也未发现任何可定义为几何构图的东西，即在一个特定领域，各种不同的元素通过有韵律的美结合成一个美学整体。但是，突然间，在具有哈拉夫（Halaf）和萨马拉（Samarra）艺术风格的陶器上，出现了大量刻意的构图优雅的曼陀罗图案。③ 这正是我谈到的一个时代，恰好与定居及村庄生活时代重合。

那么，现在我们必须追问：我们是否可以放心地宣称，在当代心理学对于原型符号的讨论中，这些司空见惯的几何图案确实代表人类心灵的基本结构；或许它们仅仅代表特定种族在历史发展过程中的某个社会类型或阶段的某些功能。这样的质疑是重要的环节之一。因为这个问题依仗于我们对于心理学词汇中的所谓"灵性的""神圣的""奥妙的"或者说"神秘的"间接智（parokṣa）意涵的全面解释。然而，据我所知，这一点还没有被系统研究过。因此，我要提出的是一个基本假设。两年前，在对现今狩猎部族的艺术与神话，以及古代近东地区艺术与神话展开对比研究时，这个想法闪现在我的脑海里。

首先，我请你们关注一些狩猎民族中那些正值壮年甚或十一二岁的年轻猎手，他们几乎都熟练地掌握了本族的狩猎技术。已故的吉沙·罗海姆曾对此做出评论。在他最后出版的作品中，一部分内容提到了澳大利亚狩猎部族。"我永远也不会忘记，皮特真塔拉（Pitjentara）孩子在八岁或十岁的时候就已经在沙漠里狩猎，并且完全自立。一个目光犀利的男童，带着锋利的长矛，从早到晚

---

① 例如，布留尔，同上，第66、160—165、168—175、254—257、300/301、320、324/325、389页。
② 参见亨利·费尔菲尔德·奥斯本（Henri Fairfield Osborn），《石器时代的人》（*Men of the Old Stone Age*）第3版，纽约1925，第464页；E. 彼得（E. Piette），《驯鹿时代的艺术》（*L'art pendant l'Age du Renne*），巴黎1907。
③ 哈拉夫器物的例子可参见"陶艺家工作坊"的精美丛书，M. E. L. 马洛望（M. E. L. Mallowan）和J. 克鲁克香克·罗斯（J. Cruikshank Rose），《高阿尔帕奇亚的考古发现》（*Excavations at Tall Arpachiyah*）Ⅱ，Ⅰ，1935，"伊拉克"（伊拉克的英国考古学派）；萨马拉母题的总介绍，可参见罗伯特·J. 布雷伍德和琳达·布雷伍德、艾德娜·图拉尼（Edna Tulane）和安·伯金斯（Ann L. Perkins），《萨马拉类型的新铜石材料及其意义》（"New Chalcolithic Material of Samarran Type and its Implications"），载《近东研究期刊》（*Journal of Near Eastern Studies*）Ⅲ，1，1944年1月，附录。

猎捕那些小个头的猎物。成年男性所能做的也不过如此。"他随后说,"原始经济的突出特点就是不存在真正的劳动分工。最初始的分工可能存在性别和年龄界限,也可能存在一些和宗教礼仪、巫术有关的初期的兼职专业。但是真正的专业化还是没有的,这就意味着每个个体都要严格地按照现实需求掌握整个文化,或者是基本掌握其中的大部分,这些都是很有必要的。换句话说,每个人都是独立自主地成长起来。"

随后,他总结道:"然而,我们不是像那样简单成长起来的,如果人类学的证词能表明任何事情,那么,它说明,与中世纪或现代人类相比,原始人是自由的,没有限制的,而且是真正的自力更生。"①

对我来说,罗海姆的评论为我在各个看似突兀的现象,如正在消逝的狩猎时代与即将来临的农业时代曼陀罗图案、封闭区域的几何结构提供了解释。在猎人的帐篷群落里,社会是由一群平等的成员组成的,每个人都对族群的繁衍有一定的影响力。随着农业生产和家畜驯养发展,在更大的而且分工更为具体的共同体里,出现了分工更为明确而且更为精致的社会结构。一个成熟的社会成员先要习得一定的实际生产技能,又要学会平衡心理与社会的紧张关系——个人与构成社会机体的具有不同历练、权力和理念的其他个体之间的关系。

作为局部而非整体生存,这对人们的心理形成了一定的压力,这是原始社会的狩猎者所不曾面临的困境。最终,构建与支撑原始狩猎社会心理平衡的符号,就与已然成熟的农业社会的符号有了根本的差别。在新旧文明的交替中,这些农业社会部落沐浴在新石器时代的曙光中,承载着继往开来的重任。此外,在文化方面,世界上所谓的最大数量的原始人实际并不蒙昧,只不过是处于滞后的新石器时代、滞后的青铜时代、滞后的铁器时代。例如,即使现在生活于地球上最原始的安达曼群岛的尼格利陀人,我们也不能将其作为简单的原始人来研究。因为有大量证据不仅存留于他们的厨房垃圾堆中,这些垃圾已堆积达数千年之久,而且也存在于他们的神话与民间传说中,这是在三四千年之前来自东南亚大陆最重要的文化影响。然而,这种文化融合不仅带给了他们陶器与猪种,而且也给他们带来了烹饪技术和烟斗艺术。除此之外,他们拥有一种极其美丽的绝不是原始武器的弓。弓是在中石器时代,也就是农业社会技术初现

---

① 吉沙·罗海姆,《巫术和精神分裂症》(*Magic and Schizophrenia*),国际大学出版社,纽约1955,第50/51页。

之前的时代才出现。①

即便有大量的证据存在,我们也无法推知人类心理的类型与原型。这些证据多来自同一时空区域(虽然如此,这一范围还是很大)。这一区域受到农业生产的影响,存在定居的村庄、乡镇、城市,具有相对短暂的新石器时代或后新石器时代。当我们回望历史,人类存在于世的最早证据是在六十万年前左右,但是被证实人类从事农业的时间却不超过八千年(也就是说,这个时间在人类历史长河的所占比率还不到1.5%)。进一步说,我们的心灵活动场所身体,不是在农业社会时期,而是在渔猎时期进化而成的。那时我们也许拥有有城墙的乡村和城镇,在其中心处建有寺庙,赋予了大地女神和生殖力旺盛的天神非凡的通婚权。其整个历史与神话也许并不仅仅是一个公式,这与其说与人类的内心世界相匹配,毋宁说是在农业经济基础上,由于紧张、恐惧和期望的作用而产生的结果。同样,也许我们会问,当经济被工业生产主导,是否当今农业社会阶段的宇宙图像被我们永远粉碎——是否今天,在下一个大时代的转型期间,产生于人类历史早期危机中的图像拥有生命力——如果答案是肯定的,那么它们是为谁存在,为什么存在呢?

我此刻要说的是发生在基底新石器时代的事,那时,新石器时代地母神雕像开始出现,她们在今天受到欢迎,其原因有两点:其一在美学旨趣上,其二是她们体现了早期人类的心理。然而,我们必须意识到,小雕像出现的最早时期必须追溯到公元前4000年,也就是说,早期种族的原始境况已被甩在身后。有一个早期系列的裸女雕像,来自法国和西班牙大型洞穴里狩猎者的早期艺术,如沃伦多夫的维纳斯类型雕像。② 然而,有一个让人极其困惑的问题,与那一系列(雕塑)的历史有关,那就是尽管她们的崇拜已经从比利牛斯山(Pyrenees)传播到西伯利亚贝加尔湖的每一个角落,但她们的全盛时期却相当短暂。随着绘画艺术的发展,美丽动物的画像大量出现在洞穴的墙壁上。这种神像的雕刻则开始衰退。此外,无论人类的画像何时出现在这些动物画像中,他们总是男性巫师:女性的画像实际已经不复存在了。因此,我们可以看出,在这两个不同的时期,在巫术和宗教的象征学中女性雕像扮演了无可替代的重要角色,而

---

① 参见利迪奥·希普里亚尼(Lidio Cipriani),《安达曼人厨房垃圾考古》("Excavations in Andamanese Kitchen Middens"),见《第四次国际人类学和民族学大会法案》(*Acts of IVth International Congress of Anthropological and Ethnological Sciences*)Ⅱ,维也纳1952,第250—253页。

② 这个时期[奥瑞纳文化(Aurignacien)]的确定因新碳-14测定方法是否被接受而不同,例如赫伯特·库恩认为是公元前60000年,阿贝·布留尔认为是公元前40000年,库恩认为是公元前20000年。

且这两个时期显然至少相距一万年。

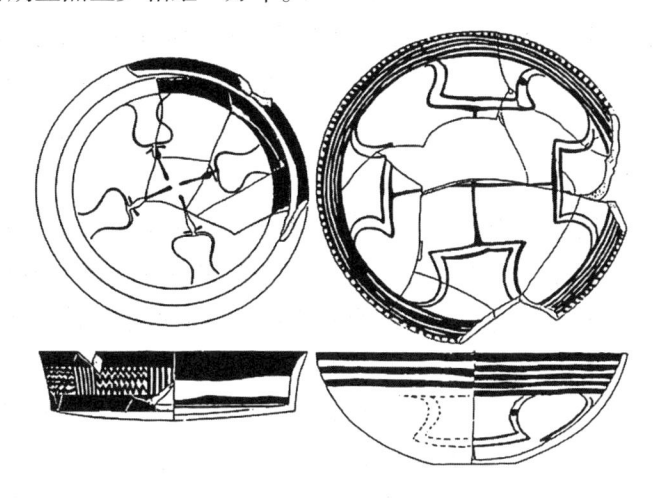

图 1　高哈拉夫时期的布克拉姆式彩陶

图 2　高哈拉夫时期的陶盘

我已经指出，新石器时代的雕刻在哈拉夫和萨马拉这两种风格的美丽的陶制品中出现过。这也表明，在艺术史上，曼陀罗象征第一次完整呈现。在曼陀罗的中心，我们发现了特定的符号，并且这类构造的特点保留至今。例如，在萨马拉陶器中，我们发现了已知的字符与曼陀罗的联系（事实上，只是在离基辅不远的地方，出现了一个已知的较早的万字符，而且是在一只飞翔的小鸟翅膀上，雕刻在猛犸象牙上，在一个旧石器时代的遗址上被发现①）。通常，在萨马拉的陶器中，万字符以一种不吉的形象出现，旋臂指向左侧，这不一定是一个很有意义的事实情况。我们也会在早期的曼陀罗正中心发现马耳他十字架——偶尔也被修饰成动物形象，仿佛是从旋臂中显露出来的野兽。在几个这样的例子中，女人的形象出现了，她们的脚或头一起从曼陀罗的中间出现，形成一个星星。这种曼陀罗常被设计成四重的，但是偶尔有五重、六重或八重的。又或者四只羚羊环绕着一棵树，还有一些描绘的是水鸟抓鱼的可爱情景。②

在发现这一系列精美绝伦的装饰容器之后，该考古遗址被命名为萨马拉，它位于伊拉克的底格里斯河畔，在巴格达以北七十多英里处。这种器物的传播向北延伸到尼尼微，向南延伸到波斯湾，向东跨过伊朗，直到阿富汗的边界。另一方面，在西北方向，以叙利亚北部为中心，其位置恰好在今土耳其安纳托利亚山脉的陶鲁斯（公牛）山的南侧，这里也可见哈拉夫陶器的踪影。在此，幼发拉底河及其支流从山间流入平原。在这些华丽的陶器上，最引人注目的是随处可见的牛头（即所谓的牛头饰），从前方可看到弯曲的牛角。这些图案形式多样，自然流畅，设计极其优美。在这个系列中另一个典型图案是双斧。和在萨马拉一样，我们再次找到了马耳他十字架，但是并没见到万字饰，也没有那优美的羚羊图饰。同时，除了文中提到的不计其数的女性雕像，我们还发现黏土制作的鸽子以及猪、牛、蜗牛、绵羊和山羊③。在一块陶片上表现了女神站在两只跃立的山羊之间，左边是只雄羊，右边是只正在哺育幼崽的雌羊④。在哈拉夫文化丛中，这些符号均与所谓的蜂巢式墓穴相联系。

不过，准确地讲，在整整一千年后，这种文化出现在克里特岛⑤，然后经过海路，穿过赫拉克勒斯之柱（直布罗陀海峡），向北到达大不列颠群岛，向南到达黄金海岸、尼日利亚和刚果。事实上，希腊人及我们所使用的符号也都衍生自迈锡尼文化的这个基本集丛。大约在公元前4000年至公元前3000年，随着当时人们对死亡复活的月神崇拜从叙利亚传到尼罗河三角洲，这些符号随之传播。事实上，人们有十足的把握断定：哈拉夫文化中的公牛和女神、鸽子及双斧头

---

① 弗朗茨·汉卡（Franz Hancar），《论欧洲旧石器晚期维纳斯雕像问题》（"Zum Problem der Venusstatuetten im eurasiatischen Jungpaläolithikum"），见《史前史》（*Prähistorische Zeitschrift*），Band XXX/XXXI，1939/1940，Heft 1/2，第129/130页。

② 参见罗伯特·布雷伍德和琳达·布雷伍德、艾德娜·图拉尼和安·伯金斯，前引书。

③ 参见马洛望和罗斯，前引书。

④ 柴尔德，前引书，第160页，图59。

⑤ 马洛望和罗斯，前引书，第177/178页。

等符号，也与有重要影响力的神话人物有关，诸如伊什塔尔和塔穆兹，维纳斯和阿多尼斯，伊西斯和奥西里斯，玛利亚和耶稣。在陶鲁斯山，即牛神之山（人们把牛神视为带角的月亮，进行着生死轮回），随着养牛技术的提高，牛神崇拜也传播到了天涯海角。现在，我们依然倍加欣赏神话中的死而复生，把它当作自身达到永恒的一种期许。在时间的长河中，永恒的内蕴是死而复生这一古老而神秘的戏剧的意义。但什么是永恒？什么时间达到永恒？为什么会出现在公牛或月亮的形象中？

第三阶段大约在公元前 4000 年（即《创世记》世界诞生之日）。此时的近东文明建立在农业之上，后世的高等文化都源自此时。当某些村庄开始充当集镇的角色时，文化就向南扩张至美索不达米亚平原。这个时期伟大而神秘的苏美尔人首次登上了历史舞台，他们在酷热的底格里斯河和幼发拉底河三角洲地带立足，建立了一些重要城镇，即现在的乌尔（Ur）、基什（Kish）、拉格什（Lagash）、埃利都（Eridu）、西帕（Sippar）、苏鲁帕克（Shuruppark）、尼普尔（Nippur）、埃雷克（Erech）。泥沼和芦苇是这一地区仅有的资源。木材和石料不得不从北部地区进口。不久，在进口的货物中可以看到精小的铜币，这表明金属时代将要到来。这里的土壤肥沃，地力每年都会得以保持。这里历史上首次出现了泥土晒制而成的砖，并用来建设同样首次出现在历史上的庙宇。这些庙宇的典型形式已为人们熟知：它采用了最早期的金字形神塔样式——不太高，建有用于天神与地母神结合的创世仪式的圣殿。依据随后几个世纪的证据，我们可以将每个城市的王后或王妃设想为地母神，而国王——她的配偶——则是天神。

公元前 4000 年以来，寺庙在这些城镇的规模和地位开始扩展，因此，它们在成为宗教中心和政治中心的同时，也成了经济中心。于是，在一个现在可以几乎精准确定为公元前 3200 年的时间段里（考古断代为乌鲁克 B），一切高等文明所具有的文化特征，霎时都出现在苏美尔人的小泥土花园里，就像小城市所有的花在瞬间得到绽放。这就是我在此回溯的第四阶段，也是高潮阶段，我们可称之为"祭司城邦"（Hieratic City State）。

但是，请允许我稍作停留来复述一遍：我们所命名的纳图夫原始新石器时代，大约是在公元前 6000 年，是谷物农业最早出现的时代；那个哈拉夫和萨马拉风格的基底新石器时代，大约是公元前 4500 年，农业经济已经确立，并首次出现了母神形象，以及一个富有几何美感的抽象概念领域；在公元前 4000 年的新石器时代晚期的集镇里，首次出现了形如小山般的庙宇，在那里举行天与地的结合仪式。现在,我们来到公元前3200年那个具有划时代意义的时期,在底格里斯河和幼发拉底河汇入波斯湾这个地理位置,祭司城邦绚烂的文明之花正在怒放。①

现在整个城市(不仅仅是寺庙)被视为人类对天体秩序的效仿——一个处于宏观宇宙世界和个人小宇宙之间的中观宇宙,或社会化的中宇宙,使得它们的基本形式变得一目了然。在这一社会秩序中,国王处于中心位置(根据当地的宗教信仰,或是作为太阳,或是作为月亮),周围是四壁森严的城池,形制如同曼陀罗一般,中心是神殿和神塔②。充满数学智慧的历法应和着日月星辰的轮转,引导着城市生活中四季的劳作。高度发达的祭祀仪式孕育了与天地万物和谐相生的音乐艺术。正是此刻,书写技艺也第一次出现于这个神奇的世界,开启了有文字记录的历史,车轮应运而生。有证据表明,文明世界至今仍在正常使用的两个数字系统已在此时发展完备,它们是十进制和六十进制。十进制法

---

① 根据罗伯特·布雷伍德的描述,这些时段的前三个分别为初期农业和动物驯化时代(The Era of Incipient Agriculture and Animal Domestication)、初期村落农业效率时代(The Era of Primary Village-Farming Efficiency),以及伴有神庙和集镇的农民效率时代(The Era of Pesant Efficiency, with Market-sized Towns with Temples)(参见罗伯特·布雷伍德和琳达·布雷伍德,前引书,第282—287、287—309 及 288 页注释19)。从乌鲁克 A 过渡到乌鲁克 B 的危机(伴有神庙和集镇的农民效率时代到效法宇宙的城邦时代,相当于我的晚期新石器时代到祭司城邦时代,大约在公元前3200年)的讨论可参见斯柏瑟,前引书,第24—31 页;柴尔德,前引书,第Ⅵ章,以及戈尔登,前引书,第86/87 页。

② "神化国王,并在他们统治期内,崇拜他们,这是乌尔末代王朝和伊辛王朝、伊拉萨王朝的苏美尔宗教典型特征。"[斯蒂芬·赫伯特·兰登(Stephen Herbert Langdon),《闪ም神话》(Semitic Mythology),见《各族神话》(Mythology of All Races) V,波士顿1931,第326页] 在美索不达米亚,国王即神的观念何时转变为国王只是天命之大祭司或上帝的"佃农"还不清楚。乌尔的"王墓"(有一些权威把年份断定为公元前2500年;例如法兰克福,《近东文明的诞生》,第71页注释1)使这个问题极有争议。"对我而言,"一位讨论者写道,"这些乌尔的墓室墓主是埃雷克第一王朝国王的地方侯王,年代在公元前3500年。"[C.雷奥纳德·伍利(C. Leonard Wooley),《早期乌尔墓室的年表》("The Chronology of the early Graves at Ur"),见《史前学科第一次国际大会动态》(Proceedings of the First International Congress of Prehistoric and Protohistoric Sciences),伦敦1932,牛津大学出版社,1934,第164页] 另一方面,H.法兰克福认为,墓室里发现的主要人物不是国王和王后,而是神圣的死与再生仪式剧中男性和女性替身。"主要角色应该是祭司,他在这个致命仪式中代替国王扮演神和神圣的新郎。"[法兰克福,《萨尔贡印章的神和神话》("Gods and Myths on Sargonid Seals"),见《伊拉克》Ⅰ,Ⅰ,1934,第12页注释3] 在埃及、德拉威人印度、中国和日本,国王即神或国王是神之子的观念保留到相当晚的年代。

在美索不达米亚观念中,宇宙被视为一个国家和城市作为上帝的庄园,由他的"佃农"监管,这一观念的描述和讨论可参见托里尔德·雅各布森(Thorild Jacobsen)[以及约翰·A.威尔逊(John A. Wilson)、亨利·法兰克福及其夫人]《前哲学》(Before Philosophy),企鹅丛书,1949,第137—216页。亦可参见雨果·温克勒(Hugo Winkler),《作为各族神话和世界观基础的巴比伦天堂和世界图景》(Himmels-und Weltenbild der Babylonier als Grundlage der Weltanschauung und Mythologie aller Völker,莱比锡1901)以及《巴比伦文化与我们的关系》(Die babylonische Kultur in ihren Beziehungen zur unsrigen,莱比锡1902)。最后,所有古代高等文明中国王即神的观念的大量证据可参见詹姆斯·乔治·弗雷泽,《金枝》,一卷版,伦敦和纽约1922,例子比比皆是。

应用于缴纳谷物的神庙及生意记录中。六十进制则应用于仪式活动空间和时间的测量。三百六十度代表圆的一周，也就是空间曼陀罗；三百六十天加上五，代表时间曼陀罗，即一年的轮转。那五个添设的日子代表来自永恒的普累若麻（pleroma）的精神力量流向时间领域的入口。这是普天同庆、众人聚饮的节日——时间曼陀罗与空间曼陀罗中心的神秘点对应（庙宇圣所，天地之力的交汇处）。神塔四面指向四方，在第五个点交汇，这也是普累若麻能量进入时间之处。所以我们又一次遇到了加上三百六十的数字五，用这个数字去象征时间的永恒奥秘。

在弥漫着宗教色彩的小城中心，神塔矗立，人们遵从神圣的天命，扮演各自的人生角色。这座塔是乐土的典范，我们能从中看到印度教与佛教的须弥山（Mount Sumeru）形象，有希腊的奥林匹斯山、阿兹特克太阳神庙（Aztec Temple），有那个曾让哥伦布追寻过的但丁的人间乐园，还有《圣经》的伊甸园形象，中世纪观念中的乐园形象衍生之处。根据《圣经》的页边注，你可以发现创世之日正是苏美尔城市的创建之日：公元前4004年。

总而言之，从某种意义上说，充当中宇宙的祭司城邦，毋庸置疑地成为人间社会对天体秩序的效仿，这一观念最初出现在苏美尔小城市，而真正成为范式大约在公元前3200年。自那以后，沿着早期新石器时代的路线，这个观念一直向东、西两个方向传播。大约在公元前2800年，那些指引生命的观念与原理的智慧结晶，包括文学艺术、数学和天文历法传到了尼罗河，于是古埃及第一个王朝文明诞生了；大约公元前2600年，它们一方面传到了克里特岛，另一方面传到了印度河流域；大约公元前1500年，它们又传到了中国商朝；最后，在周朝后期的这段时间，从公元前第7世纪到公元前第4世纪①，经由太平洋，它们又从中国传到秘鲁和中美洲。因此，我们要承认已有记录与描述的世界高级文明的史实，我们为此举办了引人入胜、发人深省的伊拉诺斯讲座，这些史实只不

---

① 对这一传播年份的断定，我采纳的是戈尔登的看法，《新旧世界前哥伦布时期交流问题的理论思考》（*The oretical Constderotion's Concerning the Problem of Pre-Columbian Contacts between the Old and New World*），第五次人类学和民族学国际会议论文，费城，1956年9月，其主要观点总结在已引用的论文里，《古代文明的起源》，见《第欧根尼》13，第81—89页。更早期的园艺群落的环太平洋扩散也有可能：例如，可参见阿道夫·E. 杰森，《早期文化的宗教世界观》（*Das religiöse Weltbild einer frühen Kultur*），第2版，斯图加特1949，第93—125页。不过，这并没有减弱戈尔登所承认的路线重要性，这个路线也传播了祭司城邦的征候。关于亚洲－美洲文化关联的总体讨论，可参见戈登·F. 艾克霍姆（Gordon F. Ekholm），《亚洲－美洲关系问题的新方向》（*The New Orientation toward Problem of Asiatic-American Relationships*），见《美洲土著文化史新解：华盛顿人类学协会75周年纪念册》，华盛顿1955，第95—109页。

过是一个神奇单子的众多变体及衍生物而已。人类史前史以及人类历史横跨六十万到八十万年，这一单子曾在五千多年前的美索不达米亚平原聚增、衍生。

如果现在要用语言来解释这一单子，那么它的实际特征是，作为个体的人类命运已深深融入宇宙整体，必须满足人类的一些心理要求。这些要求强调协调原则，将散乱的个体重新组成一种有序的联系，进而以一种更高层次、更全面、更智慧的方式运行。这充分反映了心理学和社会学的要求，在公元前4000年某个时间，它们通过五星运行与日月在黄道十二宫的有序运行得以体现。对全世界所有的文明及哲学家来说，这种天体运行秩序成为揭示命运的理式。用柏拉图的话说："与我们身上的神圣部分相似的，是宇宙的思想与运转，因此，每个人都应该遵循，并修正出生时被扰乱的大脑路线。通过学习世界的和谐运转，并根据原始本性，将理性部分带到理性相似者那里去。这样，无论是现在，还是将来，我们就能实现诸神为人类所安排的最好生活。"① 这种秩序，埃及人的术语为玛特（Ma'at，真相），印度是佛法，中国是道。如果现在我们试图用一句话来概括源于宇宙秩序这一概念的所有神话和仪式意义，我们可能会说，它们是宇宙秩序的组成部分，功能在于使人类秩序符合天体规律。"愿你的旨意行在地上，如同行在天上。"神话与仪式，如同满天繁星，聚集成一个中介宇宙，借助于此，个体小宇宙与宏观宇宙产生了联系。这个宇宙就是一个完整的社会，是一首活生生的诗、曲子、图标，是泥土和芦苇，是血与肉，是梦，都被塑造进了祭司城邦的艺术形式。尘世的生活就如一面镜子，将宇宙秩序如同人的身体一般，清晰地映照出来。

这造就了祭司城邦的中介宇宙，这个宇宙又塑造了灵魂。艺术和习俗涤荡灵魂：艺术如同仪式得以延续。

不过，作为微观宇宙的灵魂与宏观宇宙的秩序在形式上保持一致，注定会留有印迹。这印迹并非遗传所得，乃是后天烙印。波特曼博士在他前些年的演讲中向我们指出，人类刚出生时并非完人，身体的成长也不能助其成为完人。大多数哺乳动物所经过的漫长一生，只不过是人类儿童的成长期而已。在这漫长的过程中，当地社会把他塑造成为人。波特曼还说，人类是不完整的生物，其完善由历史传统决定，每个人都重现过去的自己。② 由此我们也许可以更好地

---

① 《蒂迈欧篇》（*Timaeus*）90C—D；弗兰西斯·麦克唐纳·康福德（Francis Macdonald Cornford）译，《柏拉图的宇宙论》（*Plato's Cosmology*），纽约和伦敦1952，第354页。

② 阿道夫·波特曼（Adolf Portmann），《本原之问》（*Das Ursprungsproblem*），见《伊拉诺斯年鉴》1947，苏黎世1948，第27页。

理解，禅宗大师会对寻求解脱的人说："如何是父母未生之前的本来面目？"① 印度教大师会说："在思想之间，你在何处？"②

在关于现代曼陀罗的讨论中，荣格早已指出：现已陈旧的曼陀罗图样的中心是神，"现在，"正如他宣称的那样，"在曼陀罗中，不管是囚徒，或是受保护者，他们看来好像都不像是神，其他以前常用的符号，如星星、十字架、地球等都不代表神，而明显代表人性中最重要的一部分。一个人可能会说，曼陀罗中被囚禁的或是被保护的，就是人类本身或人的灵魂……这显而易见。"他接着说："在现代的曼陀罗中，人——完完整整的人——已经代替了神。"他再次声称："这种替代是一种自然而然的事情，而且基本上是无意识的活动。"③ 他进一步说："现代的曼陀罗是特异精神状态不自觉的坦白。曼陀罗中没有神，也没有对神的服从与顺从。神的领地似乎被人的完整性占据了。"④

人们不得不想起帕拉塞尔苏斯（Paracelsus）的话："我在上帝庙宇里，上帝在我心中。"⑤

人性，既是文艺复兴的主题，又是核心词，该词的出现打破了迷惑人类六千年的天体魅力，为我们曼陀罗的中心带来了新的救世主：这是一个新形象，也是新记忆的印记。当我们膜拜这个新形象时，正如之前膜拜上帝一样，让我们停下来想想（在这个新旧形象交替的时刻），通过发源于此的符号，我们是否无法通达两种思想之间的空无地带，根据当今世界的条件，我们也无法获得自由。因为我们不能忘记荣格对符号和象征所做的区别：符号指向已知的东西；而象征是用形象来暗示未知的东西。我们必须超越神的形象以及人的形象，努力寻找这些具有指导性、保护性、启蒙性，也有束缚性的名称与形式的终极基础。

因此，在第二部分，我们一起来挖掘一下新石器时代城镇的几何构图地板，同时，也了解一下旧石器时代人类所住洞穴的神秘。从罗海姆的观察中，我们可发现，当时的人自由自在、自力更生，并且日臻成熟。

---

① 铃木大拙（D. T. Suzuki），《论禅宗》（*Essays in Zen Buddhism*），第一丛书，第 224 页。
② 参见斯里·克里希纳·梅农（Sri Krishna Menon），《真我涅槃》（*Atma-nirvriti*），特里凡德琅 1952，第 18 页，第一部分。
③ C. G. 荣格，《心理学与宗教》（*Psychology and Religion*），耶鲁大学出版社，1938，第 105/106 页。
④ 同上，第 99 页。
⑤ 帕拉塞尔苏斯，《选集》（*Selected Writings*），J. 雅各比（Jolande Jacobi）编，万神殿丛书，1951；引自乔治奥·德·桑提兰纳（Giorgio De Santilana），《冒险的时代》（*The Age of Adventure*），纽约 1956，第 194 页。

二

接下来的主题，我们从美国一个叫作"印第安之乡"的地方传说开始探讨。在那里，我们依旧可以探访到狩猎部落，而且在不久前他们才受到墨西哥和中美洲新石器时代谷物文化的影响。

根据部族是狩猎者还是从事种植者，北美出现了对立的模式。狩猎者在其宗教生活中，强调个体的斋戒，以获取幻象。父亲让十二三岁的男孩待在一处僻静的地方，留下一点火种，便于驱走野兽。孩子便在那里斋戒和祈祷四天以上，直到人形或兽形的神灵造访他的梦寐，同他交谈，赐其力量。幻象将决定孩子未来的命数，因为他的这位至交可赐给他神力，像萨满那样治愈病人，诱杀动物，或者成为勇士。对于少年而言，如果获得的神力不足以满足他的宏愿，那么，他可以再次斋戒，想斋戒几次就斋戒几次。一个叫作"蓝色单珠"的乌鸦部落印第安长者讲了这样一个斋戒故事。"小的时候，"他说，"我很穷。我看到首领带着战士们列队凯旋，我常常妒忌他们，下决心要斋戒，成为他们那样的人。当幻象出现的时候，我便获得了梦寐以求的东西……我杀死了八个敌人。"[①] 如果有人不走运，那人很清楚，他所获得的超自然力是不足的；但是从另一方面看，那些大萨满和战争首领则从出现幻象的斋戒活动中获得了强大的力量。他们也许砍下了自己的指关节做了献祭。在平原地带的印第安人中，这种献祭司空见惯。他们中一些人的手上残留的手指和关节只够抽箭拉弓之用。

而在以种植为业的部族中，例如霍皮人（Hopi）、祖尼人（Zuni）和其他普韦布洛印第安村民，他们的生活围绕繁复的祭祀蒙面神仪式组织起来。这些精心设计的仪式由训练有素的祭司团体奉行，以宗教历法计算时日，全体成员都要参加。正如鲁思·本尼迪克特（Ruth Benedict）在其《文化模式》（*Patterns of Culture*）中指出的那样："在他们关注的中心点上，没有哪一个活动领域能与宗教仪式相匹敌。在西部普韦布洛村落中，大多数成年人把他们一生中大部分清醒的时光都用在了宗教仪式上。他们要准确无误地熟记一套宗教仪式；我们这些没怎么受过训练的人，只能为之愕然。他们还要依照历法规定，熟练地进行相应的仪式，在无休止的正式程序中，将不同的祭礼和体态的配合与这些复杂活动结合在一起。"[②] 在这样的社会中，个人没有多少表现的空间。不仅个体与

[①] 罗伯特·H. 路威（Robert H. Lowie），《原始宗教》（*Primitive Religion*），纽约 1924，第 7 页。
[②] 鲁思·本尼迪克特，《文化模式》，纽约 1934，第 54 页。

同伴之间有严格的关系，村落的生活与历法之间也是如此。因为种植者十分清楚：他们必须依靠这些神祇。在关键的时候，雨水短期内下得太多或太少，一年的劳作有可能换来饥荒。对狩猎者而言，他的运气完全是另外一回事。

把祭司和萨满相对照，这种对立就会十分明显。祭司是由社会化入会、在公认的宗教组织中承担宗教仪式的成员。他占有一定的职位，像他的前任那样，发挥着部门领导的作用。而萨满，作为个人心理危机的产物，获得了专属个人的神力。神灵们出现在他的精神幻境中，拜访他，是他的密友和保护神，其他人绝不会看到。另一方面，普韦布洛人的蒙面之神——谷神和云神，由组织严密且等级鲜明的祭司来供奉，他们是全村家喻户晓的保护者。自古以来，人们就在仪式舞蹈中扮演神灵，并向他们祈祷。

我想让你们关注的传说，是新墨西哥州吉卡里拉阿帕奇（Jicarilla Apache）部落的起源传说。他们最初是一个狩猎民族，在14世纪时，迁入种植谷物的普韦布洛印第安村落，受当地新石器时代宗教仪式知识的同化①。这个传说很长，我概括一下其内容，以便很快抓住要点。

"最初，"传说这样讲，"世界所处的地方什么也没有：没有大地，除了黑暗、水和飓风，什么也没有，也没有人类生活。只有哈克琴神（Hactcin）在。真是一个荒凉的地方！"②

哈克琴神作为普韦布洛阿帕奇人蒙面之神的对应面，是创造自然的宏大力量的拟人化形象。这些神首先创造了地母和天父，然后是动物和鸟类，最后才是男人和女人。在起始阶段，四处漆黑，但哈克琴神很快就造出了由北向南运行的太阳与月亮。

"现在，"传说继续讲道，"族民中间出现了各式各样的萨满：一群声称从各种事物那里获得了力量的男男女女。这些萨满看到太阳由北向南运行就开始说起话来。其中一个说：'我造出了太阳。'另一个则说：'不对，是我造的。'他们开始争吵，哈克琴神就禁止他们那样做。但是他们我行我素，打了起来。有一个说：'我要让太阳停在头顶上方，这样就不会有夜晚。可是，不，我得让它运行起来。我们需要时

---

① 亚历克斯·D. 克里格（Alex D. Krieger），《新世界文化史：盎格鲁美国》（"New World Culture History: Anglo-America"），载《当代人类学》（Anthropology Today），A. L. 克罗伯编，芝加哥1953，第251页。

② 莫里斯·爱德华·欧普勒（Morris Edward Opler），《吉卡里拉阿帕奇印第安人的神话故事》（Myths and Tales of the Jicarilla Apache Indians），纽约1938，第1页。

间休息和睡眠。'另一个说：'要除去月亮。我们在晚上真的不需要什么亮光。'太阳在第二天升起，鸟兽都很高兴。第三天也是这样。可是第四天月亮出现的时候，萨满们早把哈克琴神的话当成了耳边风，又接着议论开来，这时出现了交蚀。太阳从头顶上方的一个洞孔中直直地穿了进去，月亮跟在后头。这就是我们现在之所以有交蚀的原因。

"有一个哈克琴人说：'够了，你们这些人；你们说你们有威力，那现在就把太阳带回来吧。'

"大家因此都排成队：一队是萨满，另一队是鸟兽。萨满们开始表演。他们尽显其能。有些坐着唱歌，然后消失在泥土中，只留下眼睛从泥土中冒出来。然后他们都回来了，但这并没有把太阳带回来。这只说明他们有那么一点儿威力。一些萨满把箭吞下去，箭从他们的肚皮中穿出来。一些吞下羽毛，一些吞下整棵整棵的云杉树，又把它们吐了出来。可是，他们仍旧没有带回太阳与月亮。

"那位哈克琴神说：'你们这些人都做得不错，可是我认为你们不会把太阳带回来。你们没有时间了。'他转向鸟兽。'好啦，'他说，'该你们试试了。'

"鸟兽们开始彬彬有礼地议论开了，好像它们是亲如一家的兄弟；但是哈克琴神说：'你们必须做些实事，不要那样交谈了。打起精神，用你们的力量把太阳带回来。'

"第一个进行尝试的是蚂蚱。他把手伸向四方，再把手缩回来，他抓到的是面包。鹿把手伸向四方，缩回时他抓的是丝兰花果。熊以同样的方式得到的是绸李子；而土拨鼠呢，是浆果；鼯鼠呢，是草莓；火鸡呢，是谷子；大伙都是如此。哈克琴尽管对这些礼物很满意，人们还是没有太阳与月亮。

"哈克琴神不得不自己动起手来。他们派人请来四方四色雷神。四位雷神带来四种颜色的云，雨就降落下来。他们又请来彩虹。当人们把收获的籽种种下的时候，就让彩虹变得漂亮。哈克琴神用一排四色沙堆作画，人们就在沙堆里播种。鸟儿和动物唱起歌，小沙堆立刻开始生长，种子也开始萌发，四色沙堆陡立起来变成了一条山脉，并继续生长。

"后来哈克琴神挑选了十二个魔力展示中非常了得的萨满，把其中六个全涂成蓝色来代表夏季；另六个全是白色，把他们叫作萨那提

(Tsanati),代表冬季。那就是吉卡里拉阿帕奇地方萨那提舞会的起源。之后,他们又做了六个小丑,把它们涂成夹有四道黑色横条的白色,一道脸上,一道胸上,一道穿过左腿,一道穿过右腿。萨那提和小丑们加入人们的舞蹈队伍,祈求山脉生长。"①

现在你们明白萨满发生了什么事了吧。人们并不赞成他们用个人主义的、旧石器时代的风格进行魔力表演,而是把他们当作群体中贡献力量的一个单位,把他们的位置限制在以种植为业的社会曼陀罗中。这个情节表明,以社会认可为准则的祭司制度战胜了那些有高度危险性并且不可预测的个人天赋能力。吉卡里拉阿帕奇故事讲述者解释了把萨满融入仪式体系的必要性。"这些人,"他说,"有他们自己的仪式。这些仪式来源多样,有来源于动物的、火的、火鸡的、青蛙的,还有别的一些东西。萨满不能被忽视。他们有魔力,他们也必须发挥作用。"②

与这个神话相比,我不知道还有什么更能明确地展示,新石器时代秩序在征服地球上最适宜居住的土地时,"旧世界"所面临的危机。从文化上讲,新墨西哥州和亚利桑那州在发现美洲时的情形,与近东、远东和欧洲从公元前4000年到公元前2000年这一时期的情形很相似。那时,原先习惯于自由和狩猎冒险的人们身上已经刻上了适于严格有序的定居模式的印记。对比野蛮、好争吵、有危险的萨满与相互礼让、亲如兄弟的人们,再对比亚洲和欧洲许多以农业为基础的社会,提坦神(Titans)与众神、恶魔与天使、阿修罗(asuras)与天神,这中间都存在着一种值得重视的对应关系。印度教经典往世书(Purāṇas)中有一则著名的神话故事,说的是诸神和恶魔在两位至尊神毗湿努(Viṣṇu)和湿婆(Siva)的监督下搅拌"乳海"来造奶油。他们把世界高山当作搅拌棒,把世界大蛇当成转绳系在山腰上。天神摁住蛇头,阿修罗抓住蛇尾,毗湿努则撑着世界高山,他们搅拌了一千年,最终做成了不死甘露。③ 当我们读到,好争吵的萨满和有秩序的人类,在阿帕奇的哈克琴神的监督下,花费气力,让山脉生长,并来到光明世界的时候,我们几乎总要想起这个神话。

我们已经知道,萨那提和小丑们加入人们舞蹈的队列,大山开始生长,直到山顶几乎触到太阳和月亮从中消失的大洞那里。剩下的任务是建造四色的光梯,攀着梯子,人们可以上到如今的大地表面上来。六个小丑并排前进,用魔

---

① 欧普勒,同上,第1—18页,有删节。
② 欧普勒,同上,第17页。
③ 《罗摩衍那》(Rāmāyaṇa) 1.45;7.1。

鞭驱走疾病,他们身后是哈克琴神,再后是萨那提,最后是人们和动物。"他们上到地面上来,"故事讲述者说道,"就像是孩子从母亲那里生出来一样。他们现身的地方就是大地的子宫。"①

在以农业为基础的社会中,所有神话、仪式和伦理体系与社会机构最最关注的事情是压制个人主义。要做到这一点,通常的方式是强迫或说服人们不要认同个人的兴趣、直觉或经验,而要认同公共领域内产生并发展下来的行为范式和情感体系。例如,印度的"法"就是一种无条件屈从于种姓模式的观念。这种模式发挥着巩固社会秩序的功能,并且对个人而言,他们需要历经世代,从一个种姓到另一个种姓,使分级转世的理论得以合理化。这种理想最让人生畏的表现就暗含在 suttee(satī)一词中。这个词是动词词根 sat(意为存在)的阴性形式。suttee 是一种了不起的妇女,也就是说一种模范妻子。她压制了成为独立个人的一切冲动,甚至会自投于丈夫火葬时燃烧的柴堆,在死亡中继续承担死者妻子的角色。实际上,她的整个一生就是这堆干柴。因为在古老的东方,每一个壮举都是一种殉夫自焚的行为——燃烧自我,净化自我。

在西方,自我也被认为是恶魔的领地,如同印度的恶魔一样,被奥林匹斯山众神征服的提坦神也是这种原则的体现。我们知道,提坦诸神如何被铁链缚住囚禁山下。在日耳曼传统中,巨人与侏儒、芬里厄狼(Fenris Wolf)、尘世大蟒(Midgard Serpent),还有加姆狗(dog Garm)都被赋予了相似的命运。但我们受到警告,那一天终要来临,它们将挣脱铁链;那一天是诸神命中注定的——世界末日。不论在天堂,还是在俗世,人人都充满恐惧②。

---

① 欧普勒,前引书,第 26 页。
②《弗鲁斯巴》(Völuspá),第 45 页以下。

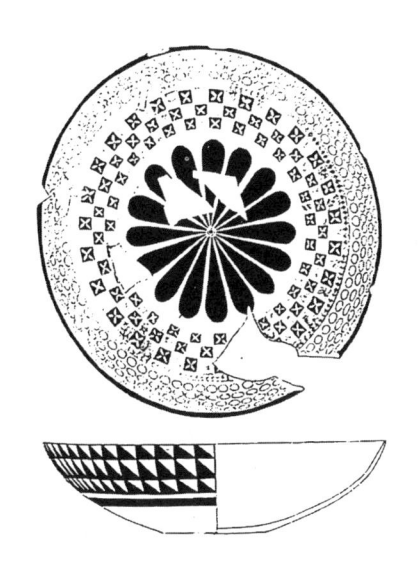

图 3　高哈拉夫时期的彩盘

图 4　高哈拉夫时期的彩盘

但是那一天已经来临。的确，自 1492 年以来，就已经是这样了。那时，形成于六千年前哈拉夫和萨马拉陶盘的曼陀罗崩裂了。埃斯库罗斯（Aeschylus）在《被缚的普罗米修斯》（*Prometheus Bound*）中表现了这位提坦神的精神（现在他已经摆脱了束缚）。

  恕我直言，我憎恨诸神
  伤害了我，我却从未伤过他们。
  我岂会妄想，赢得宙斯（Jove）一笑
  换来温存抚慰我的灵魂，
  我岂会如妇人，举起柔弱的双手，
  向我最痛恨的仇敌求饶！①

  普罗米修斯成为人类启蒙的英雄，并非偶然，或者在曼陀罗信仰分崩离析的今天，我们还能在潜意识的幽深之处找到完人的象征符号。这种完人已经在意识深处被束缚了六千年。曼陀罗还能约束这已经解缚了的普罗米修斯吗？

  我希望能有时间给你们描画一下旧石器时代猎人中这位威猛的捣蛋鬼般的盗火英雄。在平原印第安人中，他的形象类似于豺（通常被叫作郊狼）。在丛林居民中，他的形象是大兔（美洲的黑人把大兔的历险借去描绘非洲的兔英雄。我们常常可以在兔子兄弟这种故事中看见他）。在西北海岸的部落中，他是渡鸦的形象。在欧洲神话里，与他对应最密切的形象，是制造不和与灾难的神洛基（Loki）；在世界末日之时，他又成了阴司神（Hel）的领袖。他以一个完全的人形出现的时候，人们把他叫作郊狼、渡鸦或兔子大师或"老人"。他既是纵欲的傻瓜，也是聪明绝顶又极其残忍的捣蛋鬼，但还是人类的制造者及世界的造型师。说他是神，或者认为他具有超自然力，这几乎是不恰当的。他是一个超级萨满。在世界各地的神话和传说中，不管在大洋洲和非洲，还是在西伯利亚和欧洲，凡是萨满教留下印记的地方，我们都能找到他的对应形象。

  第一批旧石器时代的人类向北美迁徙的时间存在争议。在冰川时期，一条宽得像法国一样的陆桥从西伯利亚延伸至阿拉斯加。借助这道陆桥，食草动物（马、牛、大象、骆驼）得以通过。随后而来的是猎人。至少在公元前 15000 年，部落民就开始到达那里。但是今天大多数（即使不是全部）的美洲印第安人种却属于晚期的迁徙人种。这种迁徙一直延续到公元 1000 年，他们也不单都是旧石器时代的人。很大程度上讲，他们似乎源于西伯利亚旧-中石器时代晚期的文化：贝加尔湖附近，那里现今还居住着雅库特人（Yakuts）和通古斯人

---

① 埃斯库罗斯，《被缚的普罗米修斯》，约翰·斯图亚特·布莱吉（John Stuart Blackie）译。

(Tungus),沃古尔人(Voguls)和奥斯蒂阿克人(Ostiak)①。实际上,从人种体质上看,叶尼塞河(Yenisei river)盆地的沃古尔人和奥斯蒂阿克人都被认为类似于美洲印第安人②。

刚才我提到过旧石器时代的女性小雕像,这些雕像属于冰川时期的晚期。这比最后一批猎人抵达新世界的时间要早。在西班牙或者比利牛斯山以南的任何地方,都找不到旧石器时代的小雕像。它们都属于狩猎平原:平原起始于比利牛斯山以北,向西延伸,远至中国边境。在贝加尔湖周围,伊尔库茨克城(Irkutsk)西北大约八十五公里处,有一个叫作马尔塔(Mal'ta)的地方,保留了一个极为重要的旧石器时代狩猎场,在那里人们发现了不下二十件与飞鹅形象相联系的小雕像,它们都刻在猛犸象的牙齿上(根据一位权威人士的说法,它们是刻在骨头上)③。

由此看来,从比利牛斯山到贝加尔湖,辉煌的旧石器时代狩猎晚期文化延续不断,并且在旧石器时代终结之后的几千年中,从那里演化出许多北美狩猎部落的文化和族系。也就是说,从欧洲旧石器时代后期一直到北美平原大狩猎的终结,一种重要的在时空上的延续性建立起来了。在不同的地方,这种文化传统不仅吸收了当地的文化影响,还吸收了临近部落新石器时代及后新石器时代的文化影响。尽管如此,这个过程存有一种一以贯之的共存主题。可以确定,它显然属于狩猎文化,而不是定居种植文化。它最为持续的一个特点就是把萨满的通神状态与鸟类飞行联系起来。在牧场上,隼和鹰、野公鹅和鸭子是常见的,但是在当地可能出现了其他的鸟类,如猫头鹰、秃鹫、渡鸦、喜鹊或者啄木鸟,最后提到的鸟类,因为它头上的红斑而命名,常常被认为是盗火的主要英雄。

---

① 赫伯特·J.斯宾顿(Herbert J. Spinden),《北美首次人类定居的年代问题》("Fisrt Peopling of America as a Chronological Problem"),见《早期人类》(*Early Man*),乔治·格兰特·麦考迪(George Grant MacCurdy)编,伦敦1937,第106—110页。基于当时可供利用的证明,斯宾顿反对早期的迁徙日期;最新的观点可参见 F. H. H. 罗伯茨(F. H. H. Roberts),《更新世晚期及后更新世时期美国最早的人类的到达和散布》("Earliest Men in America. Their Arrical and Spread in Late Pleistocene and Post Pleistocene Times"),载《世界故事杂志》(*Cahiers d'histoire mondiale*)Ⅰ,2,1953年10月,第255页及以下。

② N. N. 柴布科萨洛夫(N. N. Cheboksarov), T. A. 特洛菲莫娃(T. A. Trofimova), Antropologicheskoe inzushemie Masi, "Kratie soobshchenia" (Ⅱ), M. K. 9, 由 H. 菲尔德(H. Field)与 E. 普鲁斯朵夫(E. Prostov)报道,《苏联的西伯利亚调查报告》("Results of Soviet Investigations in Siberia"),载《美国人类学家》(*American Anthropologist*) 44 (1942),第403页注释。

③ 弗朗茨·汉卡,《论欧洲旧石器晚期维纳斯雕像问题》,见《史前史》,Band ⅩⅩⅩ/ⅩⅩⅩⅠ,1939/1940, Heft 1/2,第106—121页:阿尔弗雷德·萨尔莫尼(Alfred Salmony),《旧石器时代晚期马耳塔的艺术》("Kunst des Aurignacien in Malta"),*Ipek*,柏林1931,第1—6页。

正如米尔恰·伊利亚德（Mircea Eliade）在他关于这一方面的权威性著作《萨满教》（Le chamanisme）① 中所说的那样，萨满的主要才干是随意进入通神状态。萨满击鼓的节奏有如操印欧语的吠陀圣诗的节奏，人们认为，那种节奏是翅膀，是灵魂迁移的翅膀：它既让萨满的灵魂上升，也可以召唤萨满的密友。正是在这种通神之中，萨满创造了奇迹。他像鸟儿一样，向高空飞升，或如驯鹿、公牛，或如熊那样遁入地底。布里亚特人把保护萨满的鸟兽称作 khubilgan，意思是变形，这一语词来源于动词 khubilku，即改变自己，采取另外的形式。② 据18世纪上半叶西伯利亚早期的传教士和航海者记述：萨满用一种古怪尖促的声音与其神灵对话③。他们还在部落中发现了不计其数的展翼飞鹅形体，其中还有铜制品④。这使我们想起马尔塔旧石器时代的狩猎场，在那里发现的不仅有不下二十件的女性小雕像，还有不少飞鹅或飞鸭，像小雕像一样，也刻在哺乳动物的齿骨上。事实上，飞鸟形体在很多旧石器时代的狩猎场都有发现，而且如我指出的那样，在每一件雕像翅膀底下都出现了最早的万字符。我们对此进行过统计。像更晚的基底新石器时代萨马拉器物上的万字符一样，它采用一种涡旋向左的不祥样式，我相信荣格会认为，这就像萨满飞行一样，代表一种回归。我们还必须记住，在旧石器时代的拉斯科洞穴中，画有一位躺着通神的萨满，他戴着鸟形的面具，一只飞鸟栖息在旁边的木棍之上。直到今天，西伯利亚的萨满还穿着这种鸟形服装，他们中的许多人的母亲认为，他们就是由鸟类投胎而生的。

在许多地方，人们把灵魂画成鸟的样子，鸟儿通常是灵魂的信使：天使仅仅是改头换面的鸟。但萨满的灵魂之鸟有特别的脾性和力量，助他通神时能够飞越生命的禁区，并且再度返回。"高处有一棵树，"1925年春天，通古斯卡河下游的一位萨满，在他的家中，接受访谈时说，"取得神力之前，萨满们的灵魂在那里得到滋养。树枝上有鸟巢，他们的灵魂可以栖息其中，并得到照顾。树的名字叫图鲁（Tuuru）。鸟巢在树上的位置越高，养育其中的萨满就越强大，

---

① 米尔恰·伊利亚德，《萨满教和古代通神术》（Le chamanisme et les techniques archaïques de l'extase），巴黎1951。
② 尤诺·霍姆伯格（哈瓦）[Uno Holmberg (Harva)]，《芬诺·尤格里克，西伯利亚神话》（Finno-Ugric, Siberian Mythology），见《各族神话》Ⅳ，波士顿1927，第499页。
③ B. 蒙卡西（B. Munkácsi），Vogul Nèpköltési Gyüjtemény, Ⅲ，布达佩斯1893，第7页；吉沙·罗海姆引《匈牙利和沃古尔神话》（Hungarian and Vogul Mythology），纽约1954，第22页。
④ 蒙卡西，同上，Ⅱ，第一部，1910—1921，第66页；罗海姆，《匈牙利和沃古尔神话》，第30页。

他的所知就越多,所见也就越远。"① 萨满不仅是我们在通常清醒的意识中看不到的神力王国的常客,也是神力所喜爱的后裔,他们在灵境中短暂造访,并在游访中历练成为大师。

我们观察过,马尔塔和其他旧石器时代狩猎场发现的鸟儿都是鸭子和水鸟、野鹅和公鹅,我一直想说明,在相当多的情形中,鸟的形体与萨满灵魂飞升之间存在某种联系,捣蛋鬼英雄、盗火的提坦英雄、反抗诸神的恶魔,这些也与旧石器时代的萨满教相关。我还要补充的是,印度教的瑜伽大师在禅定状态中能超越所有思维的界限;人们把他们称作汉萨(haṁsas)与 paramahaṁsa 即天鹅与至尊天鹅。在传统的印度教形象中,天鹅象征的是梵我同一,众生终极、超卓且固有的本源。瑜伽修行者成功地使自我的意识与梵合一,因而穿越清醒的意识世界,在意识世界,A 不是非 A,超越梦境,抵达万物闪耀自性光明的地方,随缘不二,完全超越主客的对立,消除生死的差别。

但在探寻飞行之前,我们须暂停一下来审视这种象征的本质和功能。现在可以区分出两种截然不同的功能。首先是指示和约束,其次是解脱、转化和变形。第一种功能可以由祭司城邦的社会曼陀罗来体现。城邦的每一个成员都置身于这种显然具有重要意义的氛围中,成为集体的一部分。中世纪教堂斗士、受难者和胜利者的曼陀罗也可以体现这种功能。这种象征的意义或者终极根源毋庸置疑。就像一件精美的艺术品,它就是终极意义上的自身,向关注它的心灵传递福祉,给寓居其中的生命赋予意义。如同荣格所说,象征与符号不同,是"某种相对未知的物体的指示和规定,是存在的、必要的"②。当这种象征担负约束的职能时,人的认知能力受到抑制,并被象征本身迷惑与限制,同时又被未知事物充实,并保持距离。但是这种象征起到解脱、转化和变形的功能时,人的认知能力就成了一架石弩,被远远甩在背后。《蒙查羯奥义书》(*Muṇḍaka Upaniṣad*)对这种象征功能有极好的表述:

唵(AUM)声为大弓,心灵为羽箭:

彼也虽大梵,谓言是鹄的。

故当贯通之,坚志不放逸(冥想 AUM);

---

① G. V. 科诺芬朵夫(G. V. Kenofontov), *Legendy i rasskazy o shamanach u. yakutov, buryat i tungusov*, Izdanie vtoroe, 第 4 版, S predisloviem S. A. Tokareva, Izdatel'stvo Bezbozhnik, Moskva 1930;阿道夫·弗里德里希(Adolf Friedrich)与乔治·布德罗斯(Georg Buddruss)译,《西伯利亚的萨满教》(*Schamanengeschichten aus Sibirien*),奥托·韦海姆-巴斯-弗拉格,慕尼黑 1955,第 213 页。

② 荣格,见上。

> 人当契入之，如矢合为一①。

萨满敲鼓的节奏就是 AUM 音节；他的通神就像羽箭，就像鸟儿那样飞行。他的思想脱离象征的保护，直接通达神秘的未知世界。

可是未知世界分两级，一级是相对未知，另一级是绝对不可知。相对未知世界，在心理学上由无意识代表，在社会学上由历史发展动力代表，在宇宙论上则由宇宙力量代表。这种未知世界的所指是由 parokṣa 一词表示，它的意思是超越眼识。这我已做了讨论。parokṣa 的所指，对于清醒的意识而言，不是可以直接理解的。人们说它们是 adhidaivata，即神圣的。在灵视中，圣贤感知它们，它们属于梦境。在现代世界，我们以一种截然不同于过去圣贤的方式来讨论和思考过这些事情。神学家阿奎那坚持认为，《圣经》在物质与精神两个层面都是真实的，这一点是很正确的。在形成之初，《圣经》被认为在物质层面是真实的，而其精神真理内蕴于其文字所描述的物质世界。现在，那种物质世界已经消失，另一种物质世界取而代之。同时，那一精神世界也在消失，而另一种精神世界亦取而代之或者说正在取而代之。当象征与社会真实的意识世界、潜意识世界失去联系时，当人们驳斥清醒意识的象征所指，不再能感受到象征所关注的行为动机时，起着规范作用的象征功能的鲜活体系就很难存活下去。正如符号指向已知，而象征相对指向未知，这是时代知识的功能。

但在 parokṣa 那神秘深奥、灵性和神圣的词汇的最高意义之外，还有一个未知世界。"道可道，非常道。"老子在《道德经》（*Tao Teh King*）②的开篇写道。"孤身一人，"阿奎那写道，"孤身一人，我们才能真正理解上帝。上帝高妙，不可思议。"③ 我们还在《由谁奥义书》（*Kena Upaniṣad*）中听到过：

> 唯异所知者，又超所未知④。

这属于未知世界的一类，所有重大的神话和宗教都指向此处。但是人们认为，那是绝对无法表达，玄之又玄，并且无法穷尽。对此，人们持有两种态度。首先是绝对的恐惧、顺从或虔诚。人们并不去察个究竟，因为那种态度是狂妄自大：作为联系的唯一可能的中介，人们与象征相依存。这就是教堂受难者、勇士和胜利者的情形。第二种态度属于神秘主义者，他们的心灵如羽箭，那样，象征就起到解脱的功能。梵语叫 mokṣa，意即解脱。既然发挥约束功能的象征必

---

① 《蒙查羯奥义书》2.2.4。
② 老子，《道德经》1。
③ 《知识与基督教徒》（*Summa Contra Gentiles*），第五章。
④ 《由谁奥义书》1.3。

须在物质和精神层面保持说服力，那么发挥解脱功能的象征就不必存在意义，它的功能仅仅就是促使灵魂飞升。

"在我刚开始变为萨满之前，"我已引述过的通古斯的老萨满说道，"我卧病在床，整整一年。十五岁时，我成了萨满。促使我成为萨满的病症让我的身体肿胀，我经常昏厥。我一唱歌，疾病就没有了。"后来，他还讲到病中所见的幻象。"祖先现身在我面前，要把我变成萨满。他们让我像木块一样站立端正，用弓箭朝我射击，直至我失去知觉。他们割下我的血肉，扒下我的骸骨，清点数目，并把肉生吞下去。在点数时，他们发现多了一块。要是数目不够的话，我就不能成为萨满。祖先在进行这种仪式的时候，我整个夏天不吃也不喝。最后，这些萨满祭司们喝驯鹿的血，他们还让我喝。经历过这些事情，萨满们身体里的血就比常人少，脸色也显得苍白。"

"通古斯的每一个萨满都有类似的经历，"老萨满继续说道，"只有他的萨满祖先用那种方式切割他的身体，剔出骨头，他才能成为萨满。"①

无论如何，通古斯的萨满之弓并不具备《蒙查羯奥义书》中弓的神力。因为这张弓只不过把萨满的灵魂之箭射到无意识，也就是相对未知世界的祖先领地之内。但是，值得注意的是，在故事中，它并没有把普遍的宏观的意义归于个人的幻觉，这正是旧石器时代的特点。萨满遇到的神祇是他的祖先，所指也是他本人。

但是，正如我们在吉卡里拉阿帕奇神话中所见的那样，新石器时代权力中心的世界体系一旦施行，这种强烈的个人取向就变得不合时宜，犹如妖魔一般，惨遭毁灭。因此，我们就必须在这种禁锢之下，也就是在曼陀罗范围以内，来探讨形成代表解脱的象征的新看法。要做到这一点，我建议，先要对亚洲修行瑜伽的团体的理念演变做简要而又系统的说明。

这不是随意之举，而是由许多考虑所证明。首先，从最早的印度奥义书时期，也就是公元前8世纪开始，东方就有一部灵魂解脱的传记。其次，在那漫长的历史中，瑜伽的技巧、体验与通神的萨满传统联系在一起，这一点如此牢固，以至于佛教北传至西藏和蒙古时，就吸收了当地的苯（Bon）教，而萨满术在苯教中发挥着核心的作用。实际上，"萨满"一词就来自西伯利亚通古斯人的

---

① 科诺芬朵夫（已引），第211—212页。

语言，人们认为，它是由梵语 śramaṇa（意思是和尚、瑜伽士、禁欲者①）演化而来的。11 世纪西藏大德米拉日巴大师的传奇传记就为这种联系提供了充分的证据；而直到今天在日本的某些佛教教派中，萨满术仍被当成宗教的一部分而被实践着。我们不要忘记，我们经常看到远东入定佛像胸口刻着的逆时针方向的万字符，而这一饰物最早却出现在旧石器时代飞鸟的羽翼上。② 我举出这种背景是想揭示，提坦精神反映了祭司城邦的限制和原型；在亚洲，这种限制从来没有放松过。这是我的第三条理由，也是最后一条理由。例如，在印度，直到今天，这种不合时宜的理念还那么强烈。社会原型学的神职卫道士与无畏的解脱大师之间的对话已进行了数千年。我们大家依旧能感受到。

在这场庄严的对话过程中，我们可以注意到，萨满式提坦英雄的变形有四个阶段。首先是我们所见的提坦妖魔（即众神叛逆者）式的萨满。印度的阿修罗就是这种类型。他们沉醉在林中苦修，但目标不是获得觉悟。他们只想获得法力，并且运用这些法力，满足他们的世俗欲望。在印度的神话故事中，他们自愿接受最严格的苦行，并借此迫使那些至高无上的神听从他们的驱使。幸运的是，由于宇宙法则，这些至高无上的神总是保留一两个花招，因此，提坦们受到愚弄，并被推翻。

如此，在神话的翻译中，这里对个人意志、社会和宇宙秩序约束的看法，与我们在古希腊传统中所发现的那种方式的看法是一致的，这一点是很清楚的。个人鲁莽以及命运强加给众神的必然法则，这种思想贯穿在所有高级文明的哲学和宗教思想中。道德准则必须遵守。远东思想是用"道"来表现的，道就是路、大道、宇宙的法则的意义。这些不可改变的准则使得万物抱成一团，成为一个拥有功能不同的器官的强大机体。在印度，这种制约准则就是"法"的思想。"法"一词来自词根 dhṛī，意为支持；于法而言，对宇宙的支持就是准则，

---

① 参见 W. 斯考特（W. Schott），《关于"萨满"一词的双义性和蒙都皇帝宫廷中通古斯萨满崇拜》（"Über den Doppelsinn des Wortes Schamane und über den tungusischen Schamanencultus am Hofe des Mendju-Kaisers"），见《柏林科学院论文集》（Abhandlungen der Berliner Akademie der Wissenschaften），1842，第 461—468 页。因为缺乏证据，这一推断被 J. A. 麦考洛奇（J. A. MacCulloch）教授［《宗教伦理百科全书》（Encyclopaedia of Religion and Ethics），詹姆士·黑斯廷斯（James Hastings）编，第 11 卷，第 441 页，词条"萨满教"］和《牛津英语词典》（第 9 卷，第 616 页）的编辑否定，但被《韦氏国际英语语言词典》（第 2 版，1937，词条"萨满"）接受。假设是根据汉语的"萨满"从巴利语 Samana（即梵语的 śramaṇa）而来。

② 我断言，这个地区和中古时期的中国是一样开放的，影响了旧石器时代晚期萨满教的传统中心，这一标志的内涵不能被完全改变。我认为，这种观点是可靠的。

人如果了解自己出生的环境且认识到自己的责任，就会心甘情愿地践行这种责任，就是他自己的法。他就成了一种支持，一种对宇宙存在发挥功用的机体。在《圣经》中，人的堕落讲的是一个关于狂妄自大的故事，也是关于提坦诸神（即人）堕落的故事：人胆敢遵从自己的意志而违背禁令，这种禁令不是宇宙强加的，而是天父强加的。在这里，人类还是孩子，是淘气的孩子，被暴躁的亲人锁在门外，接受寒冷和惩罚。我们还知道，即使在文艺复兴时期，欧洲已经进入它的青春期，并准备把这个小时候被亲人斥责的故事抛在脑后，这时，欧洲人心中所想的就是人性，并大胆置天父于不顾。我们知道，在那个雄心勃勃的伟大时代，即使像米开朗琪罗那样颇有影响的提坦式人物，在认识到他的所作所为时，也会感到战战兢兢，心里盘算着自己最后的审判。用他的话说，"善与恶，最终获得永恒的裁定"，面对这些，他写道：

> 天真的幻想我已认清，
>
> 它要我心甘情愿为尘世艺术所奴役，
>
> 到头来却是枉然……①

我们也很清楚，在莎士比亚的想象中，那些了不起的提坦英雄如何撞碎在环绕世界的岩石上。

在以农业为基础的新石器时代曼陀罗的文明阶段，这种信条被广泛接受，宇宙大蟒缠绕周围，引诱人们莽撞，并且折磨他们。在这个历史阶段，提坦英雄完全是曼陀罗的囚徒，它的象征符号以自己的方式在它的里里外外发挥作用。这些象征符号从各个方向对他施加压力，直到他解体。

提坦变形的第二阶段是他为自己驱除这股力量，而不是为别人。印度的丛林哲学家可以代表这种胜利，他们拒绝尘世的苦乐，也鄙弃地狱与天堂的悲喜。"瑜伽首先需要的，"我们在很多论著中都读过，"是放弃今世或来世的行为果实。"② 在与此有关的经典著作《帕坦迦利瑜伽经》（*Yoga Sūtras of Patañjali*）中，我们读到：瑜伽修行者开始在放弃尘世、超越尘世的苦修中取得进步时，那些天上的众神就会用天上的逸乐诱使他远离本来的意愿。"阁下，"他们会说，"你难道不愿待在这里吗？为什么不在这儿休息休息？"

"是这样说的，"评论者警告道，"让瑜伽士认真想想享乐的缺点：在不断轮回的煤火上焙烤，在生死之间的黑暗中书写，我此时才找到修行的明灯，它将

---

① 米开朗琪罗，《十四行诗》（*Sonnets*），J. A. 西蒙兹（J. A. Symonds）译，纽约和伦敦1950，1951。
②《吠陀》（*Vedantasara*）17。

破除烦恼（kleśa）之黑暗。世俗饱欲的肚腹是修行之灯的大敌。我已看到它的光，如果我因为种种欲望和幻想而步入歧途，使自己为轮回之火添油，让它又重新摇曳一般，这灯火又将如何？它将与你作别，世俗的一切，像梦一样，使人受骗，只有恶徒才会对你狂热！"

"这样决然的决定，"评论者继续说道，"让瑜伽士集中精神。排除一切干扰，不要让他因为想到自己被众神垂青而沾沾自喜……"①

对那些未达化境的修行者来说，众神弥漫世间，将其护佑。而对那些修行有成者来说，梦幻中同样见到的那些众神，只是名色而已（nāmarūpam），并不比在清醒意识中所知的名色多一分真实或少一分真实。但是在熟睡中，清醒的意识世界与梦幻世界都会解体。难道不可能清醒着进入熟眠境（sphere of Deep Sleep），在那里观照世界——神仙、梦想、万法——一切皆空吗？那正是瑜伽的胜利。如果怀着曼陀罗良民的恐惧和虔诚，人是不能洞察世界的，他还没有看到过神及其世界，去如朝露。这就像我们在著名的佛经中读到的那样：

  一切有为法，如梦幻泡影。
  如露亦如电，应作如是观。②

这里全然是解脱。整个曼陀罗三界分崩离析。个体炼尽了烦恼，或炼尽了我们叫作以文化和生理为条件的个体记忆印痕，现在通过彻底的放弃，经历着解脱之境——孑然独立——的本真状态中的完全的自由和清醒。宇宙被否定为没有意义的欺骗，在它自己的幻想界限以外的地方毫无意义，从而得以实现超越的状态。叔本华在他杰作的末尾对此曾经欢呼。他写道："对那些颠覆和否定自身意志的人来说，我们如此真切的世界，尽管有星体和银河，但终归一无所有。"③

在《唵声奥义书》（*Māṇḍūkya Upaniṣad*）看来，居醒境者与 AUM 中的字母 A 相一致；居梦境者（即天堂和地狱）与字母 U 相一致；居熟眠境者（即能知与所知神秘结合的状态、神与世界、孕育创造的种子和能量，这一状态象征曼陀罗的中心）与字母 M 相对应。④ AUM 音节若即若离，推挤着灵魂，使其陷入周围的寂静：灵魂沉浮其中，当寂静缓慢而有节奏地发出声音来，就像是

---

① 《瑜伽经》（*Yoga Sūtras*）3.51，评释，詹姆士·胡格顿·伍兹（James Houghton Woods）译，《帕坦迦利瑜伽经》，剑桥马萨诸塞州1927，第285/286页。
② 《金刚经》（*Vajracchedika*）32。
③ 《作为意志和表象的世界》（*Die Welt als Wille und Vorstellung*），第四部，结论。
④ 《唵声奥义书》9 至 11。

AUM——AUM——AUM。

寂静就在平等不二的中道中。

世界，整个宇宙，神和一切，都变成一个象征，象征着无：无义之象。因为给任何一部分赋予意义，只能是像弓一样，释放它的力量，灵魂之箭，只会驻足于有意义的所在——这就像在祖先那里的萨满的灵魂，或者是在圣徒和天使那里的基督徒的灵魂，弓为了发挥弓的作用，而不是响弦的功能，就要使自己的任何部分没有意义，超越承担解脱的角色。医生用小锤敲击你的膝盖，你的腿就会抽动。就是这样细微的影响，也是不可以有意义的。

我想给象征下一个定义：激发能量、引导能量的中介。当它具有意义的时候，不论是物质的，还是精神的，它起着为自己约束能量的作用，这可以比作给弓开槽口、弓弦和引弓。但是当所有的意义消除后，象征就起着解脱的作用，能量消散至尽。其鹄的不能以弓的部件来定义。"没有天堂，没有地狱，也没有解脱"，我们在一篇欢庆瑜伽狂喜的著作中读道。"简而言之，"原著写道，"在瑜伽正见中根本什么也没有。"①

关于绝然弃绝宇宙、神或人是什么时候让印度人着迷的，我们尚不得而知；但早在公元前2600年至公元前1500年的印度河流域文明时期，就发现有瑜伽坐姿的三面神人雕像，周围有动物环绕：有人说，那一定是扮演兽主（Paśupati）的湿婆神。兽主是百兽之王，是居住林中的瑜伽修行者的原型。他身涂灰烬，向世人表明，他已死亡；他佩戴活着的蟒蛇手镯，表明他已超脱环绕世间的大蟒。尽管另外一些人受蛇的限制，而他佩戴蛇，只是作为装饰，或是可随意抛弃它。因而这种思想传到印度，几乎和曼陀罗一样早，并在最初的阶段呈现出极为残酷的特点：瑜伽的目的不亚于死亡。当心中所有恐惧和希望破灭至尽的时候，这个特点就会伴随发生。在风全然静止的瞬间，提坦英雄早已使身体平衡，做好脱离肉身的姿势——他脱离了身体的皮囊，还有整个曼陀罗，祭司王和高贵的祭司，天堂和地狱，美德与恶行，妖魔与神灵。

在古典世界斯多葛派哲学家那里，这种意识形态的某些方面还能感受到；在近东基督同时期的各式各样的灵知和启示运动中，也可以感受到。事实上，在基督的言行中，有太多鄙视世俗的精神，我们也会想到，他可能受到提坦式叛逆的影响。"任凭死人埋葬他们的死人"，是瑜伽修行者对世俗的相当典型的总评。"去变卖你所有的……你还要来跟从我"，这是瑜伽大师对那些试图修行

---

① 《阿士塔伐克拉集》（Aṣṭavakra Samhita，又译《王者之王瑜伽经》）80。

的人提出的首要条件。但至少是在基督传说中，有一点品质暗示了某种比单纯的提坦式鄙弃更为文雅的东西，并在以后的农耕文明阶段，带来提坦原则的再次转变。

公元前 8 世纪到公元前 7 世纪的早期奥义书阶段，一些印度的提坦英雄发现他们的同辈孤立寻求的东西，随处可以发现。瑜伽士离世而觅的内在安宁，就在世间。寂静甚至在 AUM 音中传播回响，因而需要改变看法。这不是通过逃离取得的。逃离意味着承认束缚和解脱这两种截然不同的状态。但瑜伽修行者必须认识到，所有的区别，即使有一方面是修行者的最爱，都属于理性逻辑，即 A 不是非 A 的领域。世界、众神、人和万物要用新的眼光去打量——只是打量，而不要回避。

> 在一切众生，"彼"是秘密我，
> 而不自显示。唯有知微者，
> 以深微妙智，于是而得见。

> 一火入世间，所遇成形色，
> 一我寓众生，形色从所式，
> 而又居其外，一一彼可识。

> 一我寓众生，静专为主灵，
> 原本一形式，创作成多形。
> 智定观照人，见彼于己宁。
> 斯人得永福，他人未曾经①。

既然对事物的体验是一神显灵，那么善与恶、神圣与邪恶、上帝与魔鬼之间就没有本质区别了，因为曼陀罗的主宰和保护者让我们相信，事情就是如此。认识到这一点，这种提坦英雄方面的知识就显而易见了。事实上（这后来成为左道派的原则之一），相信这种观念就是甘心困于以理性、美德和原则陷阱为特点的破碎状态。印度密教觉悟的原则把五戒变成了五善，觉悟之阶和肉欲狂欢的野性形象在印度中古时期的庙宇大行其道，这都让我们知道：当万物皆为神圣，万物都得以确认。需要强调的是，吓坏了的反对神秘的社会意识群体所受到的震惊，并不亚于那些无情地否定世界的肉体解脱者。

---

① 《羯陀奥义书》（*Katha Upaniṣad*）3.12，5.9 和 12。

因此，我们有一条解脱原则。不是除掉那些对别人而言意味着束缚的符号和象征，而是除去它们的意义。人的一生，他在时间上停留的阶段，人总要从弓弦上解脱。"享乐（bhoga）就是瑜伽！"这成为一种伟大的呼声。"快乐就是宗教！"或者"在这儿！在这儿！"但对于丛林哲学家而言，每一种激动的感觉都会使精神猛然偏离专注点（通过专注点才能达到定境）。首先施行的准则是dama，即控制、克制外部器官，现在暂时的体验和永恒的认知合而为一，即轮回与涅槃的同一成为思维和实践的第一准则。不论是在激情的洪流中，还是在恼人的沙漠里，无所不在的教义接受检验，其真实性在行动中得到体会。"在梵的海洋里，"我们读道，"充满福祉和美酒，避免什么，接受什么，非我之处算什么，类别又算什么？"①

在早期的诺斯替（灵知）崇拜中，西方世界的这种提坦精神已有些时日。很显然，这种精神吓坏了保守的罗马人，他们给基督教一个恶名。"劈开棍子，"诺斯替教箴言讲道，"那儿就是耶稣！"西方的历史早已抹除了这些信仰的记忆。但在文艺复兴时期，情况却出现了变化。上帝无所不在，上帝存于万物之中的思想鼓舞了当时人们的新生命，并使艺术欣欣向荣，这促使人们大胆尝试打破天文、地理和道德的束缚。"勇敢地犯罪吧！"路德说道，Fortiter Pecca！路德并不是他那个时代唯一认识到这一命令的精神含义的人。

但我们仍然受到拘囿，因为我们被什么东西束缚住了。我们被觉悟思想和离弦、解脱的想法束缚了。按照这些充满抗争、动荡和喜乐的规则，仍将出现这种情况，知微者与我们当中不够聪明的那些人之间有显著的不同。要对不二原则，也就是 A 与非 A 不二的原则的最终引入给予公正评价。现在我们被带到了社会曼陀罗发展的第四个阶段，也是最后一个阶段。

现在，我们意识到的最后一个阶段只是把第三阶段所讲的原则推进一步。因为如果享乐是瑜伽，轮回是涅槃的话，那么，迷就是觉，执着就是解脱，约束就是自由。无修无证；因为在约束中，我们才是自由的，在奋力求得解脱时，我们就把自己系于早已代表自由的束缚之上了。

现在呈现给我们的是被现代物理学家称为"两分"的体系或者"互补"的原则。在我们经验的一面，万物（包括我们自身）都处在时空的限定之中，受到束缚；而我们的经验还有另一面（这与另一面是不可调和的）：万物（包括我们自己）总是自发而起，自由地创造自身。1951 年，马科斯·诺尔（Max

---

① 《分辨宝鬘》（*Vivekacūḍāmaṇi*）484。

Knoll）教授在他的伊拉诺斯讲座中，讨论过这种两分的困境。当时，他对照了动力与结构、能量与时空、物理学与心理学的种种描述模式。在大乘佛教中，这种认识是以菩萨的概念和理想来表现的。菩萨是大慈大悲的救世主，是觉有情，不入涅槃，出于对万物的慈爱和悲悯才留在俗世，斯即涅槃。这种教义或理念的要点是：我们都是菩萨，受到束缚，同时又很自由，既受时空条件的制约，又自发而起。的确，万物皆为菩萨。我们将这个提坦原则的发展阶段称作普救众生的阶段。"看那田里的百合花；它们既不耕，也不织！"

脱离、解脱、自由的含义不再是逃跑；这一术语有了所指，指的是当下存在和感觉的方式和面向。菩萨果恰是（也只能是）一种处处二分却处处体验到不二。人们普遍认为的二分并非实相。让我们暂时将这种理想与反抗宙斯的普罗米修斯的理想做一个对比。宙斯代表的是个人自由与世界、宇宙秩序不可调和的两分法，菩萨的觉悟就是意识到任何激烈的两分法都是僵化分类思维的结果。按照互补原则，我们应该说，普罗米修斯与宙斯、我与天父为一。

解脱已存于我们之中，但我们如何才能达成呢？

有一个传说讲的是佛陀教导有心之人的故事。他教的时候手里拿着莲花。唯一领悟的学生是贤者迦叶，他已智慧成熟，是他看到了莲花。从宗教或教派意义来看，佛陀手持的莲花含世俗的莲花之意，而莲花也是救赎之车乘。因为著名的佛教祈祷和念想"莲花上的如意宝"（唵嘛呢叭咪吽，*AUM Maṇi Padme HUM*）教导我们，涅槃的如意宝就在生命的莲花上。也就是说，根据那些超越感觉和思维逻辑双重欺骗的人的说法，束缚与自由不二，世界与其苦痛、瑕疵都是完美与欢乐的金莲世界。可以肯定地认为，佛陀手中的莲花可能指这种思想，而其所指包含象征之义。当然，我们作为当代的逻辑学家，怀着科学精确性的雄心，不得不问，用直接或间接的证据是否就能证明这种观点。如果不能证实，我们就应该反对这种想法，它代表的是未经证实的假设；或者我们把它归入单纯表达的一类：像一首诗、一声呼喊、一首曲子，这是佛陀感受世界以及他的情绪和个性，他与世界密切的关系，他的个人魅力，凡此种种的表征。但是，尽管有丰富的思考、合理的命题、心理直觉、精确概念，我们也不会尝试去看或者去想迦叶看到莲花时之所见。

奥尔德斯·赫胥黎（Aldous Huxley）在其著作《知觉之门》（*The Doors of Perception*）中描述了他饮下溶于半杯水中的0.4克墨斯卡灵生物碱所产生的感觉。他讲的是他在花园看到的一把椅子。"很长很长一段时间，"他写道，"我不知道也无心知道对着我的是什么，我凝视着它。在另外的时间我本来看到交替的光影所围拢的椅子。今天这种知觉已经吞噬了概念。我完全沉浸在注视当中，被看到的东西惊呆了。我对周围毫无意识。阴影落在帆布垫子的地方，深亮的靛蓝条纹与极其明亮的炽热交替，难以置信，这只可能由蓝色的火构成。花园的家什、板条、阳光与阴影——这些后来已不再仅仅是出于实用目的的名字、概念和表达了。这种感觉就是壁炉的门楣被神秘的龙胆草隔开后的蓝色火焰的延续。真是奇妙得难以言表，奇妙到了使人畏惧的极点。突然我察觉这种感觉定是到了疯狂的地步①。"

虽然没有受情绪的影响，但这就是我所想象的迦叶看到佛陀手中莲花的情景。这与莲花相关的教义是无关的，也不是用来表现佛陀的个性、心境和情绪。它也不是用来指生物学上的莲花。它只是一朵莲花，包含无尽的神秘；它只是如此，我们也是如此。但是因为我们彼此关联而相互受到保护，这种关联是宇宙体系的印痕，我们都受到过这种教导；我们的头脑还认为感觉的论据就来源于此。根据这些联系，我们让概念取代知觉，启示的过程得以逆转，因而使我们与经验分离。而我们周围的每一个东西和每一个人一直都坚持自己的存在，竭力提供自身的经验证明自己并非他物。

一些人需要墨斯卡灵生物碱使自身的意义消解，而另一些人则迷惑于催眠似的鼓点和艺术作品有序的节奏中。（例如，我们当中，有谁真的凝视过一双旧鞋，直到凡·高将之呈现在我们面前？）某些宗教训练，重复有意义或无意义的音节，观想某种图案或意象，长时间思考玄奥得让人绞尽脑汁的谜语，这些只为产生一种相似的结果：迷惑人那忙碌的头脑，对它进行催眠，释放头脑里的感觉。梦境留给我们的印象通常要比清醒的生活场景强烈。因为在睡眠中大脑不再设防。如果我们在清醒时大脑失去防线，现量（pratyakṣa）世界没有了意义的粉饰，将会发出自性的光明。我们的经验将是现量真谛："目击道存"；"圆陀陀，光灼灼"。

这种经历被中国和日本的禅师描写成"无心"，这个称谓多少让人陌生费解。但我相信，如果用更适合我们自己传统的名称来表达，可以认为这种体验我们也有。用最简单的方法，我认为，当一种情境或现象激起我们的存在感（而不是确定意义的可能性），我们可以说就已经有了这种经历。按照我们的能力或乐意程度，激发的存在感或强或弱。但即使一个暂时的震惊（例如，当发现月亮在城市房顶上或听到晚上鸟儿的尖叫）也可以产生无心的体验，也就是

---

① 奥尔德斯·赫胥黎，《知觉之门》，纽约1954，第53/54页。

说，诗化的或艺术化的。那样，我们自己意外之真觉醒了（或许更好是对意外之真而言，我们觉醒了），我们经历的既不是思维，也不是感觉的影响，而是内心的力量。这种现象脱离了宇宙间的所指，使我们自己得以解脱。按这种原则行事，有如做法，有如请神一般。事实上，艺术的魔力和巫术都来源和达成这种体验。因此在巫术中无意义的音节和艰涩的话语力量，与在玄学、抒情诗和艺术解释中那种无意义的表达，都如出一辙。它们的作用在于召唤，而不是指示；它们像萨满的鼓，而不像爱因斯坦的公式。稍后，我们把这种经历归类，并有了相关的想法和感受。这些思想和感受全在公众视野之内，它们是多愁善感还是深思熟虑的结果，就要看我们所受的教育了。但根据生活体验，我们曾瞬间有过这种存在感：无法估量的顺畅诗意生活的片刻，而且先于思维和感觉。它无法以经验证实命题的方法进行传达，而是由艺术显示。

现在，我已准备归纳最后的两三条建议了。

首先，我们讨论的这种体验不是关于相对未知世界，而是关于绝对不可知世界，它不可能用"知识"这个西方国家通常意义上的术语来称呼。的确，梵语的菩提（bodhi）、知识（vidyā）和般若（prajñā）都指这种经历过程，通常被翻译为诸如知识、高深的知识、觉悟、明悟或智慧，但是在我们的传统中，难以传达这些词的意义。根据东方的用法，在我们语言中，这些词语的所指都是a-vidyā，即非知识、愚昧、无知、愚蠢、欺骗。让我们接受这种建议，认可艺术、玄学、咒语（hokus pokus）和神秘宗教的意图不是去知道一切，不是知道真善美，而是对绝对不可知世界觉知的召唤。另一方面，科学会打理好已知的一切。

还有艺术和科学（在此，为了保持与所引鲁道夫·卡尔奈普教授的意见一致，我要把玄学与宗教的整个词汇置于艺术的门类之下）。艺术和科学包含着两分体系。艺术的功能是产生存在感，而不是确定某种意义。因而，那些要求确定意义的人，或者那些缺乏自信的人，当他们得知支撑他们的意义分崩离析时，就显得不安，他们也一定就是那些没有持续深刻地体验过存在感的人。这种感觉是自然自发的，是存在首要的最深刻的特点，也是艺术所要唤醒的领域。

我问你，花的意义是什么？如果没有意义，花儿会死亡吗？

我们带着借鉴回到象征的问题上。可以说象征像其他事物一样，都有两面性，所以我们必须区分象征的感觉和意义。以往大大小小的象征体系同时在三个层次上发挥功用（这一点我极为清楚）：清醒意识的物质层次、梦境的精神层次以及绝对不可知世界的无法表达层次。"意义"一词只能指前两者，而这两者现在都是科学研究的对象。我们说过，科学不是象征而是符号的领域。无法表达的绝对不可知世界只能感受到，在宗教圣所不比在别处多。它属于艺术的范畴，不仅仅或不主要是表现（正如卡奈普教授和其他逻辑实证论者支持的那样），而且是探求并形成唤起体验、唤醒潜能的意象：产生赫伯特·里德（Herbert Read）爵士所说的"对存在的感性领悟"（a sensuous apprehension of being）。

这一点我不必多说，时间和场合都不允许。我大胆认为，在个人主义的勇气与他勇于面对能使整个部族受益的精神经历之间，旧石器时代猎人明确地指出了某种合作性。从个人角度讲，我虽不愿对此发表看法，但我相信，精神状况或水平与个人所能获得的直接经验的数量之间存在着明确的联系：在农业社会中，以曼陀罗为条件的人的心理塑造只能使他不愿接受任何神秘现象的影响。奥尔德斯·赫胥黎曾指出，他真正所见的事物是"奇妙到了使人畏惧的极点"，因而他察觉这是疯狂的感受。在人们失去与意义模式的联系、失去与思考意识的联系后，这种疯狂就不能再恢复了，而在那些萨满和提坦英雄式瑜伽飞行中，如至尊野公鹅那样的伟大艺术家可以飞去和返回。

我的第二条建议是，当今曼陀罗自身，即整个意义结构（社会及其保护者总是使我们隶属其中）分崩离析，这要求我们在肉体和精神层面要做的是承袭萨满教无畏的自给自足的遗产，而不是指引新石器时代胆怯的宗教虔诚。在我们当中，那些从来都不敢成为提坦式英雄的人只是些听话的孩子，尽可能地听从宙斯、耶和华或国家的命令，他们如今也发现，这些命令也是变化的，是与时俱进的。因为真理的曼陀罗之圆已被打破。这个圆是开放的，我们正驶向比哥伦布的发现还要广阔的海洋。科学命题把曼陀罗打破，我们把道德、知识和智慧归于科学，其实，在终极意义上，科学不必再掩饰自己是真实的，是无误的，是永久的，它只是一些暂时起作用的假设，来去匆匆。在外部空间和内在心理空间的深层启示中，没有什么导航鸟、着陆或者伊斯帕尼奥拉岛不会崩溃。

"哦，你呀，"但丁说道，此刻他开始了旅程，离开南海宇宙峰顶的尘世天堂，打算去那月神的领地，"你啊，坐在小船中，渴望听到声音；跟着我的舟子来吧！它唱着歌悠悠行驶，你转头还能看到原来的堤岸。不要向那深渊行驶；如果意外失去了我，你将偏离航行。那里的水域没人穿过。密涅瓦神在呼吸，阿波罗神指引我，九位缪斯女神让我看那小熊星座。"[①]但丁用一系列神学命题

[①]《天堂》（*Paradiso*）II，第1页以下。

安全地到达了目的地：净火天、光之河、天国玫瑰，它们都在原动天以外。如同他宣称的那样，他在那里找到了终极意象，可以确认为圆的标准，并且在这种情境中，爱让他的欲望和意志转起来，像均匀运转的车轮那样转动，是爱也，动太阳而移群星①。

但是，现在的圆是二百年后的天才库萨的尼古拉宣布的。它的周线没有尽头，它的中心无所不在：无限辐射的圆也是一条直线。用另外的方式表达这个原理，即我们所说的"意义"就是"无义之义"，因为从中推不出什么特定的称谓来。要支持这种暂时的情形，每个人都必须证明自己就是对广阔世界无所畏惧的提坦英雄。

诚如荣格在研究著作中揭示的那样，成熟心灵的深层目标和问题是恢复完整性。但这种恢复又必然使我们更深入自我和宇宙的中心，这要比我们关于人或人性可能拥有的任何概念或意象都更深刻。正如加利福尼亚诗人鲁宾逊·杰弗斯（Robinson Jeffers）宣称的那样：

人性

是种族的起始；我说

人性是将要弃置的模子，将要捣烂的硬壳，

将要碎裂燃烧的煤炭，

将要分裂的原子。②

荣格曾描述，个体化过程的目标是消融，不是强化，是个体与集体原型的合一。我试图说明，这些原型不是心理或世界的功能，而是历史与社会的功能，而且它们如今正在分崩离析。科学方法使我们在智力上脱离纯粹的神话时代，至少在西方，以宗教为基础建立的神权国家已完全解体，发动机不断使人类精力从繁重的体力劳动中解脱出来，而这些劳动以前都被合理地认为是为全社会做贡献。如此解脱以后，这些精力便构成了荣格所说的"可支配力比多"（disposable libido）的一部分，从物质任务向精神任务流动。这种精神任务只能是我所称的艺术工作。

在很大程度上，我们把科学发现归功于文艺复兴时代。1492年，文艺复兴时代达到了顶点。这一年"豪华者"洛伦佐去世，格拉纳达王国败落。这一年

---

① 《天堂》XXXIII，尾声。
② 鲁宾逊·杰弗斯，《鲁恩·斯达里恩》（*Roan Stallion*），见《鲁恩·斯达里恩、塔马尔和其他诗选》（*Roan Stallion, Tamar, and Other Poems*），纽约1975，第19/20页。

人们还发现了新世界。那年利奥那多·达·芬奇四十岁，马基雅维利二十三岁，哥白尼十九岁。而且，更巧的是，就在美国独立战争第一次战斗打响的那年，詹姆士·瓦特产生了蒸汽压缩机的想法，我们要把第一台成功运行的能量驱动的机车归功于此。因而从某种意义上来看，我们现在生活的这个世界不仅是1492年创造的，而且是在1776年得救的。

在我们的有生之年，已极不可能再找到什么坚硬的石头能把普罗米修斯牢牢锁住，或是找到可以让那些不是提坦的人自信倚靠的岩石。现在科学家们创造性的研究和十足的胆量更多地带上了萨满的雄狮精神，而不是神职人员和农民的胆怯和虔诚。他们已经抖去缠绕的蛇王所引起的恐惧。如果我们有他们的勇气，以便快乐地进入无义的世界，我们就必须使我们的灵魂变成像他们一样的野公鹅，在无尽的时空中飞行——好像童贞玛利亚的身体一样——飞向的不是天穹之外的天堂（因为那里没有天堂），而是同时既内在而又外在的体验。在那里，普罗米修斯与宙斯，我和天父，无义的存在感和无义的世界意义合而为一。

滚动的头颅：面向复兴的精神分析神话研究

迈克尔·P. 卡罗尔

正如弗洛伊德在其大作《梦的解析》[①]中屡次提及的那样，精神分析的视角，可以让人们对神话有崭新的诠释，这已不是什么新鲜之事。紧随弗洛伊德之后，马林诺夫斯基[②]和罗海姆[③]对大量神话进行了非常细致的研究，与此同时，许多学者也在其间从事着同样的工作。举两个最新的案例：列维-斯特劳斯用结构主义的方法研究南美神话，而今，斯皮罗[④]（Melford Spiro）则用精神分析的方法对其进行重新解读。波伊尔[⑤]将奇里卡华（Chiricahua）和梅斯卡勒罗·阿帕奇（Mescalero Apache）两个部落的习俗和他们的民间故事联系起来，同样也取得了不错的成果。

虽然已经有了这些研究成果（还有其他很多未被提及），但是我们可以公正地说：对于那些从事神话研究的社会人类学家来讲，精神分析的解读范式仍未被广泛采纳。其原因至少有两点：

其一，正如这本杂志的大多数读者所熟知的那样，许多人将精神分析仅仅视为比一般理论好不了多少的学说。换而言之，只不过是一种自以为是的而非基于数据分析的解释。无论神话的内容如何，只要怀有信念，一个弗洛伊德的坚定拥护者总会得到一个与众不同的弗式解读。

其二，精神分析法未获得广泛接受的根源可能在于，人们普遍认为，精神分析研究者只是专注于文化的共性，相对而言，他们不太关心对文化差异的解

[①] 西格蒙德·弗洛伊德，《梦的解析》，英格兰：哈蒙沃斯出版社，1976。
[②] 布罗尼斯拉夫·马林诺夫斯基，《原始社会的性压抑》（*Sex and Repression in Savage Society*），纽约：新美国图书馆，1955；1927 年初版。
[③] 参见吉沙·罗海姆，《神的恐惧及其他》（*The Panic of the Gods and Other Essays*），纽约：哈伯 & 罗出版社，1972；《沙漠之子》（*Children of the Desert*），纽约：基本丛书出版社，1974。
[④] 梅尔福特·斯皮罗，《什么对本我产生影响？》（"Whatever Happened to the Id?"），载《美国人类学家》54（1962），第 1032—1052 页。
[⑤] L. 布里斯·波伊尔，《阿帕奇民间传说的石头象征》（"Stone as a Symbol in Apachche Folklore"），见 R. H. 胡克编，《幻想与象征：人类学角度的阐释》（*Fantasy and Symbol: studies in Anthropological Interpretation*），纽约：学术出版社，1979，第 207—232 页。

释，尽管文化差异的解释一直是社会人类学的重要关注点。当然，这并非是说，那些针对精神分析倾向的研究者的观点是正确的。毕竟，马林诺夫斯基总体上认为，特罗布里恩群岛（Trobriand）神话的内容（经常反映出外甥对舅舅的敌意）源于其母系社会特殊的血缘关系。此外，众多其他研究者也对其他文化的神话做出了同样的结论。虽然有这些研究成果，但是事实依然是：那些被广泛阅读的关于神话研究的评论［比如安娜玛丽·瓦尔·梅莱费特（Annemarie de Waal Malefift）①、G. S. 柯克（Kirk）②、威廉姆·A. 莱萨、埃翁·Z. 沃格特（Evon Z. Vogt）③ 的评论］，强烈暗示精神分析法只是着眼于泛文化象征，这些象征产生自具有普遍性的成长过程（譬如俄狄浦斯期），毫无疑问，这只是反映了相关人类学学者的观点。

而且，这两种批评——精神分析法"不过如此"的性质和其研究者对文化差异的不敏感——通常有效。为了说明这一点，我们只需细看一下邓迪斯关于潜水捞泥者神话（Earth Diver）④ 的著名分析。

重析潜水捞泥者神话

在其分析之初，邓迪斯便察觉到潜水捞泥者神话在北美印第安部落的创世神话中分布得最为广泛，他将该故事总结如下：

> 文化英雄让许多动物依次跳入远古的洪水，从而获取此后形成土地的泥巴或沙子。走兽飞禽和水生动物均被派下去……可结果都失败了；直到最后一个动物下去才获得了成功，然而，当它浮到水面之时却已奄奄一息，爪子上残留着少许沙土。文化英雄将这点沙土放到水面，它便神奇地扩张成了现在的世界。

在解读该神话时，邓迪斯在一开始便很清楚地提出两个假设：第一个假设直接源于弗洛伊德理论，即儿童性理论中的"泄殖腔理论"（cloaca theory）。该

---

① 安娜玛丽·瓦尔·梅莱费特，《宗教与文化》（Religion and Culture），多伦多：克利尔·麦克米伦出版社，1968，第174—177页。

② G. S. 柯克，《希腊神话的本质》（The Nature of Greek Myths），英格兰哈蒙沃斯：企鹅出版社，1974，第69—91页。

③ 威廉姆·A. 莱萨、埃翁·Z. 沃格特，《比较宗教读本》（Reader in Comparative Religion），第4版，纽约：哈伯&罗出版社，1979，第174页。

④ 阿兰·邓迪斯，《潜水捞泥者：神话中的男性创世》（"Earth Diver: Creation of the Mythopoeic Male"），载《美国人类学家》54（1962），第1032—1051页。

理论假定，婴儿就像粪便一样经由肛门出生。第二个假设，全体男性嫉妒女性的生育能力，它来自新弗洛伊德主义者。给出了这两个假设之后，邓迪斯将潜水捞泥者神话视为对泄殖腔生育的神话解释，并认为该神话的广泛流传反映了男性对生育能力嫉妒的普遍性。

这一解读的第一部分似乎并没有太大问题。邓迪斯指出，泥巴和粪便存在形式上的相似性，因此，掘泥便自然可视为排便的神话反映。我们所知的潜水捞泥者神话就支持了我们在分析该神话时所采用的泄殖腔生育观点。尽管邓迪斯本人并未提及弗洛伊德一直将出入于大量水体的梦解析为与出生相关①，这一点至少增加了邓迪斯分析的互文性因素。

在潜水捞泥者神话中，虽然有一些支持泄殖腔生育的成分存在，我却未发现有任何成分支持邓迪斯解读的第二部分，即该神话与男性嫉妒生育能力有关。恰恰相反，合理的分析便会得到截然迥异的解释，该神话与分娩的焦虑有关。比如，在故事中，最初的那些动物们不仅未能成功，而且搭上了性命。在这一点上，邓迪斯进行了简单的处理，而其他评论者却注意到这一细节。② 即便是那个成功捞回泥巴的动物，也差点在尝试中丧生，仅是在其后才恢复了神志。③ 换句话说，这个神话一直将泄殖腔生育与死亡联系在一起。说明这一点之后，分娩焦虑的解释，尽管未必比生育嫉妒的解释更为合理，但至少也同样是合乎逻辑的。

邓迪斯的解读还存在另一个问题，这一问题与文化差异有关。除潜水捞泥者神话在北美印第安部落广泛流传外，同时，还有其他创世神话。在这些神话中，初民通过某种洞穴从地下来到地面。如巴诺夫（Barnouw）④所指出的那样，更为重要的是这两个创世神话都与特定的经济形式相联系。潜水捞泥者神话主要发现于狩猎与采集部落，而洞穴起源神话（Emergence Myth）则集中出现在定居化种植部落。

当然，也可以认为，不同文化表达生育嫉妒的方式是不同的，同时，也可

---

① 参见弗洛伊德的《梦的解析》第524—526页。
② 参见格拉德斯·赖夏德（Gradys Reichard），《神话的文学类型及传播》（"Literary Types and the Dissemination of Myths"），载《美国民俗学期刊》（Journal of American Folklore）34（1921），第269—308页；见艾莉·康格思（Elli Köngas），《潜水捞泥者神话》（"The Earth Diver"），载《民族历史》（Ethnohistory）7（1960），第151—180页。
③ 该版本的潜水捞泥者神话出自维克托·巴诺夫的《威斯康星州契帕瓦部落的神话传说》（Winsconsin Chippewa Myths and Tales），麦迪逊：威斯康星大学出版社，1977，第38—40页。
④ 巴诺夫，同上，第57—60页。

将从地洞中出现视为泄殖腔生育的神话体现。然而，这种解释只会给如下观点增加分量，即不管资料的具体内容，坚定的弗洛伊德主义者总会得到一个弗式解析。因此，在潜水捞泥者神话中，使泄殖腔生育观点合理的成分并未在洞穴起源神话中出现。比如，一场洪水虽然可以引发新人类诞生，但这并非该类创世故事中的常见成分。其次，洞穴起源神话也不强调与粪便相似之物（如潜水捞泥故事中的泥土）。①

无论如何，我们需要解释，为何狩猎部落偏爱诸如潜水捞泥者之类的神话，而该神话以相对直接的方式表达了泄殖腔生育的主题。关于此问题，我并未在邓迪斯的论述中看到。

方法论指导

鉴于这一点，我想提出两个方法论方面的指导方针，用以提高对神话精神解析的可信度。第一个是对博厄斯早些时候提出的与文化传播理论②相关的指导方针的修改。博厄斯关心的是合理的推断，在特定条件下不同文化中的相似神话通过文化传播的方式从一个文化进入另一文化。他认为，在所研究的神话中，除非它们有许多相同的成分，而且这些相同的成分在逻辑上是彼此独立的，我们才可断定为文化传播。譬如，假如我们发现两个部落都拥有某人跳崖身亡的故事，并且这只是两个故事唯一的相似点。运用博厄斯的规则，这两个部落之间就几乎不存在能推导出文化传播的基础。但如果我们发现，两部落都流传着这样的故事：有人跳崖之后化身为斑点鸟，而后飞向天空，变成了月亮。在这一案例中，两则神话具备了较多相同并且独立的成分，因此，文化传播的意味就更强烈了。神话的精神解析与博厄斯规则相类似的似乎应是：弗洛伊德式象征不应从任何既定的神话中推断得出，除非该神话包含一些逻辑上相互独立的成分，同时，这些成分可以直接、连贯地进行弗式解读。比如将这一规则运用于潜水捞泥者神话，我们便会得出这样的结论：在该神话中，似乎存在能够推

---

① 考察各种版本洞穴起源神话的要素，参见厄米尼·惠勒-沃格林（Erminie Wheeler-Voegelin）与雷梅迪奥斯·W. 穆尔（Remedios W. Moore）合著的《北美印第安部落的洞穴起源神话》（"The Emergence Myth in Native North American"），见 W. E. 里奇蒙（W. E. Richmond）编，《民间故事研究》（Studies in Folklore），康涅狄格州韦斯特波特：绿林出版社，1972，第66—91页。

② 弗朗兹·博厄斯，《故事在北美印第安部落中的传播》（"Dissemination of Tales among the Native North American"），载《美国民俗学期刊》4（1891），第13—20页。

导出泄殖腔生育的基本条件,而未曾出现与生殖嫉妒相关的证据。

第二个指导方针与文化差异相关,并且只针对某些研究者,他们专注于出现在不同文化中的同类神话的研究。在关于此类广泛流传神话的总体评论中,邓迪斯认为,这些神话可视为对普遍存在的社会现实①的反映(当然,这一观点也被用以指导他对潜水捞泥者神话的分析)。我不否认这一观点有时成立,不过,我认为,如果首先思考相反的可能性,研究者们或许会获得更清楚的认识,也就是说,某些神话之所以会广泛流传,原因在于它们很准确地反映了某一社会类型中人们的心理需求。当然,我们下一步查验证据,以确认在所研究的神话与特定的社会组织类型之间是否的确存在某种联系。

现在,我想通过精神分析的视野对一组特定神话进行解读,以展示上述指导方针的可行性。

滚动的头颅

在北美的印第安文化中,许多神话故事广泛流传,其中包括"星丈夫的故事"(Star Husband Tale)、"棚屋男孩与弃儿的故事"(The Story of Lodge-Boy and Thrown Away)、"捣蛋鬼故事"(Trickster Story)、"北美俄耳浦斯故事"(the North American Orpheus Tale),当然,还有潜水捞泥者神话。大部分神话都已成为学术研究的对象②,然而,也有一系列广泛流传的神话故事却似乎未得到众人的注意,即"滚动的头颅"系列神话。其主要内容讲述的是一个无身人头追逐或陪伴他人。

在对北美神话中"滚动的头颅"这一母题分析之初,我竭力寻找出每一个

---

① 邓迪斯,第1036页。
② 除了在此援引的邓迪斯、巴诺夫和赖夏德的著作外,其他研究神话传播的作品包括:保尔·拉定(Paul Radin)的《捣蛋鬼》(*The Trickster*),纽约:朔肯出版社,1972;盖伊·斯旺森(Gay Swanson)的《俄耳浦斯和星丈夫:神话的意义和结构》("Orpheus and Star Husband: Meaning and Structure of Myths"),载《民族学》(*Ethnology*) 15 (1976),第115—133页;弗兰克·扬(Frank Young),《民间故事和社会结构:对星丈夫神话三种分析的比较》("Folktales and Social Structure: A Comparison of Three Analyses of the Star-Husband Tale"),载《美国民俗学期刊》91 (1978),第691—699页;迈克尔·P. 卡罗尔(Michael P. Carroll),《列维-斯特劳斯、弗洛伊德和捣蛋鬼:新视角看待旧问题》("Levi-Strauss, Freud and the Trickster: A New Perspective on Old Problem"),载《美国民族学家》(*American Ethnologist*) 8 (1981),第301—313页。

包含了该母题的出版物。汤普森在北美印第安神话母题索引①中列举了"滚动的头颅"系列神话的目录,我以此为突破口,才找到了出自二十八个部落的五十一个关于该母题的神话。每个故事的概要均见本文附录。

那么,弗洛伊德主义者该如何解读这些神话故事呢?一个显而易见的解释会认为,这些断头故事主要涉及阉割焦虑。弗洛伊德认为,在人头和阴茎之间存在着象征意义上的等同关系,那么,断头象征着割断的阴茎②。实际上,当弗洛伊德本人在思考出现断头之梦时,他也的确将此解析为阉割之举动。列举出这些对等关系之后,如果一个神话中有某个人被一个会给他带来危险的头颅追逐时,那么,该神话就很容易被视为对阉割焦虑的反映。

当然对于弗洛伊德来讲,由于俄狄浦斯情结的缘故,阉割焦虑几乎总会发生在每个幼小的男性身上。简单说来,该观点认为,儿子会在性方面变得迷恋母亲,而将父亲视为一个会和他争夺母亲情感的强大竞争对手,因此害怕父亲的报复。在儿子看来,这样的报复如果发生,将会以阉割的形式呈现。正是此种阉割焦虑,最终抑制了儿子对母亲的性欲望③。

基于以上论述,我们会得出以下结论:归根结底,"滚动的头颅"系列神话在北美广泛流传的原因,在于俄狄浦斯情结给男性带来的阉割焦虑。这种解释自然而然地在形式上类似于邓迪斯对捞泥神话的精神解析,其关键点在于,他把广泛流传的神话故事与近乎普遍的男性心理状态联系在一起。这一解释虽然有它吸引人的一面,然而却缺乏在上一部分中所述两条原则的支持。比如,这种结论不能解释为什么"滚动的头颅"出现在某些文化,而在其他文化中却没有出现,同样,它也无法解释,该神话在内容上也存在不同于其他神话的诸多差异。鉴于这一原因,我想提出一个不同的解释。

首先,查明是否有一些此类神话比其他同类神话更清楚地反映了阉割焦虑的主题,这一做法将会十分有用,它暗示着五十一个神话故事将会缩减到较小数目的各种变体。在查阅附录中的故事之后,人们将会清晰地看到最普通的变体一般都由以下要素组成:

1. 一个男人与他的妻子和孩子生活在一起,通常处于离群索居状态;

---

① 史蒂斯·汤普森,《北美印第安人的故事》(*Tales of the North American Indians*),印第安纳大学出版社,1966,第343页。

②《梦的解析》,第485页。

③ 弗洛伊德在多部著作中讨论过男性的俄狄浦斯情结,特别是在《精神分析引论新编》(*New Introductory Lectures on Psychoanalysis*),英格兰哈蒙沃斯:企鹅出版社,1973,第113—169页。

2. 妻子通常与蛇有不正当的性关系；

3. 丈夫发觉此事之后，杀死了妻子及其情人，并将妻子的头砍下；

4. 妻子的头追逐她的孩子们，而通常不去追赶丈夫；

5. 孩子们扔回一些具有魔力的物体，以此阻碍头颅的追逐；

6. 最后，孩子们独自或在他人的帮助下毁灭了头颅，通常使头颅沉入深水，或是使其掉进沟壑，之后，沟壑在头颅上方闭合。

五十一个神话之中的二十一个采集于十三个不同的部落，几乎所有的故事都具备这些要素（阿拉帕霍2；阿西博尼；黑脚1；邦吉；卡里尔；切延内1，2；克里1，2；基奥瓦1，2；奥吉布瓦1，2，3，4；波尼1；平原克里；陶斯1，2，3；特顿1）。

除了上述"妻子之头"（Wife's Head）神话的变体外，似乎再没有其他神话的变体如此频繁地出现在不同部落中。仅次于此的神话变体，比如"不安的头骨"（disturbed skull）系列故事（一个女人在路途中骚扰了一个头颅，之后被其追逐）。该神话出现在四个部落（梅诺米尼；奥马哈；波尼3；帕维奥特索1，2，3，4，5，6），以及"自食肌体"（self-cannibalization）神话的变体（一个人吃掉了除头之外的身体的其他部分），此类故事出现在位于加利福尼亚的四个部落（迈杜；莫多克；亚纳1，2，3；温图）。那么现在，我想将重点集中在"妻子之头"之类的故事上。

"妻子之头"故事的变体

如上所述，一个真正的弗洛伊德主义者可以对任何东西进行弗式解读，这是大众对弗式解读的普遍看法。客观来讲，一些解读似乎比另一些更直接明了。譬如，我们假定"妻子之头"的主题反映了阉割焦虑，依照弗洛伊德的理论，儿子对阉割的恐惧源于他的父亲，因此，我们有理由认为，在一个将头颅被割视为阉割的神话中，执行此行为的人应该是一个父亲。实际上，这也正是我们在"妻子之头"神话的二十一个版本中发现的共同点，同时，儿子想与母亲发生不正当性关系的欲望成为他对阉割焦虑的最终原因。由于"妻子/母亲的不正当性关系"，丈夫割下妻子的头。因此，该情况先后出现在此类神话的十五个版本中，并不奇怪（阿拉帕霍2；阿西博尼；黑脚1；邦吉；卡里尔；切延内1，2；克里2；奥吉布瓦1，2，3，4；平原克里；陶斯3；特顿1）。丈夫的砍头行为是由其他原因造成的神话只有两个版本（基奥瓦1；波尼1），在其余四个神话中丈夫的动机不明（克里 1；基奥瓦 2；陶斯 1，2）。按照弗洛伊德的理论，儿子最终产生了阉割焦虑，这似乎与以下发现相一致：十二个版本讲述了儿子被头颅追逐（黑脚 1；邦吉；卡里尔；克里 1，2；基奥瓦 1，2；奥吉布瓦 1，2，3，4；平原克里），另外七个版本中，儿子和女儿同时被追（阿拉帕霍 2；阿西博尼；切延内 2；波尼 1；陶斯 1，2，3），剩下的两个故事中，一个描述了女儿被头颅追赶（切延内 1），另一个故事中孩子的性别不明（特顿 1）。换句话说，二十一个版本中的十九个故事都明确指出儿子被头颅追赶，相比之下，只有八个版本讲述了女儿被追。

必须强调的是，尽管"妻子之头"神话中的一些成分广泛分布在北美（其中包括"妻子与动物的不正当性关系"和"借助有魔力之物逃跑"这类母题），但对这些要素施以弗式解读之后，却并未与"滚动的头颅"的主题有普遍联系（这一点详见表1）。同时，我还将"妻子之头"神话的二十一个版本与"滚动的头颅"神话的其他版本进行了比较。表中的数据清楚表明，将"滚动的头颅"系列神话解读为对阉割焦虑主题的直接反映似乎有些勉强。譬如，与"滚动的头颅"神话不相一致的各种版本中，"妻子之头"神话的变体：主要人物并非同一核心家庭中的成员，男子并不是造成头颅离体的原因，不正当的性行为也未被视为头颅被砍的原因，而且女性比男性更可能成为头颅的追逐对象。换而言之，"妻子之头"神话中使人相对容易地辨认出阉割焦虑主题的那些成分在其他"滚动的头颅"神话中却不见踪影。（见表1）

在此我想指出，"妻子之头"故事在北美之外未有广泛分布。例如，我始终未能发现有任何欧洲民间传说与安蒂·阿尔奈（Antti Aarne）的《民间故事类型索引》（*The Types of the Folktale*）[①] 相似。"滚动的头颅"故事在南美也相当普遍，列维－斯特劳斯的《神话学》（*Mythologiques*）[②] 中就有数篇此类故事，所有这些神话，至少是列维－斯特劳斯所收录的神话，没有一个与"妻子之头"神话相一致。

[①] 安蒂·阿尔奈，《民间故事类型索引》，史蒂斯·汤普森译，第二次修订版，1961。
[②] 参见列维－斯特劳斯的《从蜂蜜到灰烬》（*From Honey to Ashes*），纽约：哈伯 & 罗出版社，1973，第451页；《餐桌礼仪的起源》（*The Original of Table Manners*），纽约：哈伯 & 罗出版社，1978，第54—55页，第95—98页。

表1 "妻子之头"故事与其他"滚动的头颅"故事之比较

	妻子之头（21）	其他滚动的头颅（30）
主要人物*属同一核心家庭		
是	21	0
否	0	30
合计	21	30
头颅的来源		
被男性砍下	21	9
被女性砍下	0	3
来源未知	0	18
合计	21	30
不正当性行为导致砍头		
是	15	1
否	6	29
合计	21	30
被头颅追逐或陪伴的人物性别		
男	12	4
女	1	14
男和女	7	12
性别不明	1	0
合计	21	30

* 滚动的头颅神话的主要人物是指（a）头颅，（b）实施割头行为的人，（c）以及被头颅追逐或陪伴的人。

综上所述，"滚动的头颅"神话的一些变体包含了某些成分。这些成分相对直接一致地反映了阉割焦虑，同时，这类变体的分布具有地域局限性。而现在，我们必须面对文化差异这一难题，尤其是为什么"妻子之头"故事在某些部落有，而在其他部落却不存在。

如果仔细考察具有"妻子之头"故事的部落的地域分布，我们便会清楚地看到：这些部落都是彼此毗连。这一事实，以及"妻子之头"系列故事［比如使用哈罗德·德赖弗（Harold Driver）① 提供的部落地图〕众多的共同点足以让我们肯定，故事从一个部落流传到另一部落是以文化传播的形式来完成的，然而这仅仅只是答案的一部分。我们依然还须解释为何该故事传到了某些部落，却没有传到其他部落。

狩猎部落和采集部落

依我之见，重新考察之前提及的与潜水捞泥者神话有关的调查结果，将有助于理清"妻子之头"故事地域分布的线索，即这个神话更多出现在狩猎部落和采集部落。为何会是这种情形？回答这个问题之前，我想重申两点：一是潜水捞泥者神话合乎情理地可以被视为是对泄殖腔生育的神话反映；二是鉴于在捞泥过程中出现的动物死亡事件，我们也有理由将该神话解读为是对泄殖腔生育焦虑的反映。

如邓迪斯所说，弗洛伊德坚定地认为泄殖腔理论是儿童最初性理论中的重要组成部分，该理论将排便看作分娩的原型。他还认为，在俄狄浦斯情结中排便又成了阉割的原型②。正是这两个观点，使弗洛伊德毫不动摇地主张：对于幼童而言，在婴儿、粪便、阴茎之间存在象征意义上的等同关系，并且这三者之间的联系对男女两性的心理成长起着至关重要的作用③。假设排便的确是泄殖腔生育和阉割的原型，而且婴儿、粪便、阴茎之间也存在着必然的联系，由此推断，泄殖腔生育与阉割之间也具有象征意义上的等同关系（我不清楚弗洛伊德本人是否得出了这个结论）。对泄殖腔生育的焦虑（如潜水捞泥者神话中所说的那样）就可以被认为是对阉割的焦虑。

即便承认这一观点属实，但他又该如何去解释潜水捞泥者神话与狩猎采集经济形式之间的联系？这个问题的答案，在朱迪斯·K. 布朗（Judith K. Brown）

---

① 哈罗德·德赖弗，《北美印第安人》（*Indians of North America*），第二次修订版，芝加哥：芝加哥大学出版社，图38—45。

② 参见弗洛伊德的《肛门欲望和阉割焦虑》（"Anal Eroticism and the Castration Complex"），第84页，以及《肛门欲望中的本能转变》（"On Transformations of Instinct as Exemplified in Anal Eroticism"），第133页。两篇文章均出自《西格蒙德·弗洛伊德的心理学著作》（*The Standard Edition of the Complete Psychological Works of Sigmund Freud*）第17卷，J. 斯特雷奇（J. Strachey）编，伦敦：霍加特出版社，1955。

③ 弗洛伊德，《精神分析引论新编》，英格兰哈蒙沃斯：企鹅出版社，第132—134页，第162—163页。

最近提出的用来解释部落中男女分工的假说中可见一斑①。很明显，他认为：因为各个地方的妇女都被委以养育小孩的任务，所以分派给她们的额外劳动都应是那些在照顾小孩的同时可兼顾的任务。这就意味着，分配给妇女的工作是不需要太多的机动性，不具危险性，并且无须投入过多精力。很明显，打猎至少说狩猎大型动物不具备这些特征。自然，这也就解释了为什么猎杀大型动物的任务总是毫无例外地分派给了男人②。

尽管布朗的假说似乎在该领域得到了广泛的认同，但据我所知，还没有一个人从中推导出这样一个结论：如果布朗的假说是正确的，那么一个越是以捕杀大型动物作为生计的部落，男人们将会更多地从事狩猎之类的活动，而此类活动不允许小孩的参与。因此，这种情况使部落中的成年男性与幼童之间的交流变得越来越少。

在心理学和人类学领域，讨论父亲形象缺失的影响的文献比比皆是③。威廉姆·N. 史蒂芬斯（William N. Stephens）是唯一一个明确将父亲形象的缺失与阉割焦虑联系在一起的研究者，他关于俄狄浦斯情结的跨文化研究为此提供了理论依据④。从本质上讲，他的观点是，任何加深儿子对母亲性依恋的社会习俗都会加剧儿子的阉割焦虑。如果我们假设：群体对狩猎为生的强烈依赖，导致父亲长期在外，而这反过来又加深了儿子对母亲的性依恋。结合史蒂芬斯的观点，我们便可得出这样的结论：一般而言，阉割焦虑在狩猎部落会表现得尤为明显。狩猎部落较其他部落更有可能拥有诸如潜水捞泥者神话之类反映阉割焦虑的神话，这一发现与上述结论一致。

自 主 检 验

对于上文提及的解释，我很清楚它的长处和不足，比如：由潜水捞泥者神

---

① 朱迪斯·K. 布朗，《两性劳动分工》（"A Note on the Division of Labor by Sex"），载《美国人类学家》72（1970），第 1073—1078 页。

② 参见乔治·P. 默多克（George P. Murdock）和卡泰丽娜·普罗沃（Caterina Provost）的《从跨文化角度研究引起两性劳动分工的因素》（"Factors in the Division of Labor by Sex: A Cross-Cultural Analysis"），载《民族学》12（1973），第 302—330 页。

③ 人类学角度和精神分析角度的精彩评析见耶内特·赖斯（Janet Reis）的《跨文化关联中的因果关系：一种心理学阐释》（"Causality among Cross-Cultural Correlations: A Psychological Interpretation"），载《行为科学研究》（Behavior Science Research）14（1973），第 71—113 页。

④ 威廉姆·N. 史蒂芬斯，《俄狄浦斯情结》（The Oedipus Complex），纽约：麦克米伦出版社，1962。

话得出与阉割焦虑相关的解读,这一过程就绝没有我想象的那样直接明了,而且,整个解读的因果关系如此明显,是因为我是从要予以解释的结果作为着眼点而开始(即潜水捞泥者神话与狩猎部落之间的联系),然后倒着分析。显然,这种类型的解释很容易构建。所幸的是,我们对"妻子之头"故事的思考向我们呈现了一个独立检验该结论的机会。

如果"妻子之头"故事的确反映了阉割焦虑的主题(依我之见,它确实以直接明了的方式表达了这一点),同时反映阉割焦虑的神话故事极可能出现在男人们整日从事打猎的部落,由此便可得出:"妻子之头"神话(如潜水捞泥者神话一样)应主要发现于此类部落。我们可以很容易地验证这一预测,因为这里讨论的那些部落,他们依赖捕猎大型动物为生的资料很容易获取[①]。

表2列出了部落依赖捕猎大型动物(野牛、驯鹿、驼鹿、羚羊等)为生的程度,以及"妻子之头"神话在这些部落的分布。该表明确支持了上面的预测:"妻子之头"神话更可能出现在此类狩猎部落中。(见表2)

上文已经提过,在我们所列举的那些部落中毫无疑问地存在着文化传播的迹象,那么,表2中的各个内容不可能被认为是相互独立的。因此,统计学意义上的检验并不真正令人满意。然而,简单地将表2中的结论和其他相关研究的结论予以比较,那我想说,如果表2中的各个内容是相互独立的,那么,其中的联系将会变得紧密,而且,具备统计学上的重要意义($phi = .57 \times p = .004$,运用费希尔的精确验证,单边检验)。

结　　论

本文的主要目的有三:一是找出阻碍神话的精神解析在人类学领域得到广泛认同的某些因素;二是基于这些讨论,形成一些有助于复兴神话的精神解析的指导原则;三是通过对北美频繁出现的"妻子之头"神话的解析来显示这些指导原则的有效性。在讨论的过程中,我们对潜水捞泥者神话进行了新的解读,并且解释了这一神话、"妻子之头"神话与某一特定经济形式之间的联系。

[①] 部落是否依赖捕猎大型动物维生的资料摘自哈罗德·德赖弗和詹姆斯·L.科芬(James L. Coffin)的《北美印第安文化的分类和发展》("Classification and Development of North American Indian Cultures"),载《美国哲学协会会刊》(*Transactions of the American Philosophical Society*)65(1975),第3部分。协会探讨的"较强依赖大型狩猎"编号为"C""D""E"。

表2　猎杀大型动物与"妻子之头"神话的关系

部落依赖猎杀大型动物的程度	"妻子之头"神话	
	有	没有
较高	阿拉帕霍	克尔德艾林
	阿西博尼	渥太华
	黑脚	佩诺布斯科特
	切延内	
	克里	
	基奥瓦	
	奥吉布瓦	
	平原克里	
	特顿	
较低	卡里尔	易洛魁
	波尼	夸扣特尔
	陶斯	迈杜
		梅诺米尼
		莫多克
		纳切斯
		奥马哈
		奥萨格
		帕维奥特索
		亚纳
		温图
		祖尼

除了以上各点之外，另外一个目的是我们搜集了一套完整（至少是近乎完整）的北美"滚动的头颅"系列神话。这一整理不但便于其他研究者查阅本文对该神话的特别阐释，也利于调查研究除"妻子之头"变体之外的其余类属"滚动的头颅"的神话。举一个仍待进一步研究的问题：稍前提到的"滚动的头颅"的变体——不安的头骨——好像与北美西部和西南部落中经常出现的滚石神话非常相似。对这两类神话予以思考似乎极有可能让我们更好地认识这些地

区的神话故事。

附录：滚动的头颅神话故事

阿拉帕霍（Arapaho）1，来源：乔治·多尔西（George Dorsey）和艾尔弗雷德·克罗伯（Alfred Kroeber），《阿拉帕霍部落的传统习俗》（"Traditions of the Arapaho"），《菲尔德哥伦布博物馆馆刊》（Field Columbian Museum Publications），《人类学丛刊》（Anthropological Series）5（1903），第278—282页。

一个男人和他的妻子、女儿全家处于饿死的边缘，他们每天都能在帐篷附近发现一具动物的尸体。直到有天晚上一个声音在帐篷外说："我给你们带来了礼物。"于是，第二天早上，全家又发现了一具动物尸体。丈夫禁不住好奇，便在一天晚上偷偷留意着帐篷外的动静，结果看见了一个会飞的白色物体，然后他便决定带着全家逃走。女儿做了四双皮拖鞋，并把它们放在了帐篷内，随后，全家就起程离开了。头颅看到帐篷空空如也，就开始追赶这一家人。帐篷内的一双拖鞋发出了叫声，头颅便返回帐篷，结果发现没人，又开始追赶。这种情形又接连发生了两次，每次都有一双拖鞋发出叫声。就在头颅几乎要追上全家的时候，女儿想尽各种办法来阻挠它。这些方法包括荆棘地、密林、长满仙人掌的地面和深谷。头颅掉进了深谷之后，峡谷自动合拢，埋葬了头颅。

阿拉帕霍2，来源：H. R. 弗特（H. R. Voth），《阿拉帕霍神话》（"Arapaho Tales"），《美国民俗学期刊》25（1912），第43—50页。

一个男人和他的妻子、儿女共同生活在一起。妻子打水时吹着口哨，于是一条短尾鳄便从水中出现，上前舔食妻子身上的化妆油彩，丈夫看见了这一情景。丈夫杀死了二者，砍下了妻子的头，煮熟之后让孩子们吃。这男人告诉其他印第安人，他的孩子吃了自己的母亲。那些印第安人便和男人随即离去。孩子们也离开了，但母亲的头却紧追不舍。孩子们来到一条河边，铺上木板到达对岸。头颅也想过河，可就在她走到河中央时，孩子们迅速抽掉木板，她便落水了，再也不能追赶孩子们了。

阿西博尼（Assinboine），来源：罗伯特·路威，《阿西博尼部落》（"The Assinboine"），《美国自然历史博物馆人类学论文》（Anthropological Papers of the American Museum of Natural History）4（1909），第177—178页。

一个女人与一条住在树干中的蛇发生了不正当的性关系。丈夫发现后，杀死了树干里所有的蛇，骗妻子喝下由蛇血做成的汤，并告诉他的六个儿子和一个女儿赶紧逃走。随后，男人便与妻子大打出手，并砍下了妻子的头。结果妻子的头追上了自己的七个孩子，随后共同生活在一个帐篷里，头颅告诫孩子们，当她劳动的时候，千万别看她。其中一个孩子没有听从这一警告，头颅大怒，便决定杀死孩子们，孩子们慌忙逃窜。女孩给了哥哥们三件法宝，当把这些法宝扔出后，它们形成了重重障碍。一支锥子变成了千万个锥子，火石变成了熊熊烈焰，石头化作了高山。然后，孩子们经由两只鹤组成的桥过了河。当头颅试图过河时，她却掉进了河里。头颅费尽周折爬上岸，孩子们却化身成河乌飞向了天空，头颅跳得不够高，再也无法赶上他们了。

黑脚 1（*Blackfoot*），来源：乔治·B. 格林内尔（George B. Grinnell），《黑脚部落的日月神话》（"A Blackfoot Sun and Moon Myth"），《美国民俗学期刊》6（1893），第44—47页。

（神话的开头部分）一个男人和妻子及两个儿子生活在一起。男人在梦中学会了用蛛网捕捉动物。问清孩子们他们的母亲经常拾柴的地点后，男人被带到了一片枯林，在那儿，他发现了蛇穴，其中一条蛇便是他妻子的情人。男人杀死了所有的蛇，并给了孩子们三件法宝，告诉他们离开。随后，男人杀死了妻子，砍下了她的头。于是，妻子的身体开始追赶丈夫，而头颅则去追赶孩子们。三件法宝形成了三道障碍：木棒变成了树林，石头变成了高山，苔藓被弄湿后挤出了大量的水。头颅越过了前两个障碍，却滚落到深水之中，被淹死了。

黑脚 2，来源：克拉克·威斯勒（Clark Wissler）和 D. C. 杜瓦尔（D. C. Duvall），《黑脚印第安部落的神话》（"Mythology of the Blackfoot Indians"），《美国自然历史博物馆人类学论文》2（1909），第1部分，第154页。

丈夫砍下妻子的头，头颅却一如既往地伴随着丈夫，照料丈夫的屋子。头颅告诉丈夫，她劳动的时候，绝不允许任何人偷看。一个男孩无意中看到了小屋内的头颅，于是头颅开始追杀男孩，直至将他打死。村民们吓得四处逃散，头颅便开始追赶他们。村民们过了河，头颅也紧跟着跳了下去，结果被水冲走了，顺河漂流而去。

黑脚 3，来源：罗伯特·诺克斯（Robert Knox），《黑脚部落的逃亡故事》

("A Blackfoot Version of the Magic Flight"),《美国民俗学期刊》36（1923），第401—403页。

丈夫看见妻子敲击一个空树干，接着从中出来一条蛇，并化身为一年轻男子，与妻子发生了性关系。丈夫杀死了妻子和蛇，砍下妻子的头。丈夫离开后，妻子的七个弟弟回来了，头颅告诉弟弟们，当她劳动的时候千万不能偷看她。小弟弟却未能从命，头颅决定杀死自己的七个弟弟，于是开始追杀他们。弟弟们扔回一些原属于头颅的物品——化妆颜料、兽皮、羽毛和锥子——试图拖延头颅，头颅逐一捡拾物品。兄弟七人商量之后，决心变成星星（北斗）以逃避头颅的追赶。

邦吉（Bungi），来源：阿兰森·斯金纳（Alanson Skinner），《平原奥布吉瓦部落的神话》（"Plains Ojibwa Tales"），《美国民俗学期刊》32（1919），第291—292页。

一个男人与妻子、两个儿子一起生活在森林中，丈夫发现妻子投入一个住在树干的男人的怀抱。丈夫杀死了那个男子，砍去了妻子的头，并给了两个儿子四件法宝，（让他们和自己）分头离开。妻子的身体对丈夫穷追不舍，而头则紧随儿子。四件法宝变成了各种障碍以阻拦头颅的追赶，锥子变成了高山，针变成了长刺的灌木丛，线变成了长脚的蛇，刀变成了河流。一只鹈鹕愿帮头颅过河，但告诉头颅，绝不能碰它的脖子。头颅没有听劝，于是鹈鹕就把头颅扔到河中。大儿子用石头将头颅砸得粉碎，红色的天空向孩子们昭示着父亲已经死了。

卡里尔（Carrier），来源：莫里斯，《卡里尔部落的三个神话》（"Three Carrier Myths"），《加拿大学会会刊》（Transations of the Canadian Institute）5（1898），第4—6页。

猎人捕捉不到猎物，发现妻子走向一棵枯树，与树中出来的两条蛇发生了性关系。随后猎人砍下了蛇头，告诉两个儿子逃走，并给了大儿子四件法宝。猎人把两个蛇头扔向妻子，结果砸掉了妻子的头，妻子的头便去追寻自己的儿子，四件宝物用来拖延头颅的追赶：箭头变成了高山，荆棘刺破了头颅，变成带刺的灌木丛，啄木鸟的尾巴变成了烈火。孩子们来到一个湖前，湖中有一道狭窄的堤坝，他们通过后，堤坝随即就消失了。头颅飞在空中紧紧跟了上来。大儿子用第四件法宝——一把石剑猛击头颅，突然水中跳出两条鲸鱼，吞噬掉了头颅。

切延内（*Cheyenne*）1，来源：A. L. 克罗伯，《切延内神话》（"Cheyenne Tales"），《美国民俗学期刊》13（1900），第184—185页。

（神话的开头部分）一个男人和他的妻子、两个女儿住在一个帐篷里。丈夫发现妻子走到湖边光着身子下了水，一条蛇缠绕在她身上。男人杀死了蛇和妻子，砍碎了他们的身体，骗孩子们吃了母亲的肉。随后，男人离开了孩子们。头颅紧追着两个女儿，大女儿在地上画了一个符号，这个符号变成了深渊，头颅无法越过深渊。

切延内2，来源：乔治·B. 格林内尔，《切延内部落的越障神话》（"A Cheyenne Obstacle Myth"），《美国民俗学期刊》16（1903），第108—115页。

（神话的开头部分）一个男人和妻子、儿子、女儿住在一个屋子里。男人发现妻子赤身裸体地来到湖边，水怪从湖中出现，紧紧缠在她身上，舔食她身上的颜料。男人杀死了妻子和水怪，砍下了妻子的头，骗孩子们吃了母亲的肉，并离开了孩子们。头颅来杀两个孩子，吓得孩子们慌忙逃走。女儿向身后扔出各种颜色的羽毛，这些羽毛变成了长刺的梨、带刺的灌木丛和刺玫花丛，这些障碍阻挡了头颅。女儿用挖根工具在地上划出一道犁沟，这道犁沟随即变成了深渊。头颅试图通过横在深渊上的挖根工具越过深渊，但她走到一半的时候，女儿将挖根工具猛然抽掉，头颅便掉了下去。深渊随即闭合。

克尔德艾林（*Coeur d'Alene*），来源：弗朗兹·博厄斯，《萨里山和萨哈普廷部落的故事》（"Folk-Tales of Salishan and Sahaptin Tribes"），《美国民间故事协会记录》（*Memories of the American Folklore Society*）11（1917），第128页。

一个女人在拾柴的时候，碰到了一个男人的头。头颅想要女人做他的妻子，并跟着女人回到家中。女人用小珠子装饰头颅。妹妹回到家后，阻止姐姐打扮头颅，但最终头颅还是做了女人的丈夫，和她生活在一起。

克里（*Cree*）1，来源：约翰·麦克莱恩（John Maclean），《加拿大野蛮人》（*Canadian Savage Folk*），多伦多：布里格斯出版社，1896，第71—72页。

维苏卡卡（Wisukatcak）和他的父母、弟弟生活在一起。一次争吵之后，父亲杀死了母亲，砍下了她的头。父亲给了俩儿子一些法宝，要求他们离开。母亲的头颅对儿子们紧追不舍。几件法宝变成了重重障碍,火石变成了落基山,火红的铁变成了火山,锥子变成了巨大的仙人掌。鹈鹕带两个孩子飞越河流。后来,鹈鹕驮着头颅过河,但在半途中将头颅重重摔到石头上,头颅被摔得粉碎。

克里2,来源:詹姆士·史蒂芬斯(James Stevens),《沙湖克里部落的神圣传说》(*Sacred Legends of the Sandy Lake Cree*),多伦多:麦克利兰斯和图尔特出版社,1971,第48—52页。

(神话的开头部分)猎人在森林中遇见一个漂亮女人。他们结婚,独自住在林中,并生下了两个儿子。猎人发现妻子来到一个空树桩前,树桩里面出来了一些蛇,这些蛇顺着女人的七窍钻进她的身体。随后,猎人杀死了那些蛇,骗妻子喝下了蛇血。他给两个儿子五件法宝,并告诉他们逃走。骨钻变成了大片的荆棘,石头变成了悬崖,火石变成了烈焰,海狸牙变成了树桩,凿子变成了急流。在他人的帮助下,头颅通过了前四道障碍。然后她爬到鹈鹕的背上,鹈鹕驮着她过河,头颅掉进了水中。两个儿子便向头颅扔石头,一块石头打破了头颅,头颅就此沉入水底。

易洛魁(*Iroquois*)1,来源:伊莱亚斯·约翰逊(Elias Johnson),《易洛魁部落的传说、习俗和法律》(*Legends, Traditions and Laws of the Iroquois*)54,纽约州洛克普特市:联合出版社,1881。

一个会飞的头颅到处骚扰民众。一天晚上,头颅来到一个屋子,屋里有一个女人和一条狗。那女人正在烤橡子,头颅把爪子从胡子下面伸出来,他以为女人正在吃火炭,吓得赶紧就跑,再也没有回来。

易洛魁2,来源:威廉·坎菲尔德(William Canfield),《易洛魁部落的传说》(*The Legends of the Iroquois*),纽约州华盛顿港:弗里德曼出版社,第125—126页。

一个又大又丑并且会飞的头颅不断地杀人,特别是寡妇和孤儿。一天晚上,头颅来到一个寡妇的小屋,这个寡妇正在烤橡子。头颅以为这个寡妇在吃炭,他也学着吃,结果疼痛难忍,逃走之后就再也没去骚扰这些印第安人。

基奥瓦(*Kiowa*)1,来源:埃尔西·C.帕森斯(Elsie C. Parsons),《基奥瓦

故事》("Kiowa Tales"),《美国民间故事协会记录》22 (1929),第71—72页。

住在帐篷里的一家人快要饿死了。猎人杀死自己的妻子,把她的肉烤熟,强迫孩子们吃下。孩子们听到一个声音,紧接着看到了母亲的头骨。猎人和孩子们赶紧就逃,头骨在后面穷追不舍。一只死野牛给了猎人三件法宝,猎人把这三件法宝抛向身后,它们变成了拖延头骨的障碍。血袋变成了丘陵,子宫变成了水沟、岩石、高山和深谷,头骨越过了前两个障碍,但却被困在了深谷之中。

基奥瓦2,来源:埃尔西·C.帕森斯,《基奥瓦故事》,《美国民间故事协会记录》22 (1929),第73—74页。

猎人与妻子、三个儿子一起住在一个帐篷,猎人杀死了妻子,将尸体切碎,把肉煮熟,骗他儿子吃掉。然后,猎人便离开了孩子们。母亲的头颅来威胁孩子们。在逃跑的路上,他们遇见了雪松老人,老人让孩子们藏在自己的头发里面。头颅上前要吃掉雪松老人,就在这时,猎人用箭射向头颅,头颅裂成几瓣之后,却又重新复合。这样的情形连续发生了三次,直到第四次裂开的头颅再也未能复合。猎人把弓箭交给孩子们,他们便一起离去。

夸扣特尔(Kwakiutl),来源:弗朗兹·博厄斯,《夸扣特尔部落故事》("Kwakiutl Tales"),《哥伦比亚大学人类学文献》(Columbia University Contributions to Antropology) 26 (1935),第227—228页。

一个女人拒绝自己部落的追求者,想在其他部落寻觅意中人。于是,这个部落的男人们决定杀死所有来自其他部落的求婚者。他们把那些男人的头骨放在了绞架上,女人看见之后放声大哭。就在那晚,另一个求婚者来找她,他们二人坐着独木船悄悄逃走。后来,这个男子跳进河水变成了头骨,被水冲走了。女人就这样乘着独木舟漂流了很多年。

梅诺米尼(Menomini),来源:阿兰森·斯金纳和约翰·萨特勒里(John Sattlerlee),《梅诺米尼印第安人的民间故事》("Folklore of the Menomini Indians"),《美国自然历史博物馆人类学论文》13 (1915),第3部分。

四姐妹在路上发现了一个头骨,并且羞辱了他。头骨便对她们穷追不舍,杀死了姐妹中的三人。头骨把最年轻的女人带回他的屋子,要女人为他照料房子。头骨定期外出杀人。一天,这个女人的儿子来到了头骨的家,当头骨回来时，母子二人合力将头骨放入河水，彻底毁灭了他。

迈杜（Maidu），来源：R. 狄克逊（R. Dixon），《迈杜部落文献》（"Maidu Texts"），《美国民族学学会文献》（Publications of the American Ethnological Society）4（1912），第189—193页。

猎人独自扎营过夜。当他听到一只猫头鹰唱歌时，他便发疯地开始唱歌跳舞，并且吃自己的身体，直到自己变成了一颗滚动的头颅。他返回家，人们被吓得四处乱跑。头颅吃起了垃圾，人们回来围观，然后又被吓得跑开了。头颅依然待在那儿，杀起了小动物。这次人们返回后，发疯的头颅稍微恢复了一些理智。

莫多克（Modoc），来源：杰里麦亚·柯廷（Jeremiah Curtin），《莫多克部落的神话传说》（Myths and Legends of the Modocs），纽约：布罗姆出版社，1912。

伊柳尤（Ilyuyu）跟随他的姐姐一起去拜访姐夫的妹妹。两个女人给伊柳尤端上蛇头，他拒绝吃。那个女人感到被侮辱了，就给他施了咒语。然后伊柳尤开始回家，他扛的东西突然越来越沉，于是他扔掉了它们，可还觉得沉，他便开始撕扔自己的身体，直至剩下一颗头颅。所有这一切都被紧随其后的姐姐看在眼里。头颅返回家后，杀死了父母。姐姐警告村民要小心。村里两个年龄最大的女人骗头颅进入一个篮子，然后她们迅速将篮子投入河水，篮子便永远地沉了下去。

纳切斯（Natchez），来源：约翰·斯旺顿（Johnson Swanton），《东南印第安人的神话和故事》（"Myths and Tales of the Southeastern Indians"），《美国民族研究处会刊》（Bulletin of the Bureau of American Ethnology）88（1929），第215—217页。

两个兄弟生活在一起。弟弟和一个女人结婚后不幸被一条鱼吞了下去。在翠鸟的帮助下，哥哥抓住了那条鱼，剖开之后，发现了弟弟的头颅。头颅能够飞行。哥哥和弟媳结婚。头颅想杀死二人，哥哥就和女人一起逃走。乌鸦拖延了头颅的追赶。二人还得到了迪尔特·达博尔的帮助，他把女人变成了一个男人。头颅赶到二人住的房子，要求化身为男人的女人为他去打猎，女人走进小溪，头颅也跟着进入溪水。女人走出小溪之后恢复了原来的模样，可头颅却未能出来。

奥吉布瓦（Ojibwa）1，来源：亨利·斯库克拉夫特（Henry Schoolcraft），《海华沙神话及其他口头传说》（The Myth of Hiawatha and Other Oral Legends），费城：利平卡特出版社，1856，第265—268页。

猎人和妻子、两个儿子生活在一起。猎人不在家，妻子与陌生人发生了性关系。猎人杀死了妻子，并和儿子们搬到了很远的地方。两个儿子日渐长大，母亲的鬼魂一直困扰着他们。于是，两个儿子决定离开村子，可母亲的头颅紧紧地跟着他们。一只鹤答应帮孩子们过河，但告诫他们不能碰它的后脑勺。后来，鹤也带着头颅过河，可头颅没有听从鹤的警告，就被扔进了急流。头颅的脑浆迸裂，继而变成了一种白鱼。

奥吉布瓦2，来源：B.科尔曼（B. Coleman）、E.弗朗纳（E. Frogner）及E.艾希（E. Eich），《奥吉布瓦部落的神话传说》（Ojibwa Myths and Legends），明尼阿波利斯：罗斯与海涅出版社，1962，第47—48页。

儿子告诉父亲，当父亲不在的时候，有一个男人来找母亲。丈夫也察觉到了这一点。然后，他杀死了妻子，并给了两个儿子几件法宝，让他们逃走。孩子们匆忙逃离，母亲的头颅紧追不舍。法宝变成了重重障碍，荆棘变成了带刺的灌木丛，火石变成了烈火，大儿子也化身高山。这些障碍都起到了拖延头颅的作用。兄弟俩来到湖边，看见头颅浮在湖面，便用箭射她。

奥吉布瓦3，来源：B.科尔曼，E.弗朗纳及E.艾希，《奥吉布瓦部落的神话传说》，明尼阿波利斯：罗斯与海涅出版社，1962，第49页。

猎人与妻子和两个儿子生活在一起。儿子告诉父亲当他不在家的时候，有几个男人来找母亲。猎人杀死了妻子，告诉儿子们逃跑。后来，红色的天空意味着父亲已经死了，而且母亲的头也即将追赶两个儿子。在孩子们逃走之前，猎人给了他们一支矛用来刺杀头颅，并告诉他们，将有一座鹤桥让他们顺利过河。而当头颅过河时，这些鹤将会让头颅掉入河中。所有这一切都如父亲所说的那样真实发生了。

奥吉布瓦4，来源：W.琼斯（W. Jones），《奥吉布瓦部落文献》（"Ojibwa Texts"），《美国民族学学会文献》7（1919），第201—203页。

猎人和妻儿生活在一起。妻子一直没有时间去拾柴。一天，猎人发现妻子走到一棵树前,用斧头敲击树干后,就出来许多蛇。这些蛇缠绕着妻子,猎人便杀死了许多蛇,其余的蛇退缩回树干。他用斧头砍下妻子的头,把它挂在树上。头颅不停地动。猎人把树砍倒,杀死了剩下的蛇。他回家后,命令两个儿子逃走,并告诉他们,如果天空变成红色,那就意味着他死了。父子三人便分头离去。后来,头颅杀死了猎人,天空变成了红色。孩子们碰到了一个结冰的湖,一个单腿的人站在湖最窄的地方。他就是科塔哥特,他让孩子们从他的腿上走过,以此方法通过湖面。当头颅试图过湖时,科塔哥特用矛将她打碎。孩子们找到了一个村落,告诉村民关于头颅的事情。他们便一起去湖边,结果发现科塔哥特已经杀死了头颅。

奥马哈(Omaha),来源:乔治·克切弗尔(George Kercheval),《奥图和奥马哈故事》("A Otoe and an Omaha Tale"),《美国民俗学期刊》6(1893),第201—203页。

四个女人走在一起,发现了一堆骨头。其中三人把骨头踢散,第四个捡起头骨,并一直带着它。这是她嫂子的头骨。当她把头骨放下之后,头骨便去追赶另外三个女人,并杀死了她们。头骨命令弟妹继续带着它,后来,又让弟妹把它扔进一个空树干。树干里有浣熊,头骨杀死了浣熊,弟妹把头骨和浣熊拉出树干。这种情况发生了三次之后,弟妹再也没有把头骨从树干中弄出来,而是逃走了。头骨费力地爬出树干,去追弟妹。弟妹朝头骨扔了几袋油膏,以拖延它。头骨一定要把自己清洗干净。随后,树林和小溪也拖延了头骨的追赶。终于,弟妹在森林里遇见一个老人,老人打碎了头骨,并告诉弟妹,把头骨的碎片扔进火里,但不能摸它。然而,当看到火中有把梳子时,弟妹把它拿了出来,结果被燃烧的梳子烧死了。

奥萨格(Osage),来源:乔治·多尔西,《奥萨格部落的传统习俗》("Traditions of the Osage"),《菲尔德哥伦布博物馆馆刊》,《人类学丛刊》第7辑,1(1904),第21—23页。

酋长的女儿米奇奇嫁给了一个男孩。男孩厌倦了杀戮的生活,又和另外一个部落首领的女儿成了婚。男孩的朋友回去后对米奇奇说,她的丈夫死了。可后来,啄木鸟告诉米奇奇,她的丈夫还活着。啄木鸟带着米奇奇和她的小姑子前往男孩住的村落。男孩的岳父把米奇奇收养为他的大女儿。米奇奇绝望到了极点,她请求小姑子把自己的头砍下来,放在男孩和他妻子的中间,小姑子照吩咐做了。头颅吃了男孩、他的妻子和自己的义父母，小姑子便带着头颅回家。头颅要求小姑子把自己放在一个有浣熊的空树干。小姑子没有照做，而是逃走了。头颅紧追不放。小姑子在地上扔了一些油脂，让头颅吃，以此拖延头颅。然后，小姑子遇到了两个烤橡子的老太太。等头颅到了之后，老太太把头颅扔进沸水，将它杀死。

渥太华（*Ottawa*），来源：亨利·斯库克拉夫特，《海华沙神话及其他口头传说》，费城：利平卡特出版社，1856，第142—160页。

一个名叫亚莫的男人和他的妹妹生活在一起。哥哥告诉妹妹，当她行经时，不能乱摸他屋子里的东西。妹妹没有听哥哥的话，疾病开始由脚而上侵袭亚莫。当疾病到达胸部时，哥哥让妹妹把自己的头砍下来，头颅照旧活着。（其后故事是：一群男人从大熊那儿偷了一串贝壳，结果熊便追着他们不放）男人们来找亚莫求助，按照亚莫的吩咐，妹妹去和大熊交手，向大熊扔各种东西（包括头颅），攻击大熊。这个办法削弱了大熊的力量，随即一个男人杀死了它。大熊被切成了小块，这些小块变成了小熊。这群男人和亚莫兄妹定居生活在一起。一天，一伙陌生的印第安人杀死了这些男人，并把头颅带到他们的营地，不断地羞辱他们。妹妹救出了头颅，使那些男人复活，并给他们每人找了一个妻子，他们一起生活在一个大屋子里。最后，亚莫的头颅和身体也重新合为一体。

帕维奥特索（*Paviotso*）1，来源：爱德华·柯蒂斯（Edward Curtins），《北美印第安人》第15卷，E.柯蒂斯出版社，1926，第131页。

（故事片段）地鼠让侄女出一次远门，告诉她不要去惊扰路上的头骨。侄女没有照着做，被头骨穷追不舍。她通过烟囱钻进林鼠的屋子。林鼠用尿泥堵住了烟囱，头骨来了之后，试图进入屋子，结果自己却撞死在了石头上。

帕维奥特索2，来源：爱德华·柯蒂斯，《北美印第安人》第15卷，E.柯蒂斯出版社，1926，第135页。

（故事片段）女人在囊地鼠待的地方落脚。囊地鼠是一群巨人的管家，当巨人出门后，囊地鼠送女人上路，警告她别去骚扰沿路的头颅。女人没有听从囊地鼠的话，被头颅穷追不舍。她来到林鼠的屋子，林鼠给自己的房子附上仙人掌。头颅来了之后，被刺扎瞎了眼睛，女人便继续自己的旅程。

帕维奥特索 3，来源：罗伯特·路威，《肖肖尼部落的故事》（"Shoshonean Tales"），《美国民俗学期刊》37（1924），第 201 页。

（故事片段）女人在一群渔夫的母亲那儿落脚。然后渔夫的母亲把她送上路，告诫她不要骚扰沿途男人的头骨。女人不听，结果被头颅紧紧追赶。女人从一个洞钻进老鼠的屋子，老鼠把仙人掌放在屋顶。头骨来了之后，扎在仙人掌上，动弹不得。

帕维奥特索 4，来源：罗伯特·路威，《肖肖尼部落的故事》，《美国民俗学期刊》37（1924），第 203 页。

（故事片段）女人在囊地鼠家落脚，囊地鼠家待着一群渔夫。随后，囊地鼠送女人上路，告诉她，不要理睬路上的那些男人头骨。女人碰了头骨，头骨便紧追不放。女人来到老鼠的屋子。老鼠把很多棍子放在屋顶。头骨在棍子里乱撞，掉到地上，瞎了双眼。老鼠便送女人重新上路。

帕维奥特索 5，来源：罗伯特·路威，《肖肖尼部落的故事》，《美国民俗学期刊》37（1924），第 203 页。

（故事片段）女人在囊地鼠家落脚，囊地鼠家住着一群渔夫。随后，囊地鼠送女人上路，警告她不要碰路上的头骨。女人不听，摸了头骨，被头骨不停追赶。女人来到一个男人的房子，男人撒了泡尿，尿洒在房子上，把棍子放在屋顶，让女人坐在棍子底下。头骨来后，被木棍刺穿了眼睛。最后，男人让女人把头骨带回原处。

帕维奥特索 6，来源：I. 凯莱（I. Kelly），《北派尤特部落的故事》（"Northern Paiute Tales"），《美国民俗学期刊》51（1938），第 367 页。

（故事片段）女人在海狸家落脚。海狸和食人族住在一起。当食人族出门之后，海狸把女人带到山上，让女人和自己的姐姐囊地鼠一起过夜。囊地鼠送女人上路，告诉她别碰沿途的头骨和篮子。女人却把两样东西都摸了，头骨便和篮子一起追女人。老鼠是海狸和囊地鼠的哥哥，女人的叔叔。听到头骨和篮子就要来了，老鼠给自己的房子涂上颜料，和女人一起待在里面。头骨和篮子到了之后，不停地撞击房子，直至将自己撞得粉身碎骨。女人捡起碎片，把它们带回原来的地方。

波尼（Pawnee）1，来源：乔治·多尔西，《斯基第波尼人的传统习俗》（"Traditions of the Skidi Pawnee"），《美国民间故事协会记录》8（1904），第115—118页。

（神话的开头部分）一个颇有名气的猎人带着妻子、儿女搬出了村庄，搭起帐篷独自生活。猎人回到村子，爱上了另一个女人。他返回家后，杀死妻子，砍下她的头，骗孩子吃母亲的肉。母亲的头颅不停地追赶自己的孩子。神秘的力量帮助孩子们穿越障碍，同时也拖延了头颅。两只鹤用身体搭成桥，让孩子们渡过水塘。后来，当头颅过桥时，两只鹤突然飞开，头颅掉入水塘，被淹死了。

波尼2，来源：乔治·多尔西，《波尼神话》（The Pawnee: Mythology）1，华盛顿：卡内基出版社，1906，第31—38页。

（神话的开头部分）四个女孩一起寻找一种奇怪气味的源头。三个中途放弃了。第四个女孩被一个年轻男子骗到屋内。进入房间后，年轻男子变成一个老人，把女孩囚禁在屋内。当男人不在时，渡鸦掀开屋顶，告诉女孩这个男人叫长舌头——一个凶猛的会滚的头颅。在渡鸦的帮助下，女孩带着长舌头的圣书逃离了屋子。长舌头拼命追赶，女孩向身后扔出各种法宝，这些法宝包括光滑的石头、火石做成的箭头、动物的脂肪球以及能变成火鸡的羽毛。长舌头停下来捡这些东西，然后，女孩把火石刀扔到地上，刀子变成了峡谷。女孩遇到了另一个男人，他把女孩带回自己的屋子。长舌头赶到后，男人把它打碎，头骨的碎片四溅到空中，变成了太阳和月亮。女孩便和男人以及他的儿子们生活在一起。

波尼3，来源：乔治·多尔西，《波尼神话》1，华盛顿：卡内基出版社，1906，第488—489页。

（神话的开头部分）女孩在拾柴的时候，不幸被头骨抓住。头骨把女孩带回自己的屋子。当头骨不在时，一位神秘的男人给了女孩几件法宝。然后，女孩就逃走了。头骨回来之后发现女孩不在，便开始追赶。被扔出的法宝变成阻挠头骨的重重障碍。一棵仙人掌变成成千上万棵仙人掌，膀胱装满了水之后，变成溪流，箭变成长刺的树。头骨越过了每个障碍。女孩来到哥哥们的屋子。等头骨追来，最小的哥哥把头骨打碎。女孩把碎片扔进了火堆。

波尼4，来源：乔治·多尔西，《波尼神话》1，华盛顿：卡内基出版社，1906，第488—489页。

（神话的开头部分）女孩在拾柴的时候，不幸被头骨抓住。头骨把女孩带回自己的屋子。头骨出去旅行，女孩便跑到山上痛哭。一个神秘男人告诉女孩，他会帮助她。男人送给女孩箭、膀胱和仙人掌。头骨回来之后发现女孩不在，便开始追赶。被扔出的法宝变成阻挠头骨的重重障碍：一棵仙人掌变成成千上万棵仙人掌，膀胱装满了水之后变成溪流，箭变成长刺的树。头骨越过了每个障碍。女孩来到哥哥们的屋子和他们住在一起。等头骨赶到后，最小的哥哥把头骨打碎。女孩把碎片扔进了火堆。

佩诺布斯科特（Penobscot），来源：查尔斯·利兰（Charles Leland），《新英格兰阿尔衮琴人的传说》（*The Algonguin Legends of New England*），波士顿：休顿-麦夫林出版社，1884，第122—126页。

一个父亲有三个儿子和一个女儿。巨人和邪恶的巫师到处杀人。一天，格鲁斯卡普化身成父亲的样子，回到家中。兄弟几人分辨不出哪个是真正的父亲，他们用各种方法来证明格鲁斯卡普到底是不是一个伟大的魔术师。格鲁斯卡普通过了所有的考验。兄弟几人开始和格鲁斯卡普一起踢球，而球是一个裂开的头骨。格鲁斯卡普用树枝变出了一个更大的开裂的头骨。这个大头骨开始追赶那些魔术师。后来，格鲁斯卡普把父子四人变成了鱼。

平原克里（*Plains Cree*），来源：L.布卢姆菲尔德（L. Bloomfield），《平原克里部落文献》（"Plains Cree Texts"），《美国民族学学会文献》16（1934），第271—275页。

猎人不断地捕杀野牛，妻子则负责出去捡肉。她用一种魔法使野牛肉分布在家的附近。他们生了两个儿子，大儿子叫维萨堪查克（Wisahketchahk）。妻子花很长时间去拾柴，猎人发现妻子光着身子走到一棵树前，躺在地上。几条蟒蛇出现后，附着在妻子身上。后来，夫妻二人依旧各行其是。猎人颠倒了妻子的魔法，因此，野牛肉全都散布在离家很远的地方。猎人让两个儿子逃走，他则杀死了树里的蛇，骗妻子喝下蛇血，然后砍下妻子的头，自己也逃走了。头骨让自己的屁股去追丈夫，而自己去追赶两个儿子。孩子们碰到了一条河，鹤驮着他们飞过河。后来，鹤在背头颅过河时，把头颅扔进河水，给这个头颅起名为"鲟"。

陶斯（Taos）1，来源：埃尔西·帕森斯，《陶斯故事》（"Taos Tales"），《美国民间故事协会记录》34（1940），第67页。

（故事片段）父亲告诉儿子和女儿，他杀死了他们的母亲，因为她在他捕杀野牛时发出了叫声，而且他把野牛和她的头在火上烤熟了。第二天早上，孩子们去火堆那儿找肉吃，一个头颅突然对他们低声说话，吓得二人赶紧跑回帐篷，头颅也紧随其后。父亲让孩子们到外面玩，随即离他们而去。

陶斯2，来源：埃尔西·帕森斯，《陶斯故事》，《美国民间故事协会记录》34（1940），第70—71页。

（神话的开头部分）猎人杀死了野牛，他的妻子不停地哭喊。猎人杀死了妻子，割下她的头，放在火上烤。回家后，他告诉儿子和女儿，自己在火上烤了一个野牛头。孩子们去火堆旁吃肉，可头颅告诉二人，她是他们的母亲。孩子们吓得逃走了，母亲的头紧紧跟在后面。在帕克利亚纳（Pakoleana）的帮助下，孩子们过了河。随后，当帕克利亚纳带头骨过河时，他将头骨摔入河水，于是头骨便被淹死了。

陶斯3，来源：埃尔西·帕森斯，《陶斯故事》，《美国民间故事协会记录》34（1940），第74—75页。

（神话的开头部分）阿帕奇部落的首领外出打猎时，他的妻子在一棵树边遇见一条蛇。这条蛇变成了一个男人。首领最终也发现了这件事。他杀死了妻子和蛇人，割下妻子的头。他把头在火上烤过之后，骗儿子和女儿吃肉。头颅张口对孩子们说话，孩子们吓得赶紧就跑，头颅紧紧跟在后面。海狸带他们过了河。后来，当海狸带头颅过河时，它把头颅扔进河水，头颅被河水冲走，又被许多虫子蚕食。

特顿（Teton）1，来源：克拉克·威斯勒，《达科他州神话Ⅱ》（"Some Dakota Myths Ⅱ"），《美国民俗学期刊》20（1907），第195—196页。

男人和妻子及三个孩子生活在一起。男人看见孩子们吃熊肉，便想知道熊是如何被杀死的。男人最终发现，妻子用斧头敲击空树干，树干中便出来一只熊，和妻子发生性关系。然后，妻子杀死了熊。男人命令妻子不停地吃熊肉，最终她被撑死。猎人给了孩子们一块磨刀石和一块金莺皮，让他们去找生身父亲熊。母亲的头颅跟着孩子们，一个孩子向身后扔出磨刀石，磨刀石变成了一座高山。孩子们爬上树逃命，头颅便用力地摇树。他们又爬进一个鸟巢，鸟巢被风吹走了。他们来到河边，发现有人在划船。于是，他们奋力向船游去，头颅也跟着游了过去，却被船夫用桨打到水下。

特顿2，来源：E. 德洛里（E. Deloria），《达科他州文献》（"Dakota Texts"），《美国民族学学会文献》14（1932），第190—193页。

四个女人路过一个绞架，一个女人拿骷髅开她嫂子的玩笑。骷髅的头便开始追四个女人。三个女人成功逃离。开玩笑的那个女人捡起了头骨。后来，她让头骨出去打猎，第一次头骨带回一头野牛，第二次是一头鹿，每次女人都用油脂塞满动物的肚子。第三次她让头骨打猎时，女人自己逃走了。头骨紧紧追赶，女人扔出几袋油脂，头骨便停下来吃。女人跑到了村子里，那天晚上，整个村子都消失了，只剩下她和一个老太太以及老太太的孙子。在村子中央，男孩看见一个白色的球状物体，就用箭刺破了它。所有失踪的人都出来，男孩被推举为首领。

温图（Wintu），来源：C. 杜波伊斯（C. DuBois）、D. 季米特拉科普洛（D. Demetracopoulou），《温图神话》（"Wintu Myths"），《加利福尼亚大学考古学和民族学文献》（*University of California Publications in American Archeology and Ethnology*）28（1930/1931），第262—264页。

村子的首领有两个女儿。小女儿进入了青春期，她将此事保密，但父母早已心知肚明。一天早上，村子的女人们悄悄出去剥枫树皮。小女儿也跟他们去了。一不小心，刺破了手指，血流个不停。过了一会儿，她尝了尝自己的血，感觉味道不错，于是就开始吃手指和身体的其他部位，直至只剩下一个头颅。头颅回到村子见人就吃，只有姐姐一人幸免于难。头颅每天照例出去吃人，直到有一天她发现无人可吃了，便吃掉了自己的姐姐。后来，头颅来到一条小河前，对岸的人扔出一座桥，示意让她过去。就在她走到桥中央时，那人猛地将桥抽掉，头颅掉进河水，被急流中的狗鱼吞了下去。

亚纳（Yana）1，来源：杰里麦亚·柯廷（Jeremiah Curtin），《美洲原始创世神话》（*Creation Myths of Primitive America*），纽约：布罗姆出版社，1898，第325—335页。

赫奇纳（Hitchinna）和妻子以及幼儿一块儿出去采食坚果。赫奇纳爬上树，开始把松果扔给妻子。然后他连自己的身体也一块一块扔了下去，直至只剩下头颅。妻子扔下幼儿，慌忙逃到村里，告诉村民此事。于是，他们跑到一个山洞，封上洞口。从树上下来后，头颅吃了幼儿，又开始寻找村民。他来到山洞前，却无法进去，狼打扮成老太太的样子，把头骗到一个放满木材和沥青的坑里，然后用石头堵住坑口，点燃了木头，头颅就这样痛苦地死去。

亚纳2，来源：爱德华·萨丕尔（Edward Sapir），《亚纳部落文献》（"Yana Texts"），《加利福尼亚大学考古学和民族学文献》9（1910），第123—128页。

本故事大体与亚纳1相同，除了第一，婴儿的性别在本故事中未明确指出；第二，村民——男人，女人和小孩——逃到了一个充满水气的房子而不是山洞。

亚纳3，来源：爱德华·萨丕尔，《亚纳部落文献》，《加利福尼亚大学考古学和民族学文献》9（1910），第202—203页。

野猫爬到树上，撕扯自己的身体，直到只剩下一颗头颅。头颅到处乱蹦，逢人必吃。狼打扮成老太太的样子，把头骗进了一个满是滚烫石头的地洞，头颅被活活烧死了。狼拿出野猫的头骨，把它扔进了小溪。

祖尼（Zuni），来源：鲁思·本尼迪克特，《祖尼神话》（"Zuni Mythology"）第1卷，《哥伦比亚大学人类学文献》21（1935），第171—175页。

猎人来到一座房子，房子里住着一位母亲和她的漂亮女儿。猎人和女孩一起过夜。第二天早上，猎人发现房子成了一堆废墟，女孩也变成了一具骷髅。猎人赶紧跑，不料，女孩母亲的头骨穷追不舍。他试图藏在某个地方，但每次都被头骨发现。猎人来到豪猪的房子，豪猪指点猎人，在进门的地方放上树胶，头骨进了屋子，结果被牢牢粘在了树胶上。豪猪便把头骨放到火上，将它烧死（在一系列历险之后，猎人终于回到了他的第一个妻子——头骨的女儿身边）。

神话心理学[①]

克拉伦斯·O. 蔡尼

（纽约州，波基普西市，哈德逊河州立医院负责人）

"杰出的文明之族，比如巴比伦人、埃及人、希伯来人、印度人、伊朗和波斯的居民、希腊人和罗马人以及条顿人和其他民族的人民，在很早的时期就开始颂扬他们的英雄，神话般的王子和国王以及宗教、王朝、帝国或城市的创建者。简言之，民族英雄，被数不胜数的叙事诗与传奇歌颂。这些人物的身世和早期生活尤其充满了神奇梦幻般的特质。虽然被空间广泛地分隔且彼此间完全独立，但不同的民族却呈现出令人困惑的相似之处或某种程度的字面巧合。许多研究者都对这个事实留有深刻的印象，神话研究的其中一个主要问题仍然是阐明神话故事的根本要点具有大量相似之处的原因，而这些神话故事的某些细节上的一致性以及它们在多数神话类别中的再现又使其更加神秘。"[②]

各种理论业已用来解释神话的起源、发展及意义，但意见分歧很大。马林诺夫斯基在他的《原始心理中的神话》（*Myth in Primitive Psychology*，又译《原始心理与神话》）一书中引用了伯恩（Burne）和迈尔斯（Myres）的话："神话就是这样的故事：尽管对我们来说是荒唐无稽的，但被讲述者极为认真地讲述，神话通过某种具体易懂的方法来解释一种抽象的观念，或一种模糊难懂的概念，诸如创世、死亡、种族或动物种类的差异、男女分工、仪式和风俗的起源，或是引人注目的自然物，或是史前遗迹，或是人名和地名的意义，因此，它们又与各种美好的信念相关联。因为这些故事旨在解释事物存在和发生的原因，因此有时又被称为穷本溯源。"马林诺夫斯基认为，这种解释包含在"现代科学就这一主题所能做的尽力阐释里"，他反对上述看法。他还坚持认为，原始神话的

[①] 1927年2月14日讲于"星期二俱乐部"，波基普西，纽约。

[②] 奥托·兰克：《英雄诞生的神话》，《神经和精神疾病》专论系列（Jour. Nervous and Mental Disease Pub. Co.），1914。

创作者并非"想'解释'或使任何东西'易懂',尤其不是要解释抽象的观念"。他断言上述定义"将会创造一个想象的、不存在的叙事类别,即推源神话"。他还断言说,"这类定义既不可能洞晓神话的本质,也不可能对民间故事做出令人满意的归类"。他认为,对神话的阐释需要考察神话实践背景,考察它如何以千变万化的方式走进生活。他继续描述他所观察到的原始部落的某些实践活动。他认为,神话首先是一种文化力量。他声称"神话主要有助于建立一个社会宪章,或是树立一个怀旧的道德行为典范,或是确立原始巫术的至尊地位"。只是对于作者来说,这一点所具有的意义还不明显。依我们来看,此处的引用显示出人类学家对神话的论述和讨论尚未令人满意。[①]

我们认为,神话(myth)或通称的神话(mythology)通常是生存在不断变化的环境下的人类的种种渴望(longings)、热望(cravings)或愿望(wishes),并且类似于儿童的渴望、热望或愿望、成人的梦和精神病患者的幻想。

个体发育重复着种系发育——个体解剖学的或生理学的发展经历着类似于人类种族发展所经历的阶段。个体心理发展同样重复着种族心理发展的所经阶段。神话故事就是原始心灵的本质表现。儿童的梦想与幻想也是类似的产物。文明与文化已塑造了成人惯常的心理活动,因此,他在正常的清醒状态下的所思所为不同于原始的成人或儿童。我们现在习惯认为,自己的进步远远超越原始心灵或儿童心灵的文明和文化,但事实上,人们只需稍微观察,即可证明,文化和文明仅是人类本质原始构成的表面。只需一场战争就可将人类显著的自我保护本能表露无遗,而我们更愿意相信的已在我们思想中扎根的利他主义和社会目标便会被削弱。然后,我们退化到与原始人的本能活动没多大不同的状态。我们不再受理智和判断力左右,而是被我们的情感和本能控制。在发生恐慌和火灾的情况下,或在面临死亡的情况下,或在一位母亲面临与她的孩子相分离的威胁的情况下,我们向更原始的类型退化同样可见。人类,每晚在梦中复归原始。个人主义状态下的活动在他的梦中得以表现,这些梦展现了他的无社会性或反社会的本能渴望,他对社会种种约束的抵抗和他通过一种利己主义的方式来实现自己愿望的欲望。这些实现愿望的梦中象征同样可在神话中看到,或在儿童的白日梦中看到。

某些个体不能适应限制性的社会压抑要求,这些要求在根本上阻止了他们实现本我的本能愿望。这些人不仅在无意识的睡梦中而且在清醒状态下,退化

[①] 马林诺夫斯基:《原始心理学中的神话》,莫顿公司1926。

到更原始的或更自我的存在状态。由于他们紊乱的思想和行为，这些人被视为精神紊乱的人，并被送进精神病院看护和治疗。这样的退化也许只是暂时的，病人重新恢复了较正常的社会化思维状态后重返群体，并使他们的行为符合社会要求。但是，其他个体，在他们退化到较原始的思维状态后，发现如此生活，显然与他们的能力和欲望更加协调，且缺少使他们再次成为社会文明成员所必要的刺激和冲动，于是无限期地停留在他们退化的原始状态。随着当前对儿童、做梦的成人和这些精神病人的活动及思想的观察、仔细研究及解释，现代心理学和精神病学对表现在神话中的史前或历史早期的原始人的产物有了更进一步的理解。精神病人或精神紊乱者会被认为生活在他们的白日梦中，并被之前处于无意识状态的愿望和欲望控制。由于药物的使用、生理疾病或某种事件的发生，给予这些愿望以特殊的力量和冲动，当这种控制消失时，意识的惯常限制和更加社会化的思维状态有可能屈服于无意识。因此，我们无须返回到史前或历史中展开神话的研究和解释。每天，在对精神病患者的观察中我们即可看到相同的表现。对这些人的症状的研究和分析表明，他们的创作或思想再现了本能未满足的追求、热望或渴望。有时它们可能是非常赤裸的且独立于象征诠释，就像某些神话那样，但另一方面在仍存有意识和社会化约束迹象的人身上，象征掩盖了粗鲁表现，就像它在神话中那样。

　　作为神话、儿童的白日梦、夜梦和心理紊乱之间相似点的范例，通过愿望实现的相同特征，我们也许可以讨论一个在目前与心理表现有某种特殊关系的神话。我指的就是索福克勒斯（Sophocles）写入戏剧的所谓的俄狄浦斯神话。简言之，忒拜（Thebes）国王拉伊俄斯（Laios）与王后伊俄卡斯特（Jocaste）无子，向德尔斐阿波罗神庙祈求神谕。神谕告诉他将会有一个儿子，但他的儿子由于命运安排必将会杀掉他。俄狄浦斯，拉伊俄斯的儿子，在他出生后三天就被遗弃于野外任其死亡。但是，这个男婴被科林斯一个牧羊人救助并带到国王那里，科林斯国王将其视为亲生子，并在宫廷里把他抚养成人。俄狄浦斯偶然得知自己原来是个弃儿，便在德尔斐神庙求问关于亲生父母的神谕，得知自己命定弑父娶母。俄狄浦斯认为，这个预言是指他的科林斯王国的父母，于是离开科林斯，前往忒拜，但是在中途，由于一场争执，俄狄浦斯无意中打死了他的生身父亲拉伊俄斯。来到忒拜，他又破解了斯芬克斯（Sphinx）之谜，使城邦免于斯芬克斯的灾难。他娶了他未认出的母亲，坐上他父亲的王位。他和伊俄卡斯特生了四个孩子，因此，应验了神谕。作为对这场婚姻的惩罚，一场瘟疫席卷了整个王国。神谕最终真相大白，俄狄浦斯刺瞎自己的双眼，而伊俄卡斯特自缢而亡。

这是一个众所周知的神话，它首先表明了它和一种人性密不可分的关系。如今我们一想到它就会产生厌恶的情绪，文明已经强烈地禁忌与父母乱伦或发生生理关系。可是，这种乱伦在以前并不被视为一种禁忌，在古代某些种族中，父亲与女儿，或母亲与儿子之间频繁的联姻就可证明这一点。或许这种对乱伦的禁忌或禁止，不是因为本能，而是为了最好地维持种族，以及乱伦关系会导致近亲繁殖和种族频繁恶化，禁止乱伦可以在这些原因中获得最满意的解释。但是在现代社会，与父母一方发生乱伦关系的本能欲望仍然被不断证实。

对于儿子，母亲是他第一个爱的对象，能够给予、满足他对爱的渴望所需的情感。男孩子正常的发展结果是，在这种依恋成为某种坦率的性特征前就已摆脱了它的困扰，但儿童的梦和言语并非以罕见的方式来直接表明母亲仍是爱的对象，父亲依旧是儿子的仇敌。而另一方面，母亲又是对父亲充满爱意的女儿的仇敌。如果这种幼儿期对异性父母的情感或爱没有转移到家庭之外的人身上，那么，这个孩子将停滞在发展的初期阶段，也许会变得神经质，或陷入明显的精神紊乱。对父母怀有固恋的孩子的梦清晰表明，他们在梦里对乱伦关系的渴望，他们所仇视的异性父母以死亡或其他方式得以消除。但是，对这些神经症患者来说，在他们清醒的状态下，来自文明禁忌的压抑通常会阻碍他们的欲望完全显露出来，由此而占主导。在意识控制不甚强烈或无意识力量异常强大的情况下，无意识成为主导因素，与父母结婚，继而生子，发生乱伦关系的愿望也找到了一种赤裸裸的表达。这些实现愿望的幻想，常被称为妄想，其范例在患有精神紊乱的人中更为普遍。例如，几年前，我所观察的一个女孩对她的父亲持有典型的爱恋。父亲死后，她表现出极大的痛苦。她从未有过真正的恋爱。她与母亲之间的关系也很糟糕，并对母亲表现出强烈的敌意。在这种极度的生理压力和紧张的状态下，她的行为开始出现不正常。她开始说要嫁给一个牧师，我们视他为她父亲的替代。但后来，她坦言，在此前，处于无意识幻想中的她，曾经说要嫁给她的父亲。她一直用约瑟夫这个名字来称呼她的父亲，宣称他是普鲁士王国的国王约阿希姆，称她真正的母亲为奥地利的伊丽莎白女王。她这样描述自己的父亲："在我十八岁时，他娶了我。他给我一枚小戒指，并说'把它给小亨利（她的弟弟）'。但这并不表示我嫁给了亨利，而是嫁给了约瑟夫（她的父亲）。"她接着又说："在我十二岁时，约瑟夫就已娶了我，只是在我十八岁他把戒指给我时，才告诉了我。"她说，一个名叫拉斯普廷的修道士曾以各种方式来找她，并试图毁掉她。这个修道士很显然是她父亲的一个象征。

她说，这个修道士和一个冒充她母亲的女人结了婚。这个病人从严重的烦躁不安中得以恢复，清楚地意识到她过去的精神紊乱，但又不能够对她要嫁给父亲的想法做出解释。这意味着，发生在她身上的事，其实是经常发生的，即压抑无意识幻想，并试图搁置幻想。这个女孩随后又陷入了另一个类似的实现愿望的幻想。

另一位病人对她的父亲也持有类似的明显爱恋，由于她否认自己与她父母的关系，从而形成了具有影响力的思想和催眠术，并导致她患有长期的精神紊乱，而且她一听到声音，就表现出恐慌，并喃喃自语地说，她是威廉姆·K.范德比尔特的女儿；她认为，她在两岁半时就被绑架了，并且她说：“他，威廉姆·K.范德比尔特，总是在尖叫。他想和我结婚。我爱上了 H 先生。可我不知道他就是我的父亲。他经常说'亲亲爸爸'。我父亲反对爱情的处理方式。他们告诉我，我的父亲想让我做他的情妇。我母亲和兄弟却对此表示反对，那太可怕了。我兄弟对待我是为了爱情——性爱——就像男人和妻子间的那种愉悦，那是用科学（基督教科学派）才能治愈的爱情。我父亲想让我回家，不让我结婚，当然，他想和我发生关系。”她将医生和医治者都视为她的兄弟，她先前就说到他们都对她很熟悉。她把负责她病例的心理医生当作她的兄弟，说："我不知道你是不是我的兄弟。你不承认你是我的兄弟。我收到信要把你称为我的兄弟威廉姆，但如果你是 C 医生，我就不会称你为威廉姆了。前几天，我表现得并不那么温雅，我试图和你做爱。但如果你是 C 医生，我就不会那样做了，如果你是我的兄弟，我会那样做的。我听说今晚便是我的临终之时，但做爱可以阻止死亡的到来。和某人发生关系，除你之外，别无他法。我更愿意与兄弟你发生关系。我将收到你打算承认是我兄弟的消息。唯有爱情能够治愈神经疾病和心病。"这个患者经常说这些疯话，这显露出她的不确定性以及内心冲突。"如果我听到其他人这样说话，我会说他们精神不正常。"

她表现出了极为严重的痛苦和紧张，她说："如果我有一把手枪，我会自杀。那样会比我遭受正在折磨我的人的折磨要好得多。"这表露了她的反面想法以及意欲消除它们的罪恶感。她有时说她应受绞刑，因为她不再是一个纯洁的女人。这个病人的恐慌已好转，但她不能够解释自己竟会有这样的想法，虽然她可以出院，但她仍没完全恢复到可以自理的程度。

另有一个五十五岁的女病人，她非常聪明，接受过古典和音乐教育，四处旅行，后来成为一名护士，但从未结婚，也不曾对同龄的男人有任何兴趣。她迷恋于几年前已去世的父亲，于是通过照顾一位老人，以取代她对父亲的感情。她被他收养后，便同住在乡下。他们等待着弥赛亚的到来。养父死后，她一连多日拒绝邻居进她家，并执意认为他没有死。在遭到强烈的反抗之后，她才把他交出来。从那以后，她就过着原始而独居的生活，即使有衣服，也穿着极为单薄，而且置家务于一边。她不仅称自己为前总统（被看作父亲替身）之女，还否认了与她兄弟的关系。她这样描述自己："我是一个矶沙蚕属，也就是无性别。我是个无性别的人——因为早在年轻时，我便是阴阳双体。男性部分是哥伦布伯爵，一个戴冠冕的眼镜蛇。我被密封并被钳制在一个四周被严密围住的花园中。这就是我的童年。我的阴性部分是维斯塔贞女，而阳性体是一个伯爵。你了解不同阶层的人物，史蒂夫·多瑞斯伯爵、皮西厄斯爵士以及哥伦布一样的爵士。我爱上了圣灵。我的母亲其实就是我父亲，也像我一样阴阳双体。她并没有抚养我，而是四处旅行，因此，也跟我一样，阳性占着主导地位。家里一个美丽的女基督徒将我养大。"因此，她显然断绝了与她母亲的关系，而认同父亲，以至于成为他的一部分。她从未因为相信自己同样也是一个女人而想过正常的婚姻，因而也不必使自己适应正常文明的相夫教子的生活方式。可是，在她的幻象中，她却有孩子。她说："我已经养大了几个儿子，至于是几个，你要去问我的亲戚。他们不是我生的。我将他们封存在我的心里、灵魂里以及精神里。你可要问我的亲戚或家人。"当被问及孩子的父亲时，她说："大多是美国参议员。"参议员意味着是令人敬仰的老人，是父亲的替身。她是将她父亲与参议员联想在了一起。我们不能想象，这个女人能吸引她的同龄人。

在俄狄浦斯神话中，乱伦导致的负罪感被随之而来的灾难证明了，城邦的瘟疫，俄狄浦斯的双眼失明，既是母亲又是妻子的自缢。我们认为，这个神话之所以吸引人，是因为目前它能吸引住我们的心灵或情感，并因为它与我们在儿童以及成人时对异性父母的欲望兴趣相同，这种兴趣一直被压抑或视为禁忌，只能有时在梦里或精神错乱以及其他非正常心理状态下得以发泄。这个神话源于原始的感觉，也许在神话的起源阶段，粗鲁且未受到抑制，但在人类文明后来的发展中，遭受压抑，就像在悲剧结尾的道德教诲中所表现出的负罪感。

此处不可能详细列举众多有趣的神话或传说，或是解释它们。我们只能扼要提及一个英雄诞生的神话，它被各个种族的传说仿效，并在我们的基督教中成为范例。

"根据现有材料，最早通过英雄神话传播的英雄诞生史起源于巴比伦的建造时期（约公元前 2800 年），它是关于创建者萨尔贡一世（Sargon the First）的诞生史。依照字面翻译，貌似关于萨尔贡国王的原始碑文的记录译文如下：

"我是伟大的阿卡德王国（Agade）的国王，我母亲是一个贞女，我不知道父亲是谁，只知道他的兄弟住在山上。在幼发拉底河河畔的阿祖庇拉尼（Azupirani）城，母亲生下了我。我降生在一个隐蔽的地方。她把我放在一个用苇草做成的船上，并用沥青封上了门。接着她把我放入小河，但并没有沉下去。河水将我带到了阿基（Akki）那里，一位汲水工。阿基，这位汲水工，充满善意地捞起我。阿基，这位汲水工，将我如亲生儿女般抚育。阿基，这位汲水工，使我成了他的园丁。作为一名园丁，我被伊什塔尔深爱着，并作为国王统治了四十五年。"此故事与《圣经》中的婴儿摩西的相通处不言而喻。你会想到摩西是被放在一个蒲草做成的船上，以避免法老对所有希伯来男婴的迫害。他的母亲"就取了一个蒲草箱，抹上石漆和石油，将孩子放在里头，把箱子搁在河边的芦荻中"[1]。后来，"孩子渐长，妇人把他带到法老的女儿那里，就做了她的儿子，她给孩子起名叫摩西"。

珀尔修斯（Perseus）的神话讲述的是，阿尔戈斯（Argos）国王被神谕告知他的女儿达那厄（Danae）将会生个儿子，而且他将命丧于他的外孙之手。为了防止这一切发生，他将女儿紧锁在一个铁柜子里，并下令严加看守。但宙斯化身为金雨，穿过了房顶，于是达那厄生下一男婴。国王不相信女儿所说的宙斯是孩子的父亲，他将女儿和孩子一同封入了一个箱子，并投入大海。他们被一个渔夫救助，并得到亲人般的照顾。国王波吕德克特斯（Polydektes）迷恋上了这位美貌的母亲，他派珀尔修斯去取戈尔贡（Gorgon）和美杜莎（Medusa）的头颅，从而除掉他。珀尔修斯完成了任务，并创造了许多英雄事迹。正如神谕所说，他扔铁饼时无意中杀死了自己的外公，并成为国王。

其他的英雄神话也可能会被回想起，诸如与父亲的冲突、由下层百姓抚养、奇特的事迹以及最终获得王冠或权力。在这些英雄神话中，包括童贞受孕，还包括这些英雄不仅会被下层百姓抚养，也会被动物抚养，例如罗穆路斯（Romelus）和雷穆斯（Remus）的养母就是一只母狼。

"英雄与他父亲和母亲的正常关系在所有的神话中都受到伤害，如表所示，我们有理由可以假设，在英雄的本质中，一定有某种东西可以解释这个怪象，他们的动机也并非难以发现。我们很容易理解，对于这些比其他人都易遭妒忌、羡慕和诬蔑的英雄，他们父母的血统常会成为巨大的挫败和尴尬的来源。古老谚语'大凡先知，除了本地本家之外，没有不被人尊敬的'，说的就是这个意

---

[1]《出埃及记》第二章。

思：他、父母、兄弟姐妹或玩伴并不乐意接受这个先知。对先知来说，看似有必要否认他的父母；为了他的使命，先知英雄被允许抛弃、否认他深爱的母亲"。你们可以回想，当耶稣在一个集会中说"我不认识这个女人"时，他事实上已否认了她。

当再次思考孩子的态度，尤其是男孩对父亲的态度时，我们会对杀死父亲或取而代之，对父亲或母亲的否认和与父亲的对抗行为有所理解。综上所述，我们相信，对于神话发展的多数理解可以从类似孩子的原始心理或精神病人的思考推出。我们已提到的为了孩子的地位而与父亲展开的对抗，童贞受孕彻底地废除了尘世的父亲，而来自上帝的受孕将这个孩子置于更高的位置。孩子经常感到被忽视或对他父母不满，尤其是对父亲的不满，因误解了某些行为并形成了对父亲的明显对抗，并且始终相信这个人并不是他的真正父亲，从而开始想象他会是另一个人，国王或王子，或者他是从一个王室家族收养来的。对父母的不满常会导致不能适应生活的孩子有意识地保留这个欺骗式的信念，以此来满足自我并将它提升到他所认为的合适高度。我们在以上所引用的两个女孩的案例中已提到，她们都否认自己的父亲，并认为她们有更好的出身。女人坚持认为，她是圣母的信念并非稀奇；她嫁给了上帝，并生下了孩子耶稣。同样的，女人也许会认为，她也嫁给了耶稣，这再次显示出了乱伦情结，她和耶稣又产下了第二个孩子。我们看到，这些信念与其说是无根据的幻想，毋宁说是个人通过幻想获取现实生活中被否认之物的手段。正如我们所见，已经围绕神话英雄而编织许多传奇来赞美他，把身份由下等百姓提升到普通人无不仰慕的位置。同时，为他未完成的抱负而高兴。当我们说耶稣在我们心中、耶稣与我们同在、上帝在我们心中、我们是上帝的一部分时，这种态度已表现在我们当代的基督教中。

当然，古时的许多神话已失去了它们的效力。曾经，它们只是在希腊人、巴比伦人、迦勒底人和挪威人（Norges）的生活中占有重要地位，正如基督教之于当代人。它们为何会改变或灭绝，这是一个有趣的问题。很可能是它们不能满足后世民众的兴趣，如同它们先前那样，基督徒与《圣经》教义取代了它们。正如亚伯拉罕[①]所说："当解除了传统负担，在旧幻想的基础上出现一个温和的思考方式时，一个民族的新时代来临了。随着自然规律被不断深入了解，随着满足民族自大情结的总体形势变化，这一发展得以深化。语言象征和神话象征

[①] 卡尔·亚伯拉罕：《梦与神话》，《神经和精神疾病》专论系列，1913。

已不足以表现当代民族精神,英语民族尤其如此。实际的结果使欲望幻想变得不必要。当民族远离其自大情结的实现还很远时,它会朝另一方向前进。犹太人就是典型的例子。长期以来,他们保存了人类种族童年期的幻想,想一想'选民'和'应许之地'的梦想。"要特别注意:随着对自然规律的深入了解,温和的思维方式替代了古老的幻想结构。现在社会对基督教兴趣黯然,此种情况是否发生,人们感到怀疑。人们推测,对自然规律更加深入地了解减少了对基督教的需求,相比前些年还怀有幻想的人,这种推测在今天获得更多人的认可。教会内的争端证明了这一观点,教会的社会化、它对人们日常生活具体问题的关注、它的多元化及其机构改革都表明,基督教神话正在消失,就像古希腊罗马神话那样。

荣格及其批评者

卡洛斯·德雷克

在荣格逝世六年之后，人们对他的评价仍然褒贬不一。在一些领域，如文学批评，他的名字越来越频繁地出现①；在另一些领域，如民俗学和人类学，他的名字几乎从未被提及过，或者即使被提及过，也大都是轻蔑和贬低之词。在自己的领域内，荣格有一群自己的追随者，也有一大批贬损者，其中对他批评最为猛烈的便是弗洛伊德学派的人。自从1913年他和弗洛伊德分道扬镳后，这些人便一直强烈地反对他的理论，尽管他们也承认，他与弗洛伊德分裂之前的作品有永恒的价值。② 令人惊奇的是，这么多年来，特别是自荣格去世后，旧的争端还没有解决；他的理论也从未被永远拒绝或接纳，或至少被澄清过；他继续成为许多领域学者的兴趣所在，就好像他依然是一种活着的力量。

在民俗学方面，人们对荣格的普遍态度大都是否定的。人们偶尔会谈论到原型和无意识，但荣格的理论基本上都被认为是"纯粹的神秘主义"而遭摒弃。当荣格的名字被提及时，几乎就像是人们要吁求弗雷泽或列维-布留尔来支持一个论点——更糟糕的是，荣格既非民俗学家，也非人类学家。我想从另一个方面考察那些过去对民俗学家举足轻重的关于荣格的批评，以此来判定它们今天是否有利于引导我们了解荣格的思想。

事实上，相对来说，学界对荣格的批评较少。然而，这些仅有的批评对任何他的观念的谴责是如此强烈，以至于人们几乎忘记了它们都是很简洁的，而且仅仅涉及荣格作品的一小部分。有两种批评在影响民俗学领域对荣格的看法

---

① 参见约翰·B. 维克里（John B. Vickery）编，《神话和文学》（*Myth and Literature*），林肯1966。在一文集中荣格被广泛引用。

② 典型的弗洛伊德学派对荣格的观点，可参见爱德华·葛雷夫（Edward Glove）的《弗洛伊德还是荣格？》（*Freud or Jung?*），纽约1956。葛雷夫断言，荣格的哲学是"东方哲学和删改了的心理生物学的大杂烩"（第134页）。更早的观点，参见 A. A. 布里尔（A. A. Brill）翻译的《弗洛伊德的基本著作》（*The Basic Writings of Sigmud Freud*），纽约1938。

上，可能比其他任何批评都大，我将对这两种批评进行仔细研究。第一个是韦斯登·拉巴在他于1948年在《美国民俗学期刊》上发表的文章《民俗与心理学》(Folklore and Psychology)① 中的批评。第二个是梅尔维尔·J. 赫斯科维茨（Melville J. Herskovits）和弗朗西斯·S. 赫斯科维茨（Frances S. Herskovits）夫妇于1958年出版的《达荷美人的叙事》②（Dahomean Narrative）中的批评。这两种批评都是由人类学家提出，但这一事实却丝毫没有减弱它们在民俗学领域的力量；相反，由于人类学和民俗学的密切关系，在那些可以应用荣格思想之处，任何一个学科的批评都很可能会在另一个学科中产生互相影响的后果。拉巴和赫斯科维茨夫妇都对荣格的一些观点持批判态度，而且带着最强烈的反对语气。他们的意图很明显，旨在对这些观点在他们领域的进一步应用提出严肃的质疑。然而，今天如果我们仔细分析这些批判，就会发现它们中间包含一些含混不清的地方，而且还会牵涉一系列关于批判方法的问题，至少像这里采用的反驳荣格的批评方法。首先，我将仔细研究这两种批评和其他几种，然后讨论它们所带来的更大问题。

韦斯登·拉巴对荣格的批评

拉巴对荣格的批评包括两个段落和两个脚注，其中一个标榜要展示发生在"荣格学派传统"的两个作者身上的事情。

第一个脚注引用拉巴的资料，并对荣格的一些作品做了一个不寻常的评价："卡尔·荣格，《无意识心理学》(Psychology of the Unconscious)（伦敦，1916）；《分析心理学文集》(Collected Papers on Analytical Psychology)（伦敦，1917）。然而，荣格指出幻想在民间故事中和在早发性痴呆或精神分裂症中的相似性，这尚未得到足够认可，荣格的著作在精神分裂症领域仍有永恒的价值。"③

这一评价与这段话的语气相反，这一评价也是这段话的脚注。

   从方法论上讲，卡尔·荣格在民俗学领域的研究与兰克的相比，更应受到谴责，因为它们建基于明显错误的心理学之上。荣格的"原型"重复了普遍思想（Universalgedanken）的观念错误，尽管他在理论

---

① 韦斯登·拉巴，《民俗与心理学》，载《美国民俗学期刊》LXI, 10—12 (1948)，第382—390页。
② 梅尔维尔·J. 赫斯科维茨，弗朗西斯·S. 赫斯科维茨，《达荷美人的叙事》，西北大学非洲研究，No.1，埃文斯顿1958。
③ "早发性痴呆"（dementia praecox）是"精神分裂症"（schizophrenia）的旧名。——译注

上承认民族志差异，而他的种族神秘主义却伴称原型性民俗象征是种族遗传的。大量事实证明这些象征，像文化的其他事象一样，在本体论意义上是社会化过程中"继承"的（社会的，而非生物的）。民俗学家们辛苦地用归纳法建构了一个母题索引，而且在寻找那些不是紧紧地依靠地理相邻或历史相邻的事实方面，有一种民族志复杂性方面的谨慎。而荣格却以演绎方法用绝对原型象征的梦书涵盖了所有时间和空间，并且一劳永逸地按图索骥。

拉巴的第二段详述了荣格的"民族中心主义"和对象征的错误运用。他总结道：

> 我相信知识界对土著象征活动（如民俗学及其他材料所揭示）的合理发现有强烈的反感，而这种反感的很大一部分来自对荣格绝对原型的自大的民族中心主义的认识，而不是来自不情愿考虑当地民众的信仰或行为的可能意义。但是一种意义只对那些有意用它的个人或群体有意义，可以说，即使他或他们或许并没有意识到自己已经将那些在现实世界中明显不相关的东西语义-象征性并列这一事实。①

首先，仔细考虑一下拉巴的原始资料。那两本书是荣格早期用英文发表的著作之中的两本，有一本是论文集。尽管他对两本书在随后几年里都做了修改，拉巴所引用的版本里却没有包含一套完整出自荣格心理学的工作方式。事实上，荣格在1919年才首先使用了"原型"② 一词。因此，我们不清楚拉巴采用荣格的哪本书来做他的批评，由于大部分拉巴的谴责针对这一观念，而荣格只是在被引用的这部著作出版以后才开始使用"原型"这一概念。然后才有拉巴关于荣格在指出民间故事和精神分裂症幻想之间的相似性时并没得到足够认可的评论。在评价拉巴的这一评论上有一个奇特相似点，这一点可以从以下弗洛伊德的文章中找到：

> 这样，一些典型的梦境对人们理解多种神话和传说提供了很大帮助。里克林和亚伯拉罕借着这一提示开始了对那些可以在兰克的神话

---

① 拉巴，第383—384页。

② 参见《本能和无意识》（"Instinct and Unconscious"），第270段，第133页。《荣格文集》（*The Collected Works of C. G. Jung*），R. F. C. 赫尔（R. F. C. Hull）译，波林根系列 XX，第8卷，《心灵的结构和动力》（*The Structure and Dynamics of the Psyche*），纽约1960。这篇文章最初发表于《英国心理学期刊》（*British Journal of Psychology*），X（1919），I，第15—26页，接着重新发表于《分析心理学》（*Contributions to Analytic Psychology*），纽约1928，然后又一次被收录于其作品集。

学著作中找到完整版的神话进行了调查；这些著作正好合理地满足了专家们的需求。梦－象征的实施将人们引入了神话学、民俗学（琼斯，施托菲）和宗教观念等问题的核心。在一次精神分析代表大会上，当荣格的一个学生指出：精神分裂症的幻想形态与原始时代原始先民的宇宙起源观具有相似性时，全场听众无不印象深刻。在后来的解释中（尽管这些解释遇到了反对，但仍然很有趣），荣格利用神话材料调和了神经症与宗教以及神话幻想的关系。①

我们可以用来自美国的弗洛伊德的翻译者和拥护者 A. A. 布里尔的引文给这段引证再增加一个。在介绍荣格的《早发性痴呆的心理学》（*The Psychology of Dementia Praecox*）一书时（他也翻译了这本书），布里尔对这部著作做了如下的评价："每一个精神病学的学者都发现这本著作对他的图书馆收藏来说是一本不可或缺的袖珍指南书（vade mecum）。它是同类书中唯一对早发性痴呆的演化做了全面概述的一本，而且，毫无疑问的是，仅次于弗洛伊德的理论，它构成了现代精神分析学的基础。"②

显而易见，拉巴的第三个脚注中对荣格的评价是基于弗洛伊德学派之意见，然而，我这儿关注的并不是弗洛伊德或布里尔对荣格的评价正确与否。有趣的是，拉巴接受了弗洛伊德学派对荣格的某些作品的评价。

回到拉巴对荣格批评的第一段，他所提出的主要观点是：荣格的心理学很明显是错误的，因为他在他的原型中重复了与弗雷泽和兰克在假设时相似的错误——一种"普遍思想"。正如上面所提到的，我们不清楚拉巴对荣格使用"原型"一词的观念出自何种资料；但有一点很清楚，那就是他错误地理解了"原型"这一词语（我将在后面对其进行阐述），在这一误解的基础上，他又用了许多意味深长的修饰短语，例如"绝对原型象征的梦书""种族神秘主义"和"自大的民族中心主义"。然而，这一修辞却缺乏科学的缜密，因为拉巴并没有为他的谴责提供实际证据，也没有引用荣格本人的话语，也没有原型的定义，更没有暗示这一词语是如何应用于荣格其他心理学理论的（除过凭空断言说他的心理学是错误的）。

---

① 《弗洛伊德的基本著作》，第 954 页。拉巴很明显在另一部译著中从同一页摘取了材料，他在自己论文的第一个脚注中引用了这一翻译作品：西格蒙德·弗洛伊德，《文集》（*Collected Papers*）Ⅰ，第 320 页。

② C. G. 荣格，《早发性痴呆的心理学》，A. A. 布里尔译，《神经和精神疾病》专论系列 3，Ⅸ，纽约 1936。这部著作于 1909 年出版英文第一版。

拉巴的第四个脚注试图证明"荣格学派传统的缺陷"。他引用了两部作品，第一部是约翰·莱亚德（John Layard）的名为《野兔夫人的故事：一个关于梦境治愈能力的研究》（*The Lady of the Hare*: *Being a Study of the Healing Power of Dreams*）的书；另一个是摘自《美国民俗学期刊》中南多尔·福多（Nandor Fodor）写的一篇名为《作为一个精神机制的变狼狂》（*Lycanthropy as a Psychic Mechanism*）［LVIII（1945），310－316］的论文。拉巴对莱亚德的"各种文化中野兔的述评"做了如下的评价："论者假定这一研究方法就是荣格原型说的应用。在实际诊疗实践中，患者的无意识象征意义经常是无知的、单一的、自我的，并且脱离文化常识；此外野兔象征意义的跨文化相关性尚属假设，而非已得到证明的观点。"① 这一陈述很不寻常。拉巴很明显是在极力批评原型，但他误解了该词语以及它在临床实践中的应用。

拉巴引用福多的文章很明显是一种内疚联想的尝试，但是这篇文章中没有任何东西可以把福多和荣格联系起来。拉巴给出了以下结论："荣格学派的神秘主义，没有受到民族志事实坚实细节的约束，命中注定是这样的谬论。"这一结论是基于他认为福多可能在"弗洛伊德－荣格学派传统"下操作的猜测；他的结论不可能建立在其他基础之上。

赫斯科维茨夫妇对荣格的批评

《达荷美人的叙事》一书对荣格的批评紧跟着"原型神秘"这一主题。警觉的读者可能因此预料接下来的内容，显然"神秘"一词的使用带有贬义。赫斯科维茨夫妇对荣格提出的谴责比拉巴所提出的更为严肃，主要是因为他们有文献佐证，而非简单地做出论断以致惹上麻烦。事实上，人们可以说他们从拉巴的尝试中获益匪浅，因为他们对他的文章②无疑很熟悉，不过，他们大都对他使用含蓄词语的倾向不予理睬。然而，他们的结论与拉巴的结论相似。如果对这两种结论分别加以考虑，我们就有必要仔细考虑他们所提出的一些具体问题。

赫斯科维茨夫妇引用了荣格的两个作品来支持他们的观点：一是一篇名为《儿童原型心理学》（*The Psychology of the Child Archetype*）的论文，它被收集在

---

① 拉巴，第383—384页。
② 拉巴的文章刊发时，梅尔维尔·赫斯科维茨是《美国民俗学期刊》副主编；文章中提到了他（第387页），他自己的两篇文章也出现在同一期（第391页，第403—404页）。

一个名为《神话学论文集》(*Essays on a Science of Mythology*) 的集子里（他们没有使用这篇文章本身的题目，而是提到整个论文集的名称）①。该文集四篇文章中的两篇都是由荣格撰写。另一篇文章的题目为《论捣蛋鬼形象的心理学》(*On the Psychology of the Trickster Figure*)，这篇文章最早是以对保尔·拉定的《捣蛋鬼：美国印第安神话研究》(*The Trickster, A Study in American Indian Mythology*)② 一书的评论而发表。尽管他们仅限于使用两篇文章，但他们的确在一个脚注中暗示他们对荣格的了解要多得多："我们采用最新相关出版物的原文来证明荣格学派的当前立场。"这样一来读者可能产生这样的印象：赫斯科维茨夫妇引用了荣格的著作，荣格在这些著作中对他们想要探讨的问题做了最好的解释；但是，正如接下来将谈到的，这是一个错误的印象。读者还从这一暗示中得到这样的印象：荣格学派的立场不时地发生变化。这也是一个错误的印象，因为从20世纪20年代早期到荣格去世的这段时间，荣格的理论并没有重大的改变。

赫斯科维茨夫妇从以下这段文字开始论证。这段话包括了荣格给"原型"所下的定义（省略是他们原来就有的）：

> 让我们看一下名字与这一概念最密切相关的人——荣格自己如何定义"原型"。论述完他的分析心理学体系基础之后（正如他所声明的，这一分析心理学体系基础体现了与神话母题相似的某种一致的主题），他说："这些产物……都是神话成分，由于它们的典型特征我们也可以称它们为'母题''原始意象''类型'或就像我称它们为'原型'。"但是，这种个体心理中的神话表现又应该和神话本身区分开来："在个人身上，原型以无意识过程的不自觉表现形式发生。其中无意识过程的存在和意义只能推断得知，而神话涉及的是久远年代的传统形式。它们回溯至史前世界。今天我们可以在现存的原始部落中发现史前世界的精神观念和总体情况。"③

赫斯科维茨夫妇在接下来的一段中做了如下评述：

> 我们没必要进一步引用荣格著作来详述他的定义和观点；更重要的是我们要考虑"原始"心理学方面的思想。我们可以从他的论述中推断他深受巴斯蒂安（Bastian）的"普遍观念"（elementargedanken）

---

① C. G. 荣格和 C. 凯仁伊（C. Kerényi），《神话学论文集》，R. F. C. 赫尔译，波林根系列 XXII，纽约 1949。这里所使用的是哈珀火炬书系列（the Harper Torchbook Series），纽约 1963。

② 保尔·拉定，《捣蛋鬼：美国印第安神话研究》，伦敦 1956，附有荣格和 C. 凯仁伊的评注。

③ 赫斯科维茨，第 96 页。

的影响，那些可以在"民间思想"（vōlkergedanken）中找到它们所表现的人类共同的根本思想，所有民族相似性的记录，这可以在关于人类的早期科学研究史中找到，它们共同提出了荣格所关心的起源问题；另外在他的方法和措辞里，可以辨出的影响来自法国哲学家和人类学家吕西安·列维－布留尔。①

赫斯科维茨夫妇没有注意到的是，在他们所引用的那篇文章里，荣格只是在谈论原型，而非给它下定义。如果我们看一下包含他们所节选部分的这整篇文章，这一点就会变得更为明显：

> 这些产物（"神话形成"的结构因素）从来都不是（或至少很少）有确定形式的神话，而是神话成分。由于它们的典型特征，我们可以称它们为"母题""原始意象""类型"，或就像我称它们为"原型"。儿童原型是一个极好的例子。今天我们可以冒险提出这一模式：原型出现在神话和童话里就如同它们出现在梦境和精神错乱幻想的产物中一样。在前一种情况下，它们所融入的环境是一个有序的、大部分可以直接理解的背景；但在后一种情况下这一环境通常是一个难懂的、不合理的，甚至谵妄性的意象，而这些意象却反而不缺少一种内在的条理性。在个人身上，原型以无意识过程的不自觉表现形式发生……②

荣格将母题、原始意象、神话成分和原型的关系并列，在这一背景下，它们几乎是指同样的东西。这样一来，把原型定义为神话成分，就好比是把一个球定义为一个球体。但是，荣格在这里并没有想要给出一个定义，相反，他只是在介绍他对某一特定原型的论述。

关于对荣格所受影响的两个推论在几个方面很有趣，而这两个推论却是赫斯科维茨夫妇提取自他的论述。首先，赫斯科维茨夫妇推论说荣格受巴斯蒂安的"普遍观念"的影响。这一推理的基础是什么呢？很可能是原型和巴斯蒂安的概念之间有一个表面上的相似点。凑巧，大卫·比德尼（David Bidney）在他出版于1953年的《理论人类学》（*Theoretical Anthropology*）一书中说，荣格的集体无意识概念容易使人联想起巴斯蒂安的概念，这也来自荣格的同一资料。③ 而

---

① 赫斯科维茨，第96页。
② 荣格和凯仁伊，第72页。
③ 大卫·比德尼，《理论人类学》，纽约1953，第320页。应该注意的是，比德尼并不是在批评荣格，而是试图对荣格的神话观点做陈述。不幸的是，他的原型论述并没有包含这一词语的真正定义。因此，荣格的意思便变得模棱两可。

且荣格自己也在他的论文中提到了巴斯蒂安，就在赫斯科维茨夫妇选择引用的材料两页之前的地方。① 他们提到的另一个"在他的方法和措辞里可以辨出的"影响来自列维－布留尔。在赫斯科维茨夫妇对荣格的批评中，由于这是暗示荣格思想背景的唯一一次尝试，这就值得我们考虑：他们是如何得出列维－布留尔的影响这一结论的。荣格的英语术语与列维－布留尔的英语术语相似吗？或者说，他们的意思是，荣格的德语措辞和列维－布留尔的法语措辞相似？这并不是吹毛求疵；赫斯科维茨夫妇介绍列维－布留尔的名字有其用意，因为他们对列维－布留尔在人类学家中的声誉相当清楚，他的声誉好比有人在些许经验论据基础上所做出的总结。（这样一来，通过联系，荣格的方法显得与之相似，因此荣格的见解就像列维－布留尔的一样）但是，在这篇文章中，他们是否有所保留？事实上，荣格的确用了列维－布留尔的一些术语，但是，通常都标明了它们的出处。在荣格的许多著作中，人们都可以找到对列维－布留尔的评价和荣格对布留尔思想的总体审视。赫斯科维茨夫妇没有关注以上任何一点，除非他们对读者不坦诚。然而，有一点很清楚，他们没有提到任何荣格自己对历史影响的描述，而荣格在自己的概念的发展过程中意识到了这种影响。即使考虑到借助相关资料可以使读者相信他们的解说，不过，这一点还是很难理解②。

赫斯科维茨夫妇在批评的下一页继续引用荣格文章中同样长度的段落，这一次论证的是"原始人"和神话。荣格明显知道自己具体提到的是一个原始人的例子，即澳大利亚的土著人。他们在自己的引述中没有涉及这一点。由于在下一段中，他们批评的是他们所理解的荣格关于"原始人"的整体观点（应该注意的是，赫斯科维茨夫妇强烈反对对任何"没有文字的"人使用"原始人"一词；例如见《达荷美人的叙事》第 4 页；他们反对使用这一词语，并不只限于反对荣格一人使用）：

> 事实仍然是"原始"自动机（primitive automaton），就像荣格所描述的，忽略了人类科学研究给我们上的最重要的一课。实际上，它就是纯粹的神秘主义，从概念上和方法上讲，它与采用归纳法理解各个地方的人类的尝试不可同日而语。从这一领域已被研究过的文化中搜寻例证的实践，已经变成了一种令人沮丧的实践，因为除了凭空断言

---

① 荣格和凯仁伊，第 70 页。
② 可参见收录于《荣格文集》第九卷第一部分的《集体无意识的原型》（"Archetypes of the Collective Unconscious"）中第 4 页，《原型和集体无意识》（*The Archetypes and the Collective Unconscious*），纽约 1959。

和否认外，没有什么东西可供把握。①

无论是这里还是其他任何地方，荣格的作品中没有哪一点可以表明他视原始人为自动机。然而，赫斯科维茨夫妇选择这一点作为他的观点的构件，因为这使他们能对达荷美人（the Dahomeans）保持公正。他们认为达荷美人可以是任何其他东西但绝非自动机。他们可以在荣格的文章《远古人类》（*Archaic Man*）中找到一个他对原始人观点的论述，而且凑巧可以找到他对列维-布留尔关于原始人观点的评价。②

"从这一领域已被研究过的文化中搜寻例证"明显意味着荣格在自己被引用的文章中并没有为他的论断提供任何证据，但我们应当记得，赫斯科维茨夫妇也没有指出这一点，那就是荣格在这篇文章中只是在介绍他对儿童原型的论述，因此，他先给一些材料做简要整体的回顾，以便读者更容易理解他在下文中更为专业的论述。如果赫斯科维茨夫妇把他们的搜寻扩展到荣格其他一些作品中（几十部作品的英文版已经出版很多年了），他们或许可以学到荣格自己在乌干达和肯尼亚、苏丹和埃及、印度以及在新墨西哥的普韦布洛印第安人中的经验。

在接下来的一段中，赫斯科维茨夫妇试图通过介绍荣格另一个引述的方法，为在不同文化中找到的相似点这一老问题提供一些背景知识：

> 记住我们可能再次从荣格那里引用的理论观点，荣格对一系列美国印第安人捣蛋鬼的故事做了自己的评价，而这些故事出版于上述所引用的段落发表之后十五年。这篇文章告诉我们，神话中捣蛋鬼的形象"很明显是一个'心理结构'，一个极其古老的原型结构"。在这种情况下，"当……一个原始意识或野蛮意识在很早的发展阶段形成它自己的图像，而且这样延续几百年甚至几千年，并没有因为原始品质与差异化的高度发达的精神产物互染而受阻。那么，因果解释便是原始品质越古老，他们的行为越保守，越固执"。这一"无意义的附加物"，正如荣格所称的，使人联想起19世纪的遗存概念，它"仍然起作用，如果他们没有被文明玷污"。③

赫斯科维茨夫妇接下来做了如下评论：

> 这一思想本身含有一种假设："原始人"的保守程度甚至超过了那

---

① 赫斯科维茨，第97页。
② 《远古人类》，见《寻求灵魂的现代人》（*Modern Man in Search of a Soul*），W. S. 戴尔（W. S. Dell）卡里·F. 贝恩斯（Cary F. Baynes）译，纽约1933。
③ 赫斯科维茨，第98页。

些认为没有文字的人缺少哪怕一丁点导向创新和创造性表达的好奇心的假设（正如我们在后面几页将要看到的）。然而，方法的合理性的萌芽依然存在，并且从积极方面讲，这就是我们此处所关心的。①

引用荣格关于捣蛋鬼的文章，这是其相当长的篇幅探讨达荷美人捣蛋鬼形象的基础。赫斯科维茨夫妇试图从这些引用中表明荣格的描述与达荷美人不符。然而，他们又一次误解了他的意思。他是在谈论某一特定原型意象的固执性，而不是谈论原始人的固执性。而且他不是说对不同文化来讲形象相同——例如对达荷美人说——而是在说，这种形象以各种各样的形状和表现形式出现。当我们把这些引文放到它们恰当的语境时，这一点就变得很明确。在总结了捣蛋鬼形象（五页长）的整体历史后，荣格继续写道：

> 在流浪小说的故事里，在狂欢节和狂欢的时刻，在圣礼和巫术的仪式中，在人们宗教性的恐惧和喜乐里，捣蛋鬼幻想萦绕着各个时期的神话，有时以相当确定的形式发生，有时以奇怪的形式发生。他很明显是一个"心理结构"，一个极其古老的原型心理结构。在他最清楚的显现中，他是一个混沌未分的人类意识的忠实副本，与那种几乎没有脱离动物水平的心理相对应。如果我们从因果或历史的角度来看，我们几乎不能对捣蛋鬼角色如何起源这一说法提出异议。就像生物学一样，我们在心理学中也不能忽略或低估起源问题，尽管答案通常不能告诉我们任何有意义的东西。由于这一原因，生物学永远都不能忘记目的问题，因为只有通过回答目的这一问题，我们才能理解某种现象的意义。即使在病理学中，我们关注那些本身并没有意义的损伤，那种单一的因果方法被证明是不够的，因为有许多病理现象，只有当我们探求它们的目的时，它们才会给出自己的意义。只要我们关注生活中的正常现象，这一目的问题便毫无疑问享有优先权。
>
> 所以，当一个原始意识或野蛮意识在很早的发展阶段形成它自己的图像，而且这样延续几百年甚至几千年，并没有因为原始品质与差异化的高度发达的精神产物互染而受阻。那么，因果解释便是原始品质越古老，他们的行为越保守，越固执。人们不能摆脱关于事物本来面目的记忆意象，就像它们过去一样，也不能把它当作无意义的附加物一路拖曳。

---

① 赫斯科维茨，第98页。

这一解释是如此容易理解，以至于它能满足当代人的要求，但它无疑不能得到捣蛋鬼故事群最接近的所有者——温尼贝戈人（the Winnebagos）的认可。对他们来说，神话在任何意义上都不是一种遗存——它远比那有趣得多，它是不可少的享受对象。对他们来说，它仍然起作用，如果他们没有被文明所玷污。他们认为，对神话意义和目的加以理论化没有任何世俗原因，就像圣诞树对天真的欧洲人来说没有任何疑问一样。然而，对于善于思考的观察者来说，捣蛋鬼和圣诞树都为思考提供了足够的理由。这自然大部分取决于这位观察者的心态，即他如何看待这些东西。考虑到捣蛋鬼故事群的粗鲁原始性，如果我们在这种神话中看到意识早期和初始阶段的反映便不足为奇，而捣蛋鬼看上去明显就是如此。①

我们可以从赫斯科维茨夫妇所引用的荣格作品清楚地看到，荣格谈无意义的附加物，他是说它与某一特定的记忆意象很相似，即捣蛋鬼形象，这够清楚了吧？如果我们考虑全文，就可以发现他并没有像赫斯科维茨夫妇所说的那样把任何东西称为"无意识的附加物"。这里研究的保守性只是与捣蛋鬼的形象有关，而非与这一形象可能在他们的社会中非常重要的任何原始人有关。通过摘录上述几个段落，赫斯科维茨夫妇感兴趣说明的是：荣格是在没有或很少的科学论据基础上归纳一个在不同文化中可能极其不同的形象，但他们又一次误解了他的意思。

以下是一个总体论述，它包括：

> 我们知道传播机制是多么重要，正是通过这一传播机制，发明创新在各个民族交往的过程中从一个民族传播到另一个民族。就荣格和他的弟子们提出的假设而言，所有这些来自最早的先民，即在概念意义上是"原始的"，因此也没有相关科学数据，可以用来证实或证伪它们最基本的特征。有关现存无文字民族以及在原型论述谈到的"原始人"的参考资料，除了证明当前各地的人们在他们的生活方式中表现出很多潜在的相似性以外，不会证明任何东西。②

对诸如荣格此类理论巨大吸引力的解释，赫斯科维茨夫妇做了如下评论，结束了他们对荣格的论述：

---

① 拉定，第200—201页。
② 赫斯科维茨，第102页。

所有此类理论的生命力一部分原因是这样一个事实:它们代表着对人类行为中最基本问题进行解释的尝试,而且代表着解释人类创造性努力的尝试。但另一部分原因是它们对一些问题做了简明的回答,而这些问题仍挑战着那些乐于面对客观探求之复杂性的人们。①

正如我们所看到的,赫斯科维茨夫妇用以反对荣格的例子都是相当精心构建的,但他们也容易受到严肃的质疑。例如他们误解了"原型"一词的含义,这很显然,他们没有注意到他们并没有给出荣格对这一术语的定义。他们同样误解了,至少是部分地误解了荣格对"原始人"这一词语的使用。他们的方法是值得怀疑的,他们摘引荣格的著述时脱离了语境,同时造成一种错觉:这些引文是荣格观点和立场的明确陈述;他们只用了少量而且部分可获得的荣格相关著作来做例证,但却给人一种感觉,那就是,他们还参考了荣格许多其他作品。这是他们批评中的一些错误。很明显,他们旨在展示一个对荣格的一些有理有据的反驳;但不幸的是,与他们支持归纳法这一做法明显相矛盾的是,他们很明显是在自身观点上展开论述,然后引入证据来支撑观点。

《达荷美人的叙事》的评论者毫无批判地接受了赫斯科维茨夫妇对荣格的批评,甚至丹尼尔·F.麦考尔(Daniel F. McCall),这位曾在《美国民俗学期刊》评论中对《达荷美人的叙事》一书提出严肃质疑者,也认为这一批评"很有说服力"而接受它。②

其 他 批 评

威廉·R.巴斯科姆在他的《民俗的四种功能》(Four Functions of Folklore)一文中,用一行文字驳斥了荣格:"很有必要……拒绝荣格的'原型'以及拒绝他从民族中心主义角度将欧洲象征应用到所有民俗中,因为它漠视了文化对象征和民俗的影响。"③ 他的批评是以拉巴的评论为基础,他从拉巴的文章中提取了自己的信息(他在原文中的引用也来自拉巴的文章)。十一年后,阿兰·邓迪

---

① 赫斯科维茨,第103页。
② 丹尼尔·F.麦考尔,《〈达荷美人的叙事〉述评》(Review of Dahomean Narrative),载《美国民俗学期刊》LXXII(1959),第256—257页。乔治·E.辛普森(George E. Simpon)在对《达荷美人的叙事》的评论 [《中西部民俗学》(Midwest Folklore) IX,春季号,1959,第62—64页] 中说,赫斯科维茨"破坏"了"荣格学派的原型神秘"。同样,在《中西部民俗学》和《民间故事》(Folk Lore)中也可以找到非批判性的评论。
③ 威廉·R.巴斯科姆,《民俗的四种功能》,载《美国民俗学期刊》LXVII(1954),第343页。

斯在给巴斯科姆的一行文字所做的脚注中做了更有理据的陈述:

> 卡尔·荣格对民俗和神话的研究抢了文化人类学家的饭碗。荣格认为，心灵在出生时并不是一片空白（tabula rasa）。其中存在着原型，原型便是活着的实体，包含了心理行为的遗传形式。原型通常体现在神话中。原型是给定的，是先天的，所以，原始心灵并非创造神话，而是体验神话。由于原型是前文化的，它们实际上不受文化环境的影响，因此，荣格的理论便消除了通过研究文化环境来理解神话原型的需要。这就是为什么荣格的理论在人类学家、民俗学家中间如此不受欢迎的原因。荣格是一个多产的作家，但是一种足以理解其民俗研究方法的理论框架可以在《心灵和象征：C. G.荣格作品选集》[(*Psyche and Symbol: A Selection from the Writings of C. G. Jung*)，魏尔莱·德·拉斯洛编（Violet S. de Laszlo）（纽约，1958)]中找到。对在神话中出现的几种原型的详细解释可以参见荣格和C.凯仁伊的《神话学论文集》（纽约，1963）——编者注。①

邓迪斯毫无疑问地看出荣格为什么在人类学家和民俗学家中的影响如此可怜的一个原因。然而，正如我们下面将看到的，尽管他转述了荣格的话，但他的原型解释是含糊不清的。例如，什么是"心理行为"？但他的描述比目前为止探讨过的任何人都更为接近。然而，邓迪斯假设"荣格的理论消除了研究文化环境以理解……原型的需要"是不正确的。相反，它们的出现只有在背景知识基础上才可以推断，而它们的表现形式就出现在背景里，并且这一背景是个体生活的文化基体。这种对原型本质的错误理解在民俗学和人类学中间非常普遍。

理查德·M.道森对荣格理论的描述收录在1963年出版的《当代人类学》（*Current Anthropology*）中名为《当代民俗学理论》（*Current Folklore Theories*）一文的"心理分析民俗学理论"部分。②这是一个有趣的描述，因为道森明显是在试图找到荣格的理论框架，但在一个快速的总结中他做出了好几个模棱两可的论断。对比了弗洛伊德和荣格解释神话和童话故事的方法后，他说："两种理解方法都采用无意识这一关键概念，而荣格把这一概念由个体转用到了种族。荣格和弗洛伊德将神话和童话故事与梦和精神病患者的幻想等同起来了。"③

---

① 阿兰·邓迪斯,《民俗学研究》（*The Studies of Folklore*），恩格尔伍德·克利夫斯，新泽西1965，第291页。
② 理查德·M.道森,《当代民俗学理论》，载《当代人类学》IV, 2 (1963)，第93—112页。
③ 道森，第107页。

关于荣格，这两种说法都具有误导性。第一个说法给人这样一种印象：荣格心理学的无意识是种族范围内的，而非只局限于个人。荣格论述了两种"无意识"，个体的个人无意识和在每个人身上都相似的集体无意识。荣格没有"将神话和童话故事与梦和精神病患者的幻想等同起来"，正如下面这句话所表明的，"今天，我们可能冒失地提出这样一种模式：原型出现在神话和童话故事里就如同它们出现在梦和精神病患者的幻想的产物中一样。"（参见荣格，第325页这句话出现的引文）。荣格是在谈论原型这些不同形式的外表，而非谈论这些形式自身的相似点，他也会否认这一点。同样，在谈论原型固定于集体无意识中时，道森说它们"经常以神话片段而非以整个神话的方式出现"，就好像原型是神话片段，但它们不是。道森所做的批评的困境之一是，除了一个例外，他依赖赫斯科维茨夫妇所使用的同一材料。

另一个同一年出版在同一期刊上使用荣格同一材料的文章是 J. L. 费希尔（J. L. Fischer）的《民间故事的社会心理学分析》（*The Sociopsychological Analysis of Folktales*），但他的方法与我们上面讨论过的批评方法不同。① 他对原型做了好几个有趣的论述，并且总结道："我认为荣格在神话和梦境意象形成中假设某种特定的、无条件的、遗传的心理因素这一做法是正确的，但我也认为他没能充分地分析这些意象是一个严重的缺陷。"② 费希尔的这一论述已经非常接近原型的正确理解。然而，在批评的压力下，他对自己的立场稍做了改变：

> 我不同意荣格，指的是以至于我不能相信任何详细描述的意象，例如荣格学派的原型，都是按基因遗传的。然而，我的确认为在某种情况下，非常可能存在着对特定性质的视觉刺激和听觉刺激的遗传偏好或反应倾向，尽管尚未具体证明；如果存在，这些特性很可能会同许多其他偶然特性一起体现在荣格学派的原型中。③

这里很难确定费希尔清晰的立场。然而，有一点很清楚，他混淆荣格用"原型"所表达的意思，因为他把"详细描述的意象"与"原型"混淆了，它们只能是原型的表现形式。他的"信念"——荣格没有充分分析"这些意象"是受误导的；如果他进一步阅读荣格的作品，就可能找到许多原型意象的详细解释。像赫斯科维茨夫妇一样，费希尔（他也使用了他们所引用的材料）在荣

---

① J. L. 费希尔，《民间故事的社会心理学分析》，载《当代人类学》IV, 6（1936），第235—295页。
② 费希尔，第256页。
③ 费希尔，第286页。

格的作品中没有找到"原型"一词的完整定义，因此，他最终误解了"原型"的意义。

荣格的集体无意识和原型概念

用以批评荣格的支撑材料只来自他的几部著作，而且并不是最具相关性的著作。这给人一种感觉，即他的参考书目很有限。事实却相反，他的参考书目很广泛，他的许多书和文章本来可以给这些批评者提供更好的定义。例如他的《集体无意识的原型》和《集体无意识的概念》（The Concept of the Collective Unconscious）这两篇文章二战前就有了英文版，它们为这些概念提供了详细的定义。

正如道森所指出的，荣格和弗洛伊德两人的无意识概念有着根本的区别。荣格在指出这一区别后，阐述了自己的无意识概念：

> 一个或多或少的无意识表层结构无疑是个人的，我称之为个人无意识。但个人无意识基于一个更深的层次，这一更深层次不是来自个人经验，也非个人习得，它是先天的，我将这一更深层次称为集体无意识。我选择"集体"一词是因为无意识的这一部分是普遍的，而非个人的；与个体心理相反，它的内容和行为模式在各个地方和所有个人中间或多或少是一样的。换言之，它在所有人身上是一样的，因此组成了一个超个人性质的共同心理基础，它存在于我们每个人身上。

> 能意识到的心理内容显现时，心理存在才可能被认出。因此，只要我们能够揭示一种无意识的内容，我们就可以谈论它。个人无意识的内容主要是如人们所说的"带感情色彩的情结"；它们构成心理生活的个人和隐私方面。另一方面，集体无意识的内容便是人们所知道的原型。①

荣格的"集体无意识"概念来自他在精神病医院与病人相处的经历。他从精神病患者的一些胡言乱语中发现了确定无疑的古代神话片段，而他们自己以前可能也不知道这些神话。多年后，荣格在一个住院已久的、多疑恐惧的精神分裂症患者的例子中，发现了一个与密特拉教（Mithraic）仪式精确对应的地方，它的细节直到最近才从希腊的纸莎草文献中被翻译过来，而那个病人不可

---

① 荣格，《原型和集体无意识》，第3—4页。

能知道这一文献。关于原型,荣格说道:

> 我一次又一次地碰到这样一种错误的观点:就其内容来说,原型已先天决定,换言之,它是一种无意识的想法(假如这种说法可以被接受)。有必要再次指出,原型的形式而非内容已定,而且是在一个非常有限的程度上。就其内容来说,一个原始意象,只有当它化为意识而且因此被意识经验材料扩充时,才受限定。然而,正如我在其他地方所解释的那样,原始意象的形式或许可以比作水晶的轴向体系在它的母液中形成的水晶状结构,尽管它没有自己的材料存在,起初是以离子和分子结合的方式出现的。原型就其本身是空虚和纯粹形式的,是一个 facultas praeformandi,一种先天给定的表现的可能性。这些表现是非遗传的,只在形式上,它们在那方面对应着本能,本能也只在形式上是给定的。本能的存在与原型的存在一样得不到更好的证明,只要它们不具体地显现自己。①

我们应该从这段引文中清楚地看到:在荣格看来,原型自己并没有什么;它只是对某种事物的意向,可能是一种意象,一种情感,也可能是个人内心感受或外部经历的映射。应当明确,荣格并不认为"民俗-象征是种族遗传的"。很明显,原型意象通常出现在某种特定文化社会背景的环境下——这是"被意识经验材料扩充"这一词语的意思,并且这一经验在各种文化下又会不一样,正如它在每个人身上的体现不同一样。还有一点需要说明:荣格对原型和象征做了区分(在拉巴和巴斯科姆对荣格的批评中,它们是同一个东西)。一个象征只要包括未知或超出意识理解范围的东西,它可能的确会代表某一个原型。但它的外表,如果能被辨认出来,必须与其出现的社会文化背景相吻合。荣格远远不是在将一种欧洲象征应用于其他文化的民族,这是一个根本的错误理解。他只是说,只要各个民族象征和神话自身包含集体无意识原型的意象,它们的某些相似性是可以辨认的。荣格对象征和符号做了进一步区别。一个象征的某些方面不可解释,但一个符号只能表示某一特定的事物,因此可以代表它。象征基督教的十字架是一个既是象征又是符号的例子。作为符号,它代表一个特定的宗教;作为象征,它代表基督教神话背景的一部分,且最终不可解释。

"原型"和"集体无意识"只是荣格从他的心理学中得出概念中的两个,这里对它们的描述也极其简单。它们非常复杂,很难理解。认为从一篇似乎恰当

---

① 荣格,《原型和集体无意识》,第 79—80 页。

的文章中选择一两句便可以表达荣格的意思,这一观点是错误的。在这方面,一个探索者只有付出努力去尽力理解才可能成为一个发现者,这就意味着要理解荣格的思想,就必须读足够多他的作品。

这篇论文中讨论到的批评在质量上有所不同,但它们都相当简单。只有一个——赫斯科维茨夫妇的批评足够严肃来确保详细的批驳,其他的大都是描述性的。然而,在所有这些批评中,令人奇怪的一点是它们的那种高人一等的权威语气,特别是赫斯科维茨夫妇的例子,他们的批评写得就好像是他们在给这一主题做最后的评判。① 令人好奇的是,他们的批评缺少科学的谦虚:他们把自己的推测说得跟绝对论据一样,这一程序与归纳法完全相反。梅尔维尔·J. 赫斯科维茨很可能是在《达荷美人的叙事》中论述的基础上才可能在《改变非洲的人类因素》(the Human Factor in Changing Africa) 中做出如下论述:"荣格学派的原型信条冒犯了(非洲作家),这些信条将他们自身的主题来源和原始水平联系了起来。"②

正如没有"原型信条"一样,历史也没有一个非洲人被"原型信条"冒犯的记录;这种冒犯,如果有的话,只存在于赫斯科维茨的想象中。

---

① 然而,只有赫斯科维茨夫妇设法像荣格自己使用他的名字一样引用他的名字:C. G. Jung,而不是 Carl Jung 或 Carl G. Jung。这或许是一个小错误,但是没有文学批评家会把 T. S. Eliot 写成 Thomas Eliot 或 Thomas S. Eliot。

② 梅尔维尔·J. 赫斯科维茨,《改变非洲的人类因素》,纽约 1962,第 447 页。

潜水捞泥者：神话中的男性创世

阿兰·邓迪斯

（堪萨斯大学）

关于原始神话的研究现状，没有几个人类学家感到满意。列维-斯特劳斯认为，从理论上讲，神话研究"和五十年前的状况差不多，还是一片混沌"（1958：50）。虽然他的观点过于悲观，没有获得一致认可，但人类学家还是有一点共识。他们普遍认为，阐明神话的形成过程、传播以及神话在文化中的功能，还有很多工作要做。

在神话研究方面，人类学家没有取得什么显著进展。一种可能的解释就是学者僵化固守两条基本原则：一是从字面上解读神话；二是在单一的文化背景下研究神话。大多数人类学家坚持从字面上解读神话，反对从象征视角解读神话，赞同文化相对主义，反对跨文化普遍主义，在某种程度上可以说是对19世纪思想界中用普遍象征解读神话的反对的继续，在某种程度上也可以说是人类学史上两位卓越的学者博厄斯和马林诺夫斯基影响的直接结果。这两位先行者都主张从深度上研究某一种特定文化，并都认为神话从本质上讲是非象征性的。博厄斯常说神话反映文化，暗示着某种一一对应的关系。按照这种观点，完全描述性的民族志资料可以很容易地从特定文化的神话资料中找到。马林诺夫斯基也有类似的观点："研究活生生的神话，就像我们看到的那样，神话是其主题的直接表达而非象征性表达"（1954：101）。当然，就如同田野经验丰富的博厄斯和马林诺夫斯基所说的那样，把神话当作文化的镜像也有很大的合理性。然而，就和大多非黑即白的研究一样，它并不能解释所有的材料。例如，后来追随博厄斯传统的学者指出，通过对通常的描述性的民族志和从神话中获得的民族志图像的对比发现，它们之间有很多差异。在《祖尼神话》的重要序言中，鲁思·本尼迪克特谈到民俗学中理想化和补充的趋势。前些时候，凯瑟琳·斯宾塞（Katherine Spencer）对民族志叙述和神话叙述之间的差异和共性做了对比。她还认为，民间传说和民族志材料中不一致的地方"从心理学角度解释比从历史学角度解释更好"（1947：130）。然而，人类学家往往不大信任心理学理论。因此，学者还在犹豫不决，还没有开始从字面解读神话转化到从象征来解读神话。不过，正是人类心理学提供的洞察力为神话研究者开启了无限开阔的前景。当人类学家意识到要想研究人类心灵的产物（比如说神话），就必须了解人类心灵机制时，他们不仅已经开始从象征层面解读神话，而且开始去发现神话中的普遍性。

想到把心理学应用到神话中的可能性，弗洛伊德本人异常兴奋。在一封1909年写给奥本海姆的信中，他谈道："我们对神经症内容的研究注定是要用来解决神话形成过程中的那些无法解释的谜团。长久以来，这种想法一直萦绕于我的大脑中……"（弗洛伊德与奥本海姆，1958：53）。然而，尽管弗洛伊德对自己的追随者卡尔·亚伯拉罕和奥托·兰克在该领域的研究很满意，但他意识到，他和他的学生不过是神话学的门外汉。在同一封写给奥本海姆的信中，他这样说道："我们缺少学术训练，同时，我们对这些神话素材也不够熟悉。"遗憾的是，那些具有学术训练又了解神话素材的学者对精神分析理论兴趣不大。我们可以从中举出一个例子，利维斯·斯宾塞（Lewis Spence）在他的《神话学入门》（An Introduction to Mythology）一书前言中说："弗洛伊德和他的追随者关于宗教和神话起源的理论不考虑在内。因为，在笔者看来，这些理论几乎没有被认真对待过。"这些不被认真对待的理论究竟是什么呢？弗洛伊德这样写道："事实上，我认为大部分已经深深渗透到最现代宗教的神话概念只不过是人的心理对外界的投射。在构建超越性现实时，心理因素的模糊感知（内在心理感知）和无意识的关系当作典范，并注定要被科学再次转化为无意识心理学。"（1938：164）在对原始神话感兴趣的人类学家眼中，或许这种洞察力比其他任何因素更有价值。

然而，用精神分析方法解读神话存在着一个重要的理论困难。这种困难源于，从根本上讲，精神分析的理论可以有两种不同的研究方法。对神话的研究可以建立在对该神话的创作者充分了解的前提下，也可以建立在对其创作者不了解的前提下。是否这两种方法都同样有效，或者具体地说，是否第二种和第一种一样有效。对此，我们还抱着怀疑的态度。如果做一个类比，问题就成为：当我们分析一个梦时，我们可否无须对做梦的人有具体的了解呢？如果把它放到人类学的背景中去，问题就是：当我们解读神话时，可否无须对产生这种神话的文化有所了解？当然，很明显，任何一个精神分析学家都赞同通过分析做梦者或者说神话创作者来更准确地解读梦或神话。同样，那些倾向于用精神分析来解读神话的人类学家更倾向于把那些显而易见的和潜在的神话内容与具体的文化背景联系起来。然而，这又引发了另外一个重要问题。神话反映的到底是过去还是现在，或者说既反映过去又反映了现在？有些人类学家设想神话几乎全是关涉现在。尽管心照不宣地认为传统神话相当古老，这些人类学家却继续分析与神话有关的当代文化。例如，卡迪纳关于民间传说的理论显示了这种偏爱。在谈到马尔克斯（Marquesan）民间传说中关于女人的神话时，卡迪纳说道："这些神话是某个个体幻想的产物，在我们获取它们之前，它们已经传播过，或者很有可能已经改变了很多次。这些故事的共同性暗示这个文化里所有个体的一些共同经验，它们不是对遥远过去的回忆，而是当前体验。"那么，按照卡迪纳的观点，神话是对当前现实的反映（1939：417，214）。罗海姆在对此提出异议之前，首先总结了卡迪纳的理论。他说："卡迪纳认为，神话和民间传说总是反映时人的无意识的冲突，因为它们是在它们所处的社会环境产生的压力下形成。他的观点与弗洛伊德、赖克，还有我自己的观点形成了强烈的对比，因为他认为神话表征的不是模糊的过去，而是现在。"（1940：540）

从对民间传说研究获得的证据表明，口头叙事具有很大的稳定性。在结构模式与细节方面，从同一文化收集到的神话和传说具有很大的相似性，即便这些神话和传说源自不同的资讯人。这些资讯人可能隔着许多代。对现代神话的考虑除外（因为神话创作过程是与时俱进的），仅举一个例子，宇宙演化神话几百年来没发生什么重大的变化。基于这种观点，很明显，没有必要分析与该文化中的传统宇宙演化神话（cosmogonic myth）有关的当前文化，因为这种神话可能追溯到史前的过去。在一个有趣的受人类关系区域档案（Human Relations Area Files，简称 HRAF）影响的跨文化尝试中，研究者滤除时间因素，把儿童训练活动和民间故事的内容关联到一块。尽管故事收集于1890年至1940年，学者认为"民间故事是大量个体的共同思维模式的概括……"［麦克莱伦和弗莱德曼（McClelland and Friedman），1952：245］。很明显，大众思维模式被假定为相当稳定，在五十年的时间里，不受文化变迁的影响。因此，只需一个广为传播的北美印第安人故事类型版本如眼睛魔术师（the Eye Juggler）足以诊断出该文化中成员的"典型动机"。尽管如此，卡迪纳的理论观点也不是完全没有优点。神话确实会发生变化，对某一特定神话的大量变体的仔细分析表明，这些变化往往集中在某一特定时间或空间。与这个神话结构总体稳定性相比，这些变化相对来说微不足道，但它们可以很好地当作明确的文化变迁意味深长的标志。因此，玛莎·沃尔芬斯坦（Martha Wolfenstein）对英美版本的杰克与豆茎的故事（1955）做了对比。这些对比表明，尽管基本情节一样，但还是存在很多有趣的细节上的差异。她认为，美国版本中那些更多的关于生殖器崇拜的细节和英美之间的其他文化差异一致。不管你是否赞同沃尔芬斯坦的结论，你都可以欣赏她全面透彻的研究方法。用来自两个或更多独立的文化的同样神话和民间故事做对比，可以获得很大的收获，因为细节上的差异可以用来很好地解释文化上的重大差异。有人可能会想起那黛尔（Nadel，1937）对巴特利特（Bartlett）的实验的改造，他把一个编造的民间故事传播到非洲的两个相邻的部落，并且发现变异是由明显的文化特征决定，而不是由个体性决定。然而，最根本的理论问题还是没有得到解决。神话整体分析有意义吗？在简要评论沃尔芬斯坦的研究时，玛格丽特·米德（Margaret Mead）对整个问题提出疑问。她表示："在此，重要的是当杰克与豆茎刚被编成故事时，它可能会和某个特定时间、特定文化的主题有精确而又完美的一致。然后，它广为流传，呈现出目前我们研究的各种各样的形式，这些形式和当代的文化惯用法相互关联"[泰克思（Tax），1953：282]。让人遗憾的是，几乎没有人类学家知道神话是什么时候或在什么地方最早形成。结果是我们几乎无法获取或者不如说难以重建这种精确而又完美的对应。这种形势变得进一步复杂化，因为相当多或者确切地说大多数神话遍布全球。历史记录也只可以追溯到此。换句话说，从现实上讲，不可能弄清一个特定神话最早出现的地点和日期。因为这个原因，一些人类学家如米德一样对发现整体神话结构和文化对应的一致性感到失望。遗憾的是，一些幼稚的学者在民间故事的本质上显示了彻底的无知，他们坚持尝试分析在很多文化中出现的神话，以解析一种特定文化。例如，最近一篇博士论文就是基于对不同种类的《格林童话》（*Grimm tales*）[曼（Mann），1958]的分析，进而研究19世纪的德国文化。尽管他的故事分析颇具灵气，而且从心理学上讲，也很不错，但是事实上，《格林童话》不仅限于德国，更进一步讲，《格林童话》毫无疑问远早于19世纪。这完全违背了论文存在的理论根据。假定他的童话分析有效，那么不管这些童话以同样的形式出现在何处，这些分析大概也是同样有效。巴诺夫（1955）在分析美国契帕瓦族印第安人的性格时，也犯了同样的错误。他以契帕瓦族印第安人的一个起源传说为根据，然而，事实上，这个起源传说包含很多普通的北美印第安人故事类型[瓦可可（Wycoco）]。当把一个国际童话或者广为流传的神话当作某种特定文化的产物来分析，这无疑犯了一个错误。只有当一个神话独一无二，也就是说它是某种文化所特有时，这种分析才有必要。然而，当一种神话进入另一种文化时，分析它们之间的差异是一个绝好的步骤。当然，通过研究欧洲累积型童话的祖尼版本或者一个本土人对贝奥武夫故事的复述，人们可以得到对文化迁移的更多理解。卡迪纳最大的成就在于他展示了文化因素怎样改变，从而适应借入文化的基本个性结构。卡迪纳描述克曼奇人（Comanche）把"太阳舞"（the Sun Dance）从一个受虐的并自我毁灭的仪式转换为对力量功绩的展现，而这一点非常有说服力。（1945：93）

现在新问题出现了，如果仅仅是在理论上分析某种特定文化广为流传的神话，或者某种文化特有的神话整体结构，这是不是意味着广为传播的神话的整体结构（往往是最有趣的）分析没有意义？从本质上讲，这就等于问当我们对做梦的人不了解时，我们能否来分析这个梦。一种答案是，在某种程度上，人类具有普遍性，因此这种神话可以进行分析研究。从这个有利的观点来看，把一个世界范围的神话当作某个特定文化的神话来分析可能是错误的，然而把一种神话从它出现过的几种文化中来分析就是正确的。这并不排除一个可以在多种文化里发现的神话在这些不同文化背景里有不同的意思。（博厄斯，1910b：383）虽然如此，关于人类具有一定普遍性的假设表明，这在意义上如果不是完全相同，也至少具有一定的相似性。在某种程度上，人类学家也是科学家，他们不需担心可憎的化简论以及经验上可察觉到的普遍性。公式 $e = mc^2$ 虽然简单，但它却是正确的。

对普遍性感兴趣的重要的人类学家克拉克洪在他的论文《文化的普遍范畴》（*Universal Categories of Culture*）中说道："文化相对主义无法逃避的事实并不能证明诸种文化是在所有方面迥异的个体，也并非严格意义上无法比较的实体。"他还说道："正确的跨文化比较最好从不变的定点开始，即人类生活中那些生物的、心理的和社会环境给定的'定点'。"（1953：520，521）更有趣的是，克拉克洪坚信，这些"定点"可以在神话里显现。在《神话和神话创作中的再现主题》（*Recurrent Themes in Myths and Mythmaking*）一文中，他谈道："神话的一些特征要么是具有明显普遍性，要么在时间和空间上有广泛的分布，它们的普遍性可以认为是由人类心理对具有同样普遍秩序的环境和刺激的再现反应所引起。"（1959：268）克拉克洪的"再现主题"和弗洛伊德的"典型的梦"具有相似性。尽管弗洛伊德反对对梦的内容的象征解释教条化，尽管他认为在做梦的人和做梦的背景不同时，同样内容的梦可以有不同的意思，但他还是认为存在"典型的梦"。"典型的梦"是指"几乎每一个人以同样的形式做梦，我们倾向于认为这些梦境对不同人来说却有着同样的意义"（1938：292，39）。虽然说赞同不考虑具体文化背景，反复出现的神话有着相似的意思这种观点的人类学家并不多，但并不意味着这种观点是错误的。那些反对普遍意义的人却没有给出为什么一个特定神话会广泛分布的理由。最狂热的传播论者与倡导多起源说或者趋同学说的人相比，所能做的也只不过是展示一个神话如何传播。他们却很少能说明为什么会传播？为了展示神话研究中的象征意义和普遍主义方法的可信度，我们将详细分析一个具体的例子。

北美印第安神话中最引人注目的一个神话要算潜水捞泥者神话了。安娜·伯吉塔·鲁斯（Anna Birgitta Rooth）在对大约三百个北美印第安创世神话的研究中发现，在她收集的八种不同类型的创世神话中，潜水捞泥者神话分布最广。奥尔·W. 康特（Earl W. Count）研究神话已有多年，在他看来，一个关于潜水者取材创造干燥的陆地的观念"是人类所拥有的流传最广泛的观念之一"（1952：55）。民俗学家艾莉·凯加·康格思（Elli Kaija Köngas，1960）最近相当广泛地研究了潜水捞泥者神话，她对大量相关的前人研究成果做了述评。厄米尼·惠勒－沃格林如此总结潜水捞泥者神话：

  在北美印第安世界起源神话中，文化英雄让许多动物依次跳入远古的洪水，去获取此后形成土地的泥巴或沙子。走兽飞禽和水生动物均被派下去，动物一个接一个都失败了，最后一个成功了。然而当它浮到水面之时却已奄奄一息，爪子上残留着少许沙土。有时据说是麝鼠，有时据说是海狸、斑嘴巨䴉鹕、小龙虾、水貂在各种各样的动物失败后，获得成功，带来一点泥巴，并放到水面，它便神奇地扩张成了现在的世界。（1949：334）

这个神话最有趣的特点是关于从泥巴或泥土开始的创造。尤其让人好奇的是，那个广为传播的关于人是由相似的物质创造的神话。（弗雷泽，1935：4—15）另一个明显的特征是那小块泥浆的神奇扩张。另外，那种用一点小的可以藏在爪子里或指甲里的泥土化成大地的想法是怎样产生的呢？在这个宇宙演化神话里，到底什么原因使它如此蓬勃发展，不仅在北美文化里传播，而且还传播到世界其他文化里？

弗洛伊德认为，神话是心理对外界的投射。当他的理论被用到潜水捞泥者神话里，乍看之下觉得并不合适。弗洛伊德的假想在其他美国印第安关于宇宙形成的观念中更为明显。例如文化英雄的恋母情结促使他将天父、地母分离（罗海姆，1921：163），或者"洞穴起源神话"是人对人类出生这一现象的投射。早在1902年，华盛顿·马修（Washington Mattews）就清楚地论述了"洞穴起源神话"的观念起因，而且很明显他没有受精神分析法的影响。当时，马修提出了洞穴起源神话在根本上是孕育和出生的神话。最近，惠勒－沃格林和穆尔也对该神话的产生做了研究，并且还给出了一个相似的观点，但他们没有给出具体的细节来支持他们的观点。(1957：73—74) 不过，罗海姆扩展了马修的论文，他认为原始人的世界观起源于他们在子宫里获得的空间感知（1921：163）。无论如何，不管人类从地母身上的一个洞里产生和人类实际的出生多么相似，它对潜水捞泥者神话的原型确定似乎没有帮助。真的有什么内精神状态的感知可以作为宇宙由泥浆转化的模型吗？

这儿提出的假想依赖于两个重要的假定。这两个假定（它们只是被认定为假定）是：关于出生的排泄理论的存在；男性怀孕嫉妒的存在。关于第一个假定，弗洛伊德本人认为，排泄生殖理论是孩子们的一个普遍的性理论。从本质上讲，这个理论表明：孩子们对阴道一无所知，而且人们也常常不允许他们去看新生儿的出生，他们所能想象的孕妇腹部前的那一团物体离开她身体的唯一方式是那个物体从肛门离开身体。弗洛伊德说："孩子们从一开始就认定孩子通过排便出生，也就是说生孩子跟排便一样。"（1953：328）第二种假定是男人对女人生孩子的嫉妒。不管它被称作"分娩嫉妒"［波姆（Boehm）］还是"怀孕嫉妒"（弗洛姆），最基本的观点是男人想要像女人那样从他们的身体里产生或者创造出有价值的物体。顺便提一句，第二种假定是布鲁诺·贝特尔海姆对青春期入会仪式和拟娩风俗的基本解释。他的论文谈到，青春期仪式包括一个特殊类型的再生仪式，入会者再生于男性。男性拒绝承认女人生孩子的角色可以从禁止女人参与仪式中证明。拟娩也被解释成男人想要模仿女人生孩子时的行为。很多心理分析学家认为，在某种程度上，男人的精神创造和艺术创作愿望源于他们期望像女人一样怀孕生孩子。［琼斯，1957：40；弗洛姆，1951：233；汉克（Huckel），1953：44］从神话的观点来看，更有意思的是，大量临床案例中关于男人想要像排泄一样生孩子或者男人想象他们自己排泄世界。费利克斯·波姆做了一个相当笼统的概括。他说道："在对男人的分析中，我们确实碰到想象从肛门生小孩的人。我们知道男人把他们的排便与生小孩联系到一块其实很常见。"（1930：455；参见西尔伯，1925：393）无论如何，确实有很多临床证据来证明这种幻想的存在。例如，斯特科（Stekel，1959：45）提到一个小孩把粪便称作"宝宝"。亚伯拉罕（1948：320）、荣格（1916：214）和兰克（1922：54）把这种观点和神话中关于人的起源联系在一起。荣格的观点是，最早的人是由排泄物、陶土和黏土做成的［参见施瓦兹鲍姆（Schwarzbaum），1960：48］。事实上，荣格相当明智地提出，肛门出生观念是丢卡利翁和皮拉神话"扔于身后"造人母题的基础。虽然如此，亚伯拉罕、荣格和兰克都没有强调从肛门生小孩的想法特指男性。确实小女孩也会有这种想法,但是当她们自己生小孩时这种想法就消失了。[可能这种幻想和广为传播的孕妇食土癖之间有一些联系,艾尔温(Elwin),1949:292,n.1。]

在此假说背后的两个假定都试着解释在《创世记》中发现的潜水捞泥神话。正如弗洛姆(1951:234)所指出的那样,女性的创造角色被否认了。是男人在创造,事实上,女人也是通过男人产生的。夏娃由亚当身上之物造成。而且,如果有人倾向于把挪亚方舟的故事当作妊娠神话,他将会注意到是男人建造了子宫——方舟。同样有趣的是,洪水从开始到退下去的时间和人类怀孕期的时间大致吻合。顺便说一句,挪亚方舟的故事很有可能是修订版的潜水捞泥者神话。诺亚把乌鸦送出去一次,把鸽子送出去两次,让它们在原始水域中探险,寻找陆地的痕迹。(参见施瓦兹鲍姆,1960:52,n.15a)在一个伪经记述中,乌鸦违背了诺亚的训导,停下来去吃一个死人的肉。另一个类似的记述中,乌鸦受到了惩罚,羽毛由白色变为黑色[金兹伯格(Ginzberg),1925:39,164]。这些事情都可以在北美印第安人的潜水捞泥者神话中找到(鲁斯,1957:498)。无论如何,我们可以看到《创世记》男性创世神话,尽管弗洛姆没有全部描述这些。就如同亚伯拉罕、荣格和兰克认同肛门生小孩,却没有谈论到男人对生小孩的嫉妒。弗洛姆谈到男人对怀孕的嫉妒,却没有谈论到男人对肛门生小孩的想法。弗洛姆忘了提到人是由泥土创造的。人们不禁推测,男性创世神话是否在某种方式上和高度父权制的社会组织有关联呢?

和本文最为切题的幻想是自己排泄出宇宙的临床资料。例如,伦布鲁索(Lombroso)描绘了这样两位艺术家:他们都幻想他们自己是从他们身体里排泄出的世界主宰。他们中的一位甚至还绘制了一幅和本人等高的自画像。画像中,他赤身裸体地站在一群女人当中,排泄出了整个世界。(1895:201)在这个幻想的世界里,那位艺术家通过炫耀自己肛门的创造力把自己描绘的比周围那些女人更为优越。弗洛伊德和斯特科都提到过男人幻想自己排泄世界的情况。亚伯拉罕还列举了一个关于病人梦见自己把宇宙从肛门排泄出来的梦。(弗洛伊德,1949b:407;斯特科,1959:44;亚伯拉罕,1948:320)当然,对当前的研究来说,重要的是,是否存在过神话形式的这类幻想。毫无疑问,仅仅根据西方文明的一些诊疗案例,大多数人类学家不大情愿把潜水捞泥者神话理解为一种人们对肛门出生的幻想,而这些幻想只是根据从西方文明中获得的一些临床案例。然而,神话资料缺乏的部分原因是传统的民族志学者和民俗学者过分拘谨。另外,与排泄过程有关的神话几乎没有出版。虽然如此,还是存在着几个排泄造人的相关例子。约翰·G.伯克（John G. Bourke，1891：266）列举了一个关于排泄造人的澳大利亚神话。在印度，象头神甘尼许（Ganesh）就是由他母亲排泄生出［伯克利-希尔（Berkeley-Hill），1921：330］。在现代印度，孜孜不倦的艾尔温搜集了一些关于排泄出大地的神话。例如，一个兰加索拉（Lanjhia Saora）版本描绘了毗摩（Bhimo）如何在罗摩的头顶排便。他的粪便被扔进水里，河水一下子就干涸了，于是大地就形成了。（1949：44）在一个葛达巴人（Gadaba）神话里，大魔鬼拉郎（Larang）吞食了世界，但是，摩诃佛布（Mahaprabhu）"捉住了他，并用力挤压他，他就排泄出被吞噬的土地。世界就在拉郎排泄的土地上重新形成了"（1949：37）。在其他版本里，有蠕虫排泄出大地，也有世界是从蚂蚁的排泄物中形成。（1949：47；1954：9）博格拉斯（Bogoras）讲述了一个更接近北美大陆的故事。在这个楚克奇族（Chukchee）创世神话中，渡鸦的妻子让渡鸦试着去创造土地，但是渡鸦抗议说做不到。于是渡鸦的妻子声明自己要试着去创造一个"坏脾气的家伙"（spleen-companion），然后就睡去了。渡鸦看着妻子：她的腹部扩大了，在睡梦中，她毫不费力地创造。他惊呆了，赶快把脸转开。等到妻子生下一对双胞胎后，渡鸦就对妻子说："你创造了人类！现在我要试着去创造土地。"然后，渡鸦开始飞着排便。所有的排泄物都落到水面上，并迅速生长，然后就变成了陆地。按照这种方式，渡鸦成功地创造了整个世界。（博格拉斯，1913：152）这个神话毫无疑问是把怀孕嫉妒和肛门创世结合在一起。不过像楚克奇族神话这样记述详细的创世神话少得可怜，让人不免感到遗憾。博厄斯搜集了唯一一个名副其实的北美排泄创世神话。一个关于水貂从自己的排泄物中创造出一个年轻人的夸丘特尔传说。然而，北美印第安版本创世神话的缺乏并不能说明就不存在这类北美神话。美国极端拘谨的出版标准和搜集材料标准在某种程度上很好地解释了资料缺乏的原因。早期翻译的博厄斯关于夸丘特尔神话的德文版本特别提到排泄，而随后的英文翻译谈到了麝香包，这很值得注意。（1910a：159）民族志学者和编辑们都赞同安德鲁·兰的观点。他提到了"遇见湾人"（Encounter Bay）的一个神话，"这可能要归咎于斯威夫特所创造的人形兽了，它被认作人类肮脏的起源"（1899：166）。尽管目前我们缺少大量实际的排泄神话，但现存的神话毕竟支持这一假定，即人类确实想过肛门创造。这种观念进一步延伸，随后就映射到神话性的宇宙演化。

当然，还有另一个可能的原因来解释为什么缺少排泄神话——这是升华的过程。费伦齐（Ferenczi）在他的论文《金钱兴趣的起源》（*The Ontogenesis of the Interest in Money*，1956）中给出了最为明确的关于这种过程的记述。他观察孩子们放弃对粪便的兴趣，进而转移到一系列家长许可的替代活动，比如说，玩泥浆、沙子、黏土、石头、金子或者钱。人类学家会对此提出异议，他们认为，费伦齐的个体发育的观点充其量只适用于维也纳类型文化。但是，在某种程度上说，任何一种文化都会训练幼儿上厕所。（这包括那些不允许小孩随便玩便便的文化）这可以算作一种升华。事实上，学者已经在尤洛克族［波沁斯基（Posinsky）］、莫哈维族（德弗罗）和契帕瓦族［巴诺夫、汉龙威尔（Hallowell）］中发现了所谓的肛门人格特征。德弗罗（1951：412）特别论述了莫哈维人把泥浆作为排泄替代物。而且，像在身体上彩绘或者涂黏土为攻击侵略活动做准备这些广为流传的活动有着肛门根基。至于金子与粪便之间的等价关系，人类学家还得解释一个奇怪的语言学现象。在那瓦特族（Nahuatl）的语言里，teocuitlall 的意思是金子。而 teocuitlall 是 teoll（意为上帝）和 cuitlall（意为排泄物）的合成词。因此金子成了"上帝的排泄物"或者"神圣的排泄物"［萨维尔（Saville），1920：118］。对于弗洛伊德式象征的这种不同寻常的认可早在 1915 年就由赖克提出来了。而很明显，他的学说对拘泥于文化相对主义学说的人类学家来说几乎没有什么影响。（罗海姆，1923：387。又譬如说，苏图印第安人梦中金子粪便的象征意义，见汉龙威尔，1938。）在那些不知金子为何物的文化中，金子和粪便之间的象征意义就不存在了。因此我们有理由认定在大多数文化里，确实发生过升华现象［例如美国印第安人梦中的"排泄物中的珠宝"，参见汤普森，1929：329，n.190a。按照这种联系，正如莱萨近期的综合研究所指出的，在这个大洋洲版本的创世神话中，大地是由扔在原始水域的物体形成（1961）。那个被扔的物体，除了沙子外，还包括谷壳、槟榔壳和灰尘等材料。这些材料都是垃圾物品］。如果是这样，我们可以看到费伦齐肛门升华的演化过程的部分记述对分析潜水捞泥者神话很重要。费伦齐谈道："人们对排泄物特有的味道的兴趣没有立即停止，只不过是被其他的与之相似的味道取代了。孩子们仍然对具有这种独特味道的东西感兴趣，尤其是像指甲缝的脏物、鼻屎、耳垢等这些气味重的东西。很多孩子甚至不满足于玩弄或者闻这些东西，他们甚至还会把这些脏东西塞进嘴里。"（1956：273）熟悉美国印第安创世神话的人会立即想到神话中关于搓皮肤来创造人类的例子（汤普森，1955：母题 A1263.3）以及人类从鼻涕中出生的例子（母题 T541.8.3）。以经验为依据的事实说明这些神话确实存在。关于潜水捞泥者神话，潜水者成功归来，它的指甲盖里带有一小点泥土这一普遍的细节和费伦齐的分析完全一致。神奇扩张能力也表明

了这些微粒的粪便本质。人们可以想象当有人排泄时，他因此创造了不断扩张的土地［当然，通过排泄粪便来创造陆地的想法和通过排尿来创造海洋的想法有异曲同工之妙（母题 A923.1）。例如，在先前提到的楚克奇族神话中，渡鸦创造完陆地后就开始创造海洋。一滴水变成湖泊，喷嚏形成了河流］。

目前的假定也可以用来说明为什么基督教的二元论可以在欧亚潜水捞泥者神话中频繁被发现。奥尔·康特认为，潜水捞泥者神话的二元论性质是神话研究的重要问题之一。康特自己不愿意承认是不是潜水捞泥者神话比二元论更为古老，但是康格思赞同学术前贤的观点，他认为二元论是后来的产物。（康特，1952：61；康格思，1960：168）二元论通常表现为上帝和魔鬼的对抗。按照传统的哲学二元论，魔鬼与肉体相联系而上帝与精神有关。因此，潜入相对较低的泥土里，带回泥土，并藏在指甲盖里的是魔鬼。在费伦齐记述的肛门升华中有一件很有趣的事。魔鬼为了藏一点泥土就把它放进嘴里。然而，当上帝扩张土地时，那块偷走的土也随之扩张了。魔鬼不得不把那块土吐出来，那块土最终形成了山和岩石。（康格思，1960：160—161）。按照这种联系，另一个二元论性质的创世神话也很有启发性。上帝无法阻止土地的扩张，于是就派蜜蜂去监视魔鬼，并找到解决问题的办法。蜜蜂嗡嗡叫个不停，让魔鬼向上帝回话。最后，魔鬼说："让派你来的人吃你的排泄物就行了。"上帝真的这样做了，于是土地停止了扩张。［德拉戈马诺夫（Dragomanov），1961：3］既然吃排泄物可以阻止土地扩张，便可以看出，形成土地的物质是排泄物。另外一个二元性的创世神话竟然试着去解释为什么人体会产生粪便。在这个故事中，上帝为人造了一具纯净的身体，为了给这个人找到灵魂，他就离开了一会儿。趁着上帝离开的机会，魔鬼把人的身体给弄脏了。上帝回来时，他不得不把创造物的内部掏出来，这就是为什么人的大小肠里有杂质。（坎贝尔，1956：294）这些例子虽然不多，但也足以说明二元性主要是指物质和精神的分离。魔鬼与物质，尤其是与排便相连。简而言之，魔鬼干又脏又累的工作。因而，康格思正确指出了心理－生理二元性，即灵魂与肉体分离的观念，是基督教传统二元论的核心。然而，她错误地认定造物主和他的灵都是精神层面的，或者说都只与精神有关。（1960：169）二元性包括物质实体，尤其是在二元性的潜水捞泥者神话中，它一方面与脏物有关，另一方面从脏物中创造美与有价值的东西。

有一点值得说明，那就是已经有人从精神分析角度来研究潜水捞泥者神话。第一个从事精神分析的人类学家吉沙·罗海姆对原始人的民间传说和神话做了大量研究。罗海姆早期的著作倾向于追随弗洛伊德、亚伯拉罕和兰克的研究。

他认为民间故事和梦很相似。(1922：182)但是，后来他发现在阿兰达语言中"alljira"既有梦的意思，又有民间故事的意思。于是他开始推测梦与民间故事或神话之间更为本质上的关系。在罗海姆去世后发表的一篇论文《童话故事与梦》(*Fairy Tale and Dream*，1953a)中，他阐释了这一神话与民间故事新理论，"这个理论简而言之：梦和神话不仅仅具有相似性，在很大程度上，神话实际上起源于梦。换句话说，我们不能仅仅借助于解读梦的标准技巧来分析一个童话故事。事实上，我们可以把故事和神话视为梦的产物。有人做了梦，然后他把梦告诉别人，这个人又告诉另外的人。这些人在讲述时可能会结合他们自己的梦"（1953a：394；又例如，罗海姆对他定义为源于梦的民间故事的注释，1953b)。E. K. 施华茨（E. K. Schwartz）对这种理论进行了批评。他说："人们在理解童话故事和梦时，可以接受同样的心理分析方法和技巧，但人们没有必要接受所谓的童话故事只不过是梦的详细阐述的假想。"（1956：747—748）因此，尽管施华茨列举了童话故事的十二个特征，并且发现梦也具备这些特征，包括压缩、移位、象征等，他还是得出结论说没有必要认定童话故事是梦。罗海姆的著作《梦之门》（*The Gates of the Dream*）对原始神话和梦的阐述充满了智慧，尽管在某种程度上还有些混乱。罗海姆针对这一批评做出回应。他措辞巧妙地阐述了这一批评："即便没有梦，无意识包含同样的要素，那为什么假定梦的舞台空间呢？"对此，他的回答是，梦的理论不仅可以解释内容上的一致性，还可以解释结构上和情节上的惊人的相似性。（1951：348）事实上，这种批评并没有进行最本质的阐述。如果说神话只是间接地来源于梦境，那么就无法解释为什么梦境和神话不能直接源于人类心灵。

在分析潜水捞泥者神话时，罗海姆的研究走在前列。事实上，他甚至说潜水捞泥者神话是"神话起源于梦的鲜明示例"（1951：423）。罗海姆假设存在他所谓的基本的梦，做梦的人掉到什么地方去，或许是一个小湖，或许是一个洞。按照罗海姆的观点，这个梦以"双向矢量"运动为特征。它一方面回归到子宫，另一方面把身体当作阴茎插入阴道。罗海姆把潜水捞泥者神话解读成一个基本的梦，他把潜入子宫原始水域当作一个勃起的过程。具有重要理论意义的是，罗海姆对潜水捞泥者神话单一起源的明显假定："事实上神话的核心是某一个人某一时刻做过的某一个梦。经过讲述与再讲述，它就变成了神话……"（1951：428）事实上罗海姆的关于神话起源于梦的全部理论并非是单一起源说。他表示，某一个人在某一特定地点做一个源始的梦，故事随着人群迁移而传播，这很难作为一个普遍规则。而且"很多人做过这样的梦，他们在许多中心形成了叙事形式，成为传统，然后在历史进程中互相渗透，互相影响"（1951：348）。

罗海姆对潜水捞泥者神话解读的有效性主要依据为：第一，他的神话源于梦的理论；第二，他所谓的基本的梦的特征。有人可能会说，没有必要绕这么远否认罗海姆的理论，在理解潜水捞泥者神话所隐藏的内容时，关于梦是神话的起源和"基本的梦"的存在都不必要。有趣的是，罗海姆本人在某种程度上参与了目前的假想——给潜水捞泥者神话制造一些补充内容。在谈论泥土极富特色的不断扩张时，罗海姆列举了一个奥农达加（Onondaga）版本。他指出了孕妇和土地扩张的对应。从目前的假定来看，对应体现在男性创造者希望像女人那样创造。因此从他的身体上创造了物体。好比他的孩子，逐渐长大，就像女性创造那样，创造物不断增大（再次，很明显，观察孕妇腹部的神奇扩张很具有普遍性）。罗海姆继而又提到了一个在他看来与之对应的神话，即"卵生大地或泄殖腔创世"神话。随后我们将会提到，罗海姆对卵生神话的研究很有说服力。然后紧接着他对欧亚二元性版本中魔鬼想要保留一点泥土在自己嘴里的讨论，罗海姆做了如下分析："如果我们把直肠换成嘴，神话就变成是因为排泄压力而醒来的梦"（1951：429）。换句话说，罗海姆确实认同潜水捞泥者神话排泄性，并且这与他的神话起源于梦的理论一致。他认为，该神话从本质上讲是一场纯粹因为排泄需要而使器官受到刺激的梦而已。罗海姆还赞同兰克（1912，1922：89）的观点，认为洪水神话是关于膀胱的梦的变形（1951：439—465）。当然，人们可以这样想，一些民间故事和神话的基础可能是睡觉时出现的排泄压力。就像弗洛伊德和奥本海姆广泛论证的那样，在欧洲的民间故事里，有很多关于个体如何试着去给埋藏的宝藏做标记，醒来后发现他们在自己身上排泄或者是在睡在自己旁边的人身上排泄的民间故事。这和拉定（1956：26—27）谈到的温尼贝戈人故事中的捣蛋鬼类似，捣蛋鬼吃了一个通便的球茎，就开始无休止地排便。为了躲避不断增长的排泄物，捣蛋鬼爬上了一棵树，但他被迫不断地向上爬来躲避排泄物。直到最后，他落到了自己潮水般增长的排泄物上。巴诺夫记述了另一个版本的关于捣蛋鬼冒险的契帕瓦族故事（1955：82）。这种难以阻止自己一旦开始产生的东西的思想，也可以在先前列举的欧亚记述中的上帝不能阻止泥土的扩张中看到。上帝必须吃掉排泄物来阻止扩张的主题和另一个关于捣蛋鬼的版本相似。在这个版本里，捣蛋鬼的排泄物像洪水般增长，险些涨到他的嘴里和鼻子里。然而，事实是不管排泄压力神话是否起源于梦，这并不意味着排泄压力是像潜水捞泥者神话这类神话的唯一的根本动机。把潜水捞泥者神话仅仅当作由生理需要而产生的梦幻般的神话，没有论及怀孕嫉妒和肛门出生理论，这显然是把神话的心理起源过于简单化。顺便说一句，罗海姆从来没有调和他对基本的梦的生殖器崇拜解读和对潜水捞泥者神话的梦中因排泄需求而觉醒的解读。当然，多原因的假想完全可能，但是罗海姆的两种假想似乎相当矛盾。无论如何，罗海姆把创世神话作为他的梦－神话理论的主要例子。他说，"不管创世神话存在于什么地方，它们最终都是以梦为基础，这种可能性相当大"（1951：430）。

因男性怀孕嫉妒而产生肛门创世神话的想法和神话源于梦的理论并不相连。但这并不是说梦的理论完全不可能，只是为了确定这两种假想的独立性。为了进一步证明对潜水捞泥者神话的心理解释，我们将会简单谈到另外几个创世神话。就像前面提到的，罗海姆比较关注宇宙卵神话说。有临床证据可以表明，幻想怀孕的男人常常对母鸡的活动特别有兴趣，尤其是母鸡下蛋［艾斯勒（Eisler），1921：260，285］，母鸡好像是在排泄鸡蛋。弗洛伊德著名的"小汉斯"除了形成一个"拉夫"（lumf）婴儿理论，他还想象自己产了一只蛋（1948b：227—228）。伦布鲁索（1895：182）提到了一个精神错乱的伪艺术家绘了一幅自己产蛋的画，他画中的蛋象征着世界。并且，费伦齐特别提到了他所说的"蛋象征粪便和小孩"。他认为，对蛋的过分迷恋"更接近于原始嗜粪癖而不是对钱的更为抽象的爱"（1950：328）。当然蛋创世神话在全世界相当普遍［卢卡斯（Lukas），1894］，尽管在北美不存在。关于人类由蛋而生（母题T542或者母题A1222）和世界从宇宙蛋中创造的神话值得关注（母题A641）。关于粪便（或者说泥浆、黏土、灰尘）的案例中，泄殖腔创世可以诞生出人、世界或人与世界一并诞生。

另一个出现在北美土著中的肛门创世神话把蜘蛛当作创世者。作为鲁斯的北美八大创世神话类型之一的蜘蛛神话主要产生于加利福尼亚和西南地区。蜘蛛作为创世者的神话在亚洲和非洲也有发现。对蜘蛛只凭经验观察很容易产生它作为一个自给自足的创造者排泄并创造一个美丽而又充满艺术特色的世界的想法。尽管心理分析学家倾向于把蜘蛛理解为母性的象征（亚伯拉罕1948：326—332；参见西南地区的蜘蛛女），至少弗洛伊德列举了这样一个例子：在民间故事里，蜘蛛吐的丝象征着排泄的粪便。在一个普鲁士－西里西亚故事里，一个想要从天上回到地球的农民被彼得变成了一只蜘蛛。作为蜘蛛，那个农民降落时吐了一根很长的丝，但他很吃惊地发现，当他快到家门口时，他无法再吐丝了。于是他不停地挤呀挤，希望把丝再拉长一点，突然间他从睡梦中醒来，发现他睡着时大便了。（弗洛伊德与奥本海姆，1958：45）在惠特曼的诗《蜘蛛》中，蜘蛛被描绘成男性艺术创造的完美象征。在这首诗中，蜘蛛被比作诗人的灵魂。因为他孤独而又超然站立在"宇宙无限的海洋里"，从身体里不断地吐出丝来。[威尔伯（Wilbur）和敏思特伯格，1951：405]不用仔细探求原始的蜘蛛创世神话，就足以说明，这和其他类型的男性创世神话一样，创世者可以独立创造而不涉及女人。不管男性创世者是吐出材料、抟土、下蛋，从鼻孔或者表皮组织分泌脏东西，还是潜入水中寻找排泄物的泥浆，这些心理动机都差不多。

其他的肛门出生的宇宙演化描述很少被提及。根据厄内斯特·琼斯的一些细节描述（1951：266—357），排泄的其他一些方面，例如声音（通过雷电或者说话声创造），或者空气流通（由风或者呼吸创造），对研究神话来说都很重要。关于后者的特征，琼斯列举了一个明显的《吠陀》的例子。般若迦巴底（Pragapati）通过从"背后部分""向下的呼气"创造了人类（1951：279）。一种关于般若迦巴底创造大地的记述把空气的流动和潜水捞泥者故事联系在一起。"般若迦巴底先变成了风，搅动了原始海洋；他看到了泥土在海洋的底部；于是他把自己又变成了野猪，把泥土抓了上来"（德拉戈马诺夫，1961：28）。另一个古老的男性肛风神话是巴比伦人关于马杜克（Marduk）的记述。马杜克通过下面的方式征服了提阿玛特（Tiamat）："邪恶的风跟随着他，他把风吹到了提阿玛特的脸上……他在邪恶的风中驱赶她，使提阿玛特无法闭上嘴唇。恐怖的风填满了提阿玛特的腹部。"[吉兰德（Guirand），1959：51]然后，马杜克把提阿玛特的肚子撕裂，并且杀了她。通过男性马杜克，风导致了女性提阿玛特的毁灭。马杜克撕开对手——创造者——女人的腹部，而她曾经生下世界。还有一个关于上帝的灵行在水面的《圣经》故事。康格思（1960：169）认为，上帝的灵行在原始水域和潜水捞泥者神话有本质的相似性。这是一种很敏锐的直观洞察。男性创世神话最普遍的共同点是不同的男性创世者所用的不同的方式做出的表述，但也是唯一可以采取的方式，即肛门的创造力。

毫无疑问，人类学家怀疑按照弗雷泽罗列证据的方式做出的表述。在这种方式下，罗列证据的唯一标准就是实用主义。虽然如此，但重要的是普遍象征的理论可以通过未来几十年里对该经验领域的观察来检验。尽管克拉克洪对泛人类象征极不信任，但他还是承认，他以及他的同事所从事的田野研究促使他得出这样的结论："弗洛伊德和其他一些精神分析学家以惊人的正确性描绘了很多普遍的关于人生动机的中心主题。这些主题的表达风格和很多显在内容受到文化的左右，但是潜在的心理剧情超越了文化的差异。"（威尔伯和敏思特伯格，

1951：120）克拉克洪把他的假定建立在有限的人类"定点"上，例如人类解剖学和生理学。不过，确实，关于"定点"的想法并不是以同样的意义给定的，有可能它们的产生是难以避免的。换句话说，男性并非天生就有怀孕嫉妒的想法。这种想法是根据生活经历而获得的，也就是说，这是通过文化调适获得的。但是如果某些经验具有普遍性，例如观察女人怀孕的经验，那么在"定点"概念的另类意义上，就存在着次生的或者说后天获得的"定点"。这对研究神话来说很重要。有人指出，从文化相对主义角度来看，只有那些某个文化所特有的神话和那些虽然散布广泛，但细节上有差异的神话才适合研究。同样，也只有从与神话相对应的民族志数据中来获得书面材料。如果没有神话中象征性和普遍性的假设，那么对人类学家来说，大量神话还是无甚用处。我们还需要指出，从理论上讲，接受普遍主义的观念和提倡文化相对主义并没有冲突。这并不是一个二选一的问题。一些神话可以具有普遍性，另一些不具备普遍性。这些非此即彼的研究方法看来是错误的。那些关于多源抑或传播的争论也不正确；它们也绝不是互相排斥的。同样，如果说神话可以反映文化，或者说神话可以折射文化，也没有不一致性。[A. K. 拉马钮伽（A. K. Ramanujan）建议用这个术语]列维-斯特劳斯（1958：51）批评神话的心理分析阐释。因为，在他看来，如果神话中有一个邪恶的祖母，"人们就会认为在这种社会里，祖母是魔鬼，因为神话反映社会关系和社会结构；如果这与实际的材料相冲突，人们就会认为神话是为了给受到压抑的情感提供发泄途径。不管情况究竟如何，聪明的辩证法总会装作澄清了意思"。尽管列维-斯特劳斯在攻击一些愚蠢的心理学家的"你还在揍你妻子么？"这种攻击确实有理。资料显示，A 文化里邪恶的祖母事实上也可以在神话里出现，在 B 文化里由于受到意识规范的影响，愉快的祖母掩饰了对邪恶的祖母无意识的仇恨，这种情形可以反映在神话里。这没有什么不一致性。也就是说，神话能够通常也往往既包含有意识的文化素材也包含无意识的文化素材。在某种程度上，有意识的动机和无意识的动机可以是多样的或者说相反。同样，神话可以不同于或者说与民族志资料不同或相反。除了被 E. B. 泰勒（E. B. Tylor）拥护的滑稽可笑的折中主义外，没有安全的坚如磐石的理论。为了决定哪一个个体的神话要素反映文化，哪一个个体的神话要素反衬文化，神话就必须放到文化背景中去研究。但是，除此之外，文化相对主义的研究方法不能妨碍对跨文化相似性和潜在的普遍性的认知和承认。正如克拉克洪所说，"两代人类学家沉迷于人群间的差异，忽略了他们之间真实的相似性，也就是'普遍文化模式'和心理一致性的基础（威尔伯和敏思特伯格，1951：

121)"。这暗示了为寻找心理一致性的实际田野研究。民族志者必须摆脱传统的盲目，并且乐于收集所有的相关材料，即使按照民族中心主义标准，它被民族志者视为污秽。完美的民族志者必须不能惧怕深潜而只获得一点泥土；因为，如神话所说，这一点泥土也可以证明是很有价值的，它有可能扩张，为人类学家的研究展现一个完美的新天地。

参 考 文 献

Abraham, Karl
 1948 Selected papers on psycho-analysis. The International Psycho-Analytical Library No. 13. London, Hogarth.

Barnouw, Victor
 1955 A psychological interpretation of a Chippewa origin legend. Journal of American Folklore 68：73 – 85, 211 – 23, 341 – 55.

Benedict, Ruth
 1935 Zuni mythology. Columbia University Contributions to Anthropology 21.

Bettelheim, Bruno
 1955 Symbolic wounds. London, Thames and Hudson.

Berkeley-Hill, Owen
 1921 The anal-erotic factor in the religion, philosophy and character of the Hindus. International Journal of Psycho-Analysis 2：306 – 338.

Boas, Franz
 1895 Indianische sagen von der nord-pacifischen küste Amerikas. Berlin.
 1910a Kwakiutl tales. Columbia University Contributions to Anthropology 2.
 1910b Psychological problems in anthropology. American Journal of Psychology 21 ： 371 – 384.

Boehm, Felix
 1930 The femininity-complex in men. International Journal of Psycho-Analysis 11 ： 444 – 469.

Bogoras, Waldemar
 1913 Chuckchee mythology. Jesup North Pacific Expedition Publications 8.

Bourke, Johng.
 1891 Scatalogic rites of all nations. Washington, W. H. Lowdermilk & Co.

Campbell, Joseph
 1956 The hero with a thousand faces. New York, Meridian.

Count, Earl W.
 1952 The earth-diver and the rival twins: a clue to time correlation in North-Eurasiatic and North A-

merican mythology. *In* Indian tribes of aboriginal America, Sol Tax, ed. Selected Papers of the 19th International Congress of Americanists. Chicago, University of Chicago Press.

Devereux, George

   1951 Cultural and characterological traits of the Mohave related to the anal stage of psychosexual development. Psychoanalytic Quarterly 20: 398 – 422.

Dragomanov, Mixailo Petrovic

   1961 Notes on the Slavic religio-ethical legends: the dualistic creation of the world. Russian and East European Series Vol. 23. Bloomington, Indiana University Publications.

Eisler, Michael Joseph

   1921 A man's unconscious phantasy of pregnancy in the guise of traumatic hysteria: a clinical contribution to anal erotism. International Journal of Psycho-Analysis 2: 255 – 286.

Elwin, Verrier

   1949 Myths of middle India. Madras, Oxford University Press.

   1954 Tribal myths of Orissa. Bombay, Oxford University Press.

Ferenczi, Sandor

   1950 Further contributions to the theory and technique of psycho-analysis. International Psycho-Analytical Library No. 11. London, Hogarth.

   1956 Sex in psycho-analysis. New York, Dover.

Frazer, James George

   1935 Creation and evolution in primitive cosmogonies. London, Macmillan.

Freud, Sigmund

   1938 The basic writings of Sigmund Freud. New York, Modern Library.

   1949a Collected papers II. London, Hogarth.

   1949b Collected papers III. London, Hogarth.

   1953 A general introduction to psycho-analysis. New York, Permabooks.

Freud, Sigmund and D. E. Oppenheim

   1958 Dreams in folklore. New York, International Universities Press.

Fromm, Erich

   1951 The forgotten language. New York, Grove Press.

Ginzberg, Louis

   1925 The legends of the Jews. Vol. I. Philadelphia, Jewish Publication Society of America.

Guirand, Felix

   1959 Assyro-Babylonian mythology. *In* Larousse Encyclopedia of Mythology. New York, Prometheus Press.

Hallowell, A. Irving

    1938 Freudian symbolism in the dream of a Salteaux Indian. Man 38: 47 – 48.

    1947 Myth, culture and personality. American Anthropologist 49: 544 – 556.

Huckel, Helen

    1953 Vicarious creativity. Psychoanalysis 2: (2) : 44 – 50.

Jones, Ernest

    1951 Essays in applied psycho-analysis, II. International Psycho-Analytical Library No. 41. London, Hogarth.

    1957 How to tell your friends from geniuses. Saturday Review 40 (August 10) : 9 – 10, 39 – 40.

Jung, Carl Gustav

    1916 Psychology of the unconscious. New York, Moffat, Yard and Company.

Kardiner, Abram

    1939 The individual and his society. New York, Columbia University Press.

    1945 The psychological frontiers of society. New York, Columbia University Press.

Kluckhohn, Clyde

    1953 Universal categories of culture. *In* Anthropology today, A. L. Kroeber, ed. Chicago, University of Chicago Press.

    1959 Recurrent themes in myths and mythmaking. Proceedings of the American Academy of Arts and Sciences 88: 268 – 279.

Köngäs, Elli Kaija

    1960 The earth-diver (Th. A 812). Ethnohistory 7: 151 – 180.

Lang, Andrew

    1899 Myth, ritual and religion. Vol. I. London, Longmans, Green, and Co.

Lessa, William A.

    1961 Tales from Ulithi Atoll: a comparative study in Oceanic folklore. University of California Publications Folklore Studies 13. Berkeley and Los Angeles, University of California Press.

Lévi-Strauss, Claude

    1958 The structural study of myth. *In* Myth: a symposium, Thomas A. Sebeok, ed. Bloomington, Indiana University Press.

Lombroso, Cesare

    1895 The man of genius. London, Walter Scott.

Lukas, Franz

    1894 Das ei als kosmogonische vorstellung. Zeitschrift des Vereins für Volkskunde 4: 227 – 243.

Malinowski, Bronislaw

1954 Magic, science and religion and other essays. New York, Doubleday Anchor.

Mann, John

1958 The folktale as a reflector of individual and social structure (Unpublished doctoral dissertation, Columbia University).

Matthews, Washington

1902 Myths of gestation and parturition. American Anthropologist 4: 737 – 742.

McClelland, David C. and G. A. Friedman

1952 A cross-cultural study of the relationship between child-training practices and achievement motivation appearing in folk tales. *In* Readings in social psychology, G. E. Swanson, T. M. Newcomb, and E. L. Hartley, eds. New York, Henry Holt and Company.

Nadel, S. F.

1937 A field experiment in racial psychology. British Journal of Psychology 28: 195 – 211.

Posinsky, S. H.

1957 The problem of Yurok anality. American Imago 14: 3 – 31.

Radin, Paul

1956 The trickster. New York, Philosophical Library.

Rank, Otto

1912 Die symbolschichtung im wecktraum und ihre wiederkehr im mythischen denken. Jarhbuch für psychoanalytische Forschungen 4: 51 – 115.

1922 Psychoanalytische beiträge zur mythenforschung. Leipzig, Internationaler Psychoanalytischer Verlag. (Second edition)

Reik, Treodor

1951 Gold und kot. International Zeitschrift für Psychoanalyse 3: 183.

Róheim, Géza

1921 Primitive man and environment. International Journal of Psycho-Analysis 2: 157 – 178.

1922 Psycho-analysis and the folk-tale. International Journal of Psycho-Analysis 3: 180 – 186.

1923 Heiliges geld in Melanesien. Internationale Zeitschrift für Psychoanalyse 9: 384 – 401.

1940 Society and the individual. Psychoanalytic Quarterly 9: 526 – 545.

1941 Myth and folk-tale. American Imago 2: 266 – 279.

1951 The gates of the dream. New York, International Universities Press.

1953a Fairy tale and dream. The Psychoanalytic Study of the Child 8: 394 – 403.

1953b Dame Holle: dream and folk tale (Grimm No. 24). *In* Explorations in psychoanalysis, Robert Lindner, ed. New York, Julian Press.

Rooth, Anna Birgitta

1957 The creation myths of the North American Indians. Anthropos 52: 497 – 508.

Saville, Marshall H.

1920 The goldsmith's art in ancient Mexico. Indian Notes and Monographs. New York, Heye Foundation.

Schwartz, Ehanuel K.

1956 A psychoanalytic study of the fairy tale. American Journal of Psychotherapy 10: 740 – 762.

Schwarzbaum, Haim

1960 Jewish and Moslem sources of a Falasha creation myth. *In* Studies in Biblical and Jewish folklore, Raphael Patai, Francis Lee Utley, Dov Noy, eds. American Folklore Society Memoir 51. Bloomington, Indiana University Press.

Silberer, Herbert

1925 A pregnancy phantasy in a man. Psychoanalytic Review 12: 377 – 396.

Spence, Lewis

[1921] An introduction to mythology. New York, Farrar & Rinehart.

Spencer, Katherine

1947 Reflection of social life in the Navaho origin myth. University of New Mexico Publications in Anthropology 3.

Stekel, Wilhelm

1959 Patterns of psychosexual infantilism. New York, Grove Press.

Tax, Sol et al. (Eds.)

1953 An appraisal of anthropology today. Chicago, University of Chicago Press.

Thompson, Stith

1929 Tales of the North American Indians. Cambridge, Harvard University Press.

1955 Motif-index of folk-literature. Bloomington, Indiana University Press.

Wheeler-Voegelin, Erminie

1949 Earth diver. *In* Standard Dictionary of Folklore, Mythology and Legend, Yol. I, Maria Leach, ed. New York, Funk and Wagnalls.

Wheeler-Vocgelin, Eiminie and Remedios W. Moore

1957 The emergence myth in native North America. *In* Studies in folklore, W. Edson Richmond, ed. Bloomington, Indiana University Press.

Wilbur, George B. and Warner Muensterberger (Eds.)

1951 Psychoanalysis and culture. New York, International Universities Press.

Wolfenstein, Martha

1955 "Jack and the beanstalk": an American version. *In* Childhood in contemporary cultures,

Margaret Mead and Martha Wolfenstein, eds. Chicago, University of Chicago Press.

Wycoco (Moore), Remedios
1951 The types of North-American Indian tales (Unpublished doctoral dissertation, Indiana University).

梦的材料和来源：典型之梦

弗洛伊德

在我的大量经验中，那些在成年后患上神经症的幼童，他们的父母双方在其幼年生活中扮演着首要角色。他们对父母的偏爱（喜欢一方，而厌恶另一方）是心灵冲动的重要部分之一。心灵冲动就是在那个时期形成，而其重要性就在于它还决定了后来神经症的症状。然而我并不相信神经症患者与正常人之间有明显的差别——他们能创造出全新的和独特的东西，更有可能的是——这偶然在正常儿童身上观察到——神经症患者能被区分开来，是通过凸显表现出对父母爱与恨的情感，这样的情况在大多数儿童的心理中也发生，不过并不明显，也不剧烈。

这个发现在古代流传下来的传说中得到了确认，而且这个传说深刻和普遍的意义，仅仅在我从儿童心理学方面所提出的假设拥有同样广泛合理性的情况下，才能够被理解。我想说的便是俄狄浦斯王的故事，以及这个名字的出处——索福克勒斯的戏剧。

俄狄浦斯，是忒拜城国王拉伊俄斯和王后伊俄卡斯特的儿子。当他还在娘胎时，一个神谕就警告拉伊俄斯，这个还未出世的婴儿将成为弑父的凶手。然而这个小孩获救了，并且成为异国的王子。直到后来他开始怀疑自己的身世，他请示了神谕，神谕告诫他不要回家，因为他会杀了自己的父亲，并且与母亲成为夫妻。在一条他原以为是离家的路上，他见到了拉伊俄斯国王，并与之发生口角，然后便杀死了国王。在通往忒拜城的路上，他破解了妖怪斯芬克斯所设的谜语。出于感激，忒拜的民众拥戴他为国王，并且使他成为王后伊俄卡斯特的合法丈夫。在俄狄浦斯的统治下，忒拜国泰民安。然而殊不知为他哺育了两男和两女的王后伊俄卡斯特竟是他的亲生母亲。最后，一场瘟疫在忒拜爆发，忒拜民众再一次请示神谕。直到此时，索福克勒斯的悲剧才开场。使者带回了神谕：只有将杀死拉伊俄斯国王的凶手驱逐出境，这一场瘟疫才会停止。

> 但他，他在何处？在哪儿能审读那褪色的陈年案卷？①

这部戏剧的情节正是由层层深入的揭露过程所组成的，置于精巧悬念之中，从而达到最终的高潮。这一揭露过程堪比精神分析工作：俄狄浦斯自己便是杀害拉伊俄斯的凶手，而且他还是被害者与伊俄卡斯特的儿子。俄狄浦斯为自己无意犯下的罪行而感到憎恶，惊愕之余，他弄瞎了双眼，然后离开了家乡。这样，神谕得到了兑现。

《俄狄浦斯王》被认为是命运悲剧。它的悲剧效果据说在于它把神的至高意志与凡人想逃脱邪恶威胁的徒劳尝试之间进行了对照。其教训据说在于使观众从此悲剧中学到要服从神的意志，意识到自身的弱点。现代剧作家试图运用同样的对照来设计出一个情节从而获得相似的悲剧效果。然而当面对这样一个诅咒或是神谕应验的时候，尽管其应验过程来自无辜人们的所有努力，观众也无动于衷，也就是说后来的命运悲剧失去了它的作用。

假如《俄狄浦斯王》能像感动当时希腊人一样感动现代人，那么就可以解释为这一悲剧打动我们并不是源于命运与凡人意志的对比，而应该探究这个对比是如何在素材的特殊性质上展现出来的。我们心中一定会产生某种声音让我们开始认识到俄狄浦斯命运中不可逆转的力量，然而我们仅想当然地把它当成一种倾向，一种在格里尔帕策（Grillparzer）的《太祖母》（*Die Ahnfrau*）以及其他一些悲剧中同样能找到的倾向。事实上，在俄狄浦斯王的故事里也涉及此类因素。他的命运能打动我们，恰恰是因为这可能也是我们自己的命运，因为在我们出生前就降临的神谕和落在他身上的诅咒是一样的。也许，这是我们每个人的命运，我们把最初的性冲动都指向了母亲，而把最初的憎恨与弑父的愿望都指向了父亲。我们做的梦使我们相信就应该如此。俄狄浦斯杀了他的父亲，娶母亲伊俄卡斯特为妻，就为我们展示了童年那种愿望的实现。但我们要比俄狄浦斯幸运得多，而且也成功了，我们并未成为神经症患者，因为我们的性冲动已经远离了母亲，而对父亲的嫉妒也已被遗忘。当某人把我们的原始愿望实现时，我们避开了此人，因为心中的情感抑制使我们从那时开始便把这些原始愿望深埋于心底。然而诗人，当他拨开了历史谜团，便把俄狄浦斯的罪行展现在世人面前，同时诗人也迫使我们认识到自己内心的罪行，这些藏于心中的冲动，尽管被我们抑制在心底，也仍然有待查明。紧密的合唱（Chorus）为我们展现如下对比——

---

① 路易斯·坎贝尔（Lewis Campbell）的英译本（1883），第108行以下。

> 请看，这就是俄狄浦斯，
>
> 他道破了著名的谜语，成为最伟大的人；
>
> 哪一位公民不曾带着羡慕的眼光注视他的好运？
>
> 他现在却落入可怕的灾难了！……①

如今对我们的警示，指向了我们的傲慢，指向了从小自作聪明、自高自傲的我们。如同俄狄浦斯，受道德的约束，我们对这些自然所赋予的原始欲望无知无觉，即使日后发现了它们的存在，我们也会故意无视这些童年的愿望。②

在索福克勒斯的悲剧中，有一点毋庸置疑，那就是俄狄浦斯的传说源于某些原始的梦的素材，而这一素材把子女对父母迫人的骚动作为主要内容，这一骚动则是由于最初性的萌动。虽然俄狄浦斯尚未知晓真相，但他已开始为神谕感到困惑。伊俄卡斯特用一个梦来安慰俄狄浦斯，这个梦许多人都做过，但在他母亲眼里，这个梦并不意味着什么：

> 许多人曾梦中娶过母亲，
>
> 但那些不以为意的人却安乐地生活。③

像过去一样，如今许多人也梦见与他们的母亲产生关系，谈论起这样的事实，他们会感到丢脸和错愕。很明显，无论是悲剧的关键，或仅是梦的补充部分，其结果都指向了父亲的死亡。俄狄浦斯的故事就是针对这两种典型梦产生的幻想做出的反应。即使成年人做了这样的梦，也会感到厌恶，因而这个传说必须包括恐惧与自我惩罚。对传说的更改又一次来源于对素材的谬想的再修订，这个改正是为了寻求它的神学意旨（参见"做梦的素材"，第276页以下）。调和神的万能与凡人责任两者的尝试，自然而然地脱离了与主题事件或者与其他事物的联系。

---

① 路易斯·坎贝尔的英译本，第1524行以下。

② （1914年加注）对这样的苦涩否认，这样的愤怒反对——或这样的歪曲——对无意识中的婴幼期的乱伦冲动尚未进行过精神分析研究。最新的尝试如，就经验而论，孩童乱伦仅表现为"象征性的"——费伦齐（1912）巧妙地提出"过分诠释"的俄狄浦斯神话，这一诠释得益于叔本华信中的一段内容(1919年加注)。后来的研究表明，《梦的解析》上述段落中第一次触及的"俄狄浦斯情结"在人类历史与宗教和道德发展的过程中具有前所未闻的重要性。[参见拙作《图腾与禁忌》（Totem and Taboo）第四篇，1912—1913]——事实上，这一场关于"俄狄浦斯情结"，《俄狄浦斯王》，以及围绕《哈姆雷特》所展开的讨论，已经在弗洛伊德于1897年10月15日致弗里斯（Fliess）的信里所提到过（弗洛伊德，第71封信，1950a）。而早在1897年5月31日的一封信里就暗示这一"俄狄浦斯情结"的发现（同上，手稿N）。可"俄狄浦斯情结"这一术语最先是出现在弗洛伊德出版的名为《爱情心理学》（Contributions to the Psychology of Love）首版里（1910h）。

③ 路易斯·坎贝尔的英译本，第982行以下。

另一个伟大的悲剧为莎士比亚的《哈姆雷特》。它与《俄狄浦斯王》源于同样的创作根基。① 然而对相同材料的不同处理方式，揭示了两大不同文明时期在精神生活方面的巨大差异。这个差异为人类情感生活中感情抑制下的世俗进步。在《俄狄浦斯王》中，儿童的愿望是公开的，并且如梦中那样，成了现实。在《哈姆雷特》里，这种愿望却是被压抑的，正好表现为神经症的病例——我们仅能从后果去认识其存在。更奇特的是，《哈姆雷特》所产生的巨大影响正符合一个事实，那就是人们完全看不清来龙去脉，就如同看不懂哈姆雷特的性格那样。整个悲剧就是建立在哈姆雷特报父仇犹豫不定之上。然而悲剧的字里行间却没有提供导致他犹豫不定的原因和动机。此外，对哈姆雷特踌躇不定的各种不同解释都未有定论。歌德（Goethe）曾经评价过——他的观点至今颇有影响——哈姆雷特代表了一类人，这类人是思想的巨人，行动的矮子。[他忧虑成疾（He is 'sicklied o'er with the pale cast of thought.'）] 而另一观点认为，该剧的作者试图为我们勾勒出一个病理上优柔寡断的人物，这类人物可以归纳为神经衰弱。悲剧中的情节却向我们展示了哈姆雷特并非那样无能，弱于付诸行动。从以下两个剧情来看：首先，他勃然大怒拔剑刺入帘后偷听者的身体；再者，他深谋远虑甚至运用可称为狡猾的手段，以文艺复兴王子的胆色，把计划置他于死地的两个侍臣先送入了西天。父亲鬼魂托付的任务，他为何迟迟不肯付诸复仇行动，是出于什么原因？答案又一次指向了这项任务的特殊性质。哈姆雷特能做任何事，可就除一件之外：找杀父娶母的那个人报仇，这个人正好将哈姆雷特心中压抑的童年愿望变成了现实。促使他报仇的反感被自我谴责和良心审视代替了，这些心理使他自己感到与罪犯一样也应该受到惩罚。在此，我把哈姆雷特无意识的心理活动转换成意识，如果谁称哈姆雷特为歇斯底里，那我仅接受我理解中暗示的那个事实。与奥菲莉娅的谈话中，哈姆雷特所表达对性的厌恶与那时日益占据莎士比亚心中的反感相符合，这种厌恶最终在莎士比亚后来所著的《雅典的泰门》（Timon of Athens）中达到极致。正是作者通过哈姆雷特展现在我们面前。我从乔治·勃兰兑斯（George Brandes, 1896）的书中得到一段叙述，他声称《哈姆雷特》正是在莎翁的父亲去世时创作的（1601），也就是他写作是因受了痛失亲人的影响；同时可以假设：莎翁童年时期对父亲的感情重现。众所周知，莎翁有一个夭折的儿子就叫 Hamnet，简直与 Hamlet 相似。《哈姆雷特》是描写儿子与父母的关系，而《麦克白》（Macbeth）则讲述了无嗣的

---

① 这一段在第一版（1900）中为脚注，1914 年之后的版本中成为正文。

主题（《麦克白》大约也创作于同一时期）。因而，如所有神经症一样，梦能够被过度诠释；如果梦要被充分理解，事实上就应该如此，那么所有真正创造出的作品就应该是作者心中多种动机和多种冲动的结果，这些作品可以用多种观点来解释。我所写的正是想探究那些创造性作家内心冲动的最深层。①

---

① （1919年加注）以上对《哈姆雷特》的精神分析解释已被厄内斯特·琼斯详细阐述过，并且不同于这一主题相关文献提出的观点［参见琼斯，1910a（更完整的形式，1949）］——（1930年加注）顺便提一下，我不相信莎士比亚作品集的作者来自斯特拉福德（Stratford）。（参见弗洛伊德，1930e）——（1919年加注）进一步对《麦克白》的分析可以在我的论文（弗洛伊德，1916d）和杰克斯（Jekels，1917）的论文中找到。——［脚注的前部分在1911年的版本中不同形式里，而在1914年的版本中被省略："以上段落中《哈姆雷特》问题的观点已被确认和支持，基于多伦多的厄内斯特·琼斯（1910a）广泛研究所提供的论据。同时他还指出《哈姆雷特》素材与兰克（1909）讨论的英雄诞生神话之间的关系。"——弗洛伊德进一步对《哈姆雷特》"舞台上的精神病性质"的讨论在逝世后出版（1942b），可能于1905年或1906年写就］。

手足相争、俄狄浦斯情结与神话

梅尔维尔·赫斯科维茨 弗朗西斯·赫斯科维茨

本文所讨论的主题以对达荷美文化中创世过程问题的研究为基础。达荷美地处西非,在其文化中,口头传统至今还占据主导地位,而神话也仍然鲜活地存在于人们的日常生活中。一直以来,很多关于神话的讨论都是围绕俄狄浦斯主题展开的。随着调查研究的深入,我们越来越清晰地意识到对俄狄浦斯情结中所包含的儿子对父亲的敌意的过分强调,遮蔽了我们对某些重要心理-文化因素的认知,而这些因素会进入人类社会生活的普遍竞争。这是一种由于过分强调而形成的视角错位[①]。要想回归到真实的认知,亲子对立(即双亲与孩子之间的对立关系)与手足相争,作为人类经验当中无法分割的一部分,应当被一并纳入我们的思考。

以人们对俄狄浦斯故事各种阐释的广泛接受作为本文分析的出发点,我们在目前已收集到的达荷美口头叙事、诗歌以及其他纷繁复杂的各类创作形式当中也找到了对应这一主题的不同阐述,从中得出以下两个命题。命题一:迄今为止,手足相争在神话探讨中受到忽视,但手足相争应该视为构建情感互动模式的基础力量之一。命题二:对归入俄狄浦斯情结名下数量庞杂的神话中蕴含的各种潜在动因进行分析时,我们不仅要考虑儿子对父亲的嫉妒情绪,还要考虑父亲惧怕被儿子取代的心理。由上述命题可以得出假定:神话当中出现的亲子对立其实是代际竞争的一种表达方式,最早开始于婴儿初期同代之间,其表现为手足之间,为了同一个目标——获得母亲的注意力而展开的竞争。依据这

[①] 弗洛伊德对于神话的理解当然只是神话解读中的一个流派。第二支是剑桥学派,强调神话的仪式起源。第三支流派认为,神话是一种信仰宪章,强调神话内容的稳固性和在流传过程中的非创造性。还有一支认为,神话是在真理产生之前的一种错误的信仰。我们正在着手准备出书,从跨文化的角度对上述观点一一进行考证,届时,读者将会看到达荷美神话叙事的完整展现。最后一种对神话的分析来自荣格学派,这对现代文学批评产生了巨大的影响,原型性母题产生于集体无意识,原型性母题是这一流派的基本概念,它过于神秘,在解决神话及其形成的问题时可用性不高,因为这一问题适用于归纳法解决。

一假定，对父亲，或父亲的替代者的敌对威胁就可以解释为婴儿时期手足相争的经历在男孩身上的投射，在意识到要与父亲争夺他的妻子，也就是自己母亲的爱的刺激之下，这些早期的情绪再度被唤醒了。

简而言之，我们在运用俄狄浦斯情结进行各类阐释时不妨进一步加入手足相争这一功能机制。此外，基于在人际关系中，任何层次上的刺激－反应模式从来都不是单向性的这样一种认知，我们建议将俄狄浦斯主题与手足相争有机结合在一起，并称这一过程为"互惠反应"。

需要重申的是，本文的讨论重点并非是对弗洛伊德假设中关于母子关系的论述做出质疑，因为我们同样认同文化操控的范围在很大程度上受到心理－生理常量的限制；我们也不否认婴幼儿时期经历对成人性格形成的重要意义。事实上，我们的目的并非是对前人的假想提出质疑，而是给出一些事实材料，希望能够从中引出新的一般性法则，进而产生出更多深刻的神话释义，甚而还有可能以此来阐释人类性格发展中的某些问题。

我们的论述主要有两部分，将分别对上述两个命题进行考证。首先，我们将在跨文化的背景之下，考察人类社会中存在的更为广泛的对立关系，不仅包含父子对立关系，还包含长兄幼弟之间的敌对竞争关系。接下来，我们将着重分析神话学者常常引用的一些神话文本，验证有关俄狄浦斯故事意义的诸多猜想，特别是那些牵涉对亲子对立关系的理解，在我们看来，这正是理解情节发展和人物行为的关键。

在讨论中，我们认为，探究用于分析神话的大量资料均取自单一文化源头，即地中海流域及其北部和东部地区的各民族文化，这没有触到本质。这是一个重要问题，但在我们的处理下，我们完全能够通过运用已收集来的资料对更重要的问题进行充分考量，得出结论，用文献来印证我们的假设。以达荷美为例，尽管它隶属旧大陆，但达荷美人的叙事却游离于旧大陆体系之外，保存了自身的基本价值观念。这正符合了我们的选材要求，同时，也正是这些叙事给我们提供了宝贵的跨文化视角。

最后还需要说明的一点是，对于如何定义神话这一大难题，我们不做任何讨论。简而言之，无论是否与宗教、仪式或戏剧相关，只要是涉及人类终极经验的叙事，均应归入神话范畴，都是我们研究的对象。

首先，让我们来探讨一下划入"手足相争"这一标题之下的同代竞争现象。这一心理动力学中的进展一直以来都被大量运用于医学诊疗当中，但它似乎也能给我们提供一些重要的理论暗示，或许可以帮助我们找到所提出的某些基本问题的答案①。

非欧美文化范围内已有手足相争的相关研究，如大卫·M. 利维（David M. Levy）对危地马拉凯克奇人②的考察，朱尔斯·亨利和祖尼亚·亨利两位学者③在阿根廷的格兰查科对皮拉加人展开的调查研究。他们都对当地的生产技术以及由此形成的一套观念与行为模式做了实地考察。其后，在圣佩德罗·拉·拉古纳农业村落对另一组危地马拉印第安部落进行考察的本杰明·D. 保罗（Benjamin D. Paul）④描述了一种可以消除手足敌意的仪式。当地人认为，孩子会对比其年幼的其他兄妹心存敌意；"举行仪式"，正如保罗所说，"能够给压抑的自私情绪以象征意义上的表达。这种情绪源于儿童早期的个人社会经历，并将随着个人的发展进入成年时期"。

在上述跨文化视角的证明材料之外，让我们把目光从美洲转向非洲大陆，从母子、兄弟、姐妹的相互关系入手，探讨一下达荷美的社会结构。一般而言，在经济允许的范围内，孩子总是待在母亲身边，当他/她哭时会有母亲来喂。无论是去市场，还是去舂米，或是在围院里干别的活，甚至连跳舞的时候，母亲都不会忘记将他/她背在背上，即便在夜里，他/她也是紧贴着母亲睡在同一床被褥上。然而，随着下一个孩子的出现，这样的亲密不复存在。在最初的不适应阶段，如果同一个围院当中的人关系亲密，孩子还可交由一位年长的女性来代养，但大多数情况下，他/她还是会和母亲在一起。倘若没有哥哥姐姐的照看，这个孩子也许不到七八岁就得开始帮助母亲料理家务。由此不难看出，无论对新环境的适应能力有多强，孩子们的内心都无可避免地藏有被拒绝或被忽略的情绪。此外，如果孩子又处于一夫多妻的家庭中，我们就更能清楚地认识到手足相争现象在达荷美儿童早期经历中的普遍性。

让我们来看看这一情绪在神话中的表达吧。这里要讲述的是创世神的两个

---

① 在艺术创作中，从追寻传统到追寻创新冲动的阶段性转换是否与当时社会文化配置影响下的跨代和同代之间的反应类型有相关性仍值得探究，仍需更多的跨文化文献给予支持，从而对学术史以及产生这一现象的心理–文化机制进行详尽的分析。

② 大卫·M. 利维，《原始群落中儿童的手足相争研究》（"Sibling Rivalry Studies in Children of Primitive Groups"），载《美国矫正精神医学杂志》（*American Journal of Orthopsychiatry*）IX, No. I (1935)。

③ 朱尔斯·亨利、祖尼亚·亨利，《皮拉加土著儿童的玩偶游戏》（"Doll Play of Pilaga Indian Children"），载《研究专著》（*Research Monographs*）4，美国矫正精神医学协会，纽约1944。

④ 本杰明·D. 保罗，《危地马拉土著村落的象征性手足之争》（"Symbolic Sibling Rivalry in A Guatemalan Indian Village"），载《美国人类学家》LII (1950)，第205—217页。

儿子，老大萨格巴塔（Sagbata）——大地之神和老二萨格博（Sogbo）——雷神两兄弟之间的对抗。该故事是在阿拉达的雷神祭主殿上由一位年长的祭师口述：

萨格巴塔和萨格博是兄弟俩。我们大家被告知造物主①在创造完这个世界后就不再工作，而是委派她的孩子萨格巴塔和萨格博来代替她管理整个世界。可是两个兄弟常常吵架，于是老大萨格巴塔决定离开天空去人间。仗着自己是老大，萨格巴塔继承了母亲所有的东西并将其带到人间，而更加无情的老二则选择留在母亲的领地里，掌管了火。他以火为名——米奥米奥（Miyomiyo），也可叫作萨格博。在老大即将离开之前，母亲把两个孩子召集到一起，对他们说，如果他们再争吵，她不会站在任何一边。两兄弟必须团结起来，就像一个密闭的葫芦，联手把整个世界装于其中。她接着说，既然萨格巴塔是老大，他就应该在下面，老二萨格博应该在上面。母亲让两兄弟都离开，住到人间去。萨格博拒绝了，不愿离开母亲。萨格巴塔一旦下界去，就再也回不到天上，于是，他越降越低，也就离上界越来越远。然而留在母亲身边的萨格博赢得了母亲及其周围大神的全部信任。有一天，萨格博让雨神不要再给人间降雨，于是人间就再也没有雨了。在下界，萨格巴塔被选为人之王，他的子民对他说："自从您来了后，我们就选您为王，但是雨却再也不见来。我们全都快要饿死了。"萨格巴塔说："是的，情况确实如此，不过再等几天雨就会来的吧。"一年过去了，没有下雨。两年过去了，仍然没有下雨。三年过去了，还是一滴雨也没有。这时候，有两个人从天上来，落在了一个叫作法尔（Fe）的国家，向众民宣扬"法"（Fa）——命运的教义。他们到处游历……据说这个时候世上只有不到一千人。有人跑来告诉萨格巴塔有两个从天上来的人在到处宣讲"法"。萨格巴塔说他们应该来见我。于是这两人就来了，他们对萨格巴塔讲天上的语言，萨格巴塔立刻就听出他们讲的是实话。他问他们为什么人间不再有雨，两人回答说不知道，他们的使命只是传播"法"。但他们知道他的弟弟萨格博在生气。萨格巴塔问道："他

---

① 创世神［马乌（Mawu）］被认为是雌雄一体的，在法语的翻译中用"他"或"她"交替指代，在所有的文献材料中均是如此，这是由于这一原语词汇无性别区分，但若需要明确区分时，则须进行必要的注释，如用"男人"或"女人"，如"母亲–孩子–我的–男人"来指"我的兄弟"。

为什么会生气?"那两人回答说不知道,但有了萨格巴塔母亲的教义——"法"的帮助,他们就可以马上知道原因了。他们拿出占卜用的神果,抛了出去,问为什么雨不降临这个国家。"法"的第一个化身落了下来,叫作 Yeku Gouloso。两人看了后,立刻告诉萨格巴塔,由于两兄弟都想要相同的东西,产生了争执,大的应该服从小的,两个人才能和解。萨格巴塔说天现在对他来说太高太远了,他没有能力再爬上去。他说在自己下到人间之前,母亲给了他拥有一切财富的权力。他将这些东西都装进了自个儿的大麻袋。他还说当时是他自己不要带水,因为水无法被装进袋子。结果到了人间才发现,被他留在天上的水在这里却是每个人的必需品。那两人说水现在由他弟弟管着。萨格巴塔就问:"那要怎样做才能让雨降下来呢?"那两个人说如果他愿意做出牺牲,就必须让出人间所有财富的一部分,把它委托给萨格博最好的朋友——大鸟乌突图(Wututu)。他们说:"只要是乌突图去传话,萨格博永远不会拒绝。"萨格巴塔听了后,聚集了他所有财富中的一部分,召来了乌突图,对他说:"去告诉萨格博,我——萨格巴塔愿意交出整个宇宙,让他拥有这个国家,这里的村落,这里的房屋。他也可以带走儿子、父亲、孩子与母亲。他——萨格博才是住在上界,俯视众生的那一个。"于是大鸟乌突图飞向天空,用一种萨格博一听就能认出的声音开始歌唱:"啊,萨格巴塔让我给你传个信,你听得到我么?"乌突图接着唱道:"他说他把整个宇宙都让给你,把他的国家,他的村庄,还有他所有的房屋都让给你,让你拥有儿子、父亲、孩子和母亲。"当乌突图唱到这时,在天上的萨格博认出乌突图的声音,就告诉他的儿子们要礼貌待人,有客人要来了。萨格博送出一道闪电,当闪电划过天空时,他看清楚来的人正是乌突图。他让乌突图上来,于是乌突图见到了萨格博。萨格博说:"去告诉我哥哥萨格巴塔,尽管他是老大,继承了我母亲的所有财富,可惜他太蠢了,留下两样宇宙间最珍贵的东西,有了这两样东西,我,虽然是小儿子,仍然可以得到萨格巴塔的财富。"萨格博说的这两样东西就是水和火。他让乌突图回去,告诉他不等飞回人间,雨就会降下来。乌突图向人间飞去,才飞了一半,大雨就倾盆而至……那一天,兄弟俩和解了。这就是为什么一年里总有些时候雷神会降临人间。

在达荷美王国前殖民时期首都阿博美，我们从大地祭祀的主祭司那里得到了这个神话的另一叙述，与上述记录相比，只在重要细节方面有所出入。然而，尽管两者均以兄弟和解为最终结局，有一点却还是引起了我们的关注，其内容如下所示：

> 一直以来，关于萨格巴塔和海维奥索（Hevioso）兄弟俩争吵的消息从未传到创世神马乌的耳朵里。然而，有一天她终于知道了两个儿子干下的事。于是马乌说雨要定期降至人间，不然就会出现毁灭人类的大火灾。考虑到这一点，乌突图就被派驻到人间，当他感觉地面太热时，便会大声呼喊，把雨招来人间。那以后，拉戈巴（Legba）促使了兄弟俩的和解。从此人们安居乐业，再也不用担心会出现这样的大旱了。

创世神的孩子手足相争的主题在其他神话中也屡次出现，然而这个神话还告诉我们一点，那就是为什么拉戈巴，这个最年轻也是排在最末位的神会成为第一个站出来在宗教仪式中进行优先调停的人。在这个神话中，马乌组织了一次竞赛，她的每一个孩子依次使尽浑身解数想要争夺高高在上的统治权，然而只有最小也是最聪明的拉戈巴最终胜出。

在达荷美所有叙事类型中我们都可以找到手足相争的影子。有故事讲述皇族中异形儿的反抗与相互竞争，还有一个故事讲的是大儿子是如何抱着寻找财富的梦想，离开故乡，又是如何在神力的帮助下拥有了财富和无上的地位，然而他的弟弟找见了他，硬是逼他讲出发家的秘密，结果把两个人都毁了。在一个有关皇族的故事中，包含了典型的俄狄浦斯母题元素，例如，想要除掉未来王的意图。这个故事讲的是孩子被抛弃，被扔进河里，后被一船夫捡到，抚养成人，直至回到皇家，揭示自己真实身份的故事；而在这里，我们看到的不是父亲，而是兄长首先发难。在描述皇室的起源神话中，兄弟相争的主题不断重复出现。有一个故事就讲的是豹子①和一位皇室贵妇结合生下的孩子们是如何来到王朝统治者的传统所在地阿拉达，又如何分别建立起各自的政权，因为"三个兄弟住在一起不可能不吵架"。

还是让我们用一个简单的故事来结束对第一个命题的证明吧！当然，这个故事的主题仍然是手足相争。

---

① 豹子是皇室的重要图腾。

火和萤火虫（firefly）是同父同母的兄弟俩。一天他们的父亲去世了，亲戚们都来帮忙料理丧葬。葬礼结束后，亲戚们就问了："你们谁来接替父亲的位置呀？"兄弟俩为此吵个不休，于是亲戚就说："那么这样吧，今天天将降大雨，把你们俩都放在雨中，谁的火灭了谁就永远失去了继承权。"火赶紧说："就这么办吧。"雨大滴大滴地落下来，不一会儿又刮起了大风。这时候火说："我先来吧。"亲戚们说："好。"火带着灿烂的火焰走入雨水，结果走了两米，就熄灭了。一直不发一言的萤火虫这时向雨中走去，一边走一边唱着歌，他摆出各种姿势在雨中曼舞，但他的火并没有熄灭，于是萤火虫接替了父亲的位置。这就是为什么吃不了苦又不听话的孩子永远都得不到父亲的继承权。

现在还是让我们继续把目光投向达荷美文化，探讨该文化中与第二个命题直接相关的两个方面。其一是社会结构中的某种构造形态，我们将着重考察在同一院落中共同生活的父亲–母亲–孩子这一小家庭单位及其旁系亲属家庭的生活状态。因为不论是从社会、经济，还是心理的角度来考察，这都是联系最为紧密的家庭结构单位，也是孩子眼中全部的世界，还是其婴幼儿时期文化熏陶的主要媒介。其二，我们将探讨与本文主题相关的达荷美人的世界观与宗教信仰。

达荷美是父系氏族社会。每一个氏族都被认为由一种神秘的力量掌控，这个神秘的力量被叫作特微奥（Tohwiyo）。据说它是人类母亲与图腾结合产生的第一个人类后代的灵魂。达荷美家庭为一夫多妻制，几代亲族生活在同一个围院中，由家族中最年长的男性来领导。家族首领的妻子、他的已婚儿子、兄弟若共处在围院中，则均有各自的住处，这对孩子的情感发展有着深远的影响。在达荷美文化中，四日为一周。在周与周的反复中，每一位妻子轮流离开自己的住处，和共同的丈夫同居一周，而孩子仍被留在母亲的住处，避免使其看到父母之间的性行为。在同居的一周内，母亲将负责父亲的饮食，仍需由母亲陪同进食的幼子自然就有了与父亲一起进餐的机会。这种时候，他们常常能从父亲那里得到一些难得的美味，如此一来，就能在婴幼儿幼小的心灵中建立起对父亲的积极情感。在妊娠后期，甚至在整个哺乳阶段，将持续十八个月到两年甚至更长时间，妻子将退出惯例顺序，不再与丈夫同居。这种文化理念使达荷美的女性在至少两年时间内完全处于禁欲状态，有时这个时间还会被要求延至三年。

一夫多妻制下的家庭成员关系使情况更加复杂化。首先，父母之间的适应度就会直接影响到父亲对别的妻子及其孩子的情感与态度。因此，为了使自己的孩子成为丈夫的最爱，特别是为了使其能够成为继承人，同一个丈夫的不同妻子之间就会展开激烈的竞争。尽管在制度层面上提倡择长而立，但在现实生活中仍然不排除例外的发生。而且，所谓的立长原则具有高度弹性①。在达荷美人的观念中，每个人都可以成为长者，或有可能成为长者。达荷美文化中认可的社会代偿原则在这里充分发挥了作用，长幼资历是相对的，在这里资历浅，在那里很可能恰恰相反。正是出于这种复杂性，才使得不仅在达荷美，还在整个西非地区都存在着一种共识，那就是最小的孩子往往最聪明。

在重新评价经典的俄狄浦斯命题时，请不要忘记，除达荷美的孩子没有目睹双亲性行为这点之外，还有一个信息同样至关重要，即在孩子的生活中，父亲所扮演的并不是单一的处罚者角色。恰恰相反，早期孩子们所受的处罚通常源自母亲，尽管父亲偶尔会被请来执行某些严厉的处罚。大多数时候，母亲还是会瞒着丈夫，掩饰孩子的错误行为，改由自行对其进行处罚。这样的情况常常发生在成长初期，孩子还未开始承担男性责任之前，或是还未跟随父亲下地劳作之前。此外，同一个围院中的男性或女性成员如果看到孩子犯错，也可对其进行处罚。父母不但不会对此有所埋怨，有时还会重复实施体罚。因此，无论是从正面还是反面来看，父亲都不是唯一的权威象征。家族的头领，或是从夫家归来关照家族祭祀典礼的严厉的女性长者都可能比父亲更具权威性②。

正像我们所设想的那样，在这里世俗观念与社会结构有序地融合在一起。整个世界由分处不同地位的神来管理，而这些神又归属于同一谱系，他们都是雌雄同体神马乌·利萨的后代。一般来讲，马乌代表女性，利萨代表男性。马乌既是创世之神，又是天上众神之首。这个神话故事至今还流存于达荷美人的记忆中。马乌的许多孩子都做了万神殿上的主神，其中有大地之神萨格巴塔，雷神萨格博或海维奥索，海神阿格比（Agbe），力量之神艾伦（Iron），动物、植物与森林之神艾芝（Agè）。然而，她的小儿子拉戈巴却未在万神殿上为自己争得一席之地。于是马乌对他说："你是我最小的孩子，你已经被惯坏了，从来

---

① 预言的裁决可能优先于择长而立原则。
② 上了年纪的妇女，作为家里年长的主事人，常常会给家里的老老少少讲述神话或是祖先的奋斗史，她们也有可能会和家里的孩子们开些两性之间的玩笑。

都不知何谓惩罚。我不放心把你交给你的兄长，还是留在我身边吧！你的任务就是去考察他们治理的国家，并把自己的所见所闻带回来讲给我听。"因此，拉戈巴能听懂所有兄长说的话，同时又能听懂马乌的话。他成了马乌身边精通多国语言的大能人。马乌将宇宙的统治权分划给了自己的孩子，却让他们语言各不相同。这里创世神马乌所表现出来的精明充分体现了达荷美人的思想观念，也清晰地反映出一种害怕子女手足相残的畏惧心理。在这里，只有她的小儿子拉戈巴——她的信使——是除她之外唯一一个能与众神沟通的人。同样，马乌也不允许任何一个孩子把握主宰天地的根本大权，他们可以破坏，但他们永远无法创造。

那个时候，神还没有完全和人分开，天地之间也还没有绝对的分界线，它们都是一个相互重叠的复合体中的组成部分。人们正是通过对祖先的祭祀仪式将自己与超自然能力紧紧联系在一起，而蕴藏在人自身之中的力量，如命运——法或是权力与财富——达（Dā）的力量又促进了人与上神的不断对话与交流。人呼唤法力来对抗邪恶的力量，从而达到保护自己的目的。神亦如此，他们的神殿与人类的处所一样充满神圣的法力。人有三魂，其中一魂承继祖先，一魂合于马乌，带着一点上神的神性。如此一来，每一个人身上都烙有创世神的印记。因此，在达荷美人的观念中，命运并不像古典神话中的神谕那样是人类无法撼动与改变的，人之初已定天命，但天命所及之内还有无限的空间留给人类自身去实践创造。在达荷美人的世界观中，人从来都不是一个被动的存在，从这一点就可看出，在着手做任何重大事情之前，达荷美人不仅会向祖先和神灵献上祭品，还会向自己的头脑献祭。

有了这样的了解之后，让我们再次回到所讨论的问题上来，我们发现，达荷美人的价值观中一直存有着一种特别的习俗，那就是达荷美人对特殊群体儿童，尤其是出生就带有异常体征的儿童存在明显的憎恶情绪。阴阳人和畸形儿常常被遗弃，因为达荷美人坚信他们不仅会威胁到双亲——通常是父亲——的生命，还会给整个家族带来不好的兆头，甚至会将坏运气传播给其他族系。[①] 四指新生儿，一向被认作是法力强大的河妖，按照占卜结果的指示很可能被送归河中，这样的孩子即使免遭如此厄运，由其亲生父母抚养，他们的父母也很难

[①] M. J. 赫斯科维茨，《达荷美：古老的西非王国》（*Dahomey, an Ancient West African Kingdom*）Ⅰ，纽约1948，第262页。

对其付出应有的关心。父母对孩子的畏惧情绪还表现在对刚出生就长有牙齿或是上牙先于下牙长出的孩子们的态度上，如果是男婴，父亲就会死掉，按达荷美人的惯用语来讲，就是"被取代"；反之，若是女婴，则母亲罹受此运（赫斯科维茨，第274页）。

在畏惧双胞胎拥有的超自然能力的同时，人们普遍认为他们会带来好运，是个好兆头——尽管在西非的某些地方，双胞胎还是会被弄死处理掉。然而，在双生子之后出生的那个孩子——多素（dosu）——却为"大家所厌恶"。人们认为这样的孩子往往贪得无厌，他们永远不会与他人分享自己的财富，在困难的时候，朋友亲戚也不要指望他们会帮自己一把。（赫斯科维茨，第272页）达荷美人对另一种儿童期出现的现象所表现出来的态度也同样向我们揭示了这类模式化的亲子敌对情绪。"孩子在还没有学会坐起来之前就长出牙齿是件令人讨厌的事，因为这样的孩子常常体弱多病，但是根据达荷美人的观念习俗，这种孩子一旦存活下来，将来会变得十分富有，因为他们是财富的赐予者——蛇妖的化身。尽管他们异常聪明、能干，但人们就是不喜欢他们。人们认为，他们是彻头彻尾的'坏蛋'，在其成长过程中，父母也不会对其关爱呵护。当他们长大成人，有了财富与地位的时候，这种憎恶的情感一点也不会改变，甚至愈演愈烈，因为在达荷美人的观念中，这样的孩子越强大越富有，他们的父母就会越贫穷越遭罪。"（赫斯科维茨，第275页）

那么，孩子对父母的敌对情绪在达荷美人的神话中又是被如何表达呢？下面就以一个讲述马乌和她小儿子的关系的神话为例。

拉戈巴总是跟在马乌身后，施人予善。但他做的每一件好事，人们都归功于马乌。于是拉戈巴对马乌抱怨道："你让我做的每一件事，我都做了，可是却没有一个人来感谢我。"据说这个时候拉戈巴所做的每一件事都有马乌的指示。但当世上有了邪恶，人们到处呼喊去向马乌求助，马乌却说："这都是拉戈巴干的。"一天晚上拉戈巴去见马乌，质问她为什么无论什么地方出现邪恶，都说是他干的。马乌告诉他，作为一个国家的统治者，她有必要被看作是善的化身，而让她的仆人来背负恶名。听到这番话之后，拉戈巴说："哦，原来是这样。"马乌有个种满了山药的大园子。一天，拉戈巴跑去对马乌说，有贼要去偷园子里的山药，于是马乌把全国的人都集中起来，向他们宣布第一个踏进园子偷东西的人将会被处死。那天晚上下着雨，拉戈巴悄悄从后面绕过马乌的房子，偷走了她的拖鞋。他踩着马乌的鞋子进了园子，又偷走了所有的山药。第二天一大早，人们就发现山药都不见了。马乌立刻把大家召集在一起，想要找出和园子里脚印对得上号的那个人，所有人都来了，把脚放上去衡量，但却没有找到与园子里的脚印相符的。所有的人通过了，贼却还没有找到。于是拉戈巴就说："有没有可能是马乌自己晚上去了园子却把这件事给忘了？"马乌喊道："什么，我？这就是我为什么不喜欢你的原因，拉戈巴，我现在就亲自去量量那个脚印。"马乌把脚放上去，结果正好。大家都喊道："原来主人自个就是那个贼呀。"马乌觉得十分没有面子，她对大家讲，这是她儿子耍的花招，她在人间待不下去了。她要离开，住到高处去，每天晚上拉戈巴要去她那儿向她汇报。在那之前马乌都住在人间，直到这时才搬去了天上。据说那个时候天很低，离地仅有两米。马乌一瞧见拉戈巴犯错，就会批评他，结果惹恼了拉戈巴。于是他跑去找一老妇人帮忙，他教老妇人把水泼向马乌住的地方——两米之外的天空。这位老妇人洗完了锅碗瓢盆，按照拉戈巴的指示将脏水泼向了马乌的住处。马乌大怒。她说："住这太不令人安生了，还是走得再远点为好。"于是马乌去往更高处，而拉戈巴就留在了人间。

下一个拿来举例的神话还混入了儿子必将超过父亲这一神话母题，它讲述的是父亲想要毁掉儿子，最终却被儿子打败的故事。

利萨有一个女儿叫马后（Maho）。一天利萨告诉女儿，他要给她重新换个名字，叫葛博门得（Gbemende），这名字的意思是她会克服所有的艰难险阻。这件事被伟大的瑟格博（Segbo）听到了，他说："啊，咱们且瞧着吧。"他向利萨求娶他的女儿，利萨同意了，把女儿嫁给瑟格博为妻。一天，瑟格博叫来所有老婆，不算马后，他还有十二个老婆。他对她们说，他将分给每人一些黍粟，交给大家酿酒。他还补充说道，谁要是做不出好酒，谁就得去死。这个时候，米酒的做法是这样的：把米放在水中浸泡一整夜，让其发酵，当夜晚降临风吹起时，吹来的风会将浸泡米的水变成香甜的米酒。瑟格博分给十二位妻子黍粟，给马后的却是秋葵荚。拿到秋葵荚的马后开始大哭，她直哭到连利萨都被惊动了，问她是怎么回事。马后对他讲瑟格博让所有的妻子为他酿酒，谁要是酿不出好酒就得去死。但是他给她的不是黍粟，而是秋葵荚，可叫她怎么办呢？"一点小事而已。"利萨说道。当天晚上吹起了大风，大风吹了又吹。第二天一早，瑟格博又把所有老婆叫到一起，让他们交出自己酿的酒。他先走向马后，马后交给他一些酿得很好的酒，而当其他老婆取出她们的成果时，看到的却是秋葵荚。瑟格博说："算了，这一定是她爸爸利萨干的，好吧，我们走着瞧吧。"那时，其他的十二位妻子都已为瑟格博生过孩子，这回她们又怀孕了。神奇的是似乎无论何时怀上，她们都会在同一天分娩生子。一天，瑟格博叫来所有老婆，宣称两天之内她们的孩子将会诞生。而马后这个时候甚至还没有怀孕。于是，马后又开始大哭，直哭到惊动了她的父亲，马后对父亲讲瑟格博说两天之内每个老婆都会生子，而她都还没有怀孕呢，两天后她必死无疑。利萨说："别哭了，没什么大不了的。"他交代女儿回家睡觉，当听到其他人要生的时候，只需用脚踩三次大地，就会有个男孩，或是用头碰三次大地，就会有个女孩。于是，当马后听到其他老婆即将分娩的时候，她用脚踩了三次大地，立刻就出现了一个男孩。他长得不仅漂亮，个头还比其他孩子大。这次瑟格博先去了其他妻子的住处，最后来到了马后这里。"你的孩子在哪？"他问道。马后举起平放着的布包裹，于是瑟格博看到了一个比其他孩子都要漂亮强壮的男孩。瑟格博说："算了，这次又是利萨赢了，但还是等着瞧吧。"瑟格博拥有一种药，能让一个出生十天的孩子迅速会说会走。他把这种药给了其他十二个老婆，却没给马后。瑟格博对妻子们说："十二天内，我要看到我的孩子们会说会走，哪个孩子做不到，他和他的母亲都将会死掉。"马后回到自己的房子，又开始大哭起来，利萨听到了，问："你这回又是为什么哭？"马后把事情原原本本讲了一遍。"啊，这好办，"他说，"当其他孩子开始走路说话时，你只需要轻拍你儿子的脑袋七下，他也就会走路说话了。"第十一天，所有的孩子都学会了走路说话，马后拍了她儿子的脑袋七下，立刻，他就在她面前站了起来，比别的孩子都高，都要强壮和活泼。瑟格博召见了所有的孩子，他瞧见马后的孩子站在他们中间，比其他孩子都要高，都要漂亮。"这次，利萨赢了我最好的东西，但我还有其他的招。"有一天，瑟格博把他所有儿子召集在一起，这时候，这些孩子们都还没有名字，于是瑟格博让他们自己取名。每个人都给自己取了一个名字并讲给瑟格博听，他对每一个孩子都说好，轮到马后的孩子时，瑟格博问他取了什么名字，男孩一字一顿地回答道："我的名字叫阿格巴古古（Agbagugu）——力量的化身，山药要结新山药了，它的主人却一无所知，如果孩子活下来，他定会超过爸爸。"瑟格博听了大怒，他吼道："你永远甭想有那一天！"他找来了十二匹马和一只羊，他把马给了其他妻子所出的孩子，把羊留给了阿格巴古古。"带上大袋的玉米去田里吧，"他对每个孩子说，"谁最后一个回来就得去死。"马后开始大哭，她的儿子骑的是羊，怎么拼得过其他骑马的兄弟们呢！利萨听到了马后的哭声，问她又出了什么事。马后复述了瑟格博讲的话。听完后，利萨交给马后一种白色的粉末，叮嘱她记得让那只羊吸入一些这样的粉末，就会有奇迹发生。马后母子按照利萨的嘱咐给羊吸入了一些粉末，那只羊立刻就变成了一匹骏马，跑起来比其他的马都要快。结果阿格巴古古成了第一个回到父亲住处的人。伟大的瑟格博不服气地说："好吧，总有一天会见个分晓。"瑟格博又命令阿格巴古古去夺取死神手上拿的镰刀，一直以来，没有一个人去见了死神还能有命回来。马后又去向利萨哭诉，利萨给了她七只辣椒。他叮嘱说要阿格巴古古把这些辣椒一个一个掰开看才行。离开父亲住处的那一刻，阿格巴古古掰开第一只辣椒，一瞬间他就置身于一群他从来没见过的人中间。掰开第二只辣椒，发现自己站在一扇紧闭的大门前，大门两边各站着一只守卫的狗。掰开第三只辣椒，让这两只狗沉沉睡去，门开了。掰开第四只辣椒，他已经来到了死神殿前，但层层包围他的蜜蜂阻止了他前进的步伐，透过蜂群形成的层层障碍，阿格巴古古看见了正襟危坐的死神。真是个可怕的家伙，有四只眼睛，手上还握着一把镰刀。阿格巴古古掰开了第五只辣椒，死神也沉沉睡去，蜜蜂们静静地离开，歇在了附近的一棵树上。第六只辣椒掰开了，阿格巴古古站在了死神面前，他取下死神手中的镰刀，立即掰开第七只辣椒，做完这些，发现自己已经带着镰刀回到了母亲的住处。死神醒了之后，他发现镰刀丢了，便发出警报，命令他的携吊床者带他到人间去寻找镰刀。瑟格博看到阿格巴古古毫发无伤地取回死神的镰刀，就说："这回他祖父又骗过了我，但谁输谁赢还不知道呢！"他又对阿格巴古古说："死神很生气，你必须再去趟死神殿，把镰刀还给他。"马后听说了，又开始哭，哭得惊动了利萨。他再次给了外孙七个辣椒，当阿格巴古古依次打开七个辣椒时，同样的事情再次发生，只是这次不再是取走死神的镰刀，而是将其归回原位。瑟格博看到儿子活着回来，他喊来马后，对她和她的孩子说，现在他承认利萨给这个孩子取的名字是对的，因为他确实不可战胜。他说自己将把其他十二个老婆和她们的孩子作为奴隶送给她，并将整个世界交给她和她的儿子来统治，他自己将会化为沙粒，永远地归于尘土。当母亲想要造出男人和女人的时候，可以用他的身体化成的沙粒做材料塑造男人和女人的身体。马后和阿格巴古古相信了他的话，但是当天晚上，瑟格博却试图杀死他们，不巧利萨一直守护在那里。当瑟格博来杀马后和她的孩子的时候，利萨竖起小拇指，推了他一把，瑟格博立刻变成了地面上的一座山。于是阿格巴古古就继承了瑟格博的所有财产。阿格巴古古找来一些白线和黑线，编成一架云梯供自己和母亲使用。他们越爬越高，直到天上。当然，他也没忘带上父亲的十二个老婆和她们的孩子。阿格巴古古，又被叫作萨格博或海维奥索，在天上大喊大叫，总是想着杀戮。人们常说响雷过后常常还会听到低沉的隆隆声，那第一声是萨格博的怒吼，第二声就是他妈妈的声音，她总是在说："小声点，小声点，你爸爸在呢。"后来，利萨也把自己的财产留给了阿格巴古古，而他将所有继承来的财产都拿来与十二位兄弟平分了。据说每当夜幕降临，海维奥索就会带着露珠和薄雾来到人间。这是因为他深爱着他的哥哥人之王的妻子，每当夜晚来临，他都会偷偷溜下来与她幽会。

由于篇幅有限，我们在这里无法一一引述所有相关神话用以证明在达荷美所发现的神话记录，年轻人将自己对父辈的憎恨最终转化为杀死父亲这一疯狂极致的行为的例子其实并不多见。在达荷美的各类神话中，无论故事的主人公是动物、皇室成员还是神，其结论均是如此。那么，我们就以下面这个故事为例：兔子和猎人宣誓结为朋友，兔子的小儿子提醒爸爸要当心猎人口是心非，后来尽管猎人违背誓言，杀了兔子一家，但却放了兔爸爸一条活路。这与上面的故事不谋而合。我们发现两者在对父辈不公正行为进行纠正处理时均采用了荒诞手法，且都运用了狡猾的手段使父亲免于承受更加严酷的处罚。尽管在上述所引神话的结尾，父亲被惩罚固化成为一座大山，但请注意，在这个神话里，一直遭受不公正待遇的儿子并没有参与对父亲的惩罚。

当我们运用俄狄浦斯主题的相关知识来解析神话时，其中对潜意识希望杀死父亲或父亲的替代者的过分强调让我们不得不为之瞠目结舌。可是当我们重读这些神话，去探究其他潜在成因时，我们越来越明晰地感受到其实父亲才总是挑起战争的那一方。他畏惧最终会被自己的孩子取代——在神话中，通常会有一些超自然的力量给父亲以预警——这种情绪会诱使父亲将自己的儿子置于危险之中，甚至干脆杀死他们。这事若是发生在一个国家的统治者身上，他很可能会将符合神谕特征的那些母亲所生的孩子统统杀掉。

如果我们对奥托·兰克《英雄诞生的神话》[①] 一书中关于俄狄浦斯情结与神话及其形成之关系这一部分加以研读，就不难发现上述讨论之特点比比皆是。《英雄诞生的神话》这本书一直以来都被看作研究俄狄浦斯情结的教科书式的经典著作。它还有一个副标题"从心理学角度解读神话"。整本书确实引用了大量的文献资料，叙述逻辑严密，对主题阐释清晰，有理有据。为了拼接出核心观点，与弗洛伊德保持一致，兰克更是将这种文风运用得淋漓尽致，巧妙化解了诸多矛盾冲突。然而，将假想凌驾于史料之上最终只会导致在处理主题过程中忽视了某些可能得出的结论。这点很明显，而且我们很快就能看到，兰克他自己在画地为牢。

兰克清楚明白地阐明自己的立场："最终的问题不是这些材料传到了什么地方或是如何传播到特定群体，而是它从哪里来，源头在哪里？"兰克认可冯特（Wundt）的假设，即"对神话内容的挪用通常同时象征着一种独立的神话建构，因为只有与挪用者神话观念相一致的那些内容才能被永久性地保留下来"（第3页）。尽管现代人类学对最后这句话的遣词可能持有异议，但它绝不会不认同这里的基本观念。自这些文句形诸文字之后，人们曾经收集了大量的文献资料用以证明，无论研究哪个部分融入一种文化，它自己都要经历一个感知、认知和指示评价及整合的过程，才能将外来元素和谐地融入已有文化模式的矩阵，使其在这一文化中找到生存的位置。

还是一起去看看兰克那些丰富的史料引证吧！但请您在看的时候不要忘记那些指导他进行分析的基本原则："我们坚信神话，至少是原始神话，是人类想象力的建构，在某个时候，或是由于某种原因，这样的想象力就被投射在天上，或是转而投射到各个天体上，又或是与它们相关的各种各样神秘现象上。"（第8页）在兰克的书中，他简要引述了大量的英雄神话，如巴比伦的萨尔贡王，摩

---

① 纽约，1952。

西和亚伯拉罕，印度的迦尔纳（Karna），希腊的俄狄浦斯、帕里斯（Paris）、忒勒福斯（Telephos）、珀尔修斯，巴比伦的吉尔伽美什（Babylonian Gilgamos）；进一步展开讨论的还有统治亚洲的波斯王居鲁士（Kyros）；系列故事包括伊朗神话费瑞丹（Feridan）、特里斯坦（Tristan）英雄传奇、罗穆路斯和赫拉克勒斯的探险故事。进行深入讨论的还有耶稣故事的形成时间，最后以挪威的齐格弗里德（Siegfried）和罗恩格林（Lohengrin）的英雄传奇结尾。

兰克将一些基本的主题元素总结如下："英雄是地位最为显赫的名门之后，通常他是个王子。他的出生历经了许多磨难，可能是父母情感性欲的压制，或长期不育，又或是由于外界的阻碍而导致的父母偷情。在怀孕期间，或在此之前，常常会出现一个预言，以梦或者神谕的形式，警示他的出生将带来大难，*通常是会给父亲或父亲的代表带来危险*。他后来为动物或是出身贫贱者（牧羊人）所救，由雌性动物或穷人家的妇女哺育长大。长大后，因缘际会找到了高贵的亲生父母……一方面向父亲讨回了公道，另一方面取得了父亲的承认，最终获得了地位和荣耀。"（第 61 页，斜体为引者所加）通过运用梦的解析技术，运用认同与投射机制，兰克构建了神话最终起源于幻想的精神分析档案，我们无须详述其论证过程。而值得我们一再探讨的是兰克一直以来都把关注点放在英雄本人的经历上，而只字不提父亲惧怕被他的孩子取代的心理。这点本应成为他总结英雄故事基本元素当中一个不可或缺的部分，而英雄故事基本元素是其整个论证的基础。

只要我们把关注的焦点放在父亲畏惧儿子这一主题，就会惊讶地发现这一主题早已存在于兰克自己的引述当中。萨尔贡的故事，从现存的残本来看，似乎并未表明为什么要由他的母亲——一位处女将之抛弃，然而兰克却认为，摩西的故事与"萨尔贡传奇有着极大的相似度"，都明白地道出了对统治者存在威胁这一主题。典型如俄狄浦斯传说也是从一偶然事件开始——德尔斐神谕告知拉伊俄斯："他会有一个儿子，但命中注定他会被自己的儿子杀死。"也就是被他后来扔进基塞隆河的那个儿子。再来看看帕里斯，他被交给一个奴隶拿去扔掉，仅仅是因为一个给他母亲解梦的人说"这个孩子会给整个城邦带来灾难"。忒勒福斯被扔进大海，是因为有神谕告知他的国王祖父[①]，说他女儿的儿子会毁了他。在吉尔伽美什、居鲁士这些常常被研究者关注的故事中，我们也能够找

[①] 原文此处为父亲，有误，应为祖父。——译注

到相似的神话结构。此外，在罗穆路斯、赫拉克勒斯和耶稣的故事中，也能看到同样的结构。

令我们感到费解的是，这一主题在兰克所引的材料中反复出现，在他的讨论中也有所提及，而兰克却没有进一步深入下去进行研究。因此他曾如是说："父亲的敌意，以及由此而造成的弃子行为，更加促进了自我沉溺于幻想。"（第68页）或者说，"在现实生活中孩子只能通过精神幻想去摆脱父亲的控制，而在神话中，是父亲迈出了第一步，自愿失去自己的孩子"（第69页）。

我们将从以下三点来解释兰克为何犹豫着接受资料中的推论。第一，一贯以来的文学传统使得整个故事的叙述均围绕中心人物展开，那么自然而然，人们也会从主人公的角度去理解故事的情节——这里，当然是指神话中的英雄——而有些事件，由于主人公参与不多，在叙述中就被放在了次要位置。正是由于这种文学传统，使得对俄狄浦斯故事的所有解读都局限在俄狄浦斯这一个人物身上，自然就忽略了父亲在这个故事里扮演的重要角色，又或是只从俄狄浦斯的角度对父亲的行为进行解读。

第二，正如其他早期的精神分析学家一样，兰克也理所当然地认为，在本质上，欧洲的家族排列（family constellation，又译"家庭系统排列"）模式是放之四海而皆准的人类经验法则。事实上，从跨文化的角度来考察，这是精神分析理论最有争议的地方之一。然而，当人们已经普遍认识到精神分析法中对家庭认知的狭隘观念时，兰克却坚持将其大量使用在自己的论述中。他在展开论述主题时使用了一个自创术语——家族韵事（the family romance），不加区别地大谈家族韵事和英雄神话的共同特征。（第68页）在一段斜体字（原著中的斜体字——译注）的文章中，他这样讲道："孩子期许亲生父亲被一个地位更高贵的人取代而做出的一切努力只不过表达了对消逝的好时光的渴盼，那个时候，父亲在他的心目中是最高大的男性形象，而母亲则是最亲切、最美丽的女性形象。"（第67页）上述描述中流露出来的某种文化特质，显然经不起在人类学的大舞台上曝光。

最后也是最为重要的一点——我认为——正是长久以来欧美思维体系当中的二分法定式思维影响了兰克，使其只将注意力放在英雄本人身上，而忽视了父母的影响因素。在学术层面上，这种思维定式极易造成非黑即白的谬误，结果导致研究者本人在分析过程中依据自己的假设对数据进行处理加工，其实那时俄狄浦斯情结在精神分析法中是否真有那么重要，只需摘录一句琼斯从《弗洛伊德文集》中引来的一句话就明明白白了："承认俄狄浦斯情结与否，已成为区分精神分析的追随者和反对者的准则。"①

在这样的学术背景之下，如果兰克没有发现并挖掘出神话当中与俄狄浦斯主题相一致的方面，我们一定会觉得难以置信，然而，若说他在研究过程中始终没有看到俄狄浦斯情结之外的那些影响因素——这些因素尽管不会与他的假设相悖，但却会打破已设定好的思维框架，添入一些新的元素——这点也同样令人难以置信。

回到兰克对经典英雄神话的分析上来，我们发现，正如他意识到了父亲是父子敌对关系的挑起者一样，他也同样意识到了手足之间也存在竞争。事实上，在阅读兰克的分析时，我们不免会产生这样一种印象，那就是兰克他自己也在烦恼着他的理论框架无法涵盖这一问题。因此，他这样讲道："父亲，或祖父被自己的兄弟取代可能会延续到下一代，关系到英雄本人，因此就产生了与当前主题有着千丝万缕联系的兄弟神话。"（第87页）早先，他也有提过："用开放公正的心态看待亲子关系或兄弟情谊，例如在现实生活中存在的这类关系——父子之间如非定期，也时常会有些小矛盾，这在兄弟之间，就会主要表现为相互竞争，尽管这种情绪并不明显，也不是一直存在，它确实潜藏在我们的潜意识之中，会定期爆发。这其中常常包含了爱欲因素，在最深层次上，通常是潜意识层面上的父亲对儿子的敌意或是兄弟之间的相互竞争，一直都被认为是为了得到母亲的关怀与爱而进行的一种竞争。"（第74页）

二分法，一直以来是欧美文化当中最难被打破的一个思维定式，源远流长。文字初创之时，在历史之初正在发挥作用的宗教中首露端倪，后来它又在古希腊哲学中得到了陈述。

在这种思维模式下就产生了上面提及的非黑即白谬误。其实并不需要太多复杂的心理学说明，我们都能够理解这种思维观念必将进入潜意识层面，特别是在已经给出假设，要进行科学分析的时候，它常常会跑出来作祟。这就是为什么19世纪，可变性的概念一经提出，带来了一场科学思维的巨大革命。同样，它也是为什么这个概念至今如此难以把握。由于长期受到主流文化的影响，很多人已经不适应定量分析。

直到人类学家给出了对比研究，人们才真正认识到二分法是一种文化定式。

---

① 厄内斯特·琼斯：《西格蒙德·弗洛伊德：生平与工作》（*Sigmund Freud, Life and Work*，又译《弗洛伊德传》）Ⅱ，伦敦1955，第326页。

对于习惯二分法思维模式的人来说，要接受在一个标准的两极之间还存在一个指向未知终点的连续变化统一体，这意味着巨大的常常伴有痛苦的改变与重新适应。无论是在自然科学、实用科学还是人类学的研究中都已得到证实——二分法思维模式只是通向概念重构之思维过程中无数可能性当中的一种，这就为我们重新审视那些曾经引以为是的原则提供了可能。

  本文开篇提出的假设正是基于这样一种重新审视的思想，在对俄狄浦斯王的传统注解之外，补充一些新的看法。基于人际关系中的互惠反应原则，我们提出在神话研究中不仅应当关注儿子对父亲的嫉妒或敌意，还有必要考虑跨文化因素与家庭成员之间的对立竞争。我们认为，在很多神话范本中出现的父亲是冲突的挑起者，且在一个家庭中常常伴有兄弟之间的竞争这一事实还未引起研究者足够的重视，应该对此进行进一步挖掘与研究。我们还认为，与手足竞争情结通过投射，重新激活了婴幼儿时期兄弟之间对母亲的争夺一样，父亲对儿子的嫉妒也可被认作是为了争夺他的妻子——孩子母亲的爱而产生的。

  父亲是恶意行为的挑起者这个事实是一个关键点。它不属于任何一个我们熟知的类型，按理说是很可能会随着时间的推移而消逝的一个现象，然而恰恰相反，我们看到，达荷美文化提供了各种仪式或非仪式化的制裁，用以缓解父母在面对子女的某种挑战时所产生的焦虑情绪。不仅仅是畸形儿，还包括一出生就长有牙齿或是上牙先于下牙长出的孩子，又或是在双胞胎之后出生的那个孩子均被认为，对父母甚至推而广之对整个族群都是一个威胁。与此同时，在达荷美的神话记载中也不乏儿子憎恨父亲的例子，但我们却没有找到一个由于儿子对父亲心存敌意而最终导致弑父悲剧发生的记载。另一方面，在这里，兄弟之争是所有叙事形式的主题，而我们在上文也已经看到，达荷美的社会结构是这一现象产生的根源。

  基于分析，我们可以清楚地看到，以神话为例，俄狄浦斯情结只不过是神话中亲子对立这一主题的一种解释，因此，我们应该在此基础上提出一个更为周全的假设，展开进一步的调查与研究。新的假设并没有推翻原有的俄狄浦斯命题，而是对其进行合理的补充，其间加入了一些与神话和民族志事实相关的跨文化的研究数据。

  在俄狄浦斯王的故事中以及在这篇论文中所涉及的神话里均未提及独生子问题，因此在这里我们就不再一一讨论这一现象对人际关系的影响。此外，最小的孩子面临的兄弟竞争压力均来自比他年长的哥哥，至少在达荷美的神话叙事中，他们常常被塑造成精明狡猾的形象，虽然有时他也有些无赖，但常常注定成为手足之争的调停人和家庭和睦的维护者。①

---

① 作者在此要感谢唐纳德·坎贝尔（Donald Campbell）、桃乐茜·埃根（Dorothy Eggan）、佛瑞德·埃根（Fred Eggan）和威廉·亨特（William Hunt），感谢他们拨冗阅读本文并提出宝贵意见。

荣格论神话

威尔逊·M.哈德森

荣格的神话研究是其心理学中不可缺少的一部分。神话是集体无意识对原型意象象征表达的产物，所以它是一种普遍的自然现象。神话的表达及创造的念头不仅存在于古代人的心中，同样，现代人也有这种欲望，虽然他们尽可能去忽略或者抑制这种念想。人们如果有意识地拒绝集体无意识中的信息，可能会造成心灵上的分裂和失常。现代人需要神话以此获得心灵上的完整，并在无意识和显意识间保持平衡。

1909 年，荣格做了一个梦，由此萌发了集体无意识的概念。梦中荣格从顶层开始巡视自己的房子。那层楼被装饰成了洛可可的风格，有些过时而陈旧。地面是中世纪风格，地窖装点成罗马式风格，而在地窖之下的洞穴则有着远古的遗风。荣格在出游美国时把这个梦讲给了弗洛伊德，后者试图通过梦境里洞穴中的两个头骨，解释隐藏在荣格心里的死亡意识。荣格自己的解释是，此梦是提供他心理的一个意象。顶层代表了他的显意识，地面、地窖和洞穴则逐渐代表他的无意识。最深的那个心理层次，对于荣格来说，代表了远古人类的世界，我们无法用意识去探知。因此这个梦成了他的指导意象，是他的"个人心理之下存在先天的集体心理的最初吉光片羽"[①]。

由于这个梦，荣格广泛地阅读了考古学和神话学方面的作品。他从中发现了许多远古神话与原始人心理有诸多的联系。后来他又广泛学习了这些方面的材料。有一次恰巧读到了一位米勒（Miller）小姐的病例时，荣格被她梦境中的神话特点吸引。这件事情成了一种催化剂，促使荣格运用神话方面的知识完成了第一本书——《力比多的变化与象征》（*Wandlungen und Symbole der Libido*，1912），这本书的标题起初被译成了《无意识心理学》（1916），现在叫作《转

[①]C.G.荣格：《回忆·梦·思考》（*Memories, Dreams, Reflections*），理查德·温斯顿（Richard Winston）、克拉拉·温斯顿（Clara Winston）译，纽约 1963，第 161 页。

化的象征》(*Symbols of Transformation*)。

在这本书中,荣格并没有用集体无意识这个术语,但他始终认为"无意识"作为一类特指事物具有重要意义。他认为"大多数人在个人显意识层面上差别较大,但在无意识心理层面上较接近"①。荣格对米勒梦中的英雄齐万特贝尔(Chiwantopel)之死做评述时谈道:"由于采用了象征,在梦中杀死马的那条大蛇和自愿牺牲的英雄是远古形象的代表,是由无意识中迸发的宗教神话。"② 荣格在这本书第二版的序言中大量引用了神话素材,他说这样做的目的不是提供一种普适的神话理论,而只是为了解释米勒的梦境。他列举相应的神话素材,是因为"创造性幻想吸取了人们脑中长久以来遗忘、尘封的原始心理及其意象,而这些意象恰巧存在于所有年代和所有人的神话中"③。他接着说,所有这些意象组成了集体无意识,并潜藏在各个地方的所有人中。"这就能解释为什么神话意象能自发地再三流露。这种情况适合于每个人,不仅存在于地球的每一个角落,也存在于每一个时代。"④ 这种观点就宣称,神话源于每个人的心理或者大脑,当它产生时只会有小部分的变化。所以这个观点也暗示我们,对神话的历史或者地理传播的探知,或多或少失之肤浅。

《力比多的变化与象征》这本书的出版标志着荣格与弗洛伊德的分道扬镳,特别在关于乱伦和力比多的变化等问题的心理解释上,他与弗洛伊德有很大的不同。荣格知道许多天体演化说和神话中近亲联姻的故事具有宗教和象征的重要意义,弗洛伊德拒绝接受这一点,而归之于乱伦。荣格否认乱伦是人性的自然欲望,在他看来,法老以及其他古代的统治者娶其姐妹、女儿或者自己的母亲是在模仿神。因此,他们的行为是由宗教而非人性的自然冲动激发。那么与弗洛伊德学说的分道扬镳就不可避免了。弗洛伊德从来不用荣格所谓的"集体无意识"的理论。在解释现代人心灵中的原始遗存时,他用了一种很难区别开的概念,叫作"大众心理"(Massen-psyche),并在《图腾与禁忌》一书中出

---

①《无意识心理学》,贝亚特丽丝·M. 辛科(Beatrice M. Hinkle)译,纽约1916,第198页。
②同上,第455—456页。患者的真名不叫米勒。
③1924年的前言重印于《转化的象征》,收录于《荣格文集》,R. F. C. 赫尔译,V,xxix,纽约和伦敦1956。荣格说,"这些意象构成了集体无意识,这是潜存于每个个体的遗产"。
④同上。

现；在大众或集体心理中，"其心理过程如同在个体心灵中一样"①，若不假定此种心理存在，他说社会心理学就无法解释心理连续性。但对于古代杀父娶母的罪恶感是如何传递到后代，对这样的问题，他却未能给予回答。批评压力迫使弗洛伊德此后再次面对这个问题，但他没有给出批评者满意的答案。

荣格的集体无意识假说的基础，是现代人的幻想和梦境与他们所不知道的古代神话故事之间的大量相似性。个人无意识源于个人的经历，但集体无意识并不只是个人的事情，它是在人类史前时期形成的。荣格将人类的心理和身体发展做了类比，他认为，无论从心理学上还是生物学上来看，海克尔（Haeckel）的物种进化个体重演的原理是正确的。他经常提到集体无意识的内容，虽然他并未暗示任何具体的历史记忆。荣格关于集体无意识最精辟的定义是"这是由遗传的力量形成的某种心理天性"②。无意识先于意识产生，并演化出了意识，它比意识更原始。当现代人的自我意识控制削弱，达到与原始人相似的状态，集体无意识在梦、幻想和幻象中出现并传话。

荣格将集体无意识的内容称作原型。尤其在他的早期作品中，他经常论及原型就好像它们是意象一样。但更确切地说，荣格把原型视为形式的决定因素。③ 原型是早已存在的、继承的形式，并且赋予集体无意识材料特定形态。打个比方，就好像液态矿物质中的某种成分，它一旦变坚固，那么液态矿物质就会变成某种水晶结构的物质。实际的意象或者表象都无法继承，只有形成原型，意象才有可能流传下来。在特定的原型中，存在多种意象。原型源于集体无意识，没有全部表现出来，部分无法理解。不过原型的作用还是可以观察到。

原型成为思想中可意识到的一部分，似乎有其外因和内因。它们是自发的，有时非常冲动。原型具有神圣性，也就是说，是神秘的或者是令人敬畏。它们来自未知的世界。它或许是位白胡子老头，许诺救赎或者是给予毁灭威胁。原型的意义很难解释，而且含混模糊。但是无论原型意味着什么，它们都有强大

---

①《图腾与禁忌》，詹姆斯·斯特雷奇译，伦敦1950，第157页。参见笔者论文《弗洛伊德的原始群落神话》（"Freud's Myth of the Primal Horde"），收于《好故事和好语调》（A Good Tale and a Bonnie Tune），达拉斯1964，第72—100页［《德克萨斯民俗学会出版物》（Publications of the Texas Folklore Society），XXXⅡ］。

②《心理学与文学》（"Psychology and Literature"，1929年初版）收录于《寻找灵魂的现代人》（Modern Man in Search of a Soul），W. S. 戴尔和卡里·F. 贝恩斯译，纽约1950，第190页。这篇文章计划收录于《荣格文集》XV。

③参见《集体无意识的概念》（1936—1937年初版），收录于《荣格文集》IX, i, 1959，第42—43页；《母亲原型的心理学面相》（"Psychological Aspects of the Mother Archetype"，1954年初版），收录于《荣格文集》IX, i, 第78—79页。

能力,让人或喜或忧。既然原型无法完全成为有意识的思想,那么它们就必须以神话意象或象征来表达。

神话就是原型的心理聚合物。为了说明原型这一概念,荣格最初使用"原始意象"这一术语。这一词荣格借用自布克哈特(Burckhardt),并在他界定"原型"的意义后经常使用。与原型近似的术语还有比较神话中的"母题",列维-布留尔的"集体表象",凯仁伊的"神话素"(mythologem)。所有这些与神话,如同部分之于整体的关系。当然荣格用自己的理解阐述了这些概念中最基本的意义。传统的神话在某个时间点定型,随着时间的推移而变迁,但它与现代神话都有相同根源的集体无意识。

首先,荣格坚信神话是一种反映心灵本性的心理现象。作为心理现象,神话就需要心理学解释。原始人创造神话不是为了以寓言的形式解释自然演化。在原始人的无意识中,有种不可避免的力量将外在经验吸收到内在心理,当他把自然推移如春天来临等神话化时,他是通过投射给予无意识以象征性表达。与现代人相比,原始人的意识在范围上较窄,密度也较低。原始人处于前意识状态,他们不会用意识去思考,而是思想自动浮现。"原始心灵并没有创造神话,而是体验着神话,"[①] 荣格说,"神话是前意识心理的根本反映,是无意识心理经验的非自主呈现,是自然进程的寓言。"[②] 无论如何,神话都有重要意义,因为它们是组成原始部落心灵生活的一部分,当这些部落遗失了神话传统,部落就开始解体。

原型分为两大类,一个与情境有关,另一个与形象有关。荣格很少论及原型情境,也许因为这种类型涉及的情境很多,只受限于生活中可能的典型情境数量。所以荣格主要关注原型形象(figure),并举出六个重要的类别:阴影、阿尼玛-阿尼姆斯(anima-animus)、母亲、儿童(包括儿童英雄)、少女、智慧老人。这些拟人化的原型都有正反两方面,所以既能帮助他人也可以造成伤害。这些原型一次次地出现在神话、梦境、幻想和幻象中。他们之间相互渗透,所以无法分割,而且也不能简化成单一的模式。

阴影这一原型大部分来自个人无意识,但也可能取自集体无意识。由于和个人无意识的联系,它的这一形象也是最易接近原型。它代表了受抑制的、原

[①]《儿童原型心理学》(1940年初版),收录于《荣格文集》IX, i, 第154页。
[②]同上。

始的、底层的心理，虽然不全是恶劣的，但也最有可能是负面的。① 越是摆脱掉意识的枷锁，它就越有可能在不设防的情况下爆发。显意识的人格必须与阴影原型结合，否则就会精神失常。为了心理完整性，无意识与显意识的内容应相互整合，了解阴影原型的意义是个体化的第一步。

阴影的概念对荣格解读基督有重要的作用，他将基督说成是"我们文化中活着的神话"②。他不只是我们文化中的英雄，"还承载了神性原人的神话，他是神秘的亚当"③。亚当是按照上帝的形象所造，基督就是人的形象的化身，用荣格的心理语言说这意味着基督是自性原型（the archetype of the self）之典范。荣格认为从心理学上看，基督作为自性象征缺少了完整性，因为他没有含纳黑暗面。这一切是由于将基督和路西法（Lucifer）视作不能调和的两个对立面。这也出现在《新约》中，后来被早期教父加强。"真正的魔鬼"（real devil）的首次出现就是作为基督的对手。④《旧约》中显示路西法起初并未与上帝形象分割，这一点与荣格的心理学观察相吻合。他说："从经验来看，光明与阴影组成矛盾综合体。"⑤ 在教父的阐释之后，人们仍有心理需求，要将基督的光明形象填补完整。这反映在反基督传说的衍生中，他是基督的阴影。反基督是对基督的补充，就如阴影是自我–意识的补充。

荣格说三位一体应该再加上路西法，这样就构成了完整性。要区分自性象征和神的形象是不可能的。由无意识自发流露的自性象征形式为圆或四方。圆因为不可分而完整；四方因为切分圆数目最小。⑥ 从心理学上讲，三位一体是有缺陷的四位一体，是形成四位一体的阻碍。三位一体的概念（圣父、圣子和圣灵）是不完整的，要使之完整需要加上路西法这一面。因此，荣格在《三位一体教义心理学探析》（A Psychological Approach to the Dogma of the Trinity）一文中说，这四个形象应两两组队，相互交叉贯穿，使这种完整性以交叉的十字四面形象出现。

---

①《艾翁》（Aion，1951年初版），收录于《荣格文集》IX, ii, 1959，第8—10页，第266—267页。在结论中，荣格说阴影"不仅仅包含了受道德谴责的倾向，还表现出了许多美善品质，如正常的本能、适当的反应、现实的眼光、创造性冲动等等"。

②同上，第36页。

③同上。

④同上，第41—42页。

⑤同上，第42页。

⑥同上，第224页，注释7。为什么圆"天然地"可分成两部分？只需从中心画一条直线，很明显就可以发现这一点。绕着垂直平分的相交轴线，可得到圆，这可见于古代建城的仪式。

将路西法或撒旦（恶）的形象和三位一体（善）相结合的困难，只能用象征或者神话方法来克服。在《约伯记》中撒旦被描述成上帝的众子之一，并且上帝性格中的矛盾也显而易见。① 当考虑到将相反的两个方面结合起来，上帝就是一个矛盾综合体（conjunctio oppositorum）。路西法被逐出天堂的故事和他引诱伊甸园中的夏娃偷食禁果的神话都具有心理治疗作用。② 诺斯替教观点认为，撒旦是上帝的第一个儿子，基督是二儿子。罗马的克莱门（Clement of Rome）则认为，上帝在治理世界时，让基督做他的右手，让撒旦做他的左手。这些神话和象征对心理治疗有重要价值，因为它们使原本分裂和可能引起精神分裂或失常的相反两面和谐。无法用理性结合的对立面可以用象征结合。③ 上帝和自性的阴影或黑暗面可以从意识层面抑制，但在无意识幻想或严重的精神失常中爆发。荣格说："神话是对无意识过程的表达，这种复述使无意识过程复苏，然后回想起来，因此有必要建立意识和无意识间的联系。"④

阴影这一原型有多种表现形式，它包含在温尼贝戈印第安人神话以及原始捣蛋鬼形象中，也可以在更高层次上辨出它。⑤ 这种形象可以是神、人、动物，是造物主或者是救世主之先驱。在温尼贝戈传说末期，捣蛋鬼的黑暗面似乎消失了，其实它们只是躲进了无意识中，以便意识将它们从梦境和邪恶本性中解放。神话的治疗作用体现在更文明的个体心灵保存了早期的道德和知识。炼金术士的墨丘利黑暗面与路西法相仿，就好像赛特（Set）是奥西里斯的阴影，普罗米修斯对宙斯，梅菲斯特（Mephistopheles）对浮士德（Faust），而希特勒（Hitler）是德国人的阴影一样。希特勒像是所有德国人内心阴暗面的化身，而

---

① 荣格专门写了一本书讨论这个问题，《答约伯》（Answer to Job，1952 年初版），《荣格文集》XI，1958，第 355—470 页。

② 《三位一体教义心理学探析》（1942 年初版），《荣格文集》XI，1958，第 196 页。

③ 《艾翁》，第 180 页。因为矛盾并没有在自身层面上统一，它们必须通过一种象征，"超凡之三"来统一。此象征如此运作："既然该象征来自显意识也来自无意识，它能够整合双方，通过它的形式中和两者的概念对立，并通过它的神圣性中和两者的两极情感对立。"《荣格文集》第 V 卷，第 IX 卷（第 i 编），第 XII 卷收录有许多图像。《人及其象征》（Man and His Symbols）（伦敦和纽约 1964）有大量的象征，涵盖古代和现代，由荣格、玛莉·路易丝·冯·弗兰茨（M. L. von Franz）、约瑟夫·亨德森（Joseph L. Henderson）、J. 雅各比和阿尼拉·杰菲（Aniela Jaffé）撰述。

④ 同上。为了在这篇文章中区分神话和童话，我略去了"和童话"。在童话中很难认出原型形象，因为它们变得很隐蔽，它们的神圣性较低。

⑤ 《论捣蛋鬼形象的心理学》（1954 年初版），收录于《荣格文集》IX，i，第 255—272 页。

所有德国人也被这个无意识原型控制着。① 在心理投射过程中，他们把自己的负面归之于德国内在和外在的敌人。这种心理上的分裂震撼了世界。

阿尼玛和阿尼姆斯在整合"阴影"之后可以见到。阿尼玛代表了男性内在的女性特质，所以常伴有女性意象；阿尼姆斯是女性内在的男性特质，故有男性意象。既然阿尼玛属于无意识范畴，并且男性在显意识状态下才会具有阳刚气质，任何男人只要能有意识地适当认识到自身的阿尼玛投射形式，他就在个体化上迈进了一大步。反之，则意味着缺少完整性。对于女性认知自我的阿尼姆斯，也是一样。阿尼玛和阿尼姆斯对自我-意识的相互弥补显而易见。荣格喜欢把阿尼玛和阿尼姆斯叫作雌雄同体，或者是矛盾综合体，虽然这两种性质特征不可能出现在同一个人身上。② 阿尼玛投射在现实女性身上，通常为母亲或妻子，她与母亲或者少女的原型相融合。荣格将爱神（Eros）与阿尼玛相联系。阿尼玛有时伴随智慧老人，并且两者相互补充。女性的阿尼姆斯投射通常表现为选择父亲或者丈夫。阿尼姆斯联系着逻各斯，因此神秘的母亲原型是补充性原型。

荣格说，阿尼玛和阿尼姆斯自古以来就形成了造就男神和女神的原型基础。但这并不是说神圣存在不可能是其他原型的显现。③ 许多男性都惧怕他们的阿尼玛，所以阿尼玛常以巫婆或者妖妇的形象出现。但是同时她也可以非常纯洁高贵，在中世纪时期，她是天堂皇后、教会之母。基督与教会的结合成为一神圣的雌雄同体。在诺斯替教传统中，特洛伊转世的海伦（Helen）从妓院中被救出后，与术士西蒙（Simon）一起出现，阿尼玛和智慧老人是伙伴。荣格曾梦见一个年轻美丽的盲女和一位白胡子老人，他将其解释为莎乐美（Salome）和以利亚（Elijah）。④ 前者代表爱欲和无意识，后者则是智慧和知识的象征。米勒小姐的英雄齐万特贝尔是种阿尼姆斯幻想，而阿尼玛则显现为阿芙洛狄忒（Aphrodite）、珀尔塞福涅（Persephone）或者赫卡特（Hecate）的形象。阿尼玛和阿尼姆斯有多种形式和强大的能量。

智慧老人则是一种具父辈权威的形象，虽然他本身不是父亲。他可以化身

---

①《与阴影争斗》（"The Fight with the Shadow"，1946年初版），收录于《荣格文集》X，1964，第218—226页。十年前荣格认为奥丁（Wotan）——德国人的原型，一个非常复杂的神——通过希特勒控制了德国人；参见《奥丁》（"Wotan"），收录于《荣格文集》X，第179—193页。
②《艾翁》的一章标题为"雌雄同体：阿尼玛和阿尼姆斯"。
③《艾翁》，第268页。
④《回忆·梦·思考》，第181—182页。

成医生、神父、魔法师、老师和相士。在原始人中，他常常是巫医。他的作用是给予指引或提供咨询，而且他的外貌有时具有迷惑性。他的阴暗面或黑暗面显现可能是个侏儒或者动物，或者他是个施展黑巫术的人，有时会故意将人引入歧途甚或进行威胁。荣格提到这类典型形象为俄耳浦斯、梅林（Merlin）、赫尔墨斯·特利斯墨吉斯忒斯（Hermes Trismegistus）和尼采（Nietzsche）的查拉图斯特拉（Zarathustra）；此外还有人头马喀戎（Chiron），他曾教导过阿斯克勒庇俄斯（Asclepius）、阿喀琉斯（Achilles），还有伊阿宋（Jason）。荣格用很长的篇幅讨论了智慧老人形象，如他在童话中的出现①，他像神话一样吸收了集体无意识，但其神圣感较少。荣格对这种原型特别感兴趣，因为他早期（1914）遭逢无意识时，曾生动描绘了以利亚和另一个名叫腓利蒙（Philemon）的智慧老人②，荣格的腓利蒙体验使他深入认识并形成了自己的原型理论。

　　母亲原型的代表多种多样而且也反映了她的慈爱与令人恐惧的矛盾性。③ 大地作为伟大母亲生养万物，她是从母亲原型中派生出的象征。还有许多母性女神——德墨忒耳（Demeter）、库柏勒（Cybele）和童贞玛利亚（Virgin）。母亲原型可以是任何给予、维持或保护生命的物体，包括动物或者无生命物体，如天堂、海洋、耕地、洞穴、深井或者是母牛。代表了母亲反面形象或如命运女神——茉伊莱（Moira）、格莉伊（Graeae）、诺恩（Norns），或者是深潭、墓地、盘绕吞噬动物的巨型鱼怪，以及大蟒。母亲的双重形象有时体现在一个形象身上；根据中世纪寓言，童贞玛利亚不仅是耶稣的母亲，还是他背负的十字架。在印度，迦梨（Kali）代表了双重形象的母亲。男性视其母亲原型哪一面为主导而受其吸引或厌恶，而女性则会认同或反对母亲双重形象中的其中一面。

　　由于在男性心理发展中以不同形式交织出现，母亲原型与阿尼玛原型不可分割。在男性中，他的阿尼玛和少女原型或科瑞原型（kore）也会交织在一起。荣格认为，少女原型属于阿尼玛原型。女性可以很容易地将母亲和少女原型结合起来，所以对于她来说，这种形象既可以是母亲，又可以是少女。少女与母亲的形象相伴随，在德墨忒耳-珀尔塞福涅的神话中，同时出现。荣格认为，

---

　①《童话中的精灵现象》（"The Phenomenology of the Spirit in Fairytales" 1948年初版），收录于《荣格文集》Ⅸ，i，第181—182页。
　②《回忆·梦·思考》，第183—185页。"有时对我来说，他非常真实，就好像他是一个活人一样。我和他一起逛花园，对我来说他是印度人所说的上师。"
　③荣格主要的探讨可见于《母亲原型的心理学面相》（"Psychological Aspects of the Mother Archetype"），第73—110页。

比起男性，女性对这个神话的影响更深。因为冥王哈迪斯（Hades）仅仅是个引诱者与破坏者，而德墨忒耳崇拜则反映了母系社会的秩序。

伟大的少女神祇是科瑞形象，还有科律班忒斯（corybants）、酒神侍女（maenads）以及仙女（nymph）。女性常常视科瑞为不知名的年轻少女，有时是未婚母亲。从反面看这个形象可以化身为猫、蛇或是熊。无助的少女可能会处于危险中，比如她将会被怪兽吞噬，或成为祭典的牺牲品；可能受迫于血腥或是淫秽的仪式；她也可能坠入另一个未知的世界，就如珀尔塞福涅入地狱一样。

荣格评论凯仁伊原始儿童的文章时，给出了他自己关于儿童原型心理的评析。① 在兰克《英雄诞生的神话》一书基础上，凯仁伊谈到了一系列取自古希腊、罗马、印度、芬兰神话中的儿童原型——库勒沃（Kullervo）、黑天（Narayana）、阿波罗、宙斯和狄俄尼索斯（Dionysus）等等。作为弗洛伊德派信徒，兰克把关于英雄和诸神（包括基督）的神话归纳为恋母情结式家庭剧。当然了，荣格还是以荣格派视角解释了儿童原型。

荣格提醒说，我们无法圆满解释所有原型，他接着说"儿童母题代征了集体心理的前意识的童年期面向"。② 关于儿童神话的重复以及神话事件中的仪式性重演，将人类儿时的意象再次显现在显意识心理之前，因此保存了与无意识心理的联系，同时，也补偿了显意识的片面性及浮华性。当心理的一部分从显意识中分裂，那么，就可能控制其人格。荣格说："如果集体心理的童年状态被完全排除，那无意识内容就压倒显意识目的，抵制、歪曲甚至摧毁其实现。"③ 儿童形象及其神话象征了联结矛盾双方的力量。

接着，荣格进一步阐释了儿童原型作为潜在的显意识努力显现，也就是说，从无意识中脱离。童神可能会变成年轻的英雄，并因此获得重要的象征意义。童神是纯粹超自然的或是神圣的，而英雄是人，但也几乎是超自然的——半神。神拟人化代表了尚未整合的集体无意识，而英雄代表了神性无意识和人性显意识的综合。儿童成为英雄意味着向心理完整性迈进了一步。就这样荣格将儿童神话转化成荣格式个体化过程的寓言。

荣格说，他讨论及区分的六种原型形象并未穷尽其规律。他们是他这一生研究中频频遇见并要不断解答的原型形象。

---

①《儿童原型心理学》，第149—181页。
②同上，第161页。
③同上，第164页。

现代人需要神话来保持心理的完整性与平衡。原始人的问题是如何扩展他们的显意识，而现代人的问题则是如何与集体无意识保持联系。失去了与集体无意识的联系，其惩罚是分裂与神经症，这种现象不仅仅存在于个人当中，还存在于整个人类社会。自我–意识自认为是完全的自性。我们这个时代的心理分裂反映在政治中，只能通过象征或是神话来治愈。神话和象征可以整合理性无法调和的矛盾。无意识的阴影早就开始与上帝的形象分裂，而上帝又无法完全与自性区分开，虽然如此，在基督教神话衰败前，它仍然在千百年间生机勃勃，作用非凡。基督教神话的衰败导致在20世纪时，无意识阴影被夸大，荣格称之为膨胀，被希特勒执政的德国集体投射，引出了邪恶的爆发。荣格说，赤裸裸的邪恶在俄国永久地形成了。他将当下的世界归结为："一半人性在于用三段论法推理，另一半则由于缺乏神话的熏陶而受罪。"① 在缺少适当的神话之时，解构基督教神话，并使其更能被现代人接受，这一想法具有误导性。②

基督教神话发展至今还未能适用于处理我们现下的问题，虽然它可能已经在尝试。焦阿基诺·达·菲奥里（Gioacchino da Fiore）、艾克哈特大师（Meister Eckhart）和雅各布·伯麦（Jacob Boehme）想要把神话引向完整性，但他们或被忽略，或被阻挠。荣格看到了好迹象，在1950年钦定圣母升天的宗座宪令中，圣母的地位提升了，并列于"三位一体"。③ 这也承认了千年来的民间信仰，即上帝之母栖身于天堂，并且是人类的中介者。玛利亚是母亲原型的基督教版，而且当她升入天堂后，并没有将原型中黑暗的一面褪去。她的升天象征天与地的统一，或者象征物质与精神的统一。④ 圣母玛利亚为雄性的三位一体增添了雌性因素，荣格说，这是一个神婚（hierogamy），由于拟人化的神圣女性恰当地代替了基督与羔羊即教会的婚姻，这样的神婚预示了人类的救世主圣婴的诞生。根据荣格的心理分析，这便是一种神话修订。他的解释与教皇钦定的理论是不同的。值得注意的是，玛利亚的加入，使三位一体变成四位一体，这也就是荣格认为的完整性的象征。

虽然荣格不得不用心理学解释替代神学解释，但最终发现了将阴暗面加上

---

①《回忆·梦·思考》，第331页；完整的篇章见第327—339页。
②在《母亲原型的心理学面相》（第105页）中荣格说："如果神学家不是用理性解释'解神话'，而是解释其心理学真相，百年之后那样会更好。"在《答约伯》中，他问道，"没有神话的宗教有何用处？因为宗教如果有什么益处的话，它首先意味着把我们与永恒神话联结"。
③荣格对"钦定圣母升天"最详尽的探析见《答约伯》，第461—469页。
④《母亲原型的心理学面相》，第107—110页。

三位一体的一丝曙光，因此形成四面的对立统一（complexio oppoistorum），即需要象征表达的绝对大全。神话必须将其神圣与邪恶的二元论抛开，慎重看待一神论。荣格说，当这些矛盾被象征性地统一后，造物主的矛盾情绪就不再制造麻烦了。"相反地，上帝道成肉身的神话——基督教的要义——可以理解为人类对自身矛盾的创造性应对，而自我矛盾的整合可以理解为人格的圆满。"① 这并不是上帝和人被综合，而是上帝形象中的对立面的综合。荣格总结道："这就是神圣教诲的意义，光芒会从黑暗中透出，造物主将意识到他所造之物，并且人类也会意识到自身。"② 这是典型的荣格世界观，如他所述，它是一个解释性神话，在他心中萦绕了许多年。

荣格修订过的基督教神话或是他自己创造的个人神话都没有得到广泛信仰或具有广泛影响。现代人尚未找到弥合巨大心理分裂的神话。这种分裂是人们过于发达的显意识和易于忽略的受压抑的无意识之间的分裂。在如同世界末日的今天，由于原子核裂变，世界末日不只是可能而是很可能出现，完整性的象征以空中不明飞行物（UFO）的形式从集体无意识中自然显现。③ 不明飞行物总是圆的或者球形的，具有曼陀罗形式，是一种完整性的普遍象征，其形式也如此。世界各地关于不明飞行物的报道证明了大众心理现状：人类心生恐惧，渴望被拯救。殊不知不明飞行物是人们缺少心理完整性的无意识补偿。正如其他的原型表现一样，不明飞行物模糊难以捉摸——"它们"来地球是拯救人类，还是伤害人类？有时"它们"似乎被外太空的侵略者操控；有时它们登陆地球，具有高度智慧的小人出现，并说他们察觉到人类的困境而来给予帮助。荣格说，不明飞行物是广泛而深刻的心理困境的象征，但他并不预期不明飞行物体会带来具有治疗性价值的神话。

神话是荣格心理学中不可缺少的部分。他没有将心理学原理公式化并且认为这样可适用于神话分析。神话几乎是从一开始就出现在他的分析中。不仅他的理论与神话相关才值得讨论，而且神话非常接近荣格心理学的核心。神话深深地包含在他的心理健康观以及个体化概念中，这些都与大多数人及个体有关，因此可被用于总结国民性与历史时段。荣格把人类历史看作个体化的奋斗过程。

---

① 《回忆·梦·思考》，第338页。
② 同上。
③ 《飞碟：天空中的现代神话》（"Flying Saucers: A Modern Myth of Things Seen in the Skies"，1958年初版），收录于《荣格文集》X，1964，第307—433页。

由于心灵并不总是明白易懂，荣格尝试解析集体无意识中神话的起源、普遍性，以及它从原型性中生成的影响力，还有它介于意识和无意识之间调和矛盾的作用。神话常有整合治疗的功效，或者通过补偿，它们可以平衡矛盾双方的紧张关系。荣格说矛盾对于认知和产生心理能量实属必要，但必须通过神话象征把握，这样才不会造成心理的分裂。荣格的辩证法首先是要区别矛盾，接下来通过象征将其调和。总的来说，荣格被综合和矛盾吸引。

荣格对神话研究的贡献在于其心理学洞察力。他对于基本问题的解答提升了神话研究，同时表述了自己的心理学神话理论。荣格理论的有效性在于他对集体无意识的假设和原型的描述。如果这些被否定，就不能认为他为神话研究带来了光明。他的六个原型由此被剥去理论资源和理论力量，剩下的价值在于被理解为在一些大原型下的不同神话形象。这样的统一是好的，但神话学者在处理广泛的资料时发现为了辨别和交流的目的，还是有必要做好区分。荣格并没有发明或者修订神话研究的工作方法。这一工作先从芬兰学派的神话学家为母题和传说类型归类开始，并由史蒂斯·汤普森及其同事不断完善。荣格达到的是他所认为的对神话最深刻的解释。

儿童原型心理学

卡尔·荣格

导　言

"儿童"或儿童神灵神话学这一姊妹篇论文①的作者请我从心理学角度评析他的研究课题。我欣然答应了他的请求，尽管鉴于儿童母题在神话学中的重大意义，这个许诺对我来说算是一个不小的冒险。凯仁伊详述了这个母题在希腊和罗马的出现，以及源自印度、芬兰及其他地方的同类母题的对应材料。这就意味着论述该母题使进一步的拓展成为可能。尽管一个全面描述不会带来原则上的决定性贡献，但它将使该母题的全球分布现象和频繁程度更加引人瞩目。目前一些独立学科，如语文学、民族学、文明史和比较宗教学对神话母题的处理并不益于我们认知它们的普遍性，而且由这种普遍性所引起的心理学问题也被迁徙假设轻率地搁置起来。结果，阿道夫·巴斯蒂安②的思想在他们那个年代影响不大。尽管有足够的经验材料可以用于更深层的心理学总结，但仍缺乏必要的前提。尽管那时心理学知识在其领域内已包括神话形成，如冯特的《民族心理学》（*Völkerpsychologie*），但它还不能够证明这个相同的进程仍是文明人心灵中的一种活生生的功能；同样，也不能证明它可以将神话母题理解为心灵的结构性因素。从历史上来说，起初心理学是一种形而上学，然后是对种种感觉及其功能的研究，接着是对显意识心理及其功能的研究，心理学认为它的相应主题是显意识心理及其内容。因此，它就完全忽视了无意识心理的存在。尽管许多哲学家，如莱布尼茨、康德和谢林都明确指出了心理黑暗面。一个医生从其科学和医学经验出发，感到有必要指出无意识是心灵的根基。他就是

---

①凯仁伊，《原始时代的原始儿童》（"The Primordial Child in Primordial Times"）。
②《历史中的人》（*Der Mensch in der Geschite*），1860。

C. G. 卡勒斯（Carus）①，爱德华·哈特曼（Edward von Hartmann）所追随的大师。近来，医学心理学在没有哲学干扰的情况下再一次探讨无意识问题。众多独立研究清楚地表明神经官能症和精神病的病理学离不开心理黑暗面的假设，即无意识。梦的心理学同样适用，它其实是正常心理学与病理心理学之间的交界地。在梦中，如在精神病幻想中一样，存在着与神话联想对应的千丝万缕的联系（或许也存在于常常不自觉地借助神话的诗歌创作中）。所有的研究表明，在大多数此类案例中，这只是一个遗忘的知识问题，医生本可以不厌其烦把研究扩展到个人和集体的同类情况。但事实上，可以观察到典型的神话素（mythologem）存在于那些对神话一无所知的人当中，也存在于不可能间接出自他们所知晓的宗教思想或常用比喻之处。② 这种结论迫使我们假定必须处理独立于所有传统的"本源复活"（autochthonous revival），以及假定"神话形成"的结构性因素必定存在于无意识心理中。③

这些产物（"神话形成"的结构因素）从来都不是（或至少很少）有确定形式的神话，而是神话成分。由于它们的典型特征，我们可以称它们为"母题""原始意象""类型"，或就像我称它们为"原型"。儿童原型是一个极好的例子。今天我们可以冒险提出这一模式：原型出现在神话和童话里，就如同它们出现在梦境和精神错乱幻想的产物中一样。在前一种情况下，它们所融入的环境是一个有序的、大部分可以直接理解的背景；但在后一种情况下这一环境通常是一个难懂的、不合理的，更不用说是错乱的意象顺序，而这些意象却反而不缺少一种内在的条理性。在个人身上，原型以无意识过程的不自觉表现形式发生。其中无意识过程的存在和意义只能推断而知，而神话涉及的是久远年代的传统形式。它们回溯至史前世界。今天我们可以在现存的原始部落中发现史前世界的精神观念和总体情况。就这一方面而言，神话是作为标准部落历史通

---

①《心灵》（Psyche），1846。
②例见《关于集体无意识概念》（"The Concept of the Collective Unconscious"）一文，第 105 段以下。
③弗洛伊德在他的《梦的解析》（第 261 页）中将幼儿心理与俄狄浦斯神话进行多方面对比，并指出它在解释幼儿心理时的"普遍有效性"。真正采用神话材料的著作是由那时我的学生来做的［A. 梅德，《论梦的解析》（"Essai d'interprétation de quelques rêves"，1907），《传说、童话、风俗习惯和梦的象征义》（"Die Symbolik in den Legenden, Märchen, Gebrauchen, und Träumen"，1908）；F. 里克林，《论监狱心理学》（"Über Gefängnispsychosen"，1907），《童话中的愿望满足与象征》（Wishfulfilment and Symbolism in Fairy Tales，1908 年初版）；K. 亚伯拉罕，《梦与神话》（1909 年初版）］。之后，维也纳学派的奥托·兰克的《英雄诞生的神话》（1922 年初版）。在《无意识心理学》（1911 年初版，修订并扩展为《转化的象征》），我更全面地论述了心理和神话中的同类情况，也可参见这一卷中我的另一篇文章《从阿尼玛概念论原型》（"Concerning the Archetypes, with Special Reference to the Anima Concept"）。

过口述而代代相传的。原始心理不同于文明心理，这主要是因为显意识心理在广度和深度上远未得到发展。诸如思考、意愿等功能尚未区分，它们属于前意识。例如，就思想而言，原始人还不能有意识地思考，只是思想的出现。原始人不能宣称他们在思考，而是"某事在他那里思考"。思考的自发性常常不在于显意识而在无意识中。更重要的是，他没有任何有意识的意愿；他必须将他置于他的"意愿情绪"中，或者将他自己置于他的情绪出入仪式（rites d'endrée et de sortie）。他的意识受到强大无意识的威胁，他对巫术的恐惧随时会出现；也正是这个原因，他被无名的力量包围，必须尽力使自己适应它们。由于意识长期处于昏暗状态，他往往不可能发现是否仅仅是梦到了某种事物或是否他真的经历过此事。无意识和它的原型处处侵入他的意识领域及祖先的神秘世界，例如澳洲土著的"梦幻时代"（alchera 或 bugari）——不说超越现实世界，至少也是等量齐观。① 这并不是一个我们所知的从无意识中言说的世界，而是精神的未知世界。关于它，我们了解到它一方面反映了我们的现实世界，另一方面根据它的精神假想而改造这个现实世界。原型并不源于物质现象，而是描述心灵如何体验物质现象。由此，心灵常专断地否认有形的现实或做出不顾现实的言说。

原始心灵没有创造神话而是体验神话。神话是前意识心灵中的无意识揭示而绝不是现实过程的寓言。② 这种寓言对于无科学头脑的人来说只是一种闲时的消遣。相反，神话蕴含着重要意义。不仅是因为它们所再现的，还在于它们是原始部落的精神生活。当部落失去了神话遗产，就像人失去了灵魂，它开始分裂并消失。一个部落的神话是它活着的宗教，它的失去，无论在何地，即使在文明人中都是一个巨大的道德灾难。而在精神的黑暗腹地，宗教独立于意识，并在意识之外而与心理过程保持紧密联系。一些无意识也许由意识间接引起，但绝不是有意识的选择。其他则自主地显现，也就是说，出于无法辨别或无法描述的有意识理由。

当代心理学把无意识幻想的产品视为当下无意识的自画像或是无意识的自述。它们可分为两类：第一类，个人的幻想（包括梦）。它们毫无疑问回到了个人的经历、已忘记或压抑的事情，因此完全可以由个人记忆来解释。第二类，不带个人特征的幻想（包括梦）。它们不能归结为个人过去的经历，因而不能由个人之事来解释。毫无疑问，这些幻想的意象在神话类型中都能找到它们最贴

---

① 相关的民族志太广泛，在此不能一一提及。
② 参见《心理结构》（"The Structure of the Psyche"），第 330 段以下。

切的对应。因此，我们假设它们总体上与集体的（而非个人的）人类心理的结构性因素相一致，就像人类身体的形态学因素是由遗传得来的一样。尽管传统和迁徙在某种程度上起作用，但是仍有大量的例子不能如此解释，因此驱使我们做出"本源复活"的假设。这类案例非常多，我们不得不假设集体心理基础的存在，我把它称为"集体无意识"。

第二类产品如此类似神话和童话结构，因此我们认为它们必然存在相互联系。也就是说，神话原型和个人原型所产生的条件很可能相似。正如我们所提到的，第二类（包括第一类中的一些）幻想物产生在意识（梦、谵妄、白日梦、幻象等等）强度被减弱的情况下。在所有这些情况下，显意识对无意识的审查停止了，无意识之流从侧闸进入意识领域。这种形成模式是个普遍规则。①

意识强度的降低和专注力缺失，即雅内（Janet）所说的"智商降低"（abaissement du niveau mental），与意识原始状态竟然吻合得天衣无缝。我们认为神话最早从中形成。因此，神话原型很有可能与现今个体中的原型结构显现方式相同。

相应的方法论是，心理学这样看待无意识产品：原型内容是集体无意识活动过程的显现。因此，它们指的并不是现在存在于或过去存在于意识中的东西，而是指本质上无意识的东西。在最近的分析中，我们不可能说明它所指的内容。所以，每一种解释仍然有待"考证"。终极核心意义受到限制，无法得到解释。仅有的限制意味着迈出了关于心灵前意识结构知识的关键性一步，当统一个性（即使今天存在的原始人类也未拥有它）和意识尚未存在时，它便形成了。我们发现这种前意识存在于童年早期，事实上童年早期的梦一次次地将显著的原型显明。②

如果我们根据以上原则进行深入研究，那么神话是否指的是太阳或月亮、父亲或母亲、性爱或火焰或水已不再是什么问题。它所做的只是概括地给予无意识的核心意义一个恰当描述。终极的核心意义从来没有也不会成为意识。它只能被解释，每一种接近隐含意义（或从科学的角度来看，无意义，其实都是一码事）从一开始就声称不仅是绝对真理和绝对有效，而且要求为之肃然起敬和宗教般顶礼膜拜。原型曾经是，现在仍是需要认真对待的精神力量，它们通

---

①除了某些自主幻象的案例以及我已描述过的"积极想象"的方法过程［例如《超验功能》（"The Transcendent Function"）和《神秘的精合》（*Mysterium Coniunctionis*），第706、753段。——编者注］

②相关材料可以在1936—1939年间我在苏黎世的联邦高等技术学院的未出版的研讨会报告和在米歇尔·福特姆（Michael Fordham）的《童年生活》（*The Life of Childhood*）一书中找到。

过不同寻常的方式起作用。它们总能带来保护和救赎，然而违背它们，又总会导致我们从原始心理中得知的"灵魂危机"。更重要的是，它们还导致神经症和精神紊乱，就像忽视或虐待生理器官或器官功能系统一样。

原型内容首先以隐喻来表达自身。如果这些内容讲到太阳，并与狮子、国王、由龙看守的藏金，或是构成人类生命与健康的力量相联系；它既不是这也不是那，而是指一个未知的第三者，它在这些比喻中或多或少得到了适当表达，但伤脑筋的是——仍不为人所知而且并不适于套用公式。因此，科学知识分子总会披上启蒙的外衣，希望永久摆脱这个幽灵。它的努力是否可以被称为"欧赫美尔主义"（Euhemerism）或基督教护教学，或狭义上的启蒙或实证主义，在它背后总隐藏着一个神话，换上不合身的新装，并随着古老庄严的形式，宣称自己是绝对真理。在现实中，我们永远无法合理地摆脱与原型的关系，除非我们以患有神经官能症为代价，这不比去掉我们的身体和器官好多少。如果我们无法否认原型或表示中立，在与文明相连的意识分化的每个新阶段，我们都会面临寻找适于此阶段的新解释，以求连接仍然存于我们之中的过去生活和面临消亡的当前生活。如果这个连接未能发生，一种脱离过去的无根意识便会产生，这是一种无助地听从各种意见的意识，容易患上心理流行病。失去了过去，变得无意义、无价值，无法重估价值，救世主也不再存在，因为救世主要不是无意义之物，就是某种从中生成之物。在"神灵的变形"中，他一再作为先知或新时代的第一人出人意料地以暧昧形式（拇指汤姆、矮人、孩子、动物等等）出现在最不可能的地方（石头、树、沟、水中等等）。

"儿童神灵"这一原型传播广泛，且与儿童主题的其他神话方面紧密联系，几乎没有必要来暗示仍活着的"基督－童子"。在圣克利斯朵夫的传说中，他具有"其小无内，其大无外"的典型特征。在民间传说中，儿童母题以矮人或小精灵的形式出现并作为自然隐秘力量的化身。近古时期的金属人也属于这一领域①，直到中世纪，它们一方面仍生活在矿井中②，另一方面代表了炼金石③，其中，墨丘利以最完美的形式再生〔以雌雄同体、聪明孩子（filius sapientiae）、

---

①贝特劳（Bethelot），《希腊炼金术》（*Alchimistes grecs*）Ⅲ，xxv.
②阿格里科拉（Agricola），《地下灵魂》（*De animantibus subterraneis*，1549）；基尔舍（Kircher），《地下世界》（*Mundus subterraneus*，1678）Ⅷ，4.
③米留斯（Mylius），《哲学改革》（*Philosophia reformata*，1622）。

可爱儿童（infans noster）出现]。① 多亏有了"儿童"的宗教解释，来自中世纪的大量证据显示了"儿童"不仅是一个传统人物，而且是一个自然体验幻象（正如所说的无意识的闯入者）。我将会提到艾克哈特大师的"赤子"幻象和尤斯塔丘斯弟兄（Brother Eustachius）的梦。② 在英语鬼故事中可以发现关于这些自然体验的有趣记录。在这些故事里，我们读到了据说曾看到罗马遗址的"放光男孩"的幻象。③ 这个幽灵被认为是邪恶的前兆。它看起来好像是通过变形而成为长生不老儿童（puer aeternus），换句话说，遭遇了古典神话和日耳曼神话神灵的命运，它们都变成了妖怪。这种体验的神秘性在歌德的《浮士德》第二部中得以证实，浮士德被变成了一个男孩，并加入了"升天幼儿合唱队"。这就是马里安努斯（Marianus）博士所说的"幼虫期"。④

有一本志怪故事书《没有房间的富人》（Das Reich ohne Raum），作者为布鲁诺·戈茨（Bruno Goetz），一位名叫佛（Fo）的人和一群邪恶的男孩一起出现。（现代书刊中的同类读物就此打住）我提到这个例子只是想证明儿童原型长盛不衰的活力。

儿童母题还经常出现在精神病理学领域。爱幻想的儿童在神经错乱的女性当中最为常见，且常从基督教的意义去解释。在著名的史瑞伯（Schreber）案例⑤中，矮人常蜂拥而至，折磨着受难的人。在神经官能症治疗中，儿童母题最明确和最重要的显现是受无意识分析诱发的人格成熟过程，即我所说的个体化。⑥ 在此，我们面对的是，前意识以或多或少成形的幻想，逐渐进入意识，或以梦的形式成为意识，或通过积极的想象而成为意识。⑦ 这样的材料在原型主题，尤其是儿童母题中着实丰富。儿童常常用基督教模式塑造，尽管他通常来

---

①《炼金术大全》（"Allegoria super lib rum Turbae"），载《炼金术》（Artis auriferae）I（1572），第161页。

②斯帕默（Spamer）编，《14和15世纪德国神话》（Texte aus der deutschen Mystik des 14. und 15. Jahrhunderts），第143、150页。

③英格拉姆（Ingram），《大不列颠鬼宅与闹鬼家族传说》（The Haunted Homes and Family Traditions of Great Britain），第43页以下。

④一位古老炼金术士有这么几种称呼，Morienes、Morienus、Marianus［芒热（Manget），《炼金术的形成》（"De compositione alchemiae"），《炼金术文集》（Bibliotheca chemica curiosa）I，第509页以下］。从《浮士德》II典型的炼金术特征来看，这种联系并不奇怪。

⑤史瑞伯，《关于我的精神疾病的回忆》（Memoirs of My Nervous Illness）。

⑥参照以下内容《意识、无意识和个体化》（"Conscious, Unconscious, and Individuation"），下文的特殊现象可参见《心理学和炼金术》（Psychology and Alchemy）II。

⑦《自我与无意识的关系》（"The Relations between the Ego and the Unconscious"）II，第三章（亦可参见《超验功能》。——编者注）。

自早于基督的时代,也就是说,来自地府的动物,例如鳄鱼、龙、蛇和猴子。有时儿童出现在花中、金蛋里或曼陀罗中央。在梦中,又常以做梦者的儿子或女儿出现,或作为男孩、年轻小伙或年轻女孩出现;有时看似是具有暗淡肤色的外国血统,如印度或中国;或具宇宙性,被星辰环绕或头戴星冠;或是国王的儿子或具恶魔特征巫婆的孩子。作为"难得财富"① 母题的特例,儿童母题具有极大的不稳定性,它的形式多种多样,比如宝石、珍珠、花朵、圣杯、金蛋、正方形或金球等等。儿童母题几乎可以无限制地和这类意象互换。

儿童原型心理学

1. 作为连接过去纽带之原型

关于我们题目涉及之"心理学",我必须强调,每一种陈述超出我们上述批评某一原型之单纯现象层面就会易遭批评。我们时常屈从一种错觉,即原型最终都可获得解释和处置。即使努力做出最佳解释,或多或少仅是另一比喻性语言较为成功之译本(语言本身固然只是形象)。我们能尽力做到的是继续做着神话的梦,并给它披上现代的外衣。无论我们对其做何种解释,我们对自己灵魂也做同样解释,并得出与我们福祉相应的结论。我们时刻记住这一点,原型是存在于我们所有人大脑的超自然机能。不当之解释意味着对该机能持相应不当态度,如此该机能可能会被损害。但是最终受害者是失误的阐释者本人。因此阐释应该一直如此:原型之功能意义保持不被损害,以确保在显意识心灵和原型间建立适当且有意义的联系。由于原型是我们的心理结构要素,因而是我们心理状况至关重要且必要的组成部分。它代表或体现了黑暗的原始心理的某种本能信息,是现实而无形的意识之源。我们与这些根源的关联是重要的,我们从中看到主导原始心理的某种魔力因素,它们无异于我们称之为"原型"的东西。这种联结(religio,联结过去)的原始形式甚至是今天所有宗教生活的本质和运行基础,并且总会如此,不管这种生活未来采取何种形式。

原型没有"理性"替代物,正如小脑和肾脏无可替代。我们能以解剖学、生物组织学及胚胎学方式检查身体器官。这将对应一个比较史学方式的原型现象概要及陈述。但是当我们开始按目的论方式提问,我们只领会了一个身体器官的意义。因此疑问产生了:原型的生物学目的是什么?正如生理学解释身体,

---

① 《转化的象征》,索引,见该词条。

心理学的职责是解释原型。

诸如"儿童母题是个体童年的一个残留记忆"及类似解释只是想当然。但是假设这个观点稍稍修改，我们会说，"儿童母题是展现我们童年某些遗忘事物的一幅图画"，我们就在接近真理。但鉴于原型总是一个不但属于个人还属于整个人类的意象，我们最好这样表述："儿童母题表征了集体心理前意识的童年期面向。"①

这些心理经验表明个体生命中的某些阶段可以变得自发，可以体现它们自己产生"真我幻象"的程度，例如一个人把自己看作小孩，如果我们以历史观点对比这些心理经验，我们将不会误入歧途。正如我们所知，无论这种幻象体验出现在梦中或清醒状态，它们以上一次发生在过去到现在之间的分裂为条件。由于多种多样的不协调，这种分裂产生，例如，一个人的当前状态可能已与他的童年状态发生冲突，或者为了使他的野心与某种面具人格②一致，他可能已狠狠地割裂他的原先性格。由此他已变得不再天真，变得虚伪，因而失去自己的根。所有这些提供了与首要真理短兵相接的机会。

鉴于人类尚未停止论述儿童神灵，我们或许可以把个体的类比扩展到人类生活，得出总结，即人类可能总是与童年状态发生冲突，也就是说，与原始的、无意识的、本能的状态冲突，它诱发实际存在的"儿童"幻象。宗教仪式，即神话事件的重述和仪式重复，服务于带回儿童意象的目的，把与之相关的一切带到眼前，好让与原始状态的联系不致中断。

2. 原型的功能

儿童母题不仅代表存在于遥远过去的事物，而且代表现存事物；换言之，儿童母题不只是遗存，还是一个现在还在起作用的体系，它的目的是以有意义的形式去补偿或更正显意识不可避免的片面性和夸大作用。显意识性质上只聚焦于相对少的内容并最大程度显明它们。其后果和前提条件是排除意识的其他

---

①世俗偏见总倾向于把儿童母题与具体的儿童经验等同起来，好像真实的儿童是儿童主题存在的起因和前提，但是经验概念的"儿童"仅是种（并且不是唯一的一种）借助它来表达不能更确切清楚表达心理事实的手段，强调这点可能并不多余。因而凭借相同的象征，"儿童"的神话学理念绝不是经验主义的"儿童"的摹本而是清楚可辨的"象征"：他是在不寻常环境下生养的奇迹儿童、神圣儿童，并且不是——这是重点——人类小孩。他的行为就如他的性格和生理构成一样神奇怪异。只有考虑到这些高度非经验的特点，才有必要去讲"儿童母题"。而且神话学的"儿童"有多种多样的形式：可能是神、巨人、拇指汤姆、动物等，并且这证明了绝非理性或具体的人。从神话学角度来说，这同样适用于同是非理性象征的"父亲"和"母亲"原型。

②《心理学类型》(*Psychological Types*)，定义48（"灵魂"的定义）；《分析心理学二论》(*Two Essays on Analytical Psychology*)，索引，见"人格面具"(persona)词条。

潜在内容。这种排除必然产生意识内容的某种片面性。既然文明人的意识分化最早已被作为一项通过他的意志动力来实现其内容的有效工具，那么他越多地使用意志，就有更多迷失于片面性和偏离其存在根基的危险。一方面，这意味着人类自由的可能性，另一方面它是对个人本能无休止践踏的根源。相应地，原始人因为接近本能，其特征是惧怕新奇、固守传统。在我们看来他过于落后，而我们则推崇进步。尽管我们的革新或许让许多梦想成真，但是它累积了同样巨额的普罗米修斯式债务，它必须不时以可怕的灾难来偿还。长久以来人类梦想飞翔，而我们所得到的一切却是饱含轰炸带来的后果！今天我们嘲笑基督教的来世希望，但我们常常陷入比它更荒谬一百倍的千禧年境地。我们分化的意识不断处于被连根拔除的危险，因此它需要通过仍然存在的儿童状态加以弥补。

从进步论观点看，弥补之症状几乎无可褒扬。因为对于眼见肤浅者来说，它貌似是一个倒退的行动，称之为懒散、落后、怀疑、苛刻、保守、胆怯、卑劣等。但是由于在很大程度上，人已经具有切断自己与根部联系的能力，同样也可能被自己危险的片面性不加区别地送进灾祸。滞后的理念总是更原始、更自然（在褒义或贬义上），由于它信仰法律和传统，所以较少"道德"。进步理念总是更抽象、更做作，由于它要求背离传统，所以更欠"道德"。被意志强制推行的进步总是无法自控。落后可能与自然更亲近，但是风水轮流转，它也总是受痛苦的觉醒威胁。对事物较古老的观点认识到进步只是由于可能的"顺服于神"（Deo concedente），因此证明它意识到对立面并在一个更高层面上重复古老的出入仪式。意识越分化，从根基处割断的危险更大。当忘记"顺服于神"，割裂便完全产生。当心理的一部分从意识分离，它只是看似消极，现在这已是心理学的一条公理；事实上它产生某种个性，结果因为分离部分的缘故，个体目标落空了。另外如果集体心理的童年状态被完全排除，那无意识内容就压倒显意识目的，抑制、歪曲甚至摧毁其实现。切实可行的进步只能是来自双方合作。

3. 原型的未来

儿童母题基本特点之一是其未来性。儿童是潜在的未来。因此个体心理中的儿童母题的出现，意味着未来发展预期的标尺，即使乍看上去它可能像是回顾。生命像一条流向未来的河流，没有停滞或回流。因此如此多的拯救者是儿童神灵，这并不足为怪。这恰恰与我们的个体心理经验相一致，它表明儿童为未来个性的改变奠定基础。在个体化进程中，它预示了产生于个性中意识和无意识因素的综合形象。因此它是对立面联合的象征①，是调解者、回春妙手，也就是说，带来圆满。因为它有这层含义，儿童母题能以上述方式大量转变：它能以环形、圆形、球体，或者用正方形作为另一种圆满②形式来表现。我称这种超越意识的圆满（wholeness）为"自性"（self）③。个体化过程的目标是合成"自性"。从另一视角看，"圆成"（entelechy，或译"隐德莱希"）可能比"合成"（synthesis）更可取。在特定条件下，为什么"圆成"更合适有其实证理由：圆满象征频繁出现于个体化过程之初，它们的确可以经常在幼儿早期最初的梦中观察到。这种观察充分表明潜在圆满④的"先验性"存在，在这点上"圆成"的观点是有道理的。但从经验上讲，由于个体化过程作为一个综合过程出现，它看起来悖论十足，好像已经存在的事物正被放在一起。从这一观点看，"合成"这一术语也适用。

4. 儿童母题的统一性和多元性

在"儿童"的多样现象学中，我们必须区分统一性（unity）和多元性（plurality）各自的表现。例如，出现许多根本不具有个人特点的小人、男孩等等，就有分裂的可能。因此，这种形式尤其能在精神分裂症中找到，它实质上是一种人格分裂。但如果多元性发生在正常人身上，那么它就是一个尚未圆满的人格合成的表现。其人格（即自性）仍处于"多元阶段"，比如，自我可能存在，但它不可能在它自己人格的框架内，只能在家庭、部落或国家团体内体验它的圆满；它仍处在对集体多元性的无意识认同阶段。教会充分考虑了这种在她的"神秘的身体"信条内广泛传播的条件，其中个人天生是成员。

但是如果儿童母题以整体形式出现，那么我们就正在面对一个人格无意识且暂时完整的合成，它实际上像一切无意识的东西一样，仅仅意味一个可能性。

5. 儿童神灵与儿童英雄

有时"儿童"看起来更像"儿童神灵"，有时候更像小"英雄"。这两种类型的共同点是神奇诞生和童年早期的挫折——遭遗弃和遭迫害所受到的危险。神灵在本质上完全是超自然的；英雄的本质是人类擢升到自然的极限——他是"半神的"。特别在他和象征动物的紧密联系中，神灵体现了还未融入人类的集体无意识，英雄超自然性包括人性，所以代表（"神的"，如尚未人性化的）无

---

①《心理学类型》，第五章，3："统一象征的意义"（"The Significance of the Uniting Symbol"）。
②《心理学和炼金术》，第327段以下；《心理学与宗教》，第108段以下。
③《分析心理学二论》，第399段以下［参见《艾翁》（本卷第二部分），第四章。——编者注］
④《心理学和炼金术》，第328段以下。

意识与人类显意识的合成。因此他意味着趋于圆满的个体化过程的潜在预期。

由于这个原因,各种各样的"儿童"命运可以被认为解释了出现在"圆成性"或"自性"问世的各种各样的心理事件。"神奇诞生"试图描述问世经验为何。既然它是个心理问世记,发生的一切必定具有非经验性,例如,通过处女生育、感孕或通过非自然器官出生。"卑微"的母题如暴露、遗弃、危难等试图展示心理完整可能性的不稳定,即在达到"至善"的过程中将会遇到的巨大困难。它们也表明,每个成长之中的事物服从最大自我实现法则生命冲动的无力与无助,同时,环境的影响为个体化设下各种无法逾越的障碍。龙和蛇对最深处的自性所构成的威胁尤其表明,新事物有被本能心理即无意识再次吞噬的危险。低等脊椎动物很早以来便是集体心理底层[1]最喜爱的象征,解剖学上位于皮层下中枢、小脑和脊柱。这些器官构成了蛇[2]。因此,当显意识心理偏离了它的本能基础时,蛇-梦就会经常出现。

通过他的同样不可思议的行为,"其小无内,其大无外"的母题补充了儿童的无能。这个悖论是英雄的本质并且像一条红线贯穿他的整个命运。他能应付最大的危险,然而最后一些无足轻重的事物是他的致命点:巴尔德尔(Baldur)由于槲寄生而死亡,毛利(Maui)由于小鸟的笑声,齐格弗里德由于他脆弱之处,赫拉克勒斯由于他妻子送给的礼物,其他人由于普遍的背叛等等。

英雄的主要功绩是克服黑暗这个怪兽:它是长期向往和期望的显意识压倒无意识的胜利。白昼和光明是显意识的同义词,夜晚和黑暗则是无意识的同义词。因为有了意识,一个以前无人预料其存在的世界产生了,意识的到来很可能是初民时代最非凡的体验了。"神说:'要有光!'"是原始意识与无意识分离的体验。甚至今天在原始人之间灵魂的拥有也是件危险之事,并且"灵魂的迷失"是一种典型的心理疾病,它驱使原始医术向各种心理治疗措施发展,因而"儿童"通过征服黑暗确立了自己。

---

[1] 高级脊椎动物主要象征情绪。
[2] 这种对蛇的解释早在希波吕托斯(Hippolytus)《诘问》(*Elenchor*)Ⅳ,第49—51页[理雅各(Legge)译,第一章,第117页]中论述过。参见莱瑟刚(Leisegang),《灵知》(*Die Gnosis*),第146页。

儿童原型的特殊现象学

1. 儿童遗弃

抛弃、遗弃、危难等都是"儿童"卑微身世及其神秘奇迹般诞生的附加细节。这类陈述描述了一个具有创造性的特定心灵体验，它的目的是一个崭新但未知内容的出现。个体的心理总是有个充满冲突的情境，从中似乎无处逃脱——至少对显意识心灵来说，因为就这点考虑，没有第三者（tertium non datur）。由于这种对立面的碰撞，无意识心理总是创造出另外一个显意识既未想到也不理解的非理性第三者[①]。它以一种既不简单说"是"又不简单说"不"的形式展示自己，因而被这两者都拒绝。由于显意识不知道对立面以外的事情，结果就不知道联合它们的事物。但是尽管通过联合对立面解决冲突至关重要，而且正是意识所期望的事物，一些创造行为及其意义的暗示却不被理解，由此产生"儿童"令人敬畏的性格。意义丰富但不为人知的内容总是对显意识大脑有着秘密的吸引力。新结构是新生中的圆满；它正趋于圆满，至少就它被对立面撕扯，在"圆满"和"完整性"方面，它超越了显意识。有鉴于此，所有象征具有拯救意义。

在此情况下"儿童"作为一个象征内容出现，明显地与它的"背景"（母体）分离或隔绝开，但有时包括母体也处于危险中，一方面它被显意识的消极态度所威胁，另一方面它又被无意识的空虚恐惧（horror vacui）所威胁，它随时准备吞噬掉它所有的产物，因为它只是在游戏中产生了它们，摧毁是它游戏中不可或缺的部分。尽管它是大自然母亲最宝贵的果实，孕育了最宝贵的未来，象征自我实现的更高阶段，但这个新生命在整个世界不受欢迎。那就是为什么本能的世界——自然——庇护"儿童"的原因：它被动物哺育或保护。

"儿童"意味着向独立演变的事物。这将不可避免与其源头分离开，因此遗弃是必要条件，不只是伴随现象。这种冲突无法被陷于对立之中的意识克服，由于这个原因它需要一个象征来指出将它从它的源头分开的必要性。因为"儿童"的象征吸引并抓住意识，它的拯救效应传递到意识，并且从冲突情境脱离，而这是意识自身无法实现的。象征预示了新生的意识状态。只要这不是真正成型，"儿童"仍是神话上的投射，它要求宗教重复和仪式更新。例如"小基督"（Christ Child）在宗教上是必要的，只要人们中的大多数不能够使心理事实适用

[①]《心理学类型》，定义51。

一种说法:"若不像小孩子……"因为所有这些发展和转变非常艰难和危险,难怪这类形象持续了上千年甚至上万年。一切人应该,但无法成为或做到——不管是在积极意义上或消极意义上——作为一个神话形象和预期者连同它的意识一起继续存在,要么作为一个宗教投射或——更危险的是——作为无意识内容将它们自发投射到不协调事物,例如洁净和其他"拯救性的"教义或做法。所有这些是神话的众多合理化替代品,它们的非自然性弊大于利。

　　冲突情境没提供出路,这种把"儿童"制造成非理性第三者的情况,自然而然成为仅适用于心理的,也就是说,发展的现代阶段公式。确切地说,它并不适用于原始人的心理生活,如果只是因为原始人的孩童般的意识范围依旧排除可能的整个心灵体验世界。从原始人的本性层面上看,我们的现代道德冲突仍然是客观存在的危及生命自身的灾难。因此为数不少的儿童形象是文化英雄,因而和促进文化的事物等同起来,如火①、金属、谷物、黍等。作为光的传播者即意识的扩大者,他们战胜了黑暗,就是说他们克服了较早的无意识状态,超出我们现今意识的更高意识或智慧,如同孤身一人处于世上。这种孤独展示了更高意识的载体或象征和他周围环境之间的矛盾。远溯到远古时期的黑暗征服者连同许多其他传说一起证实了曾经存在过原始心灵压抑状态(即无意识)。因而原始人对黑暗的"非理性"恐惧甚至今天也完全可能有。我在生活于埃尔岗(Elgon)山脉的部族中发现一种和泛神乐观主义相符合的宗教。但是由于黑暗的阿伊克(Ayik)有自己的领地——恐惧制造者,所以他们的乐观情绪总在夜晚六点和早上六点之间被恐惧所取代。在白天,任何地方没有怪蛇,但在夜晚它们潜伏在每条小径。晚上,整个神话自由了。

　　2. 儿童的无敌

　　在所有的儿童神话中有个惊人的悖论,"儿童"一方面落入可怕的敌人手中无助地等待拯救且长久面临灭绝的危险,而另一方面他拥有远胜于普通人的力量。这与心理学事实紧密相连,尽管可能"卑微",不为人知,"只是个小孩",他同样是神圣的。从显意识这一立足点来看,我们似乎在处理一个无足轻重的实体,它缺乏解放性,更不用说救赎性特征。意识陷于它的冲突情境,战斗力量是如此势不可挡,以至于作为孤立内容的"儿童"和显意识要素无关。因此它容易被轻视而退却到无意识。如果事情的结果依照我们的意识期望发展,这

---

①甚至耶稣具有火的性质("谁近于我即近于火"——奥里金),见《耶利米书释义》(*Jeremiam Homiliae*) XX, 3;圣灵也同样如此。

起码是我们应该必须害怕的。但神话强调并非如此,而是"儿童"被赋予至高无上的力量,并将出人意料地度过任何危险。"儿童"孕育自无意识的子宫,生于人性的深处,或者不如说,生于鲜活的大自然本身。它是置于我们有限意识心灵范围外生命力的人格化,我们片面意识的一无所知的方式与可能性的人格化,一个蕴含大自然深度的圆满性。它代表存在于每个生命最强的与最不可抗争的欲望,即实现自我的欲望。它好似无力以其他方式行事的化身,具有自然与本能的所有力量,而意识总陷于它以其他方式行事的假设能力之中。即使起初它的效应无足轻重和不太可能,但自我实现的欲望和迫切是自然法则,因而具有不可战胜的力量。它的力量在儿童英雄奇迹般的行为中得到展示,随后在奴隶或被奴役者赫拉克勒斯型的功绩(athla)中,其中尽管这个英雄已褪去"儿童"的无能,他仍处于体力劳动的地位。被奴役者的形象通常通向半神英雄的真实显现。足够奇特的是,我们在炼金术中有个与之相似的主题变调——点金石(lapis)的同义词。作为原初质料(materia prima),它是不起眼和廉价的石头(lapis exilis et vilis)。作为转变过程中的一种物质,它是红色仆人(servus rubeus)或难捕捉之物(fugitivus)。并且最终在真正的神化中,它实现了"智慧之子"(filius sapientiae)或"此世之神"(deus terrenus)的尊严,"众光之光",一种包含天堂地狱于自身的所有力量。它变成荣耀之身(corpus glorificatum),永不朽坏,因而是万灵药(灵丹)①。"儿童"的大小和不可战胜蕴藏于印度的自我本性观念中,这与"其小无内,其大无外"的母题对应。作为个体现象,自我"其小无内";作为宇宙的等同物,它"其大无外"。被认为是与世界相反的自性,它的"绝对他者"是所有经验性知识和主客意识的必要条件(sine qua non)。仅仅因为心理"他者性"是意识的根本可能性。认同不会让意识成为可能,只有分开、分离和忍痛面对矛盾才产生意识和洞察力,印度冥想很早认识到这个心理事实,因此一般将认知主体和存在论主体等同起来。根据印度思想占主导的内向态度,客体失去绝对现实性并且在某些体系中只是幻象。希腊-西方型的心灵无法让自身从对世界的绝对存在的深信中解放出来,却以自我的宇宙意义为代价。与世界相对的自我的假设,至少作为思考点是个逻辑必要条件,甚至今天西方人很难发现与经验宇宙相对超验的认知主体这一心理必要性。

---

① 材料收录于《心理学和炼金术》第二章和第三章。墨丘利作为仆人,见埃伦奈乌斯·菲勒里蒂斯(Eirenaeus Philalethes)的比喻,《来普利再生——乔治·来普利爵士炼金诗学作品评注》(*Ripley Reviv'd: or, An Exposition upon Sir George Ripley's Hermetico-Poetical Works*, 1678)。

不管哲学永久的不同意，或仅是半同意的态度，在我们的无意识心理中，总是存在宇宙意义上产生自性象征的补偿倾向。这些呈现英雄神话原型形式的努力几乎能在每个个体化过程中看到。

"儿童"出生的现象总是指向回到最初的无知（non-recognition）心理状态，如黑暗或朦胧、主客不分，以及人和宇宙的无意识同一。这个不分的阶段产生了金蛋，它既是人和宇宙但又两者都不是，只是非理性之"三"。对于原始人的朦胧意识而言，它好似产生于广阔世界子宫，因而似乎是一个宇宙性的客观的外在事件。对于分化的意识，一方面这个蛋什么都不是，只是个被心理抛弃的象征或者——更糟糕的是——一个臆测且因而"只是"没有任何"现实"依托的原始幻想。但是关于这些幻想，今天的医学心理学多少想得不同。它深知何为生理功能的可怕失调和何种灾难性的心理后果可以从"仅仅"这些幻想流出。幻想是无意识生命的自然表达。但是既然无意识是所有身体自发情结的心理，它的幻想有不容轻视的病原学意义。从个体化过程的精神病理学来看，我们知道象征形成时常与心理起源的身体不适联系在一起，这在一些病例中被明显"真实"地感觉。在医学方面，幻想是精神心理学家必须确实严肃考虑的"真实事物"。因此他不能剥夺那些内容如此真实以致被投射到外部世界的原始幻想的所有合理性。在最终的分析中，人体也是由世界的材料构建成。在这些材料里幻想变得可见，的确，没有它，它们根本不能被体验到。没有这材料它们就会像在溶液里的抽象晶体晶格，其中晶体化过程还没有开始。

自性象征在身体深处产生，它们就像处在观察中的意识建构一样一点点表达它们的物质性。因此这象征是活着的身体——身和灵（corpus et anima），因此"儿童"是如此适用于该公式的象征。心理的独一无二性从来不能完全地进入现实，尽管它仍然保持着所有意识的绝对基础，它只能够适当地被意识到。当它们愈来愈远地退入到黑暗中，心理的较深层面就丧失了他们的个体独特性。"下降"，也就是说当它们接近自动功能系统，它们集体性逐渐上升，直到它们普遍化和消亡在身体的物质中，如在化学物质中。身体的碳物质是简单的碳物质。所以"在底部"心理是简单的"世界"。在这种意义上，当凯仁伊说在象征中世界自己在讲话，我坚信他绝对正确。越原始和越深，即越具生理性，象征就越具集体性和普遍性，就越具物质性。它越抽象，越是细分和越具体，它的性质越接近意识独特性和个体性，就越抛弃掉它的普遍特点。最终已经达到充分意识，它冒着变成纯粹的寓言的危险，越过意识理解的边界，然后被各种理性化而不充分的理由解释着。

3. 儿童的雌雄同体性

大多数宇宙神或许具有两性性质，这是一个值得注意的事实。雌雄同体简直就意味着最强烈和最显著对立之物的联合。首先这个联合指向回到一种原始状态的心灵，是分化和对立面刚分离开或完全融合的一缕曙光。但随着意识的逐渐清晰，对立面越来越明显地、不可调和地分开。因此如果雌雄同体只是原始的尚未分化的产物，我们不得不期望它很快将随着日益增进的文明而被除去。但事实并非如此，相反地，因为我们能从希腊晚期和诺斯替教的统合哲学（syncretic philosophy）看到，人类的想象已在高水平甚至最高水平上一次次地受这个观点主导。雌雄同体之物（rebis）在中世纪自然哲学中起重要作用。并且我们在自己的时代听说了天主教神秘主义的雌雄同体基督①。

那么我们不能再处理原始幻想的持续存在或者原始对立物的融合。或者正如我们从中世纪著作②中所看到的，这一原始观念已变成矛盾创造性统一的象征，字面意义上的"统一象征"。在它的功能意义上，这个象征不再指向后面，而是指向前面一个尚未到达的目标。尽管雌雄同体怪异，但却已逐渐变成冲突的缓冲与良药，它在相对早的文明阶段获得这个意义。这个重要意义揭示了为何雌雄同体意象没在原始时期消失，相反却能随着日益深刻的象征内容宣示自己已存在上万年。一个观念如此之古老，却能提高到如此意义高度，这一事实不仅意味着原型理念的生命力，而且证明由于它统一对立面的力量，原型在无意识底层和意识之间调解原则的正确。在总处于丧失自己根基的现代意识与远古时期自然的、无意识的、本能的圆满性之间，它架起桥梁。通过这种调解，我们现代个体意识的独特性、专门性和片面性再次与它的自然、种族之根连接起来。进步和发展不是轻易被拒绝的理念，但是如果人仅作为自己的碎片达到他的新状态，已把自己绝对需要的腹地丢掷在身后无意识的阴影中，丢在原始状态或真正的野蛮状态，他们就丧失了所有的意义。从本源分裂出的意识不能意识到新状态的意义，然后就太轻易陷入比创新意图的情况更糟糕的情况——事实是可憎的（exempla sunt odiosa）！弗雷德里克·席勒（Friedrich Schiller）首先注意这问题，他的同代人和后继者都没能得出结论。相反，人们倾向于比以前更多地教育孩子而再不做什么了。因此我怀疑"疯狂的教育"（furor pae-

---

① 柯普根（Koepgen），《基督教知识》（*Die Gnosis des Christentums*），第315页以下。
② 点金石作为调停者（mediator一词兼有"催化剂"与"调停者"之意，因炼金术士认为点金石具有催化剂功能，故又成为调停者的象征。——译注）和媒介。参见《炼金术论丛》（*Tractatus aureus*），见芒热，《炼金术文集》Ⅰ，第408页；《炼金术》（1572），第641页。

dogogicus）是回避席勒谈及的核心问题的天赐良方，即"教育者的教育"问题。孩子被教导"什么是长大"而不是"他说什么"。由于这种迷信总是导致人们愈来愈远离根基和诱使人们灾难性地把人格认同为任何可能流行的口号，所以对话语的普遍信仰是心灵的真正疾病。与此同时，被征服并被所谓"进步"抛弃的一切愈来愈深地沉入无意识，自此最终重新出现与群众认同的原始条件。这个条件现在变成了现实而不是预期的进步。

随着文明发展，远古双性存在成为人格统一的象征、一种自性的象征，那里对立双方握手言和。这样，原人（primordial being）成为人类自我发展的远大目标，它从最开始即为他无意识圆满的投射。整体存在于意识和无意识人格的统一。正如每个个体来自男性和女性基因，性别由对应的主导基因决定，所以在男人心理上，只有男人的显意识心灵才具有男性迹象，而其无意识在性质上是女性的。这种相反情况也适用于女性。我在我的阿尼玛理论所做的一切就是重新发现并阐释这一事实①。这已久为人知。

女性和男性联合（coniuncio）的观点，几乎变成炼金术哲学专业术语。罪恶的奥秘（mysterium iniquitatis）出现在诺斯替教中，不可能不受《旧约》中"神圣婚姻"（hieros gamos）影响，例如何西阿（Hosea）② 之所为。这些事情不仅在某些传统习俗③中得到暗示，而且根据克莱门特（Clement）第二封书信中的埃及人引《福音书》中说："当两个人合二为一，外部像内部，男性带有女性特征，既非男性也非女性④。"亚历山大的克莱门特以这些话作为耶稣语录的开头："当你（及你的脚⑤）绊倒在羞耻的大衣上……"这很有可能指身体；对于卡西安（Cassian）（引文来自他的话）和克莱门特，还有伪克莱门特也在精神层面上解释这些话，与诺斯替教相反，他们好像过于从字面上理解"联合"了。但是通过堕胎和其他限制性措施，他们避免他们行为的生物意义没有淹没于仪式的宗教意义。在教会神秘主义里，"神圣婚姻"的原始意象被升华至一个崇高的层面，且只是偶尔地——例如像马格德堡的麦赫蒂尔德（Mechthild of Magdeburg）⑥——在情感强度上接近生理领域。对于世界上其他人，它仍非常活跃，

---

① 《心理学类型》，定义48；《自我与无意识的关系》，第269段以下。
② 《何西阿书》1：2以下。
③ 参见芬特（Fendt），《诺斯替教秘密》（Gnostische Mysterien）。
④ 詹姆士（James），《新约伪经》（The Apocryphal New Testament），第11页。
⑤ 克莱门特，《基要》（Stromata）Ⅲ，13，92，2。
⑥ 《上帝的流离光影》（The Flowing Light of the Godhead）。

而且仍是特殊的心理专注对象。在这方面，欧匹齐尼乌斯·德·卡尼特西斯（Opicinus de Canistris）①的象征派绘画值得我们注意，它提供了原始意象甚至在疾病状态下起统一对立面作用的方式。另一方面在中世纪蓬勃发展的炼金术哲学中，尽管这种缺陷给创造性想象提供了拟人化飞翔的想象，"联合"以公认抽象的阴阳结合（coniugium solis et lunae）理论在物质领域完全实践。

这就是事件的状态，雌雄同体的原始意象应以男女性对立的伪装重新出现在现代心理学中，这很好理解，换言之，作为男性意识和人格化的女性无意识。但使意识理解事物的心理进程已使情况相当复杂。旧科学几乎是个只有男人的无意识可以投射的特定领域，新心理学也不得不承认自主女性心理的存在。这里情况相反，且女性意识面对无意识的男性化身，这不能再被叫作阿尼玛而是阿尼姆斯特征。这个发现也使"联合"问题复杂化。

最初这种原型在丰产巫术的领域完全发挥作用，因而很长时间除了丰产目的生物现象外，保持不带其他目的。但是即使在古代早期，这种行为的象征意义似乎已增加。例如因此"神圣婚姻"作为神圣仪式的身体表演不仅成为神秘——它也消逝为纯粹猜测②。正如我们已经看到的，诺斯替教也慎重努力使生理学从属于玄学。最终教会把"联合"从形而下领域割裂，并且自然哲学把它变成抽象理论。这些发展意味着：原型逐渐转变成理论上我们可以称这个心理过程为意识和无意识心理过程的联合。但在实践中并不简单，因为男人的女性无意识被投射在一个女性伴侣上，而女人的男性无意识则投射到一个男人身上，这已成为规律。这些问题的阐明是心理学的特殊分支，且在讨论神话中的雌雄同体方面尚无专论。

4. 作为初始和终结的儿童

在浮士德死后，他成为男孩被纳入"升天幼儿合唱队"。我不知道歌德是否持有这个特殊观念谈及古代墓碑上的丘比特画像，这值得考虑。守护神（Cucullatus）指戴帽者，即意味着无形的形象，逝者的守护神，他重现于儿童般新生的嬉戏中，被海豚和海螺等海洋生物围绕，在某些特定环境下［例如，在赫尔墨斯与达克堤利（Dactyls）的事例中］，正像"儿童"与生育的象征——阴茎紧密相连，所以它再次出现在坟墓般的生殖器中，作为再生的象征。

---

①所罗门（Salomon），《欧匹齐尼乌斯·德·卡尼特西斯》。
②参见阿斯提留（Asterius）主教的谴责［福卡特（Foucart），《厄琉西斯之秘》（*Mystères of d'Eleusis*），第477页以下］。根据希波吕托斯的记载，祭司用毒芹使自己虚弱无能，祭司在崇拜母神的自我阉割具有类似含义。

因此"儿童"以新生的婴儿形式再生（renatus in novam infantiam）。所以它既是初始和终结，一个最初和最末的生物。作为最初生物，它先于人；作为最末生物，当人不存在而它存在。从心理学上讲，这意味着"儿童"象征人之前意识和后意识本质。他的前意识本质是早期童年时代无意识；他的后意识本质是通过来世生命类比的一种预期。在这个观点中，心理圆满性包含一切的性质得到了表达。圆满性从来不在意识范围内组成——它也包括无意识无限的难以定义的范围。从经验上来说，圆满性不可计量的范围，老于或年轻于意识，并在时间和空间上涵盖意识。这不是推测，而是直接的心理体验。不仅意识过程频频伴随着无意识，无意识还经常指导、帮助打断显意识。儿童在有意识之前存在着心理活动。如果曾经有这样的情况，甚至成年人说和做，后来他们才认识其意义的事情。但是他们的言行，就好像知道他们想干什么。我们的梦频频说出超越我们理解范围的事情（这就是为什么它们在精神治疗中如此有用）。我们拥有不知其来源的征兆和本能。没来由的恐惧、情绪、计划涌向我们。这些确切经验在我们所知甚少的感情深处，同样，在痛苦猜测的深处也给我们准备了惊喜。

原始人对自己不感到困惑。"什么是人"是人类总保留到最后的问题。原始人在他的意识外有如此多的心理，以至于他意识外的心理经验对他远比对我们熟悉。意识被心理力量包围，为其所支持，或是威胁，或是迷惑，这是人类的古老经验。这经验已投射到表达人类圆满的儿童原型里。"儿童"是所有那些被抛弃、被暴露而又神圣的强大力量，始于卑微、不光彩，终于胜利。存在于人类的"永恒儿童"是一种难以形容的经验、一种违和、一种障碍、一种神圣的特权、一种难以估量的力量，决定个性最终有无价值。

结　语

我意识到，如果没有详细的文献资料，儿童原型的心理学评论就只能是粗略的描述。但因为对心理学家而言，这是一块处女地，我的主要努力是提出问题的可能范围，并至少粗略地去描述它的不同层面。鉴于所有原型性质的解释弹性较大，在这个领域清晰界定和严格描述十分不可能。它们最多只能被大致界定。它们生动的意义更多在于作为整体，而并非在于简单公式。力图使之更清晰精确的尝试都立即在无形的精义前黯然失色。没有哪一个原型能简化为公式。它是我们永远无法清空也无法填满的容器。它只是一个潜在之物，当它成形时已今非昔比。它历经沧桑却永远需要重新解释。原型是无意识不变的要素，但是它们自身不断变化。

把一个单独的原型从心灵的鲜活组织上剥离,这是无望的几乎不可能的任务。尽管它们交织错杂,但确实形成了可以直观理解的意义单位。心理学作为众多心理表达中的一种,对从原型结构得出的观念——操作,由此产生多少有些抽象的神话。所以心理学把古老神话的话语译成现代神话——当然还没有被视为这样——这构成神话科学的一个要素。这些看似无望的任务是活着的和逝去的神话,让气质相应的人满意,就它们已被精神分裂和它们割裂的心理源头来看,这确有裨益。

经验上,我们在自然的和治疗诱发的个体化过程中会碰到儿童原型。作为规律,"儿童"的首次显现是绝对无意识现象。这里病人认同自己的孩子气。然后在治疗的影响下,我们得到一个或多或少"儿童"的逐渐分离和对象化,即认同消解同时伴随着幻想加强(有时由技术手段诱发),结果原始特点或神话特点逐渐明显,进一步转化体现在英雄神话中。"伟大功绩"主题普遍缺失,但另一方面神秘危难起较大作用。在这阶段通常有另一种认同,这次是英雄,由于多种原因其角色具有魅力。这种认同通常极其固执,对心理平衡很危险。如果它能被克服,而且显意识减少到与人类相称的程度,那么英雄形象可以逐渐变异为自性的象征。

但在现实中,病人仅知道这些发展是不够的,重要的是他的各种各样转变体验。个人幼稚病的最初阶段展示一个过分自负、被遗弃或被误解且被不公正对待的小孩画面。英雄的显现(第二次认同)以一个相应的膨胀展示自己:巨大自负发展成非凡的自信,或者主张的不可能实现只证明个人低劣,这在英雄受难者中常见(消极的膨胀)。尽管它们矛盾,但二者是一致的,因为意识妄想自大狂被无意识的补偿性低劣平衡(你不可能只要其中之一而不要另一个)。一旦第二次认同的礁石被成功地绕开,意识就能清楚地从无意识分离,并且后者被客观地看待。这为同化无意识敞开大门,因此为综合知识和行为中意识与无意识因素提供了可能。进而,引导人格从自我中心向自性转变[①]。

在这种遗弃母题的心理学框架中,无敌、雌雄同体以及初始和终结作为经验和理解的显著范畴取代它们。

---

①对这些发展更详细的解释可在《自我与无意识的关系》中找到。

民俗与心理学

韦斯登·拉巴

(杜克大学)

20世纪心理学与人类学的相互结合始于心理学家对民俗资料的应用。在此语境中,就含义和目的而言,心理学几乎相当于心理分析,因为对于心理学家而言,(尽管从目前来看,这两门学科间的协作不可避免)只有在分析过程中,民俗资料的巨大价值才能体现出来,这也许是因为只有分析心理学关注并尊重人类信仰中的幻想内容。

早期对神话资料进行分析应用的代表人物包括卡尔·亚伯拉罕、奥托·兰克、厄内斯特·琼斯等。① 亚伯拉罕所指出的神话与睡梦中幻想的相似性已成为一条具有永恒价值的研究线索,兰克的早期研究则收集了很多至今仍有价值的相关资料。

然而,当代民俗学家及人类学家对这些早期研究成果存有异议,主要在于

---

① 卡尔·亚伯拉罕,《梦与神话》,《神经和精神疾病》专论系列15,1913。奥托·兰克,《英雄诞生的神话》(同上,18,1913);《诗歌与传说中的乱伦动机》(Das Inzestmotiv in Dichtung und Sage),维也纳1912;《神话研究中的精神分析学贡献》(Psychoanalylische Beiträge zur Mythenforschung),维也纳1919;厄内斯特·琼斯,《盐在民俗和迷信中的象征意义》("The Symbolic Significance of Salt in Folklore and Superstition"),见《应用心理分析论文集》(Essays in Applied Psychoanalysis),第四章,伦敦1923,弗兰兹·里克林,《童话中的愿望实现与象征》(Wishfulfillment and Symbolism in Fairy Tales),《神经和精神疾病》专论系列21,1915。弗洛伊德(《文集》Ⅰ,第320页)对里克林、亚伯拉罕、兰克、琼斯、施托菲及荣格在民俗和神话方面做出的分析研究给了高度赞扬,而他本人也在此研究领域发表了两篇论文,《睡梦中童话故事的再现》("The Occurrence in Dreams of Material from Fairy-Tales")(《文集》Ⅳ,伦敦1934,第236—243页)和《三个匣子的主题》("The Theme of the Three Caskets")(同上,第244—256页)。继上述学者之后,以这种传统方式进行研究并做出成果的研究者包括:桑道尔·费伦齐,《格列佛幻想》("Gulliver Phantasies"),载《国际精神分析杂志》(International Journal of Psychoanalysis) 9 (1928),第283—300页;桑道尔·罗兰 (Sandor Lorand),《童话与神经症》("Fairy Tales and Neurosis"),载《精神分析季刊》(Psychoanalylic Quarterly) 4 (1935),第234—243页;同上,《童话故事,小人国梦与神经症》("Fairy Tales, Lilliputian Dreams, and Neurosis"),载《美国矫正精神医学杂志》7 (1937),第456—464页;吉恩·马太 (Jean Mather),《仙境的无意识重要性》("The Unconscious Significance of Fairyland"),载《澳大利亚心理学哲学期刊》(Australian Journal of Psychology and Philosophy) 2 (1933),第258—274页,同上,12 (1934),第16—32页。

早期研究者们推崇已经过时的文化进化论。詹姆斯·弗雷泽的著作应该算是体现这种民俗进化论的最为人们熟知的例子了。其比较方法基于承认一个假设的相关性，即以一种文化中的某一描述性类似现象解释说明另一种文化中的类似现象。这种方法在未经证实的情况下肯定了某种人类普遍观念的存在，尽管新弗洛伊德派正在越来越多地证实功能主义者及从事田野工作的民族志学者们早已明了的一个论点，即某一民族志事实的主要意义在于它与其他民族志事实出现于同一个文化背景。弗雷泽用《金枝》这一十二卷本的书作为一个脚注来阐释维吉尔（Vergil）的《埃涅阿斯纪》（Aeneid）中一行的内容，应该说他是"最后的经院主义者"。这部作品具有相当独特的文学风格，而且仍是安排合理有序的一个民俗资料宝库。然而，问题在于弗雷泽所做的这一切劳作是否真的阐释了那一拉丁神话吗？就像《〈旧约〉中的民间传说》（Folk-Lore in the Old Testament）中用三卷的篇幅引述一个堪察加半岛的或澳大利亚的资料解释一个希伯来神话那样。

将看似相似的现象从其文化背景中提取出来，使其脱离至关重要的背景特色，这种做法很危险，因为几乎任何一种由主观武断推论而得出的理论都会促发一次不负责任地收集证据的环球"证实"之旅。因此，兰克①由此建立一种专门理论，这一理论具有建设性和洞见性，但却绝非是对所有可能性的详尽阐述。当代民俗学家谨慎地寻求鲜为人知的民俗概述的资料来源地区仅限于两种：一种是地域上相邻的地区，另一种为通过文化传播而具有可靠的文化历史联系的地区。事实上，通过搜集相同传说的不同版本，他们已经将真正的比较方法发展得几近于完美，其有效性毋庸置疑。

从方法论上讲，卡尔·荣格在民俗学领域的研究与兰克的相比，更应受到谴责，因为它们建基于明显错误的心理学。② 荣格的"原型"重复了普遍思想的观念错误，尽管他在理论上承认民族志差异，但他的种族神秘主义却佯称原型性民俗象征是种族遗传的。大量事实证明这些象征，像文化的其他事象一样，在本体论意义上是社会化过程中"继承"的（社会的，而非生物的）。民俗学家辛苦地用归纳法建构了一个母题索引，而且在寻找那些不是紧紧地依靠地理相邻或历史相邻的事实方面，有一种民族志复杂性方面的谨慎。而荣格却以演绎

---

① 奥托·兰克，《分娩创伤》（The Trauma of Birth），纽约1929。
② 卡尔·荣格，《无意识心理学》，伦敦1916；《分析心理学文集》，伦敦1917。然而，荣格指出幻想在民间故事中和在早发性痴呆或精神分裂症中的相似性，这尚未得到足够认可，荣格的著作在精神分裂症领域仍有永恒的价值。

方法用绝对原型象征的梦书涵盖了所有时间和空间,并且一劳永逸地按图索骥①。

人类学家决然反对这种民族中心主义,我们希望当代民俗学家也能如此。象征的本质在于代表原物而非成为原物本身。从自然科学的角度看,在发现历史上无关联的两个文化中,引发两种不可避免的联系的象征与事物之间的等同是绝不存在的。象征不仅是一种文化武断的主观主义的一部分,而且象征与事物在观念上的并置也可能是一种个体精神分裂性选择的命令。一本跨文化象征解梦书不如一本文化内部的解梦书更有效。比方说,在某些文化内,"犬"的最真实且唯一有效的象征符号只能是 Hund,尽管在其他一些文化中它可能明显是——但不一定正确——dog 或 chien。熟悉语言学材料或数学用语的人都应该意识到象征联想的文化毗邻性。我相信,知识界对土著象征活动(如民俗学及其他材料所揭示)的合理发现有强烈反感,而这种反感的很大一部分来自于对荣格绝对原型自大的民族中心主义认识,而不是来自于不情愿考虑当地民众信仰或行为的可能意义。但是一种意义只对那些有意用它的个人或群体有意义,可以说,即使他或他们或许并没有意识到,自己已经将那些在现实世界中明显不相关的东西语义-象征性并列这一事实。

在指出古典弗洛伊德学说的文化局限的人类学家中,最值得赞扬的可能应该是马林诺夫斯基。作为民族学者和功能主义者,他特别关注地方社会结构及文化制度如何调整意义和动力(dynamism)。他的《原始社会的性压抑》是对弗洛伊德学说的民族中心主义的专业性攻击。这本书以他对一个单一的文化——特罗布里恩群岛文化——细致的实证研究为基础,因此具有相当大的影响。值得注意的是,在其批评的初始形成中,他应用了民俗资料。②追随马林诺夫斯基

---

①两个例子足以证明这种荣格学派传统的不足之处。莱亚德在他的《野兔夫人的故事:一个关于梦境治愈能力的研究》(伦敦1944)一书中,以一个病人的病例为开篇,对多种文化中的野兔神话展开调查研究。论者假定这一研究方法就是荣格原型说的应用。在实际诊疗实践中,患者的无意识象征意义经常是无知的、单一的、自我的,并且脱离文化常识;此外,野兔象征意义的跨文化相关性尚属假设,而非已得到证明的观点。《作为一种心理机制的变狼狂》[《美国民俗学期刊》58(1945),第310—316页]中,南多尔·福多用弗洛伊德-荣格学派传统酿制了一坛梦与神话的杂味,最后以细胞结构上的神秘主义这一前后矛盾的说法结束:在细胞结构上,染色体为 XX-XX 的女性如何能拥有潜在的本应属于男性的冲突根源?荣格学派的神秘主义,没有受到民族志事实坚实细节的约束,命中注定是这样的谬论。

②布罗尼斯拉夫·马林诺夫斯基,《母权中的俄狄浦斯与神话》("Oedipus and Myth in Mother-Right"),载《心灵》(*Psyche*)5(1925),3,第194—216页;《原始社会的性压抑》,纽约1927。

的大多数学者都从他的作品中受益。①例如 M. K. 欧普勒和 F. 大林（F. Obayashi）无懈可击地展现了时下图尔（Tule）的心理紧张如何以日本川柳诗体的民间诗歌表达出来。②露西尔·霍尔·查尔斯（Lucile H. Charles）在一项对小丑的功能研究中表明了在特定社会中，小丑这一社会角色如何在心理上与当地的文化紧张相互联系。③潘·寇德拉斯（Pan S. Codellas）则阐明了当代希腊民俗中，人们对炭疽这种牲畜流行病的歪曲迷信的因果解释。南部大平原及西南部部落帕约特仙人掌潮都有相应的民俗描述。拉巴通过运用民族植物学资料，从当地部落象征的角度分别解读这些描述，试图展现它们是如何从事实上记录了精确的观察结果。④

阿布·扎伊德（Abou Zeid）指出，在埃及讲述民间传说实际上是一种被抑制的欲望得到掩饰性满足方式；他的同乡 M. M. 埃尔 - 赛亚德（M. M. El-Sayyad）通过研究埃及民俗歌曲找到了新颖的研究民俗心理学的方法。⑤贝雷尼丝·恩格尔（Berenice S. Engle）则经过一系列精心的研究，在展示如何用分析法知识阐释古希腊神话上取得了成功。⑥莫里斯·爱德华·欧普勒对日本民俗中蛇的象征意义的研究，为了解日本社会独特的心理紧张情绪提供了观察视角，

---

①莫里斯·爱德华·欧普勒在《文化心理分析法》（"The Psychoanalytic Treatment of Culture"）[《精神分析评论》（*Psychoanalytic Review*）22（1935），第138—157页］中的看法应该在美国民族学研究者中得到了广泛的认同，因为他对弗洛伊德学派文化上的错误理解提出了质疑。

②M. K. 欧普勒，F. 大林，《川柳诗歌作为民俗及地区表达方式》（"Senryu Poetry as Folk and Community Expression"），载《美国民俗学期刊》58（1945），第1—11页。

③露西尔·霍尔·查尔斯，《小丑的功能》（"The Clown's Function"），载《美国民俗学期刊》28（1945），第25—34页。然而，她不适当且不公正地将弗洛伊德的幽默理论概括为一种"向孩童的欢乐的退化"。不过她的小丑是"恢复被忽略的庸俗功能心理仪式上的高级祭司"这一观点有趣并具参考价值。

④潘·寇德拉斯，《当代希腊民俗：斯莫尔达齐》（"Modern Greek Folklore: The Smerdaki"），载《美国民俗学期刊》58（1945），第236—244页；韦斯登·拉巴，《基奥瓦的民俗科学研究》（"Kiown Folk Sciences"），同上，60（1947），第105—114页。

⑤阿布·扎伊德，《神话心理分析》（"La Psychoanalyse des mythes"），载《埃及心理学学报》（*Egyptian Journal of Psychology*）2（1946），第233—251页；埃尔 - 赛亚德，《民俗歌曲中埃及人的心理分析》（"The Psychology of the Egyption People from Folksongs"），同上，1（1945），第151—171页。以一些五行打油诗为材料，拉巴仔细研究了英国人与美国人的正常无意识思想的内容。[拉巴，《饮酒歌中的精神病理学》（"The Psychopathology of Drinking Songs"），载《精神病学》（*Psychiatry*）2（1939），第203—212页。]

⑥贝雷尼丝·恩格尔，《阿提斯：关于阉割的研究》（"Attis, A Study of Castration"），载《精神分析评论》23（1936），第363—372页；《利姆诺斯：女性的岛屿》（"Lemnos, Island of Women"），同上，32（1945），第353—358页；《美拉姆波司和弗洛伊德》（"Melampus and Freud"），载《精神分析季刊》11（1942），第83—86页；《古希腊的亚马孙人》（"The Amazons in Ancient Greece"），同上，第512—554页。

尽管蛇的象征意义在日本与在西方文化中相去甚远。① J.S. 林肯（J. S. Lincoln）在其对梦的领先研究中，细察了北美印第安人的梦与其民俗及文化之间的关联。托弗尔米尔（G. Toffelmier）和卢奥马拉（K. Luomala）则研究了迪埃格诺人（Diegueno）的梦，斯宾塞（D. M. Spencer）研究斐济群岛人的梦，以及哈代（E. S. C. Handy）研究夏威夷群岛人的梦。② 作为一位心理分析学家，玛丽·波拿巴（Marie Bonaparte）公主以亚伯拉罕的古典传统方式多次在她的作品中显示了对民俗的浓厚兴趣。③ 默伦霍夫（Moellehhoff）和格洛加恩（Grotjahn）从心理分析的角度分别对米老鼠和公牛费迪南德进行评述。④ 佛温克尔-威格特（Vowinckel-Weigert）对地中海东部黎凡特人的母神崇拜及神话做了出色的研究，这里还应被提及的有科恩（M. Kohen）对沃伦多夫的维纳斯、费伦齐和科里亚特（I. Coriat）对美杜莎女妖的研究。⑤ 约翰·多拉德（J. Dollard）用分析法富有启示性地研究了一种美国黑人游戏，斯泰尔巴（R. Sterba）论述了一种荷兰节

---

①莫里斯·爱德华·欧普勒，《关于蛇的日本民间传说信仰》（"Japanese Folk Belief Concerning the Snake"），载《人类学西南学报》（Southwestern Journal of Anthropology）1（1945），第249—259页。同类研究参阅：佛尔圣（Fortune），《蛇的象征意义》（"The Symbolism of the Serpent"），载《国际精神分析杂志》7（1926），第237—243页；哈赛尔（J. C. Hassell），《蛇的象征》（"The Serpent as a Symbol"），载《精神分析评论》4（1919），第296—305页；拉尔夫·里德（Ralph Reed），《蛇作为阳物的象征》（"Serpent as phallic symbol"），同上，9（1922），第91—92页；琼斯，《梦中蛇的象征》（"Snake Symbolism in Dreams"），载《心灵》24（1926）；汉布里，《非洲信仰中的蛇》（"The Serpent in African Belief"），载《美国人类学家》31（1929），第655—666页。

②J. S. 林肯，《原始文化中的梦》（The Dream in Primitive Cultures），巴尔的摩1935；G. 托弗尔米尔、K. 卢奥马拉，《加利福尼亚南部迪埃格印第安人的梦和梦的解析》（"Dreams and Dream Interpretation of the Diegueno Indians of Southern California"），载《精神分析季刊》5（1946），第195—225页；D. M. 斯宾塞，《斐济群岛人梦和幻象》（"Fijian Dreams and Visions"），见《研究的第25周年纪念》（Twenty-fifth Anniversary Studies），D. S. 戴维森编，费城1937，第199—209页；E. S. C. 哈代，《夏威夷人的与精灵亲属及疾病相关的梦》（"Dreaming in Relation to Spirit Kindred and Sickness in Hawaii"），见《纪念阿尔弗雷德·路易斯·克罗伯的论文集》（Essays in Honor of Alfred Louis Kroeber），伯克利1936，第119—127页。

③玛丽·波拿巴，《关于汽车中的尸体的神话》（"The Myth of the Corpse in the Car"），载《美国意象》（American Imago）2（1941），第105—126页；《神秘莫测的水域的神话》（"The Legend of the Unfathomable Waters"），同上，4（1946），第20—31页；《圣克里斯托夫，汽车司机的守护神》（"Saint Christopher, Patron Saint of the Motor-Car Drivers"），同上，4（1947），第49—77页。

④默伦霍夫，《关于米老鼠之流行的评述》（"Remarks on the Popularity of Mickey Mouse"），载《美国意象》1（1940），3，第19—32页；格洛加恩，《公牛费迪南德》（"Ferdinand the Bull"），同上，第33—41页。

⑤佛温克尔-威格特，《大母神崇拜与神话》（"The Cult and Mythology of the Magna Mater"），载《精神病学》1（1938），第347—378页；M. 科恩，《沃伦多夫的维纳斯》（"The Venus of Willendorf"），载《美国意象》3（1946），4，第49—60页；费伦齐，《美杜莎的头的象征意义》（"On the Symbolism of the Head of the Medusa"），见《心理分析理论与技术动态》（Further Contributions to the Theory and Technique of Psycho-Analysis），伦敦1926，第360页；I. 科里亚特，《美杜莎象征意义浅析》（"A Note on the Medusa Symbolism"），载《美国意象》2（1941），4，第281—285页。

日，韦伯斯特（D. Webster）则对黄道十二宫标志做了分析。① 卡尔森（K. J. Karlson）早期的一篇论文、马雷特的一本书中都总结归纳了民俗及心理学的专题研究。②

以上所列还不算详尽，只关注那些对用心理学研究民俗有相当兴趣的人也还是不够的。这里提供的仅仅是此领域中人们做出的各样研究的一个抽样，对于那些将民俗文章发表在其他领域刊物上的学者来说不够公平。③ 如果把那些对文化怀有心理学兴趣并以某种形式用到了民俗的学者也加上的话，完成这个名单会更加有难度。英国学者中至少要包括霍卡尔特（Hocart）、利弗尔斯（Rivers）、塞利格曼夫妇（the Seligmanns）、格洛弗（Glover）、巴特利特、琼斯、贝特森（Bateson）、格勒尔（Gorer）、佛尔圣、达林顿（Darlington）和比格尔霍尔（Beaglehole）。美国学者则首先包括萨丕尔、林顿（Linton）、本尼迪克特、克罗伯（Kroeber）、米德、戈登怀瑟（Goldenweiser）、拉定、多拉德、克拉克洪、哈洛韦尔（Hallowell）等开拓者们，还有他们的学生以及那些深受他们影响的人。马林诺夫斯基显然是这两组人中的一位。有一份简明扼要的名单，这份名单列举了在著述中意识到民俗的心理学价值的学者。在攻击当今对文化的心理学兴趣时，莱斯利·怀特（Leslie White）的一位女学生列出了一个名单，在此我们可以利用一下。④ 除了上述我提到的人名外，她还提到了一些没有从分析法的角度出发，但都在其著作中偶尔显示了对民俗资料中的心理学内容感兴趣的学者。他们是 M. F. 艾希礼－蒙塔古（M. F. Ashley-Montagu）、R. F. 巴顿（R. F. Barton）、G. 德弗罗、C. 杜波伊斯（C. Dubois）、W. 迪克（W. Dyk）、C. S. 福特（C. S. Ford）、J. 纪林（J. Gillin）、A. 约瑟夫（A. Joseph）、J. 亨利、M.

---

①J. 多拉德，《骂娘：辱骂俚语》（"The Dozens: Dialectic of Insult"），载《美国意象》1（1939），第3—25 页；R. 斯泰尔巴，《一种荷兰节日庆祝方式》（"A Dutch Celebration of a Festival"），同上，2（1941），3，第 205—208 页；D. 韦伯斯特，《黄道十二宫标志的来源》（"Origin of the Signs of the Zodiac"），同上，1（1940），4，第 31—47 页。

②K. J. 卡尔森，《心理分析与神话》（"Psychoanalysis and Mythology"），载《宗教心理学学报》（*Journal of Religious Psychology*）7（1914），137—213 页；R. R. 马雷特，《心理学与民俗》（*Psychology and Folklore*），伦敦 1920。

③在这些期刊中应当提及的是：《国际精神分析杂志》、《精神分析评论》、《精神分析季刊》、《异常社会心理学学报》（*Journal of Abnormal and Social Psychology*）、《宗教心理学学报》、《意象》（*Imago*）、《美国意象》、《精神病理学和临床心理疗法学报》（*Journal of Clinical Psychopathology and Psychotherapy*）、《个性杂志》（*Journal of Personality*）［原《性格与个性》（*Character and Personality*）］、《精神病学》以及其他一些不常见的心理学和社会学期刊。

④B. J. 梅格斯（B. J. Meggers），《美国民族学的新动向》（"Recent Trends in American Ethnology"），载《美国人类学家》48（1946），第 176—214 页。

J. 赫斯科维茨、W. W. 希尔（W. W. Hill）、G. B. 约翰逊（G. B. Johnson）、O. 克林伯格（O. Klineberg）、R. 兰德斯（R. Landes）、S. 米奇尔（S. Mekeel）、M. E. 欧普勒、M. K. 欧普勒、L. 西蒙斯（L. Simmons）、L. 汤普森以及 R. 安德希尔（R. Underhill）。笔者没有被包含在这些被梅格斯小姐批判的人中，但其实若能与这些出色的人作为同一群体出现，笔者会感到荣幸。实际上，这个名单还是不够全面。还有一些人本应出现在其中，比如 J. 培乐（J. Belo）、R. 邦泽尔（R. Bunzel）、J. M. 库珀（J. M. Cooper）、A. H. 盖顿（A. H. Gayton）、E. 格尔德弗兰克（E. Goldfrank）、E. A. 霍贝尔（E. A. Hoebel）、A. 雷赛尔（A. Lesser）、S. 纽曼（S. Newman）、E. C. 帕森斯（E. C. Parsons）、H. 帕尔德梅克尔（H. Powdermaker）、M. 西格尔（M. Siegel）、F. G. 斯贝克（F. G. Speck）、S. 塔克斯（S. Tax）、C. 沃格林、E. 沃格林、J. W. M. 怀汀、G. 格勒尔（G. Gorer）、E. H. 埃里克森、D. 托马斯克（D. Tomašič）及 A. 梅特罗（A. Métraux）。梅特罗曾写过一篇评论，是关于民俗对有心理学兴趣的民族志研究者的有用性，该文章不失为一篇经典文献，在此引用部分内容：

> 如果能得到恰当运用，民俗不仅仅是了解文化的最细微之处的珍贵材料，而且对于把握民俗拥有者的总体心理模式也具有同样高的价值。就算一些已模式化且广泛传播的故事（例如捣蛋鬼故事）会失去其原本的色彩，转而强调社会的基本价值观……但是，一个社会的总体心理倾向还是可以通过传统民间故事存留下来。①

展望这一有重大研究价值的领域的前景，有两位当代研究者的著作应该具体讨论。吉沙·罗海姆的著作对民俗资料的应用是很惹人注目的。但在我看来，他似乎还在坚持古典弗洛伊德学派跨文化研究的错误。就像医生必须竭力反对对其病人资料进行主观解释一样，民族志研究者也应当遵循这个原则，更何况他们的资讯人无法对已出版的错误解释做出回应。罗海姆式的方法只能满足那些对文化变化缺乏认知的非民族志研究者的需求。事实上，任何缺乏对比较文化进行正确领悟的，未受文化限定矫正的弗洛伊德派研究方式都不适合民族志研究者。人们绝不怀疑澳大利亚图腾崇拜有其自身的意义及象征作用，并认为可以对这些象征意义进行归纳性的理解，但分析到最后这些意义也还都是属于澳大利亚的，而非自中欧引入。没有对文化差异的尊重，研究者所从事的将很

---

① A. 梅特罗，《民族志研究方法》（"The Ethnographic Approach"），载《美国民俗学期刊》59（1946），第 504—506 页。

有可能不是理解旧的神话而是创作出新的推源神话。① 当罗海姆声称澳洲土著进行成年割礼的目的是为了模仿女性生殖器、月经等来减少性别差异时，就连一个有心理学知识的评论家②也同我们一样怀疑这个解释究竟是当地居民所提供的呢（即便是不自觉地），还是罗海姆个人的文化主观推断所得。

如果民俗学家不愿仅限于对文化动态做简单描述，那么他就必须准备发掘并聆听其资料的文化联想及语境，就如同心理医生必须倾听病人个人的自由联想一样。一味地接受表面相似的肤浅价值而不去寻找象征背后真正的本土文化背景，则只是重复弗雷泽的错误而已。心理治疗假定病人和医生在一定程度上具有相同的文化情境，这点可以成立。但即便如此，精神病患者仍部分地用个人特有的象征进行思考：这也正是他的麻烦所在。与此相似，文化也都有其特有的不可比拟的象征系统：这也正是难点所在。罗海姆不具备民族学家应有的谦逊，同时也缺乏对民族志之复杂精妙的认识。他只知道预设 A 意味着 X，B 意味着 Y，而 C 意味着 Z，并用绝对肯定的口吻来陈述他的认识，而且毫不顾忌民族志研究的规范，以至于他的研究基本上毫无特色且过于教条。不可否认，罗海姆在本土资料的作用下所引发的自由联想通常很生动有趣且不乏闪光点，但是就连那些承认精神分析法在民俗研究中的有效性的民族志研究者，也经常会对他所得出的这样那样的结论质疑：这些结论是从相关的本土资料中得出的必然结果吗？究竟是谁的意义呢？

举个例子以便更清楚地表明我的意思。战争时期，在中缅印战区的《美国佬》（Yank）杂志上曾出现过一张摄于北非的照片，其下方的文字说明照片中的美国士兵们正在教阿拉伯本土居民怎样正确地蘸炸面圈。事实上，这里的文化传播者和接受非本土文化者就有各自不同的象征世界，相隔遥远。美国大兵这时候考虑的是小指要弯曲，这涉及文化象征包括艾米丽·波斯特（Emily Post）的社会规则，以及那遥远时期的女性的监管、男性的反叛、礼节及社会地位上下流动、边疆及大熔炉、道德败坏、独立战争、英国恐惧症、民主精神、新教伦理——天知道还

---

①尤其见吉沙·罗海姆的《梦的永恒者：澳大利亚神话与仪式的精神分析解析》(The Eternal Ones of the Dream: A Psychoanalysis Interpretation of Australian Myth and Ritual)，纽约 1945。近期的代表论文可能包括：《阿芙洛狄忒，长有男性生殖器的女人》("Aphrodite, or the Woman with a Penis")，载《精神分析季刊》14 (1945)，第 350—390 页；《忒瑞西阿斯和其他先知们》("Tiresias and Other Seers")，载《精神分析评论》33 (1946)，第 314—334 页。关于罗海姆这一观点的陈述见《精神分析和民间传说》("Psycho-Analysis and the Folk-Tale")，载《国际精神分析杂志》3 (1922)，第 180—186 页。亦可参见罗海姆编，《精神分析与社会科学》(Psychoanalysis and the Social Sciences)，纽约 1947。

②C. 威斯勒，《〈梦的永恒者〉书评》，载《美国民俗学期刊》59 (1946)，第 338—339 页。

有其他什么，甚至还会包括1066年在一个遥远的岛上发生的事件吧！而那些穆斯林居民，他们所想到的却是完全不同的象征意义：这种食物是否用猪油炸制？（并从自己的文化角度错误地推断）炸面圈的形状有什么性象征意义，以至于在美国产生这么大的影响？同样，天知道还有什么，甚至还可能包括史前时代地中海东部图腾文化的影响。有谁能像照片中的文字那样简单地说这只是一个美国人向阿拉伯人传授蘸炸面圈的理论与实践的情形？美国大兵可以这么认为，但民族志研究者绝不会这么认为！这一看似简单的事件周围环绕着各种各样的象征意义，要分析这一事件则需要将技巧与耐心、知识与洞察力都发挥到最大作用来追溯历史文化的真实。另外，世界并不是一个单一语义的文化空间。大兵们和阿拉伯人只是在身体上与地理上共处于北非，而从文化角度上来看，他们背后是欧洲和亚洲两个不同的庞大的历史文化圈。那么，从整体上讲，罗海姆的研究告诉我们，做研究时不能自闭于自己熟悉的大旅馆——欧洲象征意义中，而应该置身于小茅舍——其资讯人的本土意义中：在跨文化研究中，仅仅做一位十足的分析家还不够，必须同时是一位民族志研究者。

博厄斯很早就告诉过我们神话和民俗在理解一种文化的世俗民族志时的有用性。民俗的价值不仅在于它保留了那些古老的或已不复存在的民族特征，还在于民俗通常具有文学表达方式的特权与自由，从而避免像官方那样对其本土文化平铺直叙。就如同在罗夏（Rorschach）测验中试验者丝毫意识不到自己泄露了多少秘密一样，通过了解民俗，一个文化的点点滴滴会悄无声息地展现出来。通过搜集文化的变体，民俗学家掌控着个体作用的均衡发挥，这使得他很好地理解了文化最基本共性以及个体阐释限度。很明显，从精神病学角度讲，这种以民俗来帮助理解当代或古代民族志的博厄斯式的传统方式相当合理，因为文化继承者和神话叙述者同处于一个社会体系中，以相同的社会个体形式存在，从而不存在跨社会的不负责任的文化推论。我认为这一方法可应用于一些经认真圈定的文化区域内，以便探寻相邻文化相互影响的有用线索，但前提是必须保持谨慎的态度。这个时候即使那些琐碎的或相当个人化的，甚至那些对于提供者来说只是一时的笑话而已的材料都可能在民族志方面具有相当重大的意义。

这里我举一例来说明。曾经有一位艾马拉（Aymara）老人随意地笑着提供给我一条信息，他说sister-in-law（英语中可表示嫂子、弟媳、大/小姨子）这个表亲属关系的称谓实际上原本应用"备用妻子"来表达。这句话直接暗含了两种可能性：兄弟间的一妻多夫制和姐妹间的一夫多妻制。究竟哪个成立则取决于这里的 sister-in-law 指的是兄弟的妻子呢，还是妻子的姐妹。当然，继续追问一下便会把这个问题弄清楚（如果能马上意识到这两种可能性的话）；但是，即便不问，北美和南美都趋向于后一种可能性，这种民族比较意识会引导我们认为姐妹间的一夫多妻正是老人话中所暗含的。这里的本土背景即使不算是同半球也是同一大洲的，估计所有美洲同行都会认同这个观点：不管经过几百年的基督教影响后的状况如何，从前的艾马拉人至少在原则上允许姐妹间一夫多妻这种现象的存在。从这一信息被暧昧地当作笑话讲的态度中，敏锐的精神病学观察者甚至可以推断出一些其他线索。但是，如果有人因为任何个人的或不寻常的原因武断地相信，这里指的是兄弟间的一妻多夫制。那么，任何一个追求实证的人都会认为，要找到相似文化他必须到相当远的地方去，比如说因纽特文化中去。从因纽特文化推断艾马拉文化，并不如用印加文化推断艾马拉文化更为恰当，但总比用西藏或纳亚（Nayar）文化推断艾马拉文化要好一些。当然，除去地理相邻这一因素外，促使人们选择姐妹间一夫多妻而排除一妻多夫的原因还包括世界范围内一夫多妻制和一妻多夫制的数据统计。这里应当确切强调的是，民族志研究者做出判断是基于：他以谦逊的态度投身于异常艰难的细节研究中，而且他要在复杂但相当重要的地理（空间）与历史（时间）相互交替的脉络中找寻答案。他可能曾在相关地区的十个部落中居住过，且阅读过500 篇关于其他部落的论文。在这样一个案例中，他对姐妹间一夫多妻制的可能性的认同建基在归纳这些来之不易的雄辩的民族志证据的基础之上，而绝不是依据任何演绎性的心理学公式，比如什么是构成人类普遍性行为的因素之类的问题。

由此我们把讨论的焦点引向这篇心理学与民俗文章的最后一位人物：艾布拉姆·卡迪纳。[1] 在所有的新弗洛伊德主义学者中，卡迪纳应该是接受基本的民族志视野最成功的一位，这无疑是因为他曾与美国最著名的人类学家——拉尔夫·林顿一起工作。他们从功能性的角度审视文化，认为象征是特殊的（sui generis），完全没有荣格的绝对论。[2] 以民族学家的角度来看，在所有最终受到心

---

[1] 艾布拉姆·卡迪纳，《个人与社会》（*The Individual and His Society*），纽约 1939；《社会心理前沿》（*The Psychological Frontiers of Society*），纽约 1945。同见《社会科学中作为应用手段的基本个性结构》（"The Concept of Basic Personality Structure as an Operational Tool in the Social Sciences"）[R. 林顿编，《世界危机中的人类科学》（*The Science of Man in the World Crisis*），纽约 1945]。

[2] "通过将特罗布里恩群岛文化与夸扣特尔人文化进行粗略对比，结果显示两种文化的生活目标不同，对社会习俗现实的理解不同，必须予以控制的冲动因素不同，这些控制的手段也不尽相同，而两者各自的民俗正是这一系列不同之处的产物。"（《个人与社会》，第127页。）

理分析启发的精神病学家及心理学家中,卡迪纳对民俗的应用方式最完美,最无可挑剔。简单地说,他认为民俗(总体上像宗教等非物质文化一样)是一种投射系统,一种社会范围内的心理建构。这些投射系统对于个体和群体都具有功能性的心理意义,而这些意义的内容取决于人们需要的是什么样的意义,也就是说,投射系统受人们的企盼及其性格影响,而这些人又受制于使个体社会化的常规手段。这些社会化的手段因文化的不同而不同,因而不同文化的社会特征、结构及投射系统也各不相同。毫无疑问,林顿和卡迪纳的研究在洞察描述性材料的意义方面取得了很大成就,具有重要的价值。这里笔者需要提出并坚持的一点是,民族志学者及民俗学者在逻辑上应优先于精神病学家。研究必须以设定文化事实及文化历史系统为起点:文化永远无法归纳为心理学或者源于任何心理学系统的基本原理。正因如此,除非心理治疗师、田野工作者携手合作,否则学院心理学在任何意义上都缺乏生机。我们一定要先从文化上了解"是什么"的问题,才能从心理学上关心"为什么"的问题。而且坦白地说,"为什么"的问题其实还是必须从特定的文化本身出发才能解决。为了人类能够最终了解自己,许许多多的民俗学家和民族志学者一直在耐心、忠实且不辞辛劳地不断提供着一手的民俗资料。对于他们来说,以上所述事实应该是一种鼓励吧!

从历史和精神病学看俄狄浦斯神话:一种新的诠释

A.J.列文①

俄狄浦斯情结被弗洛伊德认为是神经官能症的"核心情结","是神经官能症内容的基本部分"。这就把"任务摆到了每个人面前……掌控俄狄浦斯情结。若不能掌控,就会沦为神经官能症患者。精神分析研究所取得的进步使俄狄浦斯情结的意义更为显著;承认俄狄浦斯情结与否已成为区分精神分析的追随者和反对者的准则"②我们应记住,俄狄浦斯情结是"神经官能症的真正核心"③。从文化角度讲,它的功能也是核心④,那就是"宗教、道德、社会和艺术之起源都系于俄狄浦斯情结上"⑤。当然,犯罪动机和愧疚感则是其派生物。⑥正统的弗洛伊德追随者并没有限定俄狄浦斯情结的应用范围,而是将其扩展,即俄狄浦斯情结被认为总是存在的。⑦

值得注意的是,每个人都必须掌控俄狄浦斯情结,否则就会陷入神经官能症。弗洛伊德使每个人必须面对一种命运,从心理学动力来讲,这种命运与被

---

①生物学的数据,见《精神病学》11(1948),第177页。参考书目见《精神病学》11(1948),第221—222页。

②弗洛伊德,《性学三论》("Three Contributions to the Theory of Sex"),见《弗洛伊德的基本著作》,纽约:现代图书馆,1938,第617页脚注。

③弗洛伊德,《文集》Ⅱ,伦敦:贺加斯出版社,1924,第188页,选自1919年出版的论文。

④弗洛伊德,《图腾与禁忌》,见《弗洛伊德的基本著作》,同《性学三论》,第908页和第906页"神经官能症的核心情结"。

⑤出处见《图腾与禁忌》,第927页。

⑥见《文集》Ⅳ,第342—343页。

⑦A. A. 布里尔在《弗洛伊德对精神病学的贡献》(*Freud's Contribution to Psychiatry*)中的观点,纽约:W. W. 诺顿出版公司,1944,第225页。也见第176页"论当超我发挥作用时俄狄浦斯情结的最终消失"。

吉沙·罗海姆,人类学家,"从俄狄浦斯情结追溯君王关系的创立",见《万物有灵论、巫术和圣王》(*Animism, Magic and the Divine King*),纽约:阿尔弗雷德·A. 克诺夫出版公司,1930,第310页。罗海姆声称文化的广泛的心理材料由俄狄浦斯情结和被阉割的焦虑组成,他的观点在J. S. 林肯的著作《原始文化中的梦》被批判地讨论,巴尔的摩:威廉姆威尔金斯公司,1935,第135页。

弗洛伊德写道:"康德的绝对律令(categorical imperative)……是直接来自俄狄浦斯情结。"《文集》Ⅱ,第264页。

迫回答斯芬克斯之谜的过路者的命运相似。应该提醒那些把弗洛伊德的假说当作放之四海而皆准的理论追随者,因弗洛伊德自己曾告诫分析家"不应该轻易地向这种诱惑投降——把他自身模糊意识到的某种人格特质理论当作一种普遍适用的科学理论……"① 弗洛伊德也会同意,强势的命令是无意识规避的表象。他对无意识动机研究的卓越贡献,应视为他挑战了现代精神病学早期阐述的不断被科学再研究的原理。这样的价值重估很有必要,特别是弗洛伊德对俄狄浦斯神话的理解并没有把一些有重大影响的因素考虑进去,即希腊传说中记录的与系列事件的起源有关的因素,而且弗洛伊德涉及的其他事实与其显著重要性不相配。我的研究意在为俄狄浦斯难题提出新解。尽管我批评了弗洛伊德,他与我的结论不同,但他的研究引发了重大关注。应该说,不管怎样,大多数研究者,包括质疑俄狄浦斯理论及其普适性的研究者②,对于弗洛伊德所叙述的俄狄浦斯神话仅限于表面的研究而毫不怀疑弗洛伊德对事实的列举。迄今为止,均没有尝试重新科学地验证神话所属的历史背景。因此,随之而来的争议具有论辩性(dialectical),因为这是论点与论点之争,而非事实与事实之辩。法律学的格言"法律源于事实"对于所有的科学研究领域都是正确的指南。

我将从弗洛伊德《梦的解析》③中最早最全的叙事开始。弗洛伊德解释和探讨俄狄浦斯神话之前,反复强调父母在那些后来成为精神病患者的儿童心理中扮演的重要角色。他断言"爱父母中的一方而恨另一方形成了始于儿童时期的永久的心理冲动,并作为后来的神经官能症的材料而具有重要性"。他接着说,"从这个角度讲,精神失常者与其他正常人并无严格区别。精神失常者只是放大了对父母的爱憎态度,一种在大多数儿童心中不那么明显和强烈的态度"。接下来他引入了传说中的题材作为支撑:"古代提供的传说证实了这种观念。只有借助同样有广泛正确性的上述有关儿童心理的假说,古老传说深刻广泛的正确性才能解释清楚。"接下来是他激起了全世界人们思想强烈反应的著名段落④:

> 我指的是俄狄浦斯王传说和索福克勒斯的戏剧《俄狄浦斯王》。俄狄浦斯,忒拜城国王拉伊俄斯和伊俄卡斯特的儿子,出生不久即遭抛

---

① 参见《文集》Ⅱ,第 330 页。
② 参见梅勒妮·克莱因(Melanie Klein),《从早期焦虑看俄狄浦斯情结》("The Oedipus Complex in the Light of Early Anxieties"),载《国际精神分析杂志》26 (1945),第 11 页以下。参见卡伦·霍妮,《精神分析新法》(*New Ways in Psychoanalysis*),纽约:W. W. 诺顿出版公司,1939,第 79 页。
③ 纽约:马科米兰公司,1933 年。1900 年德语首版。1913 年英语首版。《弗洛伊德的基本著作》第 2 版,见《性学三论》。
④ 弗洛伊德,见脚注 3 第 254 页。《弗洛伊德的基本著作》中《性学三论》第 307 页。

弃，因其父亲得到神谕，说未出生的儿子将来会杀掉他。儿子获救了，在异国宫廷成为王子，长大成人。直到他怀疑自己的身世，请示了神谕，他受到警告要离开他的出生地，因为他注定会杀父娶母。在他本以为离开自己的家乡的路上，他碰到拉伊俄斯王，俄狄浦斯在一场突发的争执中杀死了他。他来到忒拜城并解开那个挡住他道路的怪物斯芬克斯的谜语。因此，心存感激的忒拜人民选他为国王，并把王后伊俄卡斯特嫁给了他。由他治理的国家多年来和平繁荣，他和并不知晓的亲生母亲育有两男两女。直到最后瘟疫爆发，忒拜人民再次请示神谕。索福克勒斯的悲剧由此开场。信使带回答复，只要把杀害拉伊俄斯的人赶出城邦，瘟疫就会消除。但他在哪儿呢？

但他，他在何处？在哪儿能找到古老罪案罪犯的踪迹？

这部戏的行动寓于揭示之中，层层深入并通过艺术延宕（堪比精神分析工作），俄狄浦斯他自己便是杀害拉伊俄斯的凶手，而他就是拉伊俄斯和伊俄卡斯特的儿子。俄狄浦斯被无意中犯下的滔天罪恶所震惊，自己弄瞎了双眼，离开了他的城邦。神谕应验了。

叙述到这儿结束了。弗洛伊德开始评论，他解释说《俄狄浦斯王》是一场看透自身无能为力的人同命运抗争的悲剧。他解释现在的读者同当时希腊的读者一样被这部戏深深打动的原因，在于"希腊悲剧的效果并不取决于命运和人类意愿的冲突，而是这种冲突所揭示的材料的特殊性。我们的内心肯定有一个声音愿意去承认俄狄浦斯命运中的神奇力量……"这样我们就可以谴责那些把相似的悲剧情境当作是主观发明的现代作者。"在俄狄浦斯王的故事中确实有一个母题解释了这种内在声音的准确性。他的命运打动我们恰恰是因为这可能是我们自己的命运，因为我们出生前降临的神谕和落在他身上的诅咒一样。"下面是他对神话在人类心理学中的应用：

也许我们所有人命中注定把我们第一个性冲动指向母亲，而把我们第一个仇恨和暴力的愿望指向父亲；我们的梦证实了这一点。俄狄浦斯王杀死父亲拉伊俄斯，并娶了母亲伊俄卡斯特，只是一种愿望的实现——我们童年时期愿望的实现。但是，我们比他幸运得多，因为我们没有变成精神失常者，我们成功地撤回了对母亲的性冲动，并忘记对父亲的妒忌。我们用压制的力量把儿童时期起即在我们心中的愿望从实现我们愿望的人身上解除了。当诗人通过他的研究暴露了俄狄浦斯的罪恶，他迫使我们意识到我们内在的自我，其中同样的冲动尽管被压制着，却依然存在……如同俄狄浦斯对侵犯道德的欲望懵然不知，我们对这些自然所赋予的原始欲望无知无觉，即使日后发现了它们的存在，我们也会故意无视这些童年的愿望。

弗洛伊德接下来从传说中追溯俄狄浦斯悲剧的根源。那些"远古时代源于梦的材料的传说，它的内容就是由首次性冲动所引起的儿童与父母关系的痛苦困扰"。他试图直接引用戏剧来支持这一观点，他最后的结论是俄狄浦斯传说"是针对这两种典型的梦做出的幻想反应。即使成年人做了这样的梦，也会感到厌恶，因而这个传说必须包括恐惧与自我惩罚。对传说的更改又一次来源于对素材的谬想的再修订，这个改正是为了寻求它的神学意旨。调和神的万能与凡人责任两者的尝试，自然而然地脱离了主题事件或者与其他事物的联系"。弗洛伊德对俄狄浦斯神话的讨论和对其心理的阐述止于分析莎士比亚的《哈姆雷特》，他认为《哈姆雷特》"与《俄狄浦斯王》植根于同一片土壤"。

我特别注意到这样一个事实：弗洛伊德公开宣称，他分析俄狄浦斯神话意在阐释一种有关儿童心理的理论。然而，我吃惊地发现他的叙述对儿童心理很少涉及，"……出生不久即遭抛弃……他获救且长大……"他仅仅满足于提及一个无辜的婴儿被抛弃却幸运地获救和长大。还有一点也显得很奇怪，他并没有提及戏剧中那些恐怖的细节。索福克勒斯借伊俄卡斯特之口说道：

> 我们的婴儿，出生不到三天，
> 就被拉伊俄斯钉住左右脚跟，
> 叫人丢在没有人迹的荒山里了。[①]

接下来人们发现了更多。俄狄浦斯问信使：[②]

> 我的救星？为解除什么伤害？当时是怎么伤害我的？

接下来的谈话：

> 信：那时候你的左右脚跟是钉在一起的，我给你解开了。
> 俄：那是我襁褓时期遭受的莫大的耻辱。
> 信：是呀，你是由这不幸而得到你现在的名字的。

后来，大家知道老人把小孩当作自己的养子来抚养。[③]牧羊人此举出于怜悯。[④]

> 主上啊，我可怜他，

[①] 译文出自《古希腊四大名剧》（*Four Famous Greek Plays*），纽约：现代图书馆，1929，第 101 页。
[②] 参见《古希腊四大名剧》，第 117—118 页。
[③] 参见《古希腊四大名剧》，第 124 页和第 121 页合唱部分。
[④] 参见《古希腊四大名剧》，第 127 页。

>我心想他会把他带到别的地方——他的家里去;
>
>哪知他救了他,反而闯了大祸。

对此俄狄浦斯回答:

>哎呀!哎呀!一切都应验了!
>
>天光啊,我现在向你看最后一眼!
>
>我成了不应当生我的父母的儿子,
>
>娶了不应当娶的母亲,杀了不应当杀的父亲。

在另一段讲话中俄狄浦斯说:①

>那在牧场上把我脚上残忍的铁镣解下的人,
>
>那把我从凶杀里救活的人——不论他是谁——真是该死,
>
>因为他做的是一件不使人感激的事。
>
>假如我那时候死了,
>
>也不至于使我和我的朋友们这样痛苦了。

陈述这几段是因为它们清楚地说明了索福克勒斯没有忽视俄狄浦斯痛苦的出生可能带来的影响,以及俄狄浦斯一出生就有且伴他一生的痛苦。是我读出了戏剧中并不存在的东西吗?当一个人试图从作者的作品即其精神产品中,去分析其动机和精神发展过程时,极有可能犯这样的错误。沉溺于分析时,我会相当警觉去避免自己的随意猜测。对此,不仅事实本身说明了这一点,而且幸运的是我们能从当时的历史和其他相关材料中得到帮助。法学家早就认为,当事实无法决定时,他们会重点考虑从原始记录材料的文件中获得证据。然而,这只是一个指南而非结论。当时人们的情境建构要经过几百年的慎重考虑才传递到我们手中。这也是历史学家普遍采用的。

对于当时的情况,我将从一部喜剧而非悲剧说起,即阿里斯托芬的《蛙》(*The Frogs*)。无须用很长篇幅回顾剧情,我只是点一下作者主题的背景是两位伟大悲剧家的过世,即索福克勒斯和欧里庇得斯。埃斯库罗斯,另一位伟大的剧作家也被写进了这部戏。在巴库斯、埃斯库罗斯和欧里庇得斯插科打诨中出现了与俄狄浦斯的故事直接相关的部分:②

>欧里庇得斯:俄狄浦斯起初是个幸福的人。
>
>埃斯库罗斯:绝对不是,而是生来就不幸,在他还没有出世,还

---

①参见《古希腊四大名剧》,第134页。

②参见《古希腊四大名剧》,第273页。斜体字增加部分。

没有生存之前，阿波罗就曾预言他会杀他父亲。那么他起初怎么会是一个幸福的人？

欧里庇得斯：后来成为人间最不幸的人。

埃斯库罗斯：绝对不是成为最不幸的人，而是始终不幸。怎么会是那样的呢？他出生的时候，正是冬天，他们就把他放在瓦盆里一起遗弃了，免得他长大成人，成为杀父的凶手，后来他双脚发肿，跛行到波吕珀斯那儿。年轻时候娶了个老妇人，这个妇人并且是他的母亲，后来他弄瞎了自己的眼睛。

很明显，阿里斯托芬把俄狄浦斯不幸的根源追溯到他不幸的出生，他后来的生活是这种不幸的继续。除了他创伤性的①出生和遗弃，这是后来发生事情的原因。他生活中其他所有的细节都被省略掉了，甚至还有关于乱伦的笑话。俄狄浦斯弄瞎自己的双眼不是因为乱伦的罪，而是因为他无法忍受看那个老女人。

关于阿里斯托芬拿乱伦开玩笑，这儿也有一段：②

巴库斯：……带来一个罪犯。

埃斯库罗斯：——一个破坏了所有的罪犯。

我们的音乐有他从克里特岛带来的旋律；

我们的道德有乱伦的悲剧。

弗洛伊德表达了一种可能根本就不存在的恐怖气氛。大家阅读这些从弗洛伊德关于俄狄浦斯故事的记录中摘录的片段，可以感到弗洛伊德有意无意地表现了他自己的恐惧。当杀父和乱伦被希腊人公开谈论时，弗洛伊德吓坏了。奇怪的是我们这个时代最聪明的天才，其机敏足以跟上福尔摩斯思路的人，却完完全全忽略了一个人的脚踝被钉被撕裂所带来的影响——一个婴儿在冬夜里被弃于荒山，被抚养却没有父母。

我根据情况推断，其他人也会同意我的观点，那就是出生仅三天就被弃于异常的境地等死，没有食物，没有温暖，没有母亲给予的爱，这些会影响小孩的心理。他自己或周围的人会很容易地错认为这是他的"命"或"天意"。有人写到一个无助的小孩的哭声"比一个强壮的男人生气时的叫喊诅咒更深"。俄狄浦斯的命运是一生的愤怒和仇恨——一种连他自己都没有意识到的模糊的仇恨。

---

①作者意识到用"创伤性的"这个词是不合时宜的，但作为一种避免累赘重复的手段这似乎是正确的。

②《蛙》，参见《古希腊四大名剧》，第257页。

让当时的希腊人最害怕的不是乱伦，而是源于他们自己的孩提经验和为对儿童的流行态度所加强的那些残忍的冲动——那种在今天看来残忍而不人道的态度。① 希腊人并不真正知道该怎样对待孩子。这让人想起柏拉图曾建议把孩子从家里带走。那段历史的细心读者会发现主流的思想以为孩子就是为满足父母的需要而来——这种观念今天仍以多种形式存在着。希腊悲剧的"命运"——哲学家和文学评论家写过琳琅满目的论著讨论——从来没有完全被理解。因为命运被认为（借用福尔摩斯断案的说法）是"神秘凶险的无处不在"。希腊人的"命运"源于人类的不足和无能。这是人造成的。弗洛伊德没有意识到这是科学不幸的意外。

　　索福克勒斯并不是唯一利用俄狄浦斯神话的诗人。这种主题的无处不在明显说明希腊的语境中存在一个问题。索福克勒斯至少写过三部有关俄狄浦斯的戏剧。欧里庇得斯写过一部，埃斯库罗斯写过一部，还有我已经指出的阿里斯多芬《蛙》中的片段。尽管乱伦是剧作家们非常喜爱的主题，然而这些并不都是"乱伦的悲剧"。有一部分——也许是相当一部分——对乱伦有意识的恐惧是后来基督教作家笔下的产物。德尔图良（Tertullian）和费里克斯·马尔库斯·米纽修斯（Felix Marcus Minucius）均涉及这一点。这些戏剧是问题戏剧，像今天人们谈论的由百老汇出品的问题戏剧一样，那就是作者通常只涉及表面而不管其深层的动机。一部关于离婚恶劣后果的戏，可能揭露由不和而引起的冲突，但不和是主题而非其心理根源。那些有关乱伦的希腊戏剧也是如此，乱伦是个结果，是个已经可以放肆地在舞台演出的文化中的问题。但这却不是——如上所说——真正的问题。那么，什么是真正的问题呢？

　　希腊人真正的问题，也是诗意地表现复仇的希腊剧作家内心最根本的问题，在于怎样对待他们的孩子。通常的做法是把孩子放逐和抛弃。柏拉图在他的"理想国"中建议扔掉那些"劣等"交配而来的或畸形的孩子。若要保持护卫者子孙的纯洁必须尽最大努力使"母亲认不出自己的孩子……也必须确保喂奶的时期不能拖得太长；母亲不用半夜起床也没有其他的麻烦，而把这些交给保姆或佣人"②。对那个时代仅粗略一瞥，就会发现，对孩子的兴趣仅仅是父母或物质或情感上的需求和为了国家的需要。

---

①我将"今天"用斜体是因为用现在的标准去衡量过去是一个常见的错误。
②《柏拉图对话录》（*The Dialogues of Plato*），第3版，第3卷，乔维特译，牛津大学出版社，1924，第154页。

在三部伟大的希腊戏剧中，对孩子的残忍是个重要的主题。例如，在《美狄亚》中，最近在百老汇重演，美狄亚为报复丈夫的淫欲杀死了自己的孩子们——杀害无辜的孩子们与母亲嫉妒的怒潮相比已显得次要了。不管她如何标榜自己对孩子的"爱"，这种"爱"无疑具有强烈占有性。她之所以杀害了自己的孩子们，是因为这样就"没有人能从我手中把他们夺走"。[1]在这部戏的开头，欧里庇得斯借佣人之口说："她厌恶孩子，不喜欢他们。"[2]她对仇恨比对自己的儿子们更亲。"现在有报复敌人的希望了。"[3]由此很明显地可以看出，孩子们已经给母亲扭曲的情感需求让路了。在埃斯库罗斯的《阿伽门农》中，仇恨再次占了上风。克吕泰墨涅斯特拉——阿伽门农的妻子——听到她的女儿伊菲革涅亚在她丈夫同意下被当作贡品残杀，来取悦神，以期获得特洛伊远征的胜利。戏剧直接涉及的是惩罚和克吕泰墨涅斯特拉的复仇行为，而一切不幸的深层原因是对他们女儿的残忍杀害。诗人逼真地刻画了早期同类相食行为的残忍一面：

> 卡珊德拉：啊！那儿，那儿！那儿！
> 这些证据已够了！
> 闻见了吗？啊——我看见，我听见他们了！小孩儿们，
> 他们的喉咙被切断了，却仍大哭指责杀他们的人。
> 那烤好的人肉，一位父亲尝了尝——吞下去了！[4]

接着：

> ……小男孩儿们，
> 本应爱他们的人却杀了他们，
> 一出生就背负重担是多么可怜，
> 一小块一小块他们自己的肉，他们的内脏，
> 那么清楚，那么新鲜，那是心，那是肾，
> 他们的父亲全吃掉了。

这是先前发生在珀罗普斯（Pelopidae）宫殿中的"堤厄斯忒斯"（Thyestes）[5]宴会的情景。戏剧接着描述了堤厄斯忒斯更多让人毛骨悚然的细节。[6]这足以说

---

[1] 参见《古希腊四大名剧》，第181页。
[2] 参见《古希腊四大名剧》，第148页。
[3] 参见《古希腊四大名剧》，第180页。合唱重复的是复仇主题（见第189页）。
[4] 参见《古希腊四大名剧》，第41页。
[5] 参见《古希腊四大名剧》，第45—46页。
[6] 参见《古希腊四大名剧》，第58页。

明他们对孩子的折磨是占主流的。实际上,研究索福克勒斯的俄狄浦斯戏剧真正原因的副产品,可能对希腊悲剧的心理动机以及长期存在的神秘的希腊命运含义有更好的理解。

不管是抛弃,或者直接杀掉,杀婴在早期较为常见。牺牲孩子去安抚苛刻的神,长期以来,是一种使尚未解决的残忍冲动合理化的方法。在《旧约》中,亚伯拉罕试图牺牲以撒的故事也能发现这一点,而且,在邻近地区的其他宗教中也有,如德鲁伊特人、罗马人、埃及人——他们因"道德考量"[①] 紧密结合在一起。尽管找不出真凶,抛弃却经常造成小孩的死亡。通常情况下,男童女童被救后一生过着放荡生活,这在弃儿中很常见。抛弃是人们对非婚生的儿童经常采取的手段。实际上,对希腊人而言,合法性这个法律上的概念比父母身份本身重得多。当小孩不幸是私生子,希腊人对孩子的爱就丧失了。在孩子出生的第十天举行宴会宣布孩子的合法成了一种习俗。[②]

弗洛伊德晚年再次探讨一个被抛弃的孩子——摩西的故事。他迷失于象征性的出生,再次忽略了父母抛弃的后果。《摩西与一神教》(*Moses and Monotheism*)[③] 是弗洛伊德试图扩大俄狄浦斯情结的范围应用于整个种族或民族的尝试。在历史分析方面,这本书仍然是新方法和新技巧的优秀典范。从这个角度讲,它的重要性会与日俱增。但这本书具体的论点却是建立在高度的心理想象的基础上。这种想象如此巨大,使弗洛伊德心理学"普遍性"与"核心"的部分带上妄自尊大的色彩。这种想象在《摩西与一神教》中与在1900年出版的《梦的解析》——这本最早阐述俄狄浦斯理论的书——一样。而在他后期的著作中,范围扩展了而且它的派生物也变得不定(peristrephic)。

关于摩西出生的讨论出现在《摩西与一神教》的开篇。弗洛伊德试图正确地把摩西放于蒲草箱中的故事[④]与奥托·兰克——弗洛伊德的一位信徒——在早期的作品《英雄诞生的神话》中明确阐释的英雄神话模式结合起来。兰克发现尽管神话故事所涉及的民族在地理上迥然不同,但在英雄的诞生、他们的早期

---

① 关于"杀婴"的词条,《大不列颠百科全书》(*Encyclopaedia Britannica*) 第14版第12卷。
关于古代杀婴和孩子是负担的广泛的讨论见威廉姆·格雷汉姆·萨姆纳(William Graham Sumner)的《民风》(*Folkways*) 7,纽约:吉恩公司,1940,第308页,特别是第318页。
② 古会(Guhl),科纳(Kohner),《希腊人和罗马人的生活》(*The Life of the Greeks and Romans*),伦敦:查特和温达斯,1889,第195页。
③ 弗洛伊德,《摩西与一神教》,纽约:阿尔弗雷德·A. 克诺夫出版公司,1939。这是弗洛伊德最后一部著作。
④《出埃及记》2:2以下。

生活及其文字表述方面都有惊人的相似性。兰克发现的并经弗洛伊德重新阐述的这种模式如下①：父母身份高贵；母亲怀孕时的困难；在母亲怀孕期间，梦或神谕告诉他的父亲说，这个孩子的出生对他的安全是致命的威胁；因此，这个婴儿被杀或"被遗弃于极度危险的境地；大多数情况下，婴儿被放在小盆里漂到水中"；后来"小孩被动物或穷人所救，如牧羊人之类，由母性动物或出身卑微的妇女哺乳喂养"；当"完全长大时，经过许多奇异的冒险后，他发现了自己高贵的父母，对他的父亲进行报复，最终为他的人民所承认，赢得荣誉和丰功伟绩"。②兰克把这种神话的模式追溯到约公元前2800年，巴比伦的创建者，阿卡德的萨尔贡的出生故事。弗洛伊德接着列举了其他人：

> 以阿卡德的萨尔贡为首的这一系列最知名的人物有摩西、塞勒斯（Cyrus）和罗穆路斯。除兰克阐述的以外，还有很多神话或文学中的英雄年轻时的故事或全部或部分与这个模式相符，像俄狄浦斯、迦尔纳、帕里斯、忒勒福斯、珀尔修斯、赫拉克勒斯、吉尔伽美什、安菲翁（Amphion）、泽托斯（Zethos）等等。

弗洛伊德接着自己分析了这些神话：

> 借助兰克的著作，我们熟悉了这些神话的起源和倾向，我只需对他的结论做少许的提示。英雄就是能像个男子汉一样站出来挑战他的父亲并且战胜父亲的人。这些正在讨论的神话把英雄的这种奋斗追溯到其生命之初，指出他的出生违背父亲的意愿，尽管不合父亲恶毒的意图，他获救了。被遗弃在木盆里象征性表现了出生。箱子就是子宫，河水就是羊水……神话的内在来源就是所谓小孩的"家族韵事"，其中儿子根据他与父母的内在关系，尤其是与父亲的关系去行动……

> 说这些观察完全解释了英雄出生神话的相似性和广泛性并不过分。更为有趣的是摩西的出生神话和被遗弃是分开的，甚至可以说是矛盾。

> ……在典型的神话模式中，小孩出生的第一个家庭是高贵的，大多数甚至是皇室；小孩成长的第二个家庭是卑微下等的，正好与上述解释对应。只是在俄狄浦斯的故事中这种对比是模糊的，婴儿被国王

---

① 兰克没有发现这种民族英雄遭放逐的神话模式。它首先由泰勒发现并研究，见 E. B. 泰勒，《原始文化》（*Primitive Culture*）Ⅱ，纽约：亨利霍尔特公司，1877，第281—282页。
弗洛伊德直接引用了大量兰克的说法。弗洛伊德，《摩西与一神教》，第7页。出现在论文中的是解释的说法。

② 参见《摩西与一神教》，第8—9页。这里引用的是从弗洛伊德中引用的兰克的说法。

的家庭抛弃由另一个皇室抚养。①

对于这些出生神话,弗洛伊德最初的兴趣是把它们归到个体的弃儿幻想中,这种评述引出了1908年兰克著作的出版。弗洛伊德没有对其普遍性做出回应,而是仅仅关注其象征意义。同样,兰克在他最后的作品中也忽视现实而沉溺于想象。回顾他早期的作品后,他总结:②

> 英雄生命之初"被遗弃于水中"这样一种典型的母题很明显违背了其崇拜起源。不管这种传统是否反映了把不需要的孩子抛弃这种除了原始社会外在其他文化中也有的残忍习俗。我们的材料令人信服地说明这种行为最根本的动机不是实用性的而是*巫术性的*。

弗洛伊德与兰克对巫术性而不是实用性或真实性事实的偏好,对他们这样聪慧的头脑来说,简直是异常现象。然而,正是对这种构成心理分析科学的象征性的想象的偏好——伴随少许例外——是真正的辩证法。对这两位伟大的人物来说,这种偏好可能会使他们忽略由有关婴儿记忆的传说所带来的广泛永久的价值。因此,他们看不到这些被今天的科学家称为过早的"个体化"或分离的神话。当然,我斗胆说一句,根据白人和其他民族的神话,族群实际上起源于被残忍对待的那个孩子,先是被拒纳,后来被遗弃到野外。回顾这个事件也是不愉快的,但人类没有解决这个矛盾的有效方法,这对人类行为领域的科学家是个警告,告诫他们评价其他的行为要更客观和果敢。与此同时,科学家必须要永远地自我省察。

弗洛伊德的追随者没有超越弗洛伊德的神话版本,这不仅导致新解释的出现,也是对把理论代替事实全盘接受的警告。必须牢记每个原则、每个理论、每个想法都有可能成为信条。若每个理论仅被当作一种可用的惯例,这就会成为科学研究的好指南。

然而,我必须指出这篇论文的目的并非沉溺于个人喜好(ad hominem)而诋毁弗洛伊德或精神分析。即使没有俄狄浦斯理论,精神分析的创始人也必将在人类历史中占有一席之地。因为弗洛伊德的追随者常将此作为一个课题去研究,他们很容易被引入歧途。本文会解释个中原因。这个令人遗憾的过程不应该归因于一种自圆其说的判断,即拉帮结派是人性。

---

① 参见《摩西与一神教》,第10页。
② 奥托·兰克,《超越心理学》(*Beyond Psychology*),伽姆顿,新泽西,由作者的朋友和学生秘密出版,1941,第95页。讨论始于第92页斜体部分。

特里同（Tridon）也在"人类的梦想"① 这一章节中讨论了这些神话。尽管他没有特别关注神话中的遗弃，但他确实考虑了遗弃对较大的孩子的影响。他在这本书中关于青春期孩子和父母关系这一部分写道：②

> 早期受遗弃并在福利院长大的儿童绝大多数表现出一种明显的心理、智力和情感的缺乏。他们许多与生俱来的能力冻结在周围冷漠的环境里。孩子渴求他所爱慕的母亲无条件的爱。若缺乏这一点，小孩就无法达到健全和成熟。
>
> 然而，给孩子从心理和生理上断奶时必须多加注意，否则，孩子就不能完成青春期正常的转变。

在此，特里同告诫读者去观察处于青春期的孩子对母亲的需要。但有人会问：一出生即遭抛弃和放逐的婴儿是怎样在心理上产生缺失呢？特里同论"俄狄浦斯情结"这一章节没有涉及这个问题。③ 不管怎样，近期的研究者已经把精神行为起源的研究范围扩展到出生及出生之前。复述这些文献不是本文的目的。为了本文的目标，仅说明这些研究者追溯俄狄浦斯对其早期生活的补偿行为几乎没有任何困难就够了。Marasmus（来自希腊语，意为消耗、衰弱）这种疾病的关键据说是小孩缺乏一些极为重要的因素，一些现在都归在"母爱"④这个词汇之中的因素。"换句话说，"如同瑞博（Ribble）博士所解释的那样，"婴孩仅靠食物无法存活。"⑤ 早期的口头恐吓及因没有获得母爱而导致的情感缺失都带来了严重的后果。这样的孩子常做一些无意识的动作，沉醉于重复的机械的行为而且似乎"在找什么东西"。⑥遗弃导致了严重的后果⑦：

> 对大量遭遗弃或由于多种原因没有得到母爱的孩子的研究表明，没有得到照料的孩子必定会给自己找一个替代性刺激。他获得这种刺激的方式取决于两个因素——他的个性及他遭受早期的生理饥饿或后期的情感缺失发生的特定阶段。最为常见的刺激是自体享乐行为。没

---

① 安德烈·特里同，《精神分析》（*Psychoanalysis*），纽约：B. W. 许布希出版社，1921，第62页以下。参见第71页英雄由动物喂大的传说。
② 参见《精神分析》，第183页。
③ 参见《精神分析》，第150页以下。
④ 玛格丽特·A. 瑞博，《婴儿的权利》（*The Rights of Infants*），纽约：哥伦比亚大学出版社，1943，第4页；也见索引中其他参考。
⑤ 参见《婴儿的权利》，第31页。
⑥ 参见《婴儿的权利》，第80—81页。
⑦ 参见《婴儿的权利》，第82页。

有获得母爱的孩子无一例外地表现出错乱的行为且伴有补偿性的迟钝。

这种遗弃或母爱缺失的结果可能是俄狄浦斯神话产生的直接原因,它导致了自体享乐行为的加剧:"小孩的这种早熟的性感觉的突破是有害的。""……几乎不为人知的,一种强烈的紧张局势建立起来,小孩与他周围环境的冲突也开始了。这种冲突可能伴其一生。"①

弗洛伊德对"替代性刺激""补偿性迟钝"及补偿行为都很熟悉。同样,他了解婴儿吸收的需要及他们早期对母亲和她的乳房的迷恋。他认为口腔部分性冲动的第一个对象就是母亲的乳房,这能满足婴儿的饥饿感②:

> ……找到的对象就是口腔愉悦感满足关系中第一个对象。若不是母亲的乳房,便是母亲本人。我们将母亲称为第一个爱的对象。说起爱,我们强调性冲动的心理部分,忽视或有意希望去忘记生理或本能的"性欲"要求。当母亲成为爱的对象时,心理就开始压制意识中的性欲成分,这样的心理活动从孩童时期就开始了。选择母亲作为爱的对象囊括了俄狄浦斯情结的方方面面,这对运用精神分析解释神经官能症有显著的意义,同时,也引发了大量反对精神分析的言论。

我们在理解这种观点时,也应该认识到他的图腾式认同观念,认同"保障一切的父亲,儿童希望得到保护、关爱和宽容,作为交换,孩子要发誓一生都保守生命的荣耀……"③ 弗洛伊德在后期把这种一大群兄弟联合在一起的想法称为"一种社会契约"④。人类重聚的本能被视为这种关系的基础。令人惊奇的是,母亲是性欲的对象,却不是契约的一方。谈到保护和关爱,这通常是母亲在孩子处于婴儿时期的功能。弗洛伊德设想了一种挽救父亲生命的契约,否则父亲早就被以食人的方式残忍地消灭了。

但是弗洛伊德没有想到父亲被杀可能是因为他没有当一个好"母亲"。大多

---

①参见《婴儿的权利》,第108—109页。

②弗洛伊德,《精神分析引论》(*Introduction to Psychoanalysis*);纽约:伯尼与利夫莱特出版社,1920,第285页。弗洛伊德修正这些观点与否都不会改变这些引用的适应性,因为这表明了他了解婴儿-儿童关系的重要性。

在同一本书中,弗洛伊德说他不希望坚持用俄狄浦斯情结"解释所有的儿童与父母的关系:这种关系肯定会更复杂"。(第174页)。

③见《图腾与禁忌》,第918页。

④参见《摩西与一神教》,第129页。我已经提出与弗洛伊德的大批社会成员之间的社会契约相反的建议,社会合约的基础可能在母亲-孩子的关系中找到;意味深长的是阐述社会契约理论的卢梭抱怨说法国的母亲们不养育她们的孩子。列文,《大法官约翰逊和生活中的常见事件》("Mr Justice Johnson and The Common Incidents of Life"),载《密歇根法律评论》(*Michigan Law Review*) 44 (1945),第262页。

数人都会同意这样的观点，当小孩被全面剥夺母爱和口腔满足的时候，他们不会想起婴儿时期的受挫。爱的缺失被深锁在无意识中而且已经遗忘了。母亲的家庭角色显得她应该是给予保护和关爱的人，而事实上，这也应该是父亲的职责。但是父亲在心理上的主导形象是权威和力量；他是禁止者和拒绝者——剥夺者。与母爱不同，父亲的角色象征着权威，这种权威削减了孩子的自由。从生物学角度来讲，父亲的功能是有限的——一些原始人甚至拒绝承认父亲的身份——他成为文化的传承者、文化的禁忌和顾忌（包括性方面）的执行者。这些剥夺——无论是他们和母亲性交的性自由，或者是任何其他方面的剥夺——孩子们把这种剥夺等同于母亲的剥夺。无意识的代数只知道简单的方程式。母亲没有被杀害因为随后——不管她的母亲角色有多失败——她开始象征着爱和保护。她早期的剥夺行为已被忘记和压制了。然而，在我们的文化中，父亲早就是孩子的对手，因此这不断地激活了潜在的怨恨。因为这种早期的受挫主要——尽管不是唯一的——是一种口腔的本能，他们呈现出实际的或模拟的口头攻击，因此有图腾盛宴。按照精神动力学，要是无意识能冲破压制，弑母者应该比弑父者多。

我们的文化里可能存在家庭内部的性竞争，由这种次要的显现而确立的冲突解决办法不能成为完整的治疗方案。若不直接关注婴儿早期的受挫及那些十分重要的缺失，俄狄浦斯情结的解决方法还是没有触及众多潜在的精神疾病的结构，极有可能的是，俄狄浦斯情结的强度与婴儿早期的缺失呈正比例相关。父亲占有了母亲，使儿子得不到她，这仅是精神动力学上剥夺的一例，但却是很重要的剥夺，所以，若能不用俄狄浦斯情结这个词就最好了。花费更多时间去研究一个人与另一个人的关系在能力获得上的反常现象，尤其是最早期的那些影响，那么由于这种迷恋的消失而造成的鸿沟就能很好地弥补。

这个方法有助于解释许多看起来说不通的仪式和习俗。例如，弗洛伊德尝试去解释犹太的割礼仪式不符合他的基本理论，但他没有说明原始人进行的仪式与犹太人改进的习俗之间的不同。原始人的割礼仪式通常伴有指引青春期的孩子加入部落的功能，这样，孩子就成为秘密会社的一员，他已经有责任去执行和奉守部落的传统和禁忌，这标志着孩子对部落律令服从的开始，至此，孩子才成为自由人。"原始社会允许它的子孙随性成长"，马雷特说。但是这个语境里，"随性""仅指'随意'（at will），绝没有暗示一种内在的成长得更为狡诈的倾向"①。他又说："事实上可以这样说年轻的野蛮人经历了成人礼到了青春期，所以牢狱之门对这个正在成长的孩子已经关上了。"② 然而，出生第八天的割礼，象征着与神之约，意味着几乎婴儿一出生牢狱之门就关上了。一般意义上应该由青春期的孩子担负的责任现在落到了婴儿身上。当然，不是生命的每个阶段都是照此发展，但灌输阶段已经开始了，从此，孩子将会服务于父母的目标而不是他们本人的愿望。这对孩子来说不是一个随性成长的阶段，他已成为文化传承链条中的工具。这很明显是一种剥夺行为。负责掌管典礼仪式的父亲成了剥夺者和孩子怨恨的对象。某种程度上说，父亲使这种早期的剥夺长存，他必须要与母亲一同"受责"，但孩子当时并不明白这点。

饮食诫命的出现帮助这个体系去控制源于早期濡化进程而带来的口腔愤怒行为。这些诫命被视为对早期婴幼儿的受挫而导致的恐慌和焦虑的制度化。从字面上讲，这是口头法律。按照弗洛伊德的理论，图腾盛宴好像是吞并父亲的象征。禁止肉和奶混食的饮食律令则是对早期喂养经验的呼应。

那些在小孩婴儿阶段实施的所有律令其实就是剥夺，这可追溯到母亲对食物和爱的剥夺。因此，所有文化中都包括很多婴儿早期受挫的制度化因素，尤其是对吮吸本能的安抚。过早的濡化在古希腊以多种形式存在着，学者们将不得不重新估量它们的价值，还它们本来的重要性。在今天颇为流行的新古典主义可以很好地重估古典文化中的精神动力基础——这些都指向政治和意识形态规范，仪式和义务的精神动力起源，不管它们是法西斯的、共产主义的或仅仅是民主社会里的非政治压力。

饮食诫命之于希伯来人，正如斯芬克斯之于希腊人那样。斯芬克斯作为一个贪婪的怪兽，与其说是理性化的饮食禁忌，不如说是对口头冲动重要性的公

---

① R. R. 马雷特，《原始宗教中的信、望、爱》（*Faith, Hope and Charity in Primitive Religion*），纽约：麦克米伦公司，1932，第 123 页。

狄奥多·赖克认为在澳大利亚，主要的成年礼仪式包括割礼，母亲被要求相信他们的儿子是被怪兽 balum 吃掉了。我不同意赖克的解释，但是他举证的事实很重要因为这说明割礼可能是口腔吞并或吞咽的替代物。父亲怪兽"吃掉他处于青春期的儿子"是象征性的。赖克，《仪式（心理分析研究）》[*Ritual (Psychoanalytic Studies)*]，伦敦：荷加斯出版社，1931，第 112 页及第 100 页。赖克说："怪兽被认为应该咬年轻人，这一点组成了割礼。"（第 105 页）阿兰达人的割礼伴随着饮食的禁忌，若违反，则意味着死亡。

也参见罗伯特. H. 路威，《原始宗教》，纽约：伯尼与利夫莱特出版社，1924，第 66 页。

② 马雷特，参见《原始宗教中的信、望、爱》，第 126 页。

本篇论文中，我不关注那些由文化批评而导致的实际问题。这篇分析并不追求更好的解决方法。我的目标是展现事实及其对他们的解释，与文化的历史潮流相联系，仅此而已。

开承认。二者都是内在感受的外化表现。同时，我们发现研究者喜欢对这种敌对的力量下定论，认为它源于外部世界，从而忽视父母带来的仇恨。这是弗洛伊德《一个幻觉的未来》（*The Future of An Illusion*）① 中的观点，这种与自身理论的不一致把弗洛伊德引向其职业生涯中最大的错误，也导致他没有把自己十分有价值的发现"思想万能"（omnipotence of thought）应用到俄狄浦斯神话的案例中。因为若允许人们去推测斯芬克斯之谜及俄狄浦斯的回答的所有精神动力意义，他就会发现语言功能和思维功能间的冲突。俄狄浦斯是用思维的力量打败了斯芬克斯。俄狄浦斯只有在宣称自己并不令人信服的绝对权力方面可以匹敌斯芬克斯，其他都失败了。这实际上就是思想万能。若去解释神话制造者的特殊投射意义，有人会说斯芬克斯是由婴儿期的缺失而引起的吮吸冲动的投射，这导致了"替代性刺激"——致力于思想万能。感觉和爱是不可靠的，因为只有智慧——依照传说——能够打败投射于斯芬克斯的吮吸冲动。按我的理解，这个故事的启示是，吮吸层面的早期受挫把生活的斗争缩减为思维和语言间的冲突。如果人类想生存就必须动用自己所有的能力去压制破坏性极大的冲动。当他不理解是什么驱使他时，他会倾注补偿性的努力去征服它，但他没有看到他的补偿行为恰恰是逃避。总之，这就是孩子被吊起脚后跟时所发生的事情。有着清晰洞察力的语文学家已将随后的冲突解释得很明白了。法国人布雷尔（Bréal）观察到在俄狄浦斯和怪兽之间的决斗中，智慧战胜了武力。② 通过后来巨大的代价和艰苦卓绝的努力获得了早期缺乏的接纳和爱。但是这种过分刺激的能量释放（overstimulated energis）——请允许我借用这个植物生理学的术语——实际上是个人绝对努力的一个阶段，以期转移吮吸冲动的压力。"个人，"莫罗尼（Moloney）说，"持续不断地陷入背弃和奴役母亲的境地，试图去维持精神的全能，这唤起了许多不同程度的智力上的抗拒性（*negativism*）。这种智力上的*肿胀*（*turgescence*）实际上由婴儿期膨胀的愤怒所造成……这是一种偏执的智慧……"③ 神话中，智慧的俄狄浦斯有比"婴儿期膨胀的愤怒"记忆更多的东西；正如他的名字所暗示的那样，他为自己肿胀的脚后跟所累。诗人雪

---

① 纽约：利夫莱特出版社，1927；《恐怖本性》（"the terrors nature"）（第 30 页）；同样见《本能令人畏惧的力量》（"nature's dreaded forces"，第 37 页）及其他。

② 米歇尔·布雷尔，《俄狄浦斯神话》（"Le Mythe d'Oedipe"），见《神话和语言学协会》（*Méanges de Mythologie et de Linguistique*），巴黎：哈切特图书出版社，1882，第 175 页，原文为"……这是一场智慧战胜武力的决斗"。

③ 詹姆斯·克拉克·莫罗尼，《幻象》（"Phantasia"），载《精神分析评论》35（1948 年 4 月），2，第 140 页。斜体字为引者所加。

莱称他为"专横的俄狄浦斯"或"肿脚的暴君"。

所有这些仅是想象吗？这仅仅是弗洛伊德所犯错误的重复吗？我不需要回答这些问题，因为索福克勒斯已替我回答了。在《俄狄浦斯王》的结尾部分：①

俄：不要从我怀抱中把她们抢走！

克：别想占有一切；

你所占有的东西没有一生跟着你。

合唱：忒拜本邦的居民啊，请看，这就是俄狄浦斯，

他道破了那著名的谜语，成为最伟大的人；

哪一位公民不曾带着美慕的眼光注视他的好运？

他现在却落到可怕的灾难的波浪中了！因此，当我们等着瞧那最末的日子的时候，

不要说一个凡人是幸福的，

在他还没有跨过生命的界限，

还没有得到痛苦的解脱之前。

令人费解的是俄狄浦斯生活早期父亲和母亲的缺失并没有成为一个障碍，"压制"这个有魔力的词回答了一切。写过很多弗洛伊德心理学相关著作的威托斯（Wittels）似乎把这归为索福克勒斯的责任②：

……诗人向我们展示了时代之镜中的类型。在现在的时代，仅用原汁原味的未经修饰的俄狄浦斯情结去诗意地激起人们的兴趣已经不太可能了。真正的诗人向我们展示了俄狄浦斯情结隐藏或伪装于适合我们千禧年式"压制"的形式里。由于一个悲剧性的错误，给我们讲述一个男人杀父娶母故事的索福克勒斯发展了这种双重的暴行。*俄狄浦斯并不认识他的父亲和母亲。*

因此，悲剧的错误成了文学上的错误并终止于此。罗海姆从人类学领域论及塞利格曼权威时，声称野蛮人和文明人之间的一个很主要的差异是野蛮人的孩子同父母一起睡觉，并下结论："他们的社会与我们社会的不同在于他们抑制俄狄浦斯之爱（原初场景），我们也压制前生殖形式的享乐但我们还灌输一种括

---

①参见《古希腊四大名剧》，第141—142页。
②弗里茨·威托斯，《心理分析与文学》（"Psychoanalysis and Literature"），见《当代心理分析》（*Psychoanalysis Today*），桑道尔·罗兰编，纽约：国际大学出版社，1944，第377页。斜体为引者所加。

约肌道德。"①

当这一被广泛接受的神话回溯到希腊源头时，新的层次出现了，这对其中许多弗洛伊德式的解读有直接影响。布雷尔告诉我们在神话的一种变体中，俄狄浦斯不仅仅和拉伊俄斯的一个妻子有性关系——事实上是她们中的很多个。在他的前古希腊时期，他没有限于伊俄卡斯特。② 显然，所有这些妻子不可能是俄狄浦斯的母亲，尽管存在不为人知的乱伦的可能性，这种情况被有意地冲淡了。所以"命运的强烈的力量"——这是弗洛伊德的原话——为实现俄狄浦斯童年时的愿望不得不做非常艰苦的努力。显然，希腊人擅自篡改了神话，把它变得与他们的习俗及利益一致。弗洛伊德的方法中有一个严重的缺点，即他把俄狄浦斯神话当作一个固定的描述，而不是源于最早时期的传说和事实材料的组合。

当弗洛伊德把他的理论应用到基督教的起源时，他早期的幻想又占了上风。简单说来，这个理论是这样的：摩西，一个受阿蒙霍特普四世一神论思想影响的真正的埃及人，教导了一小群闪族人且后来成了他们的领导。最终，他被一群不服管教的民众杀害了。这样，这个群体产生了一种负罪感。这种负罪感后来产生一个全能的父亲的替代物。万能的唯一神耶和华，象征着被压制的回归，伴随着伟大理想的力量出现了。按照弗洛伊德的说法，一神教起源于埃及，他大胆声称记忆的印记能够遗传，这是负罪感的延续，因为杀死最初的父亲而带来的负罪感是希伯来宗教形成的动力。这种力量继续影响着自认为是"上帝的选民"的人们。犹太教成为父亲宗教，犹太人成为最受喜爱的儿子，这使诸多不幸降临到他们头上。随着"拯救者"耶稣的到来，犹太人的宗教不再是父亲宗教，而是变成了儿子宗教。③ 只有"罪恶最深的，比父亲更有力并且是弟兄们首领的人"④ 才能成为拯救者。从那时起犹太人的宗教成了"一种顽固的宗教"。⑤

当然，弗洛伊德没有解释这些是怎么证明的。为了方便起见，我称之为"真正的俄狄浦斯神话"的精神动力学意义，以区别弗洛伊德的版本。弗洛伊德

---

① 罗海姆，《斯芬克斯之谜》(*The Riddle of the Sphinx*)，伦敦：贺加斯出版社，1935，第244页注释1及第30页。
② 参见《俄狄浦斯神话》，第180—181页。
③ 参见《摩西与一神教》，第138页。
④ 参见《摩西与一神教》，第137页。
⑤ 参见《摩西与一神教》，第140页。"关于象征和古代遗产"，见第155页以下。

把一神教的宗教根源追溯到埃及，这样一个事实暗示了在遥远的过去，人们可能会找到"全能"这个高度补偿性概念的证据。事实上，环境的巧合比弗洛伊德的想象更有说服力。首先，尽管很多变体在其他地方也出现过，斯芬克斯很可能源于埃及，但是，有一个更进一步的线索即一种俄狄浦斯神话的变体，把婴儿放进篮子里，让它在水上漂走①——这与摩西没有什么不同。弗洛伊德试图去掉摩西名字里的《圣经》意义——"他是从水里来的"②——可能语言学上还说得过去但却没有说服力，因为他没有明确解释为什么"错误"的《圣经》意义受到固守。弗洛伊德自己的历史方法不得不对这个看法坚持很长一段时间。换句话说，好像摩西生活的补偿与俄狄浦斯行为和思维的补偿一样。因遭到放逐和遗弃，幼年摩西沉迷于替代性刺激，以及此类故事里英雄常见的文治武功。如同俄狄浦斯必须得到不能得到的东西，犹太人成为"上帝的选民"，把自己当作"伟大的"（grandiose）神最爱的孩子。弗洛伊德没有观察到的是，从某种程度上说，坚持认为自己是上帝的选民是对被接受的渴望，若他们不是被拒绝的孩子这种认同就不会发生。这种认同伴随着创立者的补偿性生命模式。对被拒绝的憎恨的过度补偿在嫉妒心很强的耶和华形象中展露无遗。

当再次观察到那些令人吃惊的与拒绝、放逐、抛弃相关的故事时，基督教的来临就更好解释了。特里同把耶稣也归为兰克的萨尔贡类型神话的主人公中。③《圣经》记录了他被拒绝的历史。当玛利亚发现旅馆里没有房间时，她用褴褛旧布条包起孩子放到马槽里，这让人想起恰恰是牧羊人救了俄狄浦斯。牧羊人被派去救耶稣但他们到达后发现了玛利亚、约瑟和婴儿。④由此可见，《圣经》故事否定了遗弃的想法，这是对未来有极大重要性的事实。我没有必要在这里重温《圣经》所记述的耶稣生命故事中的细节。尽管，作为拯救者、救星或弥赛亚，他达到了全能，但他一直记着曾被拒绝的感受。"匠人所弃的石头，已做了房角的头块石头"⑤，他引用《诗篇》说。这是补偿行为最终战胜拒纳的

---

①参见《俄狄浦斯神话》，第182—183页。
②参见《摩西与一神教》，第4页。
③特里同，参见《精神分析》，第64—65页。
④《路加福音》2：7以下。
⑤参见《马可福音》12：10；《路加福音》20：17；《彼得一书》11：7。极有可能的是耶稣对小孩的兴趣从本质上说是对自己早期被拒的兴趣。这很容易让人想起他把一个小孩子带到自己身边说："凡为我名接待这小孩子的，就是接待我。凡接待我的，就是接待那差我来的。你们中间最小的，他便为大。"《路加福音》9：47.48。这也是一粒芥菜籽变成一棵大树的寓意。《路加福音》14：19，参见《马太福音》及文本。

典型。耶稣最终在心理上取得的最大成果是他用广博的爱、无处不在的爱战胜了拒绝观念。在这种最佳状况下，只有接纳可以存在。但极为有趣的是，他心理上最为渴望的是父亲的接纳。他成了上帝的儿子，掌管天堂。神学研究者指出对玛利亚的崇拜和对她的虔信属伪经。《圣经》中只有几处提及耶稣的母亲。父亲的爱——文化意义上的剥夺者——是他渴求的，但不应忽视这实际上是对母亲的拒绝。对某一子女的喜爱即是对得不到喜爱的孩子的拒绝。

耶稣对小孩的认同感很强烈。换句话说，遭拒绝的孩子被提升到最重要的位置：

> 当时，门徒近前来，问耶稣说："天国里谁是最大的？"
>
> 耶稣便叫一个小孩子来，使他站在他们当中，说：
>
> "我实在告诉你们：你们若不回转，变成小孩子的样式，断不得进天国。
>
> 所以，凡自己谦卑像这小孩子的，他在天国里就是最大的。
>
> 凡为我的名接待一个像这小孩子的，就是接待我。
>
> 凡使这信我的一个小子跌倒的，倒不如把大磨石拴在这人的颈项上，沉在深海里。"①

并不真实的基督性真正有价值的贡献是强调对孩子的爱，尽管其实质已被神学上的矛盾和教条弄得晦涩。绘画大师们的宗教画已表现了这样的兴趣，把圣诞节作为诞生和母爱的节日来庆祝也说明了这一点。这些都是西方文明化进程的努力，他们用爱天真无邪的孩子取代拒纳观念。虽然没有放逐，但采取了其他形式的抛弃，采取的措施很多。人们要想成为人道主义者必须学会爱自己的孩子。

人类学家罗伯特·H. 路威总结说："文化的原始程度和对待小孩的温柔程度之间有着几乎对等的比率。"② 他说根据旅行者的一致报告，"野蛮人的孩子比

---

①《马太福音》18：1—6。

包括母亲在内的所有家庭成员对耶稣来说都等同于天父，见《马太福音》13：47—50。

为孩子祈祷时，《旧约》中以赛亚说到列王时称为"养父"，见《以赛亚书》49：23。

②路威，《我们文明吗？》（*Are We Civillized*），纽约：哈科特·布雷斯出版社，1929，第167页及第136页。

一个多世纪以前，美国最高法院的一位法官威廉姆·约翰逊，在他的《纳撒尼尔·格林将军传记》写到人类的思想反对"非自然的不必要的丧失"及"斯巴达纪律"。他辨出了"荆条和强壮的胳膊"这一节中年轻人复仇的反抗。列文改写为《大法官威廉姆·约翰逊，初期的法学家：作为历史学家和历史创造者的法官》（"Mr Justice William Johnson, Jurist in Limine: The Judge as Historian and Marker of History"），载《密歇根法律评论》46（1947），第133页。

受虐待的白人孩子规矩得多"①。路威如此坦率责备的残酷性很有可能得不到那些没有受思考训练的人们承认，只有受过科学思维训练的人会意识到这一点。这是因为几个世纪以来有意识的训练已经有效地掩盖了行为心理动力的重要性，使得拒纳模式长期存在。当然，对无意识过程的不关心，对理性化和规避无所不在的依赖及其他方法遮蔽了这一点。

基督教发展了一种把人类更为明显的残酷性转到婴儿和儿童被拒绝的思想，这样做的负担很大。神学上的分歧让大部分的精力被用于建立新的让小孩和大人去服从的纪律。繁多的教派都去寻找信仰上的答案，以期解救那些已被不得不遵守的纪律吓坏的人们。结果不幸的是，维持信仰界限的压力阻碍了通向更好的理解的道路，可是之前看来这种理解很有潜力。在教义的不停变更下，受苦的是一代代的孩子们。作为一种理念上的理性认识，斯巴达纪律以义务取代爱和理解，这种模式的变形在我们的文化及我们的近邻那里以多种形式存在着。小孩被拒绝和被抛弃的精神动力学上的证据不如区分政治和宗教信徒的个人信仰明显，但它们确实存在。

心智训练极大地加剧了以往的错误，其中出现了命运、报应②、自然法则及相关的词汇。伊菲革涅亚的命运就是被牺牲，而俄狄浦斯的命运就是杀父娶母，这些命运经常阻碍人们对人类行为基本根源的进一步调查。某些命运好像为战争、偏见和疾病提供了唯一的解决方法，对这些问题的科学研究以耻辱告终。人类生存之下的心理动态的恶性循环总在继续，因为拒绝孩子反过来就是拒绝他们自己。这个也许真正解释了我们文化里危机频繁出现的原因。

由于一些非科学的宗派主义者可能抓住本文的议题作为一个诋毁弗洛伊德

---

①路威，参见《我们文明吗?》，第168页。这句话及先前引自罗海姆之前的一个脚注（参见《斯芬克斯之谜》）。

在印第安人和因纽特人中间旅行的人注意到他们不惩罚自己的孩子。

从历史上看，残忍的氛围并不局限在对待孩子上。法官杰弗瑞，英国高等法院的大法官，英格兰大法官（1648—1689），一个撰写关于此人传记的作家评价这种残忍的行为："那个时候甚至有身份的人几乎也不理解人类的善良，连对不说话的动物的仁慈都不如，直到马丁的出现。"有意义的是他对此加了个脚注："事实上，直到很晚我们才学会用善良对待我们的孩子，被劝说无论身披甲胄的巨人之子曾遭受何种艰辛，我们这一代人应该更加明智地培育这一点小小的美德，以度过世界的凛冬。"汉弗莱·W. 乌里奇（Humphrey W. Woolrych），《法官杰弗瑞的生活》（*The Life of Judge Jeffreys*），费城：林赛与布莱基斯顿出版社，1852，第289页。

②汉斯·凯尔森（Hans Kelsen）在《社会与自然》（*Society and Nature*）（芝加哥大学出版社，1943）中对原始和早期社会中的报应思想做了艰苦卓绝的研究。在名为"希腊悲剧中的报应思想"的章节中讨论了俄狄浦斯王。尽管他做了艰苦的努力，这样的学说还是过时了，因为他没有考虑能够说明后来的仇恨原因的前意识基础。因此，自己写过很多"纯粹法学"文章的凯尔森局限在对细枝末节的解释上。

贡献的工具，因此可以这样下结论，本文的目的恰恰相反。恰恰是因为弗洛伊德极大地推动了科学进步，我们必须保持清醒避免它陷入命运的圈套，因此，重新评价俄狄浦斯情结很有必要。必须指出没有弗洛伊德的术语和方法，新的阐释就不会出现。弗洛伊德把人类的注意力转移到始于儿时的心理无意识过程，但现在看来这还远远不够。① 俄狄浦斯神话的新的解释须帮助弗洛伊德消除其悲观预感。因为它指向更深——可能更简单——它注意到影响的原因，即父亲是剥夺者而遭到怨恨，同时母亲作为最近的女性而被需要；它还可能注意到，在非常强制的家庭法律和文化禁忌里，具有欺骗性的替代物会受到父母们的喜爱，因为为了满足吮吸和爱的要求，他们自己是在一致的需要下而"喂"大，他们也被骗了。为保证群体的生活，需要一种有组织性的意识，正是这种婴幼儿基本需要意识的替代形成了一种拒绝－活力论的文化。

我阐述这种新的意识并不希望会有一个爆炸性的理论出现。我没有发现母亲－婴儿关系的重要性。为方便去纠正历史和精神动力学的偏差，我希望自己表明了做进一步研究的必要性。弗洛伊德的固执使他没有成为一名科学家，尽管这有助于传播对无意识领域的兴趣，但是首创性和科学性不容混淆。"人类因为表达强力观念才变得强大……"② 这对精神动力学来说并不是普遍真理。那些貌似强力的想法通常是早期虚弱的结果。这是从俄狄浦斯神话及弗洛伊德全盘接受俄狄浦斯情结中得到的教训。因为命令通常标志着科学的终止和幻想的开始。③

---

①弗洛伊德对俄狄浦斯神话的误读是对由"科妮莉亚之角"提出的给予前意识时期的孩子无条件的爱这样一种观点的支持。"科妮莉亚之角"这一组织于1942年成立，并以科妮莉亚——格拉古的母亲（因对孩子的爱而闻名）的名字命名。见《婴儿期的问题》（*Problems of Infancy*），第一次会议议事录（Transactions of the First Conference），纽约：康奈尔大学医学院小儿科小约西亚·梅西基金会会刊，1947。

②参见《文集》Ⅰ，第359页。

③弗洛伊德对俄狄浦斯情结的幻想据说来自在密歇根伯明翰时与詹姆斯·克拉克·莫罗尼的私人谈话。当莫罗尼提及这个话题时我曾与他谈论弗洛伊德在其叙述中对俄狄浦斯神话的一些省略。他依我的要求给我写了纸条："一个出生三天就遭遗弃的小孩在以后的生活里是认不出自己父母的。有意地将杀父及乱伦归到俄狄浦斯神话了表达了一种投射——一种源于弗洛伊德的偏见及内心冲突的投射。他对神话的诠释是他投射性解释，就像为适应考试的主题而做的解释。"也见《幻象》。

弗洛伊德自己对这种投射的警告见《文集》Ⅱ。

母权制中的情结与神话[1]

布罗尼斯拉夫·马林诺夫斯基

(科学博士,伦敦大学社会人类学教授,伦敦政治经济学院)

问 题

精神分析学的任何成就都可能遭受质疑,但有一点可以肯定的是它揭示了一个事实:早期婴幼儿经历对个体心智发展影响深远。从社会学的角度看,这就意味着家庭作为那些早期经历发生的场所,对整个人类文化至关重要。

既然家庭生活对人类心灵乃至人类文化如此重要,那么其性质就值得进一步研究。因为家庭结构随着民族发展水平、经济制度及其文明形态的不同而千差万别。即便我们以无稽之谈为由摈弃"乱婚制"或"群婚制"这类家庭生活模式假说,在当今现存的野蛮民族中仍然观察到了一些毋庸置疑的家庭生活形式,如母权家庭、一夫多妻或一妻多夫的家庭类型,大家庭(Grossfamilie)以及由于家族和氏族的干涉而稍有不同的家庭类型。此外,定居、房屋建设、劳动分工和经济筹划方面的变化也在很大程度上改变了世界各个地区的人类家庭结构。

因此问题便出现了:家庭中的冲突、依恋以及乱伦诱因随家庭结构的不同而各异么?抑或是在不同类型的家庭生活中仍保持一致?在精神分析的语境中,我们不得不质问,俄狄浦斯情结是否普遍存在且一成不变?或是有所变化?如果有改变,那么在何种限度内我们能够找到差异呢?在人类学应用中,弗洛伊德学派只知道他们具有普遍性的"核心情结",即俄狄浦斯情结。如今此情结在本质上与我们雅利安人家庭结构类型相一致,而雅利安人是父系继嗣,家父权

---

[1] 这篇文章接续了一篇《精神分析与人类学》("Psycho-Analysis and Anthropology")的论文,该论文发表在《心灵》(1924 年 4 月第 4 卷第 4 期)。为了理解文中论点,有必要参阅《原始社会的性心理学》("The Psychology of Sex in Primitire Societies")这篇文章(《心灵》,1923 年 10 月)。

(patria potestas)发达,并遵从基督教道德坚决抵制婚外性生活。因此,乍看上去,俄狄浦斯情结具有普遍性的假设似乎不可能正确了。

在之前引述的文章中,我已提出并讨论了这一问题。通过比较两种不同家庭制度,即比较现代欧洲父权家庭和美拉尼西亚(Melanesia)母系家庭,我已提供了一种答案。这两种不同类型的比较表明,社会竞争及联结和性生活规范在核心家庭情结中产生众多差异。在父权社会里,婴幼期的竞争以及后来的社会抵触催生了父子之间的相互态度,即除彼此依恋以外,也存在一定程度上的怨恨和厌恶。至于母子之间,由于婴幼期过早的分离留下了深深的未满足的渴求,而当以后性兴趣出现,这种渴求便会在回忆中与新的肉体渴望交织在一起,并通常在梦里以及其他幻想中呈现出爱欲特征。

我之前的文章研究过美拉尼西亚特殊的母系社会,这一社会中父子之间并无冲突,而且婴幼期对其母亲的所有渴求都允许以自然和自发的方式表达。崇敬和厌恶的矛盾态度在男子和他的父亲之间丝毫感觉不到,而在男子和他母舅之间却有所体现,并且被压抑的乱伦性欲望转向他的姐妹。如果分别为这两个社会提供一个粗略但简明扼要的准则,那么我们社会被压抑的欲望是弑父娶母,而在美拉尼西亚母系情结中则希望弑舅娶姐妹。

这仅仅是对研究结果的摘要,我要向读者提供详细分析。这些研究结果不仅回答了之前提出的问题,同时,它也显示了随着家庭结构的不同而核心情结各有差异,且情结变异方式受制于家庭生活的基本特征和性道德。

这儿仍然存在由第一个问题而衍生出的另一个问题。精神分析学派在其社会学作品中引证大量有力证据来说明核心情结在民俗、社会组织、艺术创作和文化整体中所起的最重要作用。因此,如果说母系情结的特点与俄狄浦斯情结如此截然不同,那么它也应该在神话、传说和童话中,在特定的原始习俗类型和所有那些有关人类感情的制度和创作中留下不同的痕迹,这些人类感情在法律、禁忌和道德准则这类传统束缚中保持正常,却在犯罪、反常或越轨行为中,又或是在一个奇怪的不道德的民间故事中爆发。这个问题我将在这篇文章中继续进行探讨,并将表明特罗布里恩群岛上的美拉尼西亚人的民俗和制度恰如一面镜子反映了母系情结。有关他们的故事和信仰的考察表明了对母舅或兄长压抑的憎恨通常被传统的尊敬和团结遮掩了,而这种憎恨在特定叙事中爆发。这些叙事通过白日梦方式建构,并讲述了受压抑的欲望。同样,由于严格的禁忌而与兄弟分离的姐妹毫无疑问存在于兄弟的"无意识"之中,并且形成了一种针对她本人的强烈乱伦欲望。

疾病与反常

这篇论文引证的论据并不均匀。在某些观点上我拥有足够的信息，但是我不得不承认我在其他方面的无知或孤陋寡闻，在那些方面我将只提出问题而非解决问题。一部分缘于我对精神疾病专业知识的缺乏，一部分缘于我发现用正统精神分析方法分析当地人的可能性不大，还有部分原因是资料方面不可避免的收集不均，特别是比起在特罗布里恩群岛来，在其他部落我居住时间更短，工作环境更为艰苦。我将从我研究清单中最薄弱的项目开始。首先是有关神经官能症和精神疾病方面的问题。在对我们社会和特罗布里恩群岛有关儿童成长期的比较性阐述中可以看到，母系情结在儿童期形成相对晚一些，它形成于家庭亲密圈之外，伴随较少的惊讶，如果有的话，主要是由于竞争，而它的爱欲受挫不是发源于幼儿期性欲。既然这样，弗洛伊德的神经官能症理论让我们期待因童年创伤而产生的神经官能症（传输神经症）患病率更低。这样一位有才能的精神病学家没能像我一样在同等条件下对特罗布里恩群岛进行考察研究，可谓是一大遗憾，因为我相信他将找到充足的论据来证实精神分析假说。

在研究特罗布里恩群岛人时，民族志作者把他们与欧洲人比较注定会徒劳无功。因为对我们欧洲人而言，存在着其他无数个繁复因素造成精神疾病。但是在特罗布里恩群岛往南三十英里的安弗雷特群岛（Amphlett）居住着一群人，他们与特罗布里恩岛民在种族、风俗习惯、语言方面本质上相似，但他们家庭生活更亲密而且有着不同的社会组织和严格的性道德，即反对婚前性行为，没有支持婚前性许可的习俗。尽管是母系家庭，但他们有更加发达的父权权威，这些与性压抑关联起来，可以勾勒出一幅与我们更相似的儿童期的画面。①

现在以我对此主题浅薄的知识，我得到了关于这些岛屿上原住民神经官能症特质的不同印象。在特罗布里恩群岛，尽管我与许多当地人关系甚密，而且与更多的人有过点头之交，但我还是无法指名道姓，指出任何一个男人或女人歇斯底里或神经衰弱。紧张抽搐、强迫症的行为或想法也毫无踪影。当地病理学尽管以黑巫术信仰为基础，但也适度地符合疾病症状，在这样的病理学体制中，有两类精神失常：一种是 nagowa，类似于白痴病，也可指语言表达有缺陷的人；另一种是 gwayluwa，大体上与躁狂症相同，包括时不时爆发出一系列暴力

---

① 关于安弗雷特岛民的一些文化习俗和文化特性的描述，参见拙作《西太平洋的航行者》（Argonauts of the Western Pacific）的第十一章。

行为和疯狂行为的人。特罗布里恩群岛原住民对这两类疾病非常了解,并且意识到在安弗雷特和特尔卡斯托(d'Entrecasteaux)两个邻岛上,存在其他类型黑巫术所产生的不同于他们自己耳熟能详的精神疾病。据特罗布里恩岛人解释,这些疾病症状包括紧张抽搐以及各种形式的强迫症。在安弗雷特岛短短几个月的暂住期内,最强烈的第一印象就是这是一个神经衰弱群体。对于来自开放、快乐、诚恳而又容易接近的特罗布里恩群岛人来说,他会惊讶地发现自己处在一个不信任新来者的群体中,他们工作没有耐性,言语傲慢,当稍微施压时容易屈服且极其紧张不安。当我刚踏入他们的村庄,除了几个老妇人外所有女人都远远地躲开,甚至在我待的那段时间里也不曾露面。除了这一普遍的情形外,我立刻发现一些受到紧张不安影响的人,而我也不能将他们当作资讯人(informants),因为他们要么处于恐惧状态而撒谎,要么由于任何过细的询问而变得激动和抵触。在特罗布里恩群岛上,与其说灵媒并非正常人不如说是一些装模作样者。在特罗布里恩群岛,黑巫术被人们作为一种"科学"方法在实施,也就是现今少数人称之为超自然的方法。但在特罗布里恩岛南部,施展仅仅属于半神话式巫女巫术的是"飞行巫师"(flying wizards),他们给人的第一印象非常怪异。

因此,对另一群体进行民族志考察时,我并没有运用同样的方法,也没有像我熟悉特罗布里恩群岛人那样熟识这一群体。此群体的情况比起安弗雷特岛来更加压抑。迈鲁(Mailu),这个位于新几内亚南海岸一角的岛屿是父系社会,并且拥有强大的父权权威以及一套非常严格的压制性的性道德[①]。在这些本地人中,我注意到,我可以将相当一部分人称之为神经衰弱,因此无法作为我民族志的资讯人。

但所有这些试探性言论尽管不全然是猜测,却只能用来提出问题并且指明什么才是最有可能的解决办法。因此这个问题将是:研究相同文化水平的诸多母系或父系群体,记录性压抑和家庭结构的多样性,指出性压抑及家庭压制、歇斯底里及强制性神经官能症之间的联系。在美拉尼西亚群岛,我们发现了生活在完全不同条件下的各群体,这种情况的发现像是专门为此研究目的而自然而然安排的一次试验。

[①] 参见作者有关《迈鲁土著》("The Natives of Mailu")的专论,该专论收录在《澳大利亚皇家学会论文集》(*Proceedings of the Royal Society of Australia*) 1915年第39卷中。该专论中没有包括任何与精神疾病有关的信息。我曾希望涉足这一领域,该论文作为准备性论述而出版,在此论述中我没有囊括所有我知道和已经注解过的信息,是考虑到要以更完整的形式再版。

还有一个赞成弗洛伊德对此问题的解决观点就是性反常和性压抑之间的联系。弗洛伊德已表明，婴幼儿性欲发展过程与之后生活中反常行为的出现有很深的联系。基于他的理论，一个如特罗布里恩群岛岛民那样完全松散的群体，不干涉婴幼儿性欲的自由发展，应该说出现性反常的概率最小。这在特罗布里恩岛人中得到了充分的证实。其他部落知道同性恋的存在且视之为一种肮脏又可笑的行为。这种认识只有当特罗布里恩岛人受到白人特别是白人道德价值观的影响之后才突然出现。青年男女被关押在传教站中，禁闭在独立且严格隔离开的房间里，他们不得不尽其最大努力把自己解救出来，因为每一个特罗布里恩岛人都认为，他的权利被剥夺了。根据对当地传教士和非传教士详细的询问，我们得知，那些通过如此非理性和不科学的方式而被强制接受白人道德观的人，无一例外都是同性恋。无论如何，只有这样一些例子，即在公然犯罪中抓住的"作恶的人"在神的面前被可耻地驱逐，回到村庄，其中一个恶人打算继续犯罪，但当地人表现出蔑视和嘲笑，他不得不因当地的道德压力而放弃。我也有理由来假设，性反常在南部的安弗雷特和特尔卡斯托群岛更普遍，但是，我又不得不表示遗憾，因为我没能在这个重要的主题上做出更详细的研究。

梦 与 行 为

现在我们不得不研究特罗布里恩岛上母系家庭的整体情绪在社会文化和当地各组织中如何自我表现。如果我们过于深入研究这一问题，这一视角会让我们陷入对其部落生活的过于细密的考察。我们必须挑选出与事实联系最紧密的领域。大致可分为两类：一是自由幻想；二是民俗资料。属于第一类的是诸如梦、白日梦、个人欲望及理想这样有关个体想象的产物，它们取材于个人生活并且由他个性的内在精神力量塑造。这一类不仅包括思想和梦境中的幻想显现，还包括幻想的行为展现。因为当法律和道德压制性力量一旦被受压抑的情感打破，触犯公众舆论和有碍观瞻的犯罪行为或不道德行径就发生了。在这类行为中，我们能够衡量出理想的力度和情感的深度。我们将从关于梦和行为的第一类别开始论述，在这些梦和行为中，个体暂且摆脱了习俗的枷锁，而且显露出受压抑的内容，以及与压制性力量之间的冲突。

在特罗布里恩群岛上的美拉尼西亚人之中，研究梦和白日梦颇有难度。这些原住民与其他野蛮民族显著的不同特点就是他们几乎不做梦，对他们的梦也毫无兴趣，很少自发地将所做之梦串联起来，也不认为普通的梦有任何预言性或重要性，也不存在一套梦的象征性解析规则。当我直接着手这个研究课题时，正如我以往做研究那样询问资讯人他们是否做梦，如果有梦，那是什么样子呢？可往往得到的是消极的、令人失望的答案。难道这种梦的缺失或对梦毫无兴趣是因为我们正在研究的社会是一个没有压制的社会，也就是说，在这个社会里，性根本不受任何压抑？难道正是因为如此才使得他们的"情结"出现晚，并且极少有婴幼期的内容？这种自由梦的罕见、婴幼期强烈影响的缺失及其记忆缺失推导出同样的论断，即神经官能症的缺失，也就是说，这指明了弗洛伊德理论框架广义上的正确性。因为他的理论坚信梦的主要原因是不满足的性欲，特别是这种性或类似于性的冲动在婴幼期受到强烈的压抑。对于这个问题，只要在两个有着相同文化和生活方式但受到不同压抑的群体中搜集丰富的比较资料即可得到令人满意的答案。

我迄今使用了"自由梦"这一表述，是由于不管是自由幻想，还是固定幻想，仍有许多梦，我们很难界定其范围。因为这些幻想游走于传统规定之中而且可以称为"官方梦"。例如，一个领导某件大事或执行某些任务的人被期望在特定的条件下梦到他的事业目标。远航捕鱼的首领们梦到天气、鱼群出没的水域以及出行的最佳日期，并根据这些梦来安排行程和发号施令。那些负责海上库拉（Kula）远征的人通常被期望梦到仪式性贸易的成功。最重要的是巫师做了一些与巫术有联系的梦。此外，还有一种典型的或传统的与巫术有关的梦的形式，被认为是一种巫术或仪式的直接结果。因此，在仪式性的海外贸易中就存在特定的直接作用于交易者大脑的巫术，引导他做渴望交易的梦。大多数爱情巫术期望产生一个唤醒恋爱希望的梦。这样一来，这些原住民明显地颠覆了弗洛伊德关于梦的理论，因为对他们而言，梦是希望的结果。[1] 事实上，这类传统的梦有很多都体现在弗洛伊德理论的字里行间。因为这些梦的构建是对成为巫师自身欲望牺牲品的一种投射。备受爱情巫术困扰的人，在她的梦中，会感受到与巫术施予者的心境相同的强烈渴望和欲望。库拉交易者在巫术的影响下被期望梦到壮观的交易场面，从而形成了一种支配巫术施予者愿望的景象。

这样的梦并不只是限于口头谈论或只是被期待存在。巫师自己经常来告诉我，他梦到捕捞产量高，并将趁势组织远征捕鱼。或者一位农艺巫师说，他梦到长时间的干旱，所以他盼咐做好相关准备。在一年一度祭拜祖先的节日仪式中，我有两次机缘凑巧记录到当地人的两个梦。这两个梦都涉及仪式的进程，

---

[1] 参见拙作《西太平洋的航行者》；关于巫术的一章，在叙事过程中详细地描述了仪式和巫术。

其中一个做梦者声称，他梦到与有些不满的祖灵进行交流。另一类典型的梦与婴儿出生有关，在这些梦中，未来的母亲梦到她从其中一个死去的亲人那得知怀孕的预兆。①

现在特别引起我们兴趣的一类典型的或官方的梦便是性梦。一名男子梦到一名女子深夜来访，在梦中，他和女子交谈，并在醒后发现，睡褥上有精液的痕迹。按照当地人的说法，这男子将向自己的妻子隐瞒，但是他会试着在现实生活中，按梦而行，并与女子私会相好。因为这个梦暗示了拜访他的女子对他施了爱情巫术，而且有占有他的欲望。

对于这类梦，我颇有几分自信，这份自信来源于故事中的男子后来为与他的梦中访客私通所做出的努力。

现在自然而然地，一旦我被当地人告知他们的性梦，我就立刻急切地去嗅乱伦梦的气味。对于这个问题："你是否曾这样梦见过你的母亲？"，答案将是平静且丝毫不惊讶的否定。"母亲在这类梦中是被禁止梦见的——只有蠢蛋（tonagowa）才会梦见这种事。母亲是一个老女人了。根本没有这种事情发生。"但是，不管什么时候，当这个问题提及姐妹时，伴随着一种强烈的情感反应，答案则大不相同。当然，我相当了解，所以从不在任何一个男人的面前直接问这样的问题，也从不和别人讨论。甚至通过以下这种形式发问："其他人"是否有这类梦？得到的反应也是满脸愤怒。有时根本不予理睬。一阵尴尬过后，资讯人另起话题。一些人满脸严肃矢口否认，另一些人也愤慨地否认。但是，通过一点一点地追问与我最要好的资讯人，最后真相浮出水面，我发现真正的答案有所不同。事实上众所周知"别人"有这类梦——"为什么一个男人有时悲伤、羞愧或脾气坏？因为他梦见他与自己的姐妹乱伦"。这样一个男人会说，"这让我感到羞愧不已"。我发现这其实是普遍存在、众所周知的一种典型的梦，这类梦经常发生，而且萦绕于心，令做梦者苦恼不已。这在其他资料中也得到了确认，特别是在神话和传说中。

此外，兄弟姐妹之间的乱伦是违反族外婚规则中最受斥责的一种形式——族外婚制规定，与同族的任何女人私通都是违法的。虽然兄弟姐妹之间乱伦被认为是最恐怖的行为，但是违反族外婚规则的这种行为由于其实施时令人兴奋的重重困难，而又被认为是聪明的、令人渴望的。如此说来，关于氏族乱伦的

---

①参见《巴洛马》（"Baloma"）——《皇家人类学学会学报》（Journal of the R. Anthrop. Inst.）1916年的一篇文章；1923年刊发于《心灵》的《野蛮人的性心理》（"The Sexual Psychology of Savages"）。

梦很普遍。这样一来，比较乱伦梦的各种不同类型，可断定母亲几乎不曾出现在此类梦里，如果她出现了，那么，这些梦根本无法留下深刻的印象：频繁梦见关系越远的女性亲属，留下的印象便越愉悦；而关于姐妹的乱伦梦一旦发生，就会留下深刻且痛苦的记忆。这可能是预料之中的事，因为正如我们所知，随着他们的性发育，母亲不再对其产生诱惑，一种强烈的被抑制的欲望转向他的姐妹，另一种下流的但不是很受压抑的欲望则转向同族女性。

兄弟姐妹之间的乱伦被当地人视为一种如此恐怖的行为，以至于最初，对当地人生活相当熟悉的外来观察者也会自信地断定这种乱伦之事从未发生，尽管弗洛伊德派会产生质疑。通过进一步探索，可以发现这些质疑完全有道理。兄弟姐妹之间乱伦现象自古有之，而且有一些家庭丑闻特别是马拉斯（Malasi）执政家族的丑闻被流传下来。如今，受基督教虚伪道德的影响，古老的道德和制度崩坏，白人所谓的法律和秩序被引入，被部落传统压制的情感被冲破得更加猛烈更加肆无忌惮。我有三四个记录在案的例子，在这些实例中公众舆论在低声细语的浪潮中指责与其姐妹发生乱伦关系的兄弟。其中一例尤其值得一提，因为这桩奸情以它的厚颜无耻和男女主人公臭名昭著的性格以及围绕它展开的可耻故事而著名。

摩卡达宇（Mokadayu）是奥克普科普（Okopukopu）的著名歌手。正如他所擅长的职业，他同样因成功俘获女性而出名。"因为，"当地人说，"喉咙就像女阴（wila）是一条长长的通道，它俩彼此吸引。""一个拥有好嗓音的男人将非常喜欢女人，而且女人也热爱他们。"许多故事都讲述了他如何与奥利威勒威（Olivilevi）首领所有的妻子睡觉，以及他如何引诱这个或那个已婚妇女。曾经有一段时期，摩卡达宇作为一名通灵者，有着辉煌且利润丰厚的职业。不寻常的现象发生在他的小屋，特别是各种送至灵界的昂贵物品不见踪影。但是他被揭发，被证实侵吞了消失的物品。

接下来出现了他与自己妹妹不伦之恋的戏剧性事件。她非常漂亮，作为一个特罗布里恩岛人，她当然有许多情人。突然之间，她拒绝了所有的追求者，变得恪守贞洁。村里的年轻人彼此吐露被她拒绝一事，并决定找出原因。很显然，不管谁可能是那位幸运的情敌，约会场所必定在她父母的房间里。一天晚上，当其父母外出，那些被抛弃的情人们便在房屋凿了个洞。通过这个洞眼情人们发现令人震惊的一幕：哥哥和妹妹正在床上私通。于是一桩可怕的丑闻在村里流传开来。在古时候，这种丑事当然以犯罪当事人自杀结束。而在目前的条件下，他们说不定能够勇敢地面对，并且过着好几个月这种乱伦生活，直到她另嫁他人而离开村庄。

除了实例上的兄弟姐妹乱伦，正如我所说，还有一种违反族外婚规则的行为叫 suvasova。同氏族的女人禁止嫁给受耻辱刑者或全身长疗的男人。我的很多资讯人带着一脸自鸣得意的傻笑告诉我，对付这第二种疾病有一种巫术绝对有效。这类事件中的道德耻辱实际上微不足道，正如官方制定的其他一些规范，那些打破规范的人就是聪明的人。有一个年轻人堪称唐璜式的花花公子，自高自大。他蔑视所有未婚女子，并想尽一切办法与已婚妇女私通，特别是酋长的妻子，或者犯下 suvasova 罪行。像"suvasova yoku"，"噢，你这个外婚规矩破坏者！"这类表达听起来就像是说"噢，你这个喜好玩乐的人！"其实是一种虚假的恭维而已。

为使论说完整，反面证据必须在这里得到陈述，即根本找不到一个有关母子乱伦的例子，甚至连一个涉嫌的例子也没有，尽管母子乱伦绝无兄弟姐妹乱伦这个禁忌有影响力。以上对特罗布里恩岛人中典型的家庭情感的概述中，我已经说明，父女间的关系是唯一与父权制社会里建立模式相同的一种关系。因此不出所料，父女乱伦绝非罕见，而有两到三个例子记录在案也似乎是毫无疑问之事。其中一例提到一个女孩，除了与她父亲有乱伦关系之外，她同时也是当地一名男子的心上人。这名男子当时是我的仆人，他想要与她结婚，于是请求我在这件事上给予经济和道义上的支持，所以我才有关于乱伦的详细资料，我全然知晓此种关系的究竟及其如何长期维系。

目前我们已经谈到了性禁忌和试图突破禁忌但又受到压制的渴望，这种内在渴望在梦中及犯罪和激情行为中得以宣泄。不过，还有另一种与受压抑的犯罪欲望相关，即某男子与其母系血脉亲属也就是说与母舅之间的关系。关于梦，需要指出一件有趣的事，存在着一种信仰，即在预知生死之梦中总会有一位真正的男性亲属（veyola），一般说来是外甥，他会预先梦见母舅之死。另一个属于行为领域而不属于梦的领域的重要事实与巫术关系密切。一个学成疾病黑巫术的男子必定会从母系近亲中选择他的第一个牺牲品。据称，通常他将选择自己的母亲。因此，当得知一个人正在学习巫术，那么他的正宗血亲也就是他的母系亲属，通常感到非常恐惧，从而十分担心自己的个人安危。

在实际犯罪的编年史册中，也有几个关系到我们自身问题的例子登记在册。其中一个案例就发生在奥萨珀拉（Osapola）村，离我当时的住所半小时路程，我对当事人相当了解。他们是三兄弟，最年长的是个瞎子，最小的弟弟经常趁槟榔果还未熟透就摘下来，并且拒绝与瞎子哥哥分享。突然有一天，瞎子勃然大怒，抓起斧头，莫名其妙地试图砍伤弟弟。这时候老二拿起长矛杀死了瞎子。于是，老二被当地的白人执法官判入狱12个月。当地人愤愤不平，一个兄弟被另一个兄弟所杀，纯粹是家庭内部问题，当然这是一场可怕的罪行和悲剧，但是它与外部世界毫不相干，局外人不能干预而只能表示震惊和同情。至于其他一些激烈的争吵、打架斗殴以及母系家族里一两个谋杀事件我都记录在案。

另一方面关于弑父罪，没有一个记录在案的例子。不过，正如我所说，对于当地人来说，弑父并不是什么特别的悲剧，仅仅是一件将在父系氏族内部解决的事情而已。

撇开这类戏剧性事件和动摇了部落秩序根基的罪行和悲剧，还存在一些看似稳定平静的外表下激情沸腾的小事件。因为如我们所知，社会构建了它传统的规范和理想，制造了诸多条条框框和一系列障碍来保护他们的安全。不过，这些条条框框必然会激起特定的情绪反应。

在我做社会学研究的过程中，最令我吃惊的莫过于我逐步察觉到一股欲望和意愿的暗流与传统、法律以及道德的趋向背道而驰。母权是传统原则，原则上氏族团结只存在于母系血脉，而且这一氏族团结索取所有情感、所有责任与忠诚。但是实际上，对父亲的友爱和感情以及与之相关的个人私利和欲望，与打破氏族中外婚枷锁的愿望联结在一起——这些便是从个人倾向和个人生活经验中流露出来的生命力。这些力量大力煽风点火，煽动兄弟之间和舅甥之间无时不在的憎恨。因此，在个人真实的情感里，可以说我们有一种抵触母系传统原则的社会消极情绪。

猥亵与神话

我们现在进一步讨论与母系家庭的典型情绪相关的民俗，我们将带着这一主题跨越精神分析和人类学的边界去考察积累最丰富的故事。大家一致认为，由于某种原因，一些严重关系到远古时代和为娱乐消遣而叙事的故事与当下人们的欲望相一致且流传甚广。另外，弗洛伊德学派已经确立这一说法，即借助童话故事和传奇，民俗特别关注满足受压抑的欲望，谚语、经典笑话、名言以及一些流行的谩骂方式也是如此。

让我们从后往前一个一个道来。谩骂方式与无意识之间的关系肯定无法解释为它们使受谩骂者或仅仅是谩骂者受压抑的欲望得到了满足。例如，在东方民族和许多野蛮人以及拉丁人略加修饰后广受流行的表达方式"吃屎"，并没有同时直接满足两者受压抑的欲望。它只是间接地贬低对方和恶心对方。每一种谩骂和脏话的表达形式都包含了带有强烈情感的特定看法。一些人带进厌恶和羞耻的感情，另一些人则引入某些在特定社会遭到憎恶的行为，如此一来便伤害了听者的感情。这儿有渎神，不管洪亮的西班牙语在哪回响，"我朝上帝拉屎"（Me Cago en Dios）这一表达方式也日益剧增，就在"我朝上帝拉屎"这一表达方式的无数个变体中，亵渎也就在欧洲文化中攀上了完美与复杂的顶峰。同样，这儿也有各种各样的谩骂方式，这些谩骂方式依照社会地位、受鄙视或贬低的职业、犯罪习性的不同而各有千秋，从社会学上看来相当有意思，因为它们暗示了那一特定文化观中最深处的堕落。

在欧洲，有关乱伦的咒骂是斯拉夫民族的一大专长。这类咒骂指的是被骂者与其一位被禁止发生暧昧关系的亲属——通常是指母亲——有私通乱伦关系。其中俄罗斯人以"和你妈发生关系"（Yob twayu mat）这类众多拼合的表达方式轻松领先。这类咒骂最令我们感兴趣，因为它的主题和它在特罗布里恩岛人中所扮演的重要角色。那里当地人有三种关于乱伦的咒骂：Kwoy Inam——睡你妈；Kwoy lumuta——睡你妹；Kwoy um kwava——睡你老婆。这拼凑在一起的三种说法本身就令人好奇心大发，因为我们可以看出，一句接一句，把最合法与最不合法的性交行为都用来达到冒犯和伤害他人的目的。可见其退化堕落程度之显著。因为，虽然说与母乱伦仅仅是在戏弄他人或开玩笑时的婉转之言，正如我们会说"噢，滚远一点"，但是，提及与姐妹私通便是最不能宽恕的一种冒犯，因为只在真正气愤时才会说这样的话。不过，最不堪入耳的侮辱性语言我最多听到过两次，其中有一次，实际上由前面所提及的乱伦事件所引发才一时冲动说出"睡你老婆"。这种表达如此脏秽，以至于我在特罗布里恩岛逗留很长一段时间后才有所耳闻，没有一个当地人会这样大声叫嚣，大家只是喃喃一番，或者只是对这种侮辱性话语一笑了之。

这一渐变的心理奥秘到底是什么？很明显它与行为的严重性或不愉快没有直接联系。与母乱伦根本不可能，尽管它是最轻度的咒骂。犯罪行为也不是成为各种咒骂力量的原因，因为几乎合法的算不上犯罪行为的咒骂最冒犯他人。真正的原因在于行为的可行性和现实性，道德屏障被推倒后的羞耻感、愤怒感和道德败坏感以及被揭示出来的赤裸裸的现实。因为夫妻之间的性亲密被最严格的道德规范所遮蔽，目的在于消除任何暗示性的行为，当然，兄弟姐妹间的性亲密限制更加严格。性笑话和猥亵行径决不能在夫妻双方都在场的情况下说出来。所以，用粗俗的语言暴露私人直接的性关系，对敏感的特罗布里恩岛人是一种致命的侵犯。这种心理非常有意思,因为它揭示出咒骂的主要力量之一,在于一个欲望或一种行为的现实性、可行性与传统压抑之间的关系。

骂别人与母乱伦和骂别人与姐妹乱伦之间的关系基于以上同一心理也可以明白了。它的强度主要是由与责难的咒骂相一致的现实的可能性来衡量。对于当地人来说,与母乱伦同与姐妹乱伦一样令人厌恶,也许更甚。因为,如我们所知,关系的整体发展和性生活的整体成长使与母乱伦的诱惑几乎不存在,与姐妹乱伦的忌讳越来越强烈,所以打破这严格禁忌的真正倾向就更加真实。因此这种辱骂触痛要害。

在特罗布里恩岛,关于谚语没什么好说的,因为它们根本就不存在。至于经典的名言和其他语言的使用,我将在这里提及有关 luguta 即我的妹妹这个单词。它在巫术中意指势不两立和相互排斥。

接下来我们转入神话和传奇,也就是那些旨在严肃解释事物、制度以及风俗的故事。为了使这一广泛而丰富的资料脉络清晰且便于迅速浏览,我将这些故事分成了三类:一是有关人类起源、社会整体秩序特别是图腾类别以及社会等级的神话;二是有关文化变迁和成就的神话,其中包括英雄事迹、风俗形成、文化特征及社会体制的故事;三是与具体的巫术形式相关联的神话。①

我们在第一类中便可知文化中的母系性质,即有关人类起源、社会秩序特别是酋长地位、图腾类别和各种各样的氏族、亚氏族的神话。这类神话数目繁多,因为各地都有自己的传奇故事,它们形成了互相关联的故事群。它们都认为,人类通过地穴从地底下钻出来。每一个亚氏族有它们自己钻出的地方,发生在这重大时刻的事情有时候决定了这个亚氏族的特权或权利剥夺。最让我们感兴趣的是神话中第一代祖先的群体,其外貌在神话中也会提到,成员通常是一个女人,有时还有陪同她的哥哥,有时是图腾动物,但是从未是她的丈夫。在一些神话中,第一个女祖先的繁衍方式也被详细记载下来,有时通过无意中接触一场雨,或者躺在一个洞穴中被滴下来的钟乳石水刺了一下,或在沐浴的时候被鱼咬了一口。于是,她就通过这些方式被"打开了",一个精灵进入她子

---

① 参见《西太平洋的航行者》中有关神话的一章,特别是如下第 304 页。

宫，从而怀孕。① 这样不需要父亲创造力的神话体现了母性始祖的自发生殖力量。

父亲也从未以另一个角色出现。事实上他从来没有被提到过，根本没有存在于神话世界。大多数当地神话来自最初的原始形式，其中一些仅包含一件事或对某种权利和特权的肯定。那些包含某种冲突或一个戏剧性事件且必要材料模棱两可的神话，都始终描绘了一个母系家庭以及发生于其中的戏剧性事件。例如，一次争吵使一对兄弟关系破裂后，两人分别带走一个妹妹。又如，在另一神话中，一对姐妹因意见不一而分道扬镳，而后建立了两个不同的群体。

有一个神话很有可能被划分至这一类，该神话解释了永生的丧失，或者更确切地说解释了人类青春难驻。在这个神话中，正是祖母与孙女的一场争吵才给人类带来了青春难驻的悲剧。母系继嗣即女性传宗接代——母权即女性在母系亲属结构与男性亲属纠纷中扮演重要角色，简而言之，母系家庭模式在这一类神话结构中很明显。没有任何一个有关人类起源的神话讲过丈夫或父亲发挥了重要作用，他甚至根本没在神话里出现过。神话戏剧事件中的母系性质与母系社会的压抑关系密切，这一论述不需要进一步论说来说服精神分析家。

现在让我们转入第二类神话，那些是关于英雄事迹和重大冒险的特定的文化大成就的故事。这类神话并不是最基础的，它包括很长的故事群，且由明显的戏剧性事件发展起来。这一类最重要的故事群是关于图塔瓦（Tudava）的神话，图塔瓦是一名英雄，他由一位被钟乳石水刺了之后的处女所生。这位英雄的事迹在许多神话中都备受歌颂，只不过是在这些神话发现地，神话内容稍有不同而已。尽管他个人道德素养远远不够，但他被公认为有引入农业和各种风俗制度、道德规范的功劳。不过，这位英雄的主要事迹是杀死食人怪，这件事在各个地区广为人知并成为所有神话的基石。故事如下：

人类在特罗布里恩群岛过着幸福的生活。突然有一天，一个名叫多柯尼卡（Dokonikan）的可怕食人怪出现在群岛东部。他以吃人为生，吃完一个地方又一个地方。那时候在群岛西北末端处的拉巴伊（Laba'i）村住着一户人家，家里有一个姐姐和她几个弟兄。当多柯尼卡越来越接近拉巴伊时，这一家人决定逃

---

① 弗洛伊德派将对强调这些神话的象征心理感兴趣。需要指出的是当地人不知道男性精液对受精的影响，但是他们知道处女不能怀孕，而且一个女人必须如他们所表达的那样"打开"才能成为母亲。村中日常生活里，早期就通过恰当的器官这样做了。原始女祖先的神话中，丈夫或任何有性能力的男伴被排除在外，而是选择了一些自然之物，例如鱼或钟乳石，更多资料请参见1923年10月《心灵》杂志上有关这个主题的文章。

离。不过，姐姐当时伤了脚无法移动。因此，她被她的几个弟兄丢下了，他们将她和她的小儿子图塔瓦留在拉巴伊海滨的石洞里后，乘独木舟往西南方逃去。男孩被母亲抚养长大，母亲首先便教他选择良木制造强矛，然后教他能够盗走人的理解力的克瓦加帕尼（Kwoygapani）巫术。这位英雄奋勇前行，在用克瓦加帕尼巫术将多柯尼卡迷惑之后，再将其杀死，并砍下头颅。之后，他和母亲备制芋头布丁，将食人怪的头藏在里面烤好。带着这份令人发怵的干粮，他驱舟远行，寻找母舅。找到母舅之后就将布丁给他，母舅惊恐地发现，布丁里面竟然是多柯尼卡的头。带着恐惧与悔恨，母舅把各式各样的礼物都献给外甥，为先前遗弃母子二人而赎罪。英雄全都拒绝了，只在娶了母舅的女儿后才善罢甘休。之后他又外出，完成了许多文化事迹，在此无须进一步讲述。

  在这个神话里，有两次冲突推进了剧情：第一是食人怪吃人的欲望，第二是母子二人遭母舅抛弃。第二个冲突是个典型的母系剧情，它分明与人的本能倾向一致，这种本能倾向被部落道德规范和风俗习性压抑，我们在分析特罗布里恩群岛母系家庭时已发现这一点。因为母舅是母系家庭指定的保卫者。然而，这个义务一方面使他身兼重任，另一方面又不总是为他的被保护者们所感激或乐意接受。这样一来颇具特色的就是，神话中大多数重要的英雄剧情的开场都牵扯到母舅玩忽职守这一民事罪。

  但是第二个冲突并不是完全脱离第一个冲突而存在。当多柯尼卡被杀后，他的头被盛放在木制的碟子中献给了母舅。假如只是想让母舅见到食人怪后吓一大跳的话，那将他的头伪装在芋头布丁中就没有任何意义了。而且，由于多柯尼卡是人类的公敌，那么母舅见到他的头颅时应该充满了喜悦。整件事和其背后感情的安排，只有当我们断定食人怪与母舅之间必有某种联系后才有意义。如果是那样的话，被他人赠予食人怪的头作为食物，这正是一种惩戒。那么这个故事实际上包括一个恶棍和一次冲突，这一冲突分为两个阶段并且在二人身上重演。① 如此一来，我们便可得知图塔瓦的传奇包含了典型的母系剧，它构成了整个英雄剧的核心部分，并且导向一个合乎逻辑的结局。因此我很满足，因为我指出了那些无可争辩又明载于事实中的特征。我将不再继续详细讨论这个神话，因为它必然要牵扯到特定的历史和神话假说。但是我想说多柯尼卡这个角色并不是只能就他与母系制的关联中得到说明。他也有可能是一个从父系制文化中移接到母系制中的人物，那么他便有可能代表了父亲和丈夫。如果是这

---

① 传奇故事中这种复本的流行已在兰克博士几篇论据充足的著作中有所讨论。

样的话，这个传奇故事将极为有趣，因为它表现了一种文化如何塑造以及改变人物和剧情以适合自身社会背景的倾向。

该神话中的另一事件也是我要指出的，就是故事最后英雄与其表妹结婚。这在目前当地人的亲属制度中虽谈不上是真正的乱伦，但明显被认为是不合情理的事。

现在我们转向另一类传奇，有一则两兄弟为种植计划而争吵的故事——现实生活中经常发生——在争吵中，哥哥杀死了弟弟。神话里并没有提及为此谋杀行为而感到良心不安。相反，它详细描述了剧情中的最低潮——烹饪。哥哥在地上挖了个洞，捡来石头、树叶、柴火，就像他杀了一头猪或拖起一条大鱼一样，在土炉上烘烤弟弟。然后，他就一个村接一个村叫卖烤好的肉。当他闻到一股异味感觉有必要再次烘烤时，便不时地来回烘烤。那些谢绝他烘烤的肉的当地人属于非食人族，而那些买了他的肉的当地人之后就变成了食人族。这样食人主义被追溯到一起杀弟罪行，或者说对一种来路罪恶的食物的喜好。不用说，这只可能是非食人族部落的神话。食人主义和非食人主义间同样的区别在多布（Dobu）食人族和特尔卡斯托群岛其他食人地区的一个故事中得到解释，当然这个故事中食人并非令人不悦。不过，如果不是两兄弟和两姐妹之间真正的争吵，故事也会稍有不同。① 这些神话令我们感兴趣的主要是其长幼之争中的母系特征。

有关火种起源的神话也简要提及了太阳和月亮的起源，这些神话也描述了两姐妹之间的分歧。需要做出补充的是，在该神话中，火被描述成起源于一个女子的性器官。

熟知神话的精神分析解释及心理学和人类学著述的读者，一般会发现我的结论简单，并不复杂。所有要说的我都通过神话故事直接表达出来了，很少尝试任何复杂或象征性的解说。不过，我是故意这样做。因为，在一个母系制社会中，神话具体包括了母系性质的各种冲突，这篇论文只有被无可置疑的论据支撑时才能发挥作用。再者，如果我是正确的，如果我们的社会学视角真正能带领我们更进一步接近神话的正确解释，那么很明显，我们没有必要依赖于对事实全面或象征性的再解说，而是自信事实胜于雄辩。这对任何一位有心的读者来说很明显，即通过艺术性再加工或象征性再加工，我们视为母系情结直接结果的许多情形可以改头换面为父权制情形。母舅与外甥之间原本是自然而然

---

①这些神话已经在《西太平洋的航行者》论"神话学"的一章中给出，第321—331—332页。

的保护者，而且总是一起维持共同事业，但实际上他们经常视对方为恶魔；兄弟之间在部落法规里本来是融为一体的关系，却争吵打架甚至出现残忍的食肉行为；所有这些矛盾冲突基本上都能在一个父系家庭中找到相对应的类似冲突。只是故事的主人公和剧情安排的不同，才将母系神话与父系神话区别开来，也可以说从社会学角度看待悲剧才将其区分开来。我们绝不会动摇神话的精神分析解释基础。我们只是更正了对这一解释的社会学看法。这一更正非常重要，甚至涉及了心理学的基本问题，我希望能有机会在以后全面整理这个主题时展示出来。

现在让我们转入以文化成就和巫术为基础的第三类神话。巫术在当地人的生活中扮演了重要角色。无论何时，只要他们接触了任何对其至关重要的问题并超过自己能力范围，他们就会求助于巫术。为了掌控风和气候，为了躲避航海遇到的危险，为了在爱情、仪式性贸易、舞蹈中获得成功，当地人都施展巫术。黑巫术和健康巫术在他们的社会生活、重大经济活动和相关事业中扮演了极其重要的角色，例如园艺、捕鱼和制作独木舟，巫术已经构成了其内在的重要因素。现在巫术和神话之间存在着密切的联系。神话中英雄们大多数的超自然能力就缘于他们的巫术知识。现代人与古代伟大的神话英雄们的区别就在于目前最有效的巫术类型已经失传。要是强大的咒语和仪式能被恢复，人们就能在空中飞行，恢复青春，这样就能获得永生，或杀了人又令其复活，还能美丽常驻，无往不利，恒受爱戴与赞美。

但是，不仅仅只有神话从巫术中获得力量，巫术同样依赖于神话。几乎每一种咒术和仪式类型都有它的神话根基。当地人讲述了一个故事，这个故事解释了这些巫术是如何被人类拥有并且充当巫术功效的一种保证。也许神话的主要社会影响就在于此。因为，神话生活在巫术中，而巫术又塑造和保留了许多社会风俗，神话也就对巫术产生了影响。

现在让我们转入少数这种关于巫术的神话的具体事例。最好先就一个详细的例子进行讨论，这样的话我将选取已经完整出版的飞行独木舟的神话。① 这则神话由当地人叙述，与他们曾使用过的造船巫术密切联系。说来话长，从前造独木舟时有一种巫术，能够使独木舟在空中飞行。故事的主人公同样也是最后一个——似乎又是第一个——施展该巫术的人，他被描写成具有造船者和巫师的双重身份。故事告诉我们独木舟如何在他的指导下完成；又如何往南方跨海

---

① 参见《西太平洋的航行者》，第421页。

远航，超过了所有其他船只，当其他船只不得不在海上时，它便在空中飞行；它的主人在远航中如何取得巨大成功。这是故事的快乐开端。接下来悲剧发生了。同一部落的人都非常嫉恨他。于是另一件事情发生了。他同时掌握了一种园艺巫术而且还掌握一种伤害邻居的巫术。在一次干旱中仅他的园圃幸免于难。于是同部落所有人一致决定他必须死。主人公的弟弟从他那儿得到了独木舟和园艺巫术。因此，所有人认为杀死了哥哥，巫术也不会失传。这罪恶的行动被执行了，不是别人正是他的弟弟做了此事。该故事的版本之一里弟弟和他的外甥联合攻击杀死了他。在另一个版本中，故事继续讲述在弟弟杀死哥哥之后，又为他举行了一场超度仪式。故事的关键在于谋杀后，弟弟尝试用巫术造独木舟，但是竟懊恼地发现自己并没有完全掌握巫术，只是通晓了不重要的一部分，于是人类就永远失去了飞行巫术。

在这个神话里，母系情结强烈凸显出来。根据部落法规，故事主人公的职责应该是与他的弟弟和外甥共享巫术，但是他却欺瞒了他们，或者更直白地说是假装他将所有巫术和仪式传授给了他们，但实际上却只教授了无足轻重的一部分。另一方面，弟弟的职责该是保护他的哥哥，为哥哥的死报仇以及分享所有利益，但是我们发现他竟然是这场杀害兄弟阴谋的元凶。

如果我们将这一神话情境与社会现实做比较的话，我们将发现不可思议的一致。将家族世袭的财产传给自己的外甥或弟弟是每个男子的责任，例如家族神话、家族巫术和族歌，也包括一些特定的物质财产和经济权益。很明显老一辈一生都在传承巫术，在他临死前财产权和特权也将终止。有意思的是对继承自他母舅或哥哥的财物，所有者如此合法地继承通常不需要一类叫作 pokala 的报酬，尽管它十分丰厚。更需要重点指出的就是当一个人将一定财产传给他的儿子时，他通常一无所求，完全出于爱。实际生活中，哥哥对弟弟神话式的诈骗也经常发生。按照部落法，在共同利益、相互责任以及情感方面，本应二人同心，但一种不信任感经常存在并使彼此相互猜忌。当从另一个人身上学得巫术时，我经常注意到这个人本身就很怀疑是否被他的母舅或哥哥留了一手。而一个从他父亲那里作为礼物而获得巫术的男子从未有过这样的怀疑念头。通过对现在掌握有重要的巫术的人进行调查，我也发现一半以上的杰出的年轻巫师是得自父系的赠予而不是母系遗传。

如此一来，在现实生活和神话中，我们可以发现相应于某种情结和压抑情感的情形，它与部落法规和传统的部落理念彼此矛盾。根据部落法规和道德规范，两兄弟或母舅和外甥应该是朋友、同盟，而且有共同的利益和情感共鸣。

现实生活中一定程度上或者如神话里描述的，却是他们相互敌对和欺瞒，自相残杀，猜疑又充满敌意，而不是友爱和团结。

独木舟神话还有一个特点值得我们注意：在神话的结尾，我们得知英雄的三个姐妹对他的弟弟发火，因为他杀死了哥哥却没有获得巫术。不过，三姐妹已经学得巫术，尽管作为女人，她们不被允许造独木舟或乘舟飞行，但是她们就像会飞的女巫一样能在空中飞行。在弟弟犯下谋杀罪行后，她们就飞走了，每个人分别在不同的地方定居下来。在这个插曲中，我们可以看出母系社会女性地位的特点，即在男人掌握巫术之前，她们就已经学成。三姐妹同样是氏族的卫道士。她们并不是针对罪行而愤怒，而是由于氏族财产的损失而气愤。要是弟弟能在杀死哥哥之前就掌握巫术，那么，三姐妹就会和他永远幸福地生活在一起。

另一则已经出版的不完整的神话值得我们留意[1]。这是一则有关为防备沉船的救助巫术起源的神话。从前有两兄弟，哥哥是人而弟弟是一条狗。有一天，哥哥出海探险捕鱼，但是他拒绝带上弟弟。那条狗已经从母亲那里学得安全游泳的巫术，于是他便潜在水中跟着哥哥。这条狗更善于捕鱼，比哥哥要出色得多。为了报复哥哥对他的虐待，他就换到别的氏族，并且将巫术传授给他收养的亲属。该神话的剧情首先就在于母亲对小儿子的偏爱，一个典型的母系特征，也就是说母亲直接表现出她的喜好，没有必要像《圣经》中更知名的以扫和雅各的母亲那样欺骗他们的父亲。这里也存在一场典型的母系的争吵，哥哥对弟弟的虐待和弟弟的报复。

在这里我将只简单地提及有关爱情巫术起源的重要传奇故事。爱情巫术构成了有关母系情结的影响方面最有利的说服证据，母系情结在我即将出版的著作中有全面阐述。所有的性诱惑和引诱的全部力量都被认为存在于爱情巫术之中。同样这种巫术被当地人认为是根源于过去的一次戏剧性事件，它讲述了一个古怪的兄妹乱伦的悲剧性神话。兄妹俩与母亲同住在一个村子，女孩意外地喝了哥哥为别人准备的强烈的爱之汤。于是疯狂地、充满激情地追逐他，并在荒凉的海滨引诱了他。耻辱和悔恨涌上心头，于是他俩不吃不喝，死在石洞中。一株芳香草从他们的骨骸中生长出来，而这种草是爱情巫术魔药中最有效的药材。

---

[1] 参见《西太平洋的航行者》，第 262—264 页。

结　　论

　　在这篇论文里，通过密集的田野作业获得的第一手研究资料，我只考察了一种文化中母系情结对该文化的影响。但是任何一位人类学家都容易看出，我所得出的结果有更广泛的运用。因为兄妹乱伦的神话在母系族群当中频繁发生，特别是在太平洋地区，兄弟之间或舅甥之间的憎恨和敌对是这一世界民间传说的一大特点。在即将出版的著作中，我打算结合这篇论文以及之前的一篇题为《精神分析与人类学》的论文，来处理更广泛的问题，特别是我将就神话与社会组织之间的关系进行分析。精神分析的著作者经常将神话说成是"种族的世俗梦"。这个公式虽然大体上适用，本质上却不全面，且容易误导，有必要对其做出修正。在做这一工作时，极有可能精确估计精神分析对神话学所做贡献的价值与范围，并且深化理解与文化相关的整体神话概念。

《意识的起源与历史》导言

埃利希·诺伊曼

下面我将以现代深层心理学为基础，尝试概括意识发展中的原型阶段。这是对卡尔·荣格的分析心理学的应用，同时我们也致力于对其进行进一步阐发，并且尝试着走得更远一些，从而有所突破。

与关注意识发展与外界环境因素的关系的探究方法不同，虽然说这些方法可行且必要，但我们的探究更多关注决定意识发展进程的内部的、心理的以及原型性的因素。

荣格将集体无意识的结构要素称为"原型"或"原始意象"。它们是本能的图画表现形式，因为无意识向显意识显示时用的是意象，比如梦和幻想中的意象，从而开启显意识反应及同化的过程。

> 无疑这些幻想（意象）在神话中有各自最相似的对应物。因此我们必须得出这样的结论：总体上，它们对应的是人类心理中某些集体（而非个人）的结构要素，并且就如同人类身体的形态要素一样具有遗传性。[1]

心理的原型结构要素是个体的心理器官，只有它们正常运作才能保证个人的健康幸福，反之则会产生灾难性后果：

> 并且，同人体被忽视或受损的身体器官或器官功能系统的表现十分相似，它们的受损绝对导致神经失调甚至精神失常。[2]

本书旨在表明神话的重要成分之一是一系列原型，它们之间是有机联系的，其层层相续（statial）[3] 的性质决定了意识的发展。在意识的个体发育进程中，个体的自我意识必须通过相同的原型阶段，这些原型阶段对人类生命的意识演

---

[1] 荣格，《儿童原型心理学》，见荣格、凯仁伊，《神话学论文集》，第 102 页。（见参考文献）
[2] 同上，第 105 页。
[3] 形容词，源于拉丁文 stadium，在生物学上译为"发展阶段"。——原书译者

进起着决定性作用。每个个体在自身的生命历程中必须重走人类整体所走过的道路，并在原型神话意象序列中留下印迹，这正是我们所要探究的。在正常情况下，个体的原型阶段不受干扰自然而然地逐一进行，同时，意识在整个过程中自然地发展着，正如身体成熟诸阶段中的生理发育一样自然。作为心理结构的器官，原型之间如同身体器官一样自动地形成一个整体，并且就像身体结构上生物荷尔蒙成分运作那样最终决定着个体人格的成熟。

除了具备"永久"的重要性外，原型还具有一个同样重要且合理的历史性维度。自我意识演进过程中要通过一系列的"永久意象"，在这个过程中，自我不断转变，从而不断地与各种原型建立新的联系。它与原始意象的永恒联系是在时间上相续的过程，也就是说，它是按阶段发生的。在人的种系发生及个体发育历史中，人的认识、理解以及吸收这些意象的能力随着自我意识的变化而变化，因此，相对于演变着的自我意象，永久意象的相对性变得越来越明显了。

对意识发展阶段起决定性作用的原型只构成了整个原型事实的部分而已。但是通过这种演进的或大纲式的视角，我们可以得出一条贯穿于集体无意识的无限象征中的主线，从而帮助我们走向深层心理学的理论与实践。

对原型阶段的研究还可以帮我们在一些辅助学科中得到一个更好的心理学研究方向，比如说在宗教史、人类学、民俗心理学等类似的科目中。这些可以以心理演进为基础形成一个整体，从而推动更深层次的理解。

令人惊讶的是，迄今为止，这些具体的学科还没有用深层心理学充分地充实自身，尤其是荣格心理学。尽管如此，在这些学科中，从心理学角度出发的研究越来越多，人类的心理是所有文化和宗教现象的源泉开始变得越来越明显了。因而，最终对深层心理学的全面关注就不可避免了。

必须强调的是我们对神话的阐释不是以任何具体的学科如考古学、比较宗教学、神学等为基础的，而是单纯地建立在心理治疗专家们的实践工作基础之上的。他们所关注的是当代人的心理背景。因此，当代个人的心理与仍活跃在他生命中更深层次的人性之间的联系便成为这一项工作的真实起点和主题。这里采用的推论的、系统的阐述方法可能一开始会模糊我们的成果在主题上和治疗方面的意义，但是，任何熟悉最深刻心理事件的人都会认识到这些联系的重要性及相关性，现代实证材料对这些联系的细致说明将会在后面的研究中涉及。

正如我们所知，分析心理学的比较法将个体中所发现的象征性和集体性材料与宗教史、原始心理学等相应产物相对照，从而通过建立"语境"来阐释。现在我们以演化法来补充这种方法。这一演化法关注的是意识发展阶段的材料以及自我与无意识的关系的材料。因此，我们的研究和荣格的早期著作（即《无意识心理学》）相关，尽管我们需要做出某些修正。虽然在弗洛伊德精神分析学中，演化法只产生了一种具体且狭隘的个人化的性欲理论，但分析心理学目前为止也没有在这一研究路线上获得进展。

人类集体背景作为一个超个人事实而出现，这迫使我们认识到我们自身位置的相对性。人类心理的无限多样性通过各种各样的形式和现象表现出来。这些形式和现象以及人类心理结构活动所产生的文化、价值观、行为方式、世界观等财富都应该尝试着朝一个总体的方向发展。从一开始，这种尝试看似是一项危险的活动，但却是我们必须去做的，尽管我们承认西方文化的具体发展方向只是其中之一。作为一种创新进化，意识进化是西方人的特有成就。自我意识的创新进化是指经过几千年的不断拓展，意识系统吸收了越来越多的无意识内容，并进一步扩展了它的领域。尽管从古至今我们不断看到新的不同模式的文化取代先前的文化，然而，西方成功地实现了历史与文化上的延续性，每一种文化标准都融入了整体。当代的意识结构就是以这种融合为支撑，在它发展的每一阶段，自我都必须吸收传达给它的传统文化的精华部分，这是通过文化与教育系统中的价值标准而实现。

显意识的创新特征是西方文化标准的一个中心特点。在西方文化及部分远东文化中，我们可以追溯到近一万年以来意识的持续发展，尽管中间经常出现间断。只有在这里，渐次发展（stadial development）的标准集体性地体现在神话投射上，并且已成为人类个体的发展模式；只有在这里，个体性的创新性开端已经被集体控制，并且作为全部个体发展的理想受到了阻碍。不管这种创新的自我意识已经在哪里取得发展或正在发展，意识进化的原型阶段都在起作用。在稳定不变的文化中，或在仍保留着人类原始文化特征的社会中，人的心理的最早阶段仍占主导地位，以至于个人和创新特征还没有被集体所同化、吸收。事实上，具有较强烈显意识的创造性个体甚至会被其群体视为反社会。[1]

意识的创新能力可能会受到宗教或政治的极权主义的危害，因为文化准则中的任何专制情结都会导致意识的贫乏。不过，这样的专制只能是暂时的。西方人自我意识的同化活动总是会或多或少地存在着。科学的进步以及无意识力

---

[1] 米德，《三种原始社会中的性与性情》（*Sex and Temperament in Three Primitive Societies*），第228页以下。

量对人性造成越来越多的明显的威胁,这都迫使人的意识从内到外不断进行自我分析和拓展。个体是这项思维创新活动的承担者,因此在将来所有的西方文化中仍起着决定性作用,虽然个体之间要相互合作,而且互相决定了他们之间的精神民主,但以上所说个体的决定作用依然正确。

如果尝试用分析心理学的标准来概括出各原型阶段,则必须先将个人心理因素与超个人(transpersonal)心理因素从基础上区别开来。个人因素不论是有意识的还是无意识的都是属于个人的个性特征,不与其他个体共享。超个人因素则是集体性的,是外在于个人或高于个人的,它们不是作为社会的外在条件存在,而是作为内在结构因素存在。超个人因素在很大程度上独立于个人,因为个人心理因素无论从集体层面说还是从个体层面说都是进化中出现较晚的一个产品。

因此,每一项历史研究(每一种进化的方式都是历史的)都必须发轫于对超个人因素的关注。在人类历史上以及在人类个体的发展中,超个人因素最初都占有主体地位,只是在后来的发展中个人领域才出现并获得独立。拥有个体意识的人是晚出的,他的心理结构早已在先个体的人类发展阶段就构建成了,他的个体意识只是一步步从这个结构中脱离出来而已。

意识阶段性的进化是一个独特的个体现象,同时也是一个人类集体现象。个体发展因而可以看作是对种系发展的一个修订性复述。

集体与个体的相互依存存在着两类精神伴生现象:一方面早期集体是由内在原始意象决定,这些意象的投射外化为强大的事物——神、精灵或恶魔,并成为崇拜的对象。另一方面,人的集体象征也出现在个体身上,每个个体心理的正常发展或扭曲发展都是由决定人类集体历史的相同原始意象操控。

既然我们已经着手阐释各个神话阶段的准则、各阶段间的次序与相互关系,以及它们的象征意义,那么不论是否所有的阶段都存在于任何一个文化中,我们都应该迫切地从不同的文化领域、不同的神话中提取相关材料。①

因此,我们并不是固执地认为意识发展的所有阶段在任何地方、任何神话中都能找到,不像进化论那样坚持,动物物种的进化阶段都会在人的进化中重现。我们所坚持的是这些发展阶段自行以合理的次序安排好了,从而决定了整个心理发展。同样,我们还坚持认为,这些原型阶段是无意识决定因素,并存

---

① 在文化和神话的个体范围内对原型阶段的全面调查将会非常有意义,因为个体阶段的缺席或过分强调都可以使我们得出相关文化的重要结论。这种研究在日后无疑会被采纳。

在于神话中。而且必须将人类发展的集体分层与意识发展的个人分层放在一起看，我们才能明白人类整体的心理发展以及个人具体的意识发展。

这里又要提到超个人心理因素和个人心理因素的关系在人类历史上已有预示，两者的关系在每个人的生活中起着决定性作用。但是，这种关系的集体层面向并不意味着独一无二的或反复出现的历史事件具有遗传性，因为到目前为止尚未发现习性（acquired characteristics）遗传的科学证据。正因为如此，分析心理学认为，心理结构是由超个人的先天因素，即原型所决定的。各种原型从一开始就是心理的重要组成部分和官能，它们塑造了整个人类历史的进程。

比方说，阉割的母题并不是一个原始先辈或一些原始先辈们不停重复的阉割威胁的遗传性后果，还未发现任何支撑这一理论的科学证据，再者这一理论错误地设定了习性的遗传性的成立。任何将阉割威胁、杀亲、双亲性交的原初场景等行为缩减成历史数据和个体数据的做法在科学上都是不现实的，这种做法就像将人类早期历史描绘成19世纪中产阶层父权家庭那样。①

本书的任务之一就是表明：关于这些以及其他相似的"情结"，我们确实是在研究象征、理念形式、心理范畴以及一些基本的结构模式。这些模式以千变万化的运行方式主宰着人类整体和个体的历史。②

原型阶段的意识发展是一种超个人的现象，是一种心理结构的动态的自我揭露，它主导着人类整体和个体的历史。即使偏离了进化之路，其象征学和症

---

①见下文第53页注释16。《意识的起源与历史》注释16原文如下："为了避免误解，需要强调的是，我们讨论中提到的阉割都指的是象征性阉割，而不是指儿童期获得的个人阉割情结，这一个人阉割情结具体指向男性生殖器。

"儿子－情人及其与大母神的关系阶段具有阳物色彩；也就是说，青少年的活动由阳物象征，他的世界受丰产仪式主宰。因此，毁灭他的危险与通常在现实仪式中实施的阉割的象征有关。但是阉割象征应该是在总体意义上理解，即便其术语来自阳物青春期。阉割象征在前阳物阶段与其后的后阳物的男性英雄阶段一样多。再次，后续阶段中的刺瞎是象征性阉割。无意识中对自我与显意识的敌意的典型体现是负面阉割象征，这与牺牲的正面象征有关，它代表了自我对显意识的主动奉献。阉割与牺牲这两种象征统一在屈服者原型里，它可以是积极的与消极的，正面的与负面的，并在不同发展阶段主宰了自我与个体的关系。"——译注

②正是在这一层面上，我们把"男性化"（masculine）和"女性化"（feminine）两词贯穿在整书之中，它们不是个人的性别特征，而是作为象征表达方式出现。当说到男性化或女性化主导因素在特定阶段或特定文化（或人群）中搅乱了自身的秩序时，这是一种心理学角度的说法，绝对没有降低到生物学或社会学层面。"男性化"和"女性化"的象征意义具原型性，因此也是具超个人性；在涉及的不同文化中，这种象征意义被错误地投射到个体身上，好像这些个人带有象征特征。事实上，每个个体都是一个心理混合物。就连性的象征意义也不能源自单个的人，因为它先于个体存在。相反，在所有文化中，当个体被等同于象征原则的男性化或女性化方面且与个体真实性别相反时，个体的整体性就会被违背。这种现象是个体心理的并发症之一。

候学也必须从它与先天原型模式的关系上去理解。

本书第一部分——"意识进化中的神话阶段"所强调的重点是神话资料的广泛分布，并要证实象征与意识发展的不同层次之间的联系。只有以此为背景，我们才能理解心理的正常发展状况以及病态现象。集体问题作为人类存在的基本问题不断地出现在这些病态现象之中，因此这些病态现象必须从这一角度理解。

除了揭示进化阶段及它们的原型联系外，我们的研究还以治疗为目的，此目的既具集体性，也具个体性。个体心理现象与相应的超个人象征的融合对于意识的进一步发展以及个性的综合都至关重要。①

对这些象征的源头即人类文化的层次重新发现是从"bildend"这个词的原始意义——"告知"（informing）这一层面上而言。因此意识需要意象（bilder）和教育（bildung）以拓宽其视域，并使自身充满具有新潜力的内容。新问题会出现，但新的解决方法也会出现。当纯粹个人的数据与超个人的数据相互联系起来，人类集体面向被重新发现并开始活跃起来时，新视野和新的可能性会自己加入灵魂不健全的现代人的狭隘的、僵化的个性中。

我们的目的不局限于指出自我与无意识间的真正联系以及个人与超个人之间的联系。我们也必须意识到对任何心理问题的错误的、个人化的解释是一种无意识法则的表现。这种法则无处不在地制约着现代人，使他们错误地理解和解释他们的真正的作用及重要性。只有当我们弄清在特定趋势中涌现出的超个人向个人缩减的现象到了何种程度，我们的任务才算完成。这里指的趋势曾经有过深刻的含义，但是当代意识危机已经使它变得完全无意义且荒谬。只有当我们意识到个人心理因素是如何从超个人心理因素中发展并独立出来，但却始终扎根于其中（尽管自我意识有重要作用），我们才能还原超个人因素的真正意义及重要性，缺了这种因素，健康的集体生活和个体生活将不可能实现。

这将我们引入一种将在第二部分"第二次个性化的法则"下全面讨论的心理现象，这里认为，首先是超个人的内容，起初看起来是如此，在发展过程中，被认为是个人的内容。原始超个人内容的第二次个性化，在一定意义上，是一种进化的必然，但是这会集聚对于现代人来说过量的一些危险。原本以超个人的神灵的形式出现的内容应该最终作为人类心理内容被经历，这对于个性结构

---

① 这里我们只会强调关于象征的材料内容。集体无意识的情感成分的治愈及"整体制作"的效果会在第二部分予以讨论。

来说是必要的。但是只有当心灵自身被超个人地看待为一个超个人事件的神圣世界时，这个过程才不会对心理健康造成威胁。从另一方面来说，如果超个人的内容被缩减为单纯的个性化的心理学数据，后果将不仅仅是一种可怕的个性生命的贫瘠（这可能仅是个私人的问题），而且也会造成集体无意识的堵塞，从而产生大范围的人道灾难。

心理学在研究个体心理的深层次时已穿透到了集体层面。现在心理学面临着找出一种集体的、文化上的医疗方法的任务，用以应对大量正在毒害人类心理的现象。未来深层心理学的重要任务之一就是应用于集体。心理学必须通过应用其独特的视角去纠正和防止集体生命的失序。①

自我与无意识、个体的与超个人的关系不仅决定着个体的命运，也决定着人类作为一个整体的命运。这种冲突的舞台是人的心灵。在当前的研究中，相当一部分神话被认为是对人的意识增长中的无意识的自我描述。意识与无意识的辩证统一、相互转化、自我解脱以及这种辩证关系中产生的人格构成了本书第一部分的主线。

---

①参见拙作《深度心理学与新道德》(*Tiefenpsychologie und neue Ethik*)，1949。

神话和传说探析

奥托·兰克 汉斯·萨克斯

运用精神分析方法与成果理解神话传说的起源、变异及其意义的合理性在于，在做这种研究时，那些精神分析领域的真正界限绝不会被逾越。不可否认，神话总是需要解释，而且不管原始人或是文明人的神话传说故事有着怎样的内容和意义，它们都是纯粹幻想的产物。这一观点使得我们确信，在神话研究中，将心理因素考虑在内具有合理性与必要性。正是在人类幻想生活及其产物的启发下，精神分析才取得了巨大成就：精神分析发现了强大的无意识的本能力量，它们驱策幻想形成；精神分析解释了一些心理机制，这些心理机制帮助我们了解幻想的起源，帮助我们理解心理表达所采用的主要象征形式。

最初尝试用精神分析法理解神话的形成与意涵归功于弗洛伊德关于梦的起源及意义的洞见。当然，精神分析学并不是提醒人们关注梦与神话关系的首倡者。正如埃恩莱希（P. Ehrenreich）[①]所指出的，梦境对于诗歌和神话的非凡重要性一直以来都倍受关注。根据许多民族的说法，梦可能是神话形成的唯一源泉，而且一些知名的神话学家如莱斯特纳（Laistner）、曼哈特（Mannhardt）、罗舍（Roscher）及冯特都充分地认识到梦境尤其是焦虑之梦在理解一些神话时的重要性，或者至少是理解神话母题时的重要性。虽然在近代由于"自然阐释"这一观点开始倍受瞩目，上述观点已丧失了些许公信，但是在一些敏锐的观察者眼中，譬如埃恩莱希，它依然是无可争议的宝贵知识。然而，如果人们考量过这种解释方法，了解到它的应用范围是何其狭窄，仅仅局限于焦虑之梦这一类型，纠缠于难以理解的梦境事件和梦境内容，就会明白这种只考虑梦境的纯内部心理分析方法和仅仅将现实世界（即自然进程）作为研究基础的观点之间为何水火不容了。

[①]《神话概述及其民族学基础》（*General Mythology and its Ethnological Foundations*），莱比锡 1910，第 149 页（Mythol. Bibl., IV, I）。

虽然我们已承认梦与神话的对照研究及心理学方法应用的合理性，但是为了更深入理解梦境，可以考虑神话研究领域的相关进展。在这一研究方向上，不少人认为，第一步同时也是最重要的一步便是弗洛伊德对古老的俄狄浦斯神话的阐释。他认为，杀掉父亲并与其母亲发生关系是许多男子的典型梦境。他以此为基础解释了俄狄浦斯神话，认为俄狄浦斯神话是人类原始冲动的一种普遍性表达，这些冲动长久存在但又被强烈抑制。这一发现非常重要，值得更深入考察以防误解。对它的解释也会给我们提供神话研究的精神分析方法。

显而易见，这一进步远远超过了原先那种纯粹的外部对照研究，使我们见识了那些普遍的无意识源泉，梦的产物以及幻想的产物都如同神话一样在这里得到滋养。因此，精神分析不仅仅要为神话提供一个确切的解释，同时还通过无意识在神话形成中所起的作用确立了神话阐释的必要性。另外，精神分析取代了之前肤浅的比较，提供了一种探源方法。用这种方法，神话可以视为人类幻想蜕变后的遗壳，或者说是年轻一代的世俗梦想。正如从个体角度而言，梦代表了他童年时代精神生活的一部分。从演化视角而言，神话也是如此。精神分析法的一个最辉煌的发现就是，从个体心理活动中所获取的无意识精神生活体验与昔日的神话传统在内容上极其相似。尤其是儿童精神生活中的征兆性冲突，即因家庭关系（性好奇等）而对父母及其家庭所抱持的矛盾态度，被认为是神话形成的主要原动力以及神话传说的基本内容。事实上，也许我们可以说从其最广泛的角度来看，神话观念的发展恰恰反映了家庭中的个人与部族中的家庭之间的文化关系。

这儿有一个很好的建议要送给用弗洛伊德心理学阐释俄狄浦斯传说的人，那就是心理分析不要篡改任何内容，也不需要任何辅助性的猜想来理解其含义，而是根据既有因素直接指出神话的意义。唯一的前提便是无所畏惧的探索精神，正如俄狄浦斯自身所表现出来的那样①。这种探索精神使得那些洞晓梦境的精神分析学家开始相信相关事件的心理现实性。至此，我们已经明确表达了精神分析神话观念中最重要的一个基本概念②，同时我们必须铭记：像俄狄浦斯传说这

---

①可以参照叔本华论歌德："使自己的心中不存有任何疑问的勇气造就了哲学家。后者与索福克勒斯的俄狄浦斯极其相似。俄狄浦斯努力寻找关于自己可怕命运的解释，即使当他感觉到结果将是最可怕的事情发生在他的身上，他还是毫不犹豫，继续寻找。但是后来，我们大部分人心中都有一个伊俄卡斯特，伊俄卡斯特求他，看在所有神灵的份上，不要再继续追查了：我们都屈服了，同意她的意见。"［费伦齐，《意象》（*Imago*）I，第276页以下］

②这个同样也是精神分析方法的一个普遍的基本概念。

种使用时无须评注的希腊质朴故事,仅仅只是一个特例;在梦境的透明性方面,用来理解俄狄浦斯传说的梦境与梦境结构的常见类型判然有别。在此,我们没有必要重复弗洛伊德对以上事实所给出的原因,对于我们而言,可以确定的是大多数神话以及我们的大多数夜梦,只有通过多多少少有些复杂的阐释后才会展露其深层含义。

上述观点就如同梦与神话的外部对照一样,绝不是精神分析学所独享的。神话除了其显而易见的那个意义之外——这个意义如果缺乏进一步研究不太容易理解——一定还有其他隐秘的含义,这些意义只有通过深入研究才能得到阐释。这一观点历史悠久,也许就像神话自身一样古老。可能神话在其出现时,就像梦境一样令人费解,因此人们就将客观现实归因于某个故事以便于相信它。神话在其形成的早期得到了充足发展,后来又分别以迷信的、宗教的、艺术的和哲学的方式发展。根据诸多精神分析的结果,这一过程可以说即便不是不证自明的那种,也是非常有可能发端于某一时期。这一时期人类不再敢于公开承认他相信自己的欲望和喜好的心理现实性。这个时期同样也是个体成长过程中心理压抑的开端。

有了以上认识,精神分析神话研究的第二个原则便可以出场了。就像我们从梦和其他精神活动中了解的一样,神话是一种强烈的精神倾向及其相对立的冲动的共同产物,如果这些精神倾向强烈要求被表达出来,可同时与其对立的冲动阻碍它完全如愿,那么这些倾向就必须寻求合宜的内容,同时心理学阐释也不得不寻求解释那些变形的内容。当然,在这样做时,我们必须时刻将研究目的和研究对象铭记于心,即通过展现参与神话形成的无意识的本能力量找出神话隐秘的心理意义。在这样做时,无论是神话故事最古老的形式还是其最原始的意义都没有被重塑,重塑的唯有神话学的特殊任务。不可否认的是,许多实例证明,越原始的传说越接近无意识的含义,因为随着压抑的进一步发展,传说会进一步变形。但是仍然有一个原则不能忘记,那就是原始的受压抑的质料会逐渐回归。这个原则使得我们在一些相当复杂的晚期神话形成中,比如传奇故事,发现了许多较少掩饰的无意识含义的片段。同样的,精神分析也不能回避神话与传说的比较研究任务,当然,这种比较研究不会改变其最终目的,即神话生成过程的构建。更确切地说,是要推断那些即便在其最初形态中也未曾完全展露的无意识含义。只有当我们放弃了某些快乐之源,不得不通过幻想找出一个替补品来弥补这种放弃时,构建神话和重述神话的需求才会萌发。这一放弃看来就像是心理压抑在演化过程中的一个对立面,它迫使欲想变得与受压抑的变体一样，即使这些变体不够精致。很自然地，将变形的神话传说在心理上简化为一些无意识的本能力量时，前面我们提到的第一个最基本的法则同样适用，因为我们有这个需求。前面，在一些与俄狄浦斯传说紧密相连的形态中，我们不得不将其外在明显的内容视为其真正含义，在此我们又不得不将一些推断出来的阐释视为心理现实。如此一来，精神分析就重现了愿望达成的过程。起先，这种愿望在显意识状态下被容忍，然后又被禁止，随后在显意识中又以神话形式变形，这种达成愿望快乐的放弃提供了形成神话的冲动。从这一点来看，很清楚最终除了检控心理学，别无其他，因为心理学分析了幻想生活，这种幻想生活也以其他形式展现。神话内容独具自然现象，这是其特征之一。在某种程度上说，心理内容与自然进程的关系属于崇尚万物有灵论的前神话时代。对于上述现象的考究再次引导我们返回神话形成及神话研究的心理学起点。如果当代神话学将追溯神话故事的起源视为己任，认为那些完全以人类自己的方式流传下来的神话故事（这些神话仅仅是叙事而已）可追溯至对自然进程的一种表征，譬如它将热辣的《雅歌》解释为耶稣与教会之间的对话，那么心理学家所面临的任务恰恰相反。他们会试图将那些包裹在人类外衣下的幻想的产物从其心理源头上加以理解，即使在这些心理源头上，它们似乎也只是直接转移至其他过程。通过精神分析法研究人类幻想生活时，我们开始了解心理压抑的过程、替代品形成的过程以及它们所包含的心理机制，如此一来上述观点便应运而生。

如果你决定用上面所指出的方法将这些动态的因素当成神话形成过程中必不可少的东西，那么，你不但理解了为什么早期会出现阐释那些变形的难以理解的神话产物的需求，而且明白了人们为什么会以这样一种特定方式来寻求对它的理解。如果说神话是对一些不被承认的心理现实的一种补偿，而将这些心理现实合理地投射到一些超凡神灵及英雄人物身上，但是对人们来说开始令人震惊，那么阐释的需要便会必然试图证实并加强其自身的地位，而这一需要更确切地说属于神话自身。这样一来，阐释将不会被用于隐藏的心理现实，相反会用于解释幻想。这些幻想的产物被显意识所拒绝，只有部分被理解。在某种程度上，非凡的人杰以及伟大的英雄非常适合携起手来，毅然承受那些屈服于心理压抑的冲动，这些冲动助其一臂之力，成就超人之举和英雄事迹。这一观点相当简单明了，可被神话传说的当事人及其事迹充分证实。不像自然神话学派阐释法所展现的那样，人类孕育的神话传说和自然与天体的运行之间的关系并不是那么明显。然而，现在我们只需将这种现象存在的心理学理由归因于这一观念：具有幻想天赋的古人带着惊奇不解的感情立于天地之间，根据这些感情是否合宜，他将其融入自己的精神生活。自然进程本身不会给他提供动机，而只会提供给他们形成幻想的原材料，这就像做梦的人通常会聪明地将一些外部刺激融入自己的梦境一样。你可能会得出判断，自然现象之于神话形成就正如精神分析中日常生活的真实资料之于无意识梦境一样重要。对于创造神话的人类而言，只将这些被否认了的满足感投射至神化了的英雄和人化了的神灵身上可能并不够。因此，他以拟人化的方式构建神话，将自然进程表现为神灵的意愿。

完备的神话以一种不断变化着的明晰度使这一点得到认可，而这个状况似乎道出了这一事实：即使神话还处于形成期，自然进程的拟人化构想也是共同起着决定作用的。当人类寻求外在对象以表达其内心被压抑的冲动时，这些对象就已然被用作神话形成的原材料了。很明显，为了自我保护（恐惧），通过自我表现（将自我投射至外部世界），自然进程在更早的时期已拟人化了，只不过当时自我保护和自我表现的本能力量源自于无意识的感情生活。这一观点与以下事实相吻合：神话的自然阐释法在证明已确定的神话年代的合理性方面无可争议，它总是能够以一种纯粹描述性的方式向我们展现大自然的哪些进程符合特定的神话母题，但是却不能使我们对一些心理进程展开动态的理解，而这些心理进程恰恰可以使我们对一些普遍的外部过程进行拟人化感知，并进一步以人类的叙述方式对其进行组织。与这一观点截然相反，自然阐释法的极端代表人物顽固不化地坚信，随着神话中的大气、月亮、星宿以及其他类似因素被一一指出，神话只有通过加工或寓言化才能被读解。正当这种阐释鼎盛之时，除了以上观点，又有了一个新的兴趣使心理学家耳目一新。

心理学家会认为，那些为了构建神话故事的意义而全心全意投入到自然神话学派阐释法的研究者，与这些神话的原始作者非常相似，因为他们极其努力地试图通过跟自然扯上点关系，通过将某些令人咋舌的动机的攻击性投射至外部世界，来掩盖这些动机，从而建立一种客观现实而否认神话形成的精神现实。这一防御倾向很可能就是用神话将那些令人震惊的想法投射至宇宙发展过程的主要动机之一，而其对于用来解释神话的反作用形成的可能性也被神话的自然阐释法的先驱者天真地认为是该方法的一个特殊优势。因此，马克斯·缪勒[①]曾

[①]论文集（Ⅱ，德语翻译版，莱比锡1869，第143页）。同类著作还有科克斯，《雅利安民族的神话》（*Mythology of the Aryan Nations*）Ⅰ。

公开声明："有了这个方法，不光那些无意义的传说可以获得一个真实的意义和美感，人类也可以因此剔除传统古典神话中的一些最令人厌恶的品质，从而确定它们的真实含义。"与这一天真的声明相对的，则是阿诺宾斯（Arnobins）的尖刻言辞。作为早期基督教的一个追随者，阿诺宾斯本人总是乐此不疲地将那些异教的神灵讲得尽可能粗俗。因此，他也反对他同时代人（公元300年左右）的寓言化神话阐释。他说："你有多确信你所感知和表达的意义恰好就是历史学家思想里潜在的意思，因为他们并没有真正表达出来而是顾左右而言他呢？也许会有第二个更敏锐、可能性更大的理解呢？……既然如此，你又是如何从不明朗的事件中得出确定的看法，如何给这个你都能找出无数个释义的词语一个明确的解释呢？你又是怎么区分故事的哪些部分是习惯性表达，而哪些部分又是隐藏在模棱两可的奇怪表达之下呢？因为故事本身并不包含区分这些差异的标志。要么对每一件事情都用寓言的方式加以考虑并给出解释，要么就一件也不要。……以前，人们总是习惯上给寓言以适度得体的解释，以期用合适的命名掩盖一些听起来丑陋肮脏的东西；而现在，这些东西以一种下流低级的方式展现了！"这些写于好几个世纪前的话依然适用于现代自然神话学家的某些过激行为。比如席克（Siecke），他将神话里的阉割母题解释为月亏的一种表现，而将乱伦母题解释为某一月亮星座对太阳的追求。

心理分析学家了解所有心理现象都是由多种因素决定的，他们本来就很清楚精神生活中的一系列显意识因素在神话形成过程中一定占了不少份额，而且自始至终从未否认过关于自然的天真构想之于神话形成的意义。致力于比较研究的现代神话学家在有关神话孕育的一些基本点方面，是认同精神分析的研究成果的。这一事实很好地说明了对于无意识本能力量的考量几乎不可能将自然因素排斥在外。因此，尽管还处于自然神话学的懵懂期，戈德西尔（Coldziher）[①]就曾声称："谋杀父母，杀害儿女，兄弟姐妹之间的纷争杀戮，父母与儿女、兄弟与姐妹之间的性爱和结合，都为神话提供了主要母题。"而施图肯（Stucken）、耶利米斯（Jeremias）以及其他一些心理学家则直接称乱伦和阉割是神话中无处不在的两个古老母题。然而，尽管精神分析将上述冲动认为是心理现实，也试图通过幼儿的真实生活以及成人的无意识精神生活来评价其意义，自然阐释法仍然通过将这些冲动投射至天空而坚持否认它们的存在。另一方面，

[①]《希伯来人的神话》（*The Myth Among the Hebrews*），莱比锡1876，第107页。

一些聪明的研究者又强调自然阐释法①的第二个角色,像冯特②一样有着心理学倾向的神话学家否认不少神话学家所深信的神话的天体起源论,认为该想法在心理学上是不太可能的。他认为英雄其实就是人类自身希望和愿望的一种投射。

潜藏在神话幻想中的无意识意义,由于改头换面为自然进程或其他形式而变得难以认知。要想揭示这些神话想象的无意识意义,对神话的精神分析研究而言,可是个难题。这种研究主要通过研究梦来洞察无意识精神生活的内容与机制,但这种无意识精神生活的内容和机制同样也可以用其他的表现方式来表达(如宗教、艺术、智慧等等),如此一来,上述难题便随之产生了。因此,对于那种将直接从梦的经验中提取出来的一些神话动机的古老"梦境理论"的概念归咎于我们的误解,我们对此表示明确反对。与之相反,我们认为,梦和神话是同一种精神力量的平行产物,而这种精神力量还会产生其他的想象之物。同时,需要强调的是,对我们而言,梦和神话绝不是相同的。更确切一点说,梦天生不是为了要被理解而存在,而神话则要求被普遍理解,这一事实排除了它们在这一点上的相似性。立足于神话的可理解性的条件,通过思考那些精神力量的特殊共享,就很容易理解传说的诗性结构与梦境的明显荒谬之间的差异。弗洛伊德认为,显意识的精神力量对梦境内容的"再次表述"归功于这些共享的精神力量。于是,在未完全脱离梦的内部结构的情况下,神话采取了一种更易于理解的精神结构,即白日梦。白日梦这一精神结构可以说,正如其名字所云,在梦与显意识的精神力量之间找了一个中间位置。少年时期和青春发育期萌发的那些野心勃勃的性欲想象,就作为一系列彼此独立的类似的童话内容在神话中得到补偿。例如我们很熟悉这样的神话:一个刚出生的婴儿被放进篮子扔到河里后,被一个穷人所救,穷人将其抚养长大,后来,他最终战胜了迫害他的人(通常是他的亲生父亲),从而成为英雄。我们认为,这种神话就是被性欲愿望所驱动的一种少年时期的野心勃勃的想象。这种幻想在神经质者的"家族韵事"中反复出现,并且揭示出神话与精神病人受害与显贵这样的病态观念存在着诸多联系。立足象征性的知识,我们就可以将遗弃于篮子和水的行为理

---

①在同一方向上,施图肯说过[《摩西》(Mose),第432页]:"来源于经验的神话被转换成了自然的一些过程并被以自然的方式加以阐释,而并不是反过来的。""自然阐释法本身就是一个神话"(第633页脚注)。与之相类似的,梅耶(Mayer)曾经说过[《古代历史》(Gesch. d. Altert) V,第48页]:"在很多情况下,比如说在古印度吠陀神话以及埃及神话中,自然象征法只是在触手可及时或做次要介绍才会运用。它是一种原始的阐释方法,就像公元5世纪以来希腊出现的神话阐释法一样。"

②《民族心理学》II,第三部分,第282页。

解为婴儿出生的表征，那么，我们就可以理解这种传说了，同时也就掌握了发现其隐秘的本能力量及其倾向的钥匙。由此，这样一个事实就显露出来了，通常象征是以伪装的表述形式表达那些潜藏在心理压抑之下的欲望冲动；这种象征不会令人的意识感到惊奇，与此同时也会给那些从无意识中产生的各种情感提供一个几乎具有相等满足感的替代品。这是关于神话的一个最为普遍的构想，在这个构想之下，无意识幻想形成的机制，以及神话创造的机制，都可以得到安置。一般来说，这些象征机制是用来保留精神愉悦并以改头换面的方式获得精神愉悦，但这种精神愉悦注定要被放弃；另一方面，为了认知这些披上意愿外衣的原材料（神话与梦），现实又要求人类否认那些不愉快的痛苦经历。上述两种努力的结果，代表了思维最基本的倾向，而且也许就是在"愿望的完成"视角下完成的。而这种愿望的完成以一种全新的更精良的伪装方式来使用上述机制，要么用其来补偿被否认了的满足感，要么补偿对强制放弃的回避。关于这一全新的伪装方式，我们稍后便会详陈。

人格分裂为几个具有各自特性的人物这一机制在梦境中也被认知，现在它又以英雄神话的形式再次出现。在英雄神话中，叛逆的儿子满足了自身对父亲充满敌意的冲动。这些敌意冲动本应是针对代表被憎恨的父亲形象（Vaterimago）的暴君，然而考虑到一些孝道的文化需求，深受喜爱和令人尊敬的父亲形象得到最崇高的敬意，甚至这种敬意还给予令人防备的受报复的父亲形象。与神话人物的人格分裂相对应的，就是英雄自己对于所谈人物的类似的矛盾态度。从这一观点上来看，神话似乎是以这样一种方式形成的，以至于在最近的一些心理学所绘出的解释方案里，这一机制可以归纳为一种偏执狂的解释，即将头脑中所想象的事件投射到神话人物身上。具有一系列人物的整套复杂神话可以追溯至一父一母一孩子的三角家庭，而且经过最终分析，可以认为，这些神话可以视为孩子自我中心态度的掩饰性表述。

有一个类似的复制机制应该与上述人格分裂的机制区分开来。人格分裂机制是建立在神话形成的想象活动本性基础之上的一种表现方式，而这个类似的复制机制复制的是神话人物的全部（而不仅仅是从神话人物中分离出来的一些孤立的冲动）。该机制已经得到了一些现代神话学家诸如温克勒（Winckler）、施图肯、西森（Hüsing）等人的认同，而且复制机制在神话和传说发展的整个过程中都可以寻到。另外，精神分析对传说结构的剖析，使我们深入了解到，复制机制的目的就是愿望的完成，以及本能的满足。现实中这两项内容在原始的欲望对象身上是绝不可能发生的，而只有此后在连续的一系列对象中得到相应的补偿。

就如许多梦都试图尽可能通过一系列连续事件来充分满足相同的愿望动机，尽管这些事件存在不同程度的伪饰和变形。神话也是一样，总是重复着一个相同的心理丛，在某种程度上，直到所有的愿望倾向都穷尽了。比如说，我们可以在一系列的传统故事中找到复制现象的存在。这些传统故事总是希望通过复制出一个男性或女性的配偶，来制造那种想要与其母亲、女儿或姐妹发生被禁忌的性乱伦关系。复制男性配偶的例子简直不胜枚举。在许多传说和传奇故事中，都会有一个国王，明知自己罪孽深重，却还是想要娶自己的女儿。女儿逃跑了，逃离了她的父亲。但历经艰险后，她嫁给了另一个国王，我们可以很快发现，这个人与她当初拒绝的父亲简直是如出一辙。通过复制女性配偶以表现乱伦的经典例子非罗恩格林传奇莫属。在传奇故事的第一部分，儿子在残暴父亲的暴力下救出了自己深爱的母亲。而仅仅到了第二部分，相同的拯救片段就又一次上演，不过这次被救的是一个与其母亲有着相同经历的陌生女人，然后，儿子与所救之人，其实也就是其母亲的复制品结婚了。

上述故事以及其他许多相似的例子都表明：一般来说，个体神话人物的复制通常是多重复制，是伴随着该传奇故事的整个情节的复制与多重复制相应完成的。可以说人的无意识幻想中早已有了类似的故事，而这些传奇情节不过是无意识幻想故事的压缩版本，往往会掩盖真相。由此，通过人格分裂、复制、象征性的伪装，以及这些精神元素的投射，故事中令人震惊的、有点乱伦的内容在压抑倾向中消除了。然而，与此同时，希望得到满足的原初倾向却以一种伪装的形式保留了下来。在压抑倾向的发展过程中，上述变化变得愈发复杂。同时，感情的重心逐渐由原本重要的内容转移到了不重要的内容上，甚至在感情方面或在我们从梦中了解到的内容方面，出现了完全相反的情况。随着压抑的不断发展，神话的不可理解性是一个必然的结果。正是如此，我们必须经常对神话进行有意识的阐释，尽管这种阐释可能是不正确的。

上面我们提到的对于动机和机制的精神曲解，为神话学家以及一些习惯于用神话材料来武装自己的研究者，提供一些有用的暗示。评价这些具有暗示意义的材料，与现在的比较神话研究相比，需要很强的预见能力。同时，还要考虑很多其他因素，这些因素比神话传说的历史基础、最终命运更加重要，也更加难懂。由于今天的科学研究者在使用神话故事时，都牢牢记着比较研究的观点，因此，科学研究的确定性这一要求就坚持声称，没有一个神话在使用时得到了无可争议的解释，也不能将其已有的解释当成是心理学上的阐释。

然而，仅仅通过撕开象征性的伪装和破解对立人物之谜，通过消除人格分裂和复制，通过将神话的安排和投射追溯至令显意识感到惊奇的无意识自我中心态度，还不能使神话在心理上得到解释。还有一个因素要考虑——除了上面对神话做出的横向纵向的种种研究之外——还有深度层级上，神话比梦要高些。事实上，神话不是个人的产物，这与梦不同；也不像你所认为的那样，是一个像艺术品一样比较固定的东西。确切来说，神话的结构是不断流动变化的，永远处于未完成状态，而且受到后继者的宗教、文化和道德标准的影响而不断调整，用心理学的语言来说，就是神话通过不断调整以适应后继者当时所属阶段的心理压抑。

在神话形成的某些正式特性中，我们也很容易发现，神话出现了适应时代变化的层级差异。其中那些令人感到震惊的暴行——这些暴行原本只是用来表现神话事件中的一些作恶者——以一种变得较为微弱的形式在神话故事中逐渐被作恶者的祖先和后代所共享，或者在同一神话的不同版本中得到表现。

我们必须关心那些孤僻的天才个体，作为这些所谓的民间产品的创造者、传播者以及美化者，心理压抑的过程在他们身上表现得最为清楚，而且也可能较早一些。因此，在民间故事的形成过程中，故事的叙述很明显地经历了一系列相似的天才个体的努力。这些个体，每个人都为了自己所处的时代，朝着一个相同的方向努力，那就是确立人类普遍的动机，抹杀掉许多令人烦扰的附带干扰动机。这样一来，在时间的长河中，在文化变迁中，最近的一些神话版本，以及善于跟着文化条件变化而有所调整的神话版本，就很有可能在个体的一些观点方面接近于神话故事的无意识意义。另一方面，古希腊、古印度以及古冰岛传说的历史已经很清楚地告诉我们，那些在初创时真实可信的原始宗教神话在开明时代是怎样逐渐丧失了被人虔诚尊敬的地位，以至于这种地位最终丧失殆尽。因为神话的精神现实在文化层次较高的时期仍然较少被认可，所以神话的贬值一定伴随着一种心理上的贬值：从在社会生活中扮演着重要角色的领域被赶了出来的它，被纳入了寓言的领域。而且正如前面已经指出的一样，无意识幻想生活的共享以一种更为明显的方式又一次爆发了，正如形成神话的那些力量几乎不可能被排除在精神生活以外，神话也不可能被完全从现实世界中剔除，所以，神话也可以作为传说在某一个文化阶段再次出现。只不过神话的这一次出现，高度开化的人们，带着盛气凌人的优越感，将它贬到了托儿所里。其实说实在的，从更深层次来看，作为心理压抑的产物，神话的确是属于托儿所的，也只有在这儿，才能被真正理解。举个例子来说，它就像原始的武器弓和箭一样，文明人用相应的武器取代了它们，而它们就只能待在托儿所里当玩具了。正如这些武器本身不是为儿童所创造的一样，科学研究在很早以前也已经得出确定结论，传说也不是为儿童创造的。甚至直到今天，许多人也还保存着弓和箭。也许恰恰正如比较研究者指出的那样，传说是神话的一种隐没了的形式。从心理学的角度来考量，传说就是最后一种形式，通过这种形式，神话的产物可以被开化的成年人意识所接受。然而对于那些有着想象天赋、充满原始感情的儿童而言，传说就是客观现实。因为他们的年龄非常接近那个相信自己类似冲动的精神现实的时期。与之相反，成年人已经知道，它仅仅是个传说而已，也就是说，只是个想象的产物。如此一来，传说将我们带回了神话研究的心理学起点，与此同时，它还向我们展示了神话形成的人类起点。因为它使那些神灵以及英雄人物通俗化，在家庭的背景下，完成着各自的人生命运。通过对潜藏在神话背后的纯粹人类特征的详细阐释，传说就不仅可以被当作是一个心理学上的构想加以分析，而且还可以为神话的分析提供有价值的帮助。因为它不仅可以扩充神话材料，而且还可以经常证实神话研究所得出的结论。单纯的神话提供的是相对原始的材料，因为它关联了神人之间的关系；而复杂的传说将其简化为人类关系，但做了很大的扭曲，在某种程度上，是一种被伦理化了的简化形式。从精神分析观念的意义上来说，神话和传说这两种互补的形式，才能产生出一个较为完整的理解。这种理解表明，令我们感到震惊的那个动机是原始人与现代文明人的无意识精神生活中一个很普遍的人类冲动，我们要承认该动机的精神真实。

为了解释基本原则的运用，我们将选择广泛传播的传统故事作为实例，这样，通过考察神话，精神分析工作可以更具体。这是一个关于两兄弟的传奇，它在古代和现代以不同的形式出现；为了寻找其基本的本能心理之源，我们将取格林童话（No. 60）较为复杂的版本中的精华。这样，通过比较该故事较少歪曲的版本或不同的变体，我们将直接洞察到神话形成中已验证的机制。

在格林童话中，这个传说的节译如下：从前有两兄弟，一穷一富。富的心狠手辣，穷的忠厚老实；穷的有两个儿子，是双胞胎。两人长得分不清彼此，就像两滴水珠，一模一样。他们的父亲一次走了好运，抓到一只金鸟，富哥哥为了鸟的羽毛和蛋，付了很多钱，原来他是想吃掉鸟的心和肝，想要像那只鸟一样生金子。没想到，那贵重的一小口被饥饿的双胞胎给吃掉了，如此，他们每天早上都在自己的枕头底下发现一块金子。在嫉妒的伯父煽动之下，两兄弟被他们的父亲遗弃在森林里。

在那里，他们碰到一个猎人，猎人把他们抚养大，并教他们打猎。当他们长大以后，他把他们送入了繁华世界。他陪他们走了一段路，分手时，给他们一把明亮的刀，说："如果你们俩要分头行动，在你们分手的地方，找棵树，把这把刀插进去。你们其中一人回到这里时，就可以看到另一个活得怎样了。假如他死了，朝他走的方向的刀刃就会生锈，假如还活着就还会是亮的。"两兄弟来到一个大树林，由于肚子饿，就开始打猎，因为心肠好，他们得到了一些有益的动物。最后，他们不得不分手，"发誓要永远像亲兄弟那样相亲相爱。最后，他们将养父送给他们的那把刀插进一棵树上，就一东一西，分头走了"。

"最年轻的那位①带着动物们来到一座城市，那里到处挂满了黑纱。"他从一位店主那得知，这里每年都要送给镇前住的恶龙一个处女，除了国王的女儿，现在没人可送了，而她第二天也要接受这样的悲惨命运。许多骑士为此丧生。国王答应只要有人消灭了这条龙，就可以娶他女儿为妻，而且在他百年后可以统治这个国家。第二天早上，年轻人来到恶龙居住的那座山上，发现了一座教堂，喝了使人力大无穷的饮料后，他可以挥动埋在门槛下的宝剑，然后他就等着怪物的到来。随后公主和一大群随从来了。"公主远远看到了猎人站在恶龙住的山上，以为是恶龙在等她，所以不肯上山。"最后，她不得不上前。国王和廷臣们都回家了，只有礼仪官留下，站在远处观察。年轻的猎人温柔地接待她，安慰她，答应救她，并把她锁在教堂里。很快，七头龙来到山顶，要猎人解释。接着开始了打斗，猎人分两次砍掉了龙喷火的六个头（九头蛇母题）。"恶龙已经不堪一击了，一下从半空中跌落下来。不过它还想攻击猎人，最后被猎人用最后的力气砍断了尾巴。猎人招来他的动物，让它们将恶龙撕成了碎片。战斗结束了，猎人打开教堂，发现公主由于害怕和担心晕倒在地"（死亡之眠）。当她醒来时，他告诉她，她得救了。公主兴奋地说："那你现在就是我最亲爱的丈夫了。"于是解下珊瑚项链，分给动物们作为奖赏，"公主将绣有自己名字的手帕交给猎人，他把七头龙的舌头割了下来，用手帕小心翼翼地包了起来"。

这位勇士因为战斗虚弱不堪，和这位处女一起躺下休息；动物们一个接一个地让另一个放哨，也很快睡着了。当礼仪官过来查看，发现所有人都睡着了，他砍下猎人的头，拽着公主下山，威吓她发誓，说是他杀了那条龙。她要求她父亲，婚礼在一年零一天之后再举行，"因为她希望那时能够得到亲爱的猎人的相关消息"。同时，在恶龙山上，动物们已醒了过来，发现公主不见了，它们的

---

① 字面意思，其实他们是双胞胎。

主人也死了，就互相责怪，最后怪罪兔子。兔子退出冲突，在二十四小时之内带回了一种草根，并让主人起死回生。匆忙中，头安反了，"可猎人一心想着公主，根本没注意。到了中午，他想吃点东西，发现脑袋怎么被转了向，于是问动物们他睡着时出了什么事"。它们不得不实话实说，头被装正了，猎人内心十分难过，他带着动物们到处流浪。

过了一年，他来到同样的城市，不过因为要举行公主的婚礼，全城一片红色。猎人让动物给新娘捎口信，国王非常惊奇，派人去请它们的主人。他来到展示龙头的地方，问那个假的屠龙者舌头在哪，后者支支吾吾，猎人拿出胜利品，还拿出手帕和珊瑚项链，他证明自己是公主真正的丈夫。无信无义的礼仪官被五马分尸，公主和猎人结婚，国王宣布猎人全权代表他统治整个国家。"年轻的国王将父亲和养父都接了过来，赐给了大量金银财宝。他也没忘记旅店老板。"① 年轻的国王和王后非常快乐地生活在一起，经常和动物们一起打猎。一次，在邻近的魔法森林里，他追一只白鹿，他的同伴不见了，最后猎物也不见了，他迷路了，不得不在树林里过夜。一个女巫过来，假装害怕他的动物，扔给他一根棍子，碰了一下动物之后，动物们和国王都变成了石头（死亡之眠）。

这时，另外一个兄弟和动物们四处流浪，来到这个王国，看到树上的刀，知道一个大不幸落到兄弟头上，但他仍然可以救对方。在城里，因为他和兄弟太相似，他被当作是迷失的国王，被焦急的王后高兴地误认作她迷失的丈夫。为了更快地救他的兄弟，他姑且充当对方的角色；晚上，他被领进国王的卧室，可他在床中间摆了一把双刃剑。王后不明白什么意思，可也没敢问（禁欲母题）。

过了一些日子，他来到魔法森林，遇到了和发生在他兄弟身上一样的事，只是他知道如何对付那个老巫婆，并迫使她让他兄弟和动物们活过来（重生）。双胞胎兄弟烧死了女巫，高兴地互相拥抱，并各自讲述自己的经历。不过，当国王知道他的兄弟睡在王后旁边，出于嫉妒，他砍下了兄弟的头，但很快后悔这样对待他的救命恩人。兔子又一次带来了起死回生草根，死去的兄弟活过来，伤口也愈合如初。

两兄弟决定再次分手，他们决定同一时间从不同方向进城。老国王问女儿，谁是她的真正丈夫，起初她也认不出来；她送给动物们的珊瑚项链提供了线索。晚上，年轻国王回房睡觉，妻子问他为什么前些日子把双刃剑放在床上。"这下

---

①奇怪的是，他的兄弟没来。

国王才明白他兄弟是多么真诚。"

如果问天真的听众这个传说的意义，他会不假思索地说，这个故事的目的是表达高尚的自我牺牲的兄弟情谊。不过，他不会不注意到这个故事的主要内容或多或少和一系列冒险有松散的联系，进而，这个故事的简单道德被置于一个复杂的不太协调的场景中，最后导致其厚厚的道德外衣不止一处被不道德内容戳穿，这使得这个故事具有古代和孩子气特征。如果我们注意这些特殊之处，例如美妙的修饰，细节频繁重复，不同母题的融合，等等，如果我们视之为无意义的白日梦——这种白日梦在传说材料中具有相当分量——那么，从神话时代产生的一系列典型的基本母题对我们来说仍是形同陌路，虽然神话时代的叙事常常具有丰富的含义和目的。在其现有的形式上，这个传说不是原汁原味的，没有构成一个整体，因此，它也无法逐字逐句从整体上解释，以寻绎它的无意识意义；不如说，在环境的促使下，它变成它现在的样子，回溯其发展历程，这将给我们提供它的真正意义，还能揭示随着时间变迁故事变形的原因何在。由于这种传递给我们的神话结构的复杂性，我们只能解析各个母题，而且必须像解析梦那样分析这个产物，一开始把它解析为独立的各个因素。为此，比较性考察为我们提供了疑似联系，即在各个主题形成过程中正在形成整体的神话与各个主题的关系。

在上述传说中，我们可以很轻易地看出故事中心的叙事：一个处女命定要献给一个怪兽。一个年轻人解救她，并与之结婚（拯救母题）。在此之前有一个前传，在此之后有一个相关的结尾，这两者围绕真正的兄弟母题展开。

在双胞胎兄弟被他们的父亲遗弃的前传（遗弃母题）中介绍了上一辈两个完全不同的兄弟，这可以视为真正的双胞胎主人公的副本，它具有修饰倾向。不过根据英雄诞生神话的惯用套路深入分析，我们可以发现，他们不过是父亲形象的分裂物，"坏爸爸"要为遗弃负责，而"好爸爸"虽然允许遗弃[1]，但他是不情愿的。乐于助人的猎人抚养男孩们长大，我们看到"好爸爸"形象再次出现，不过同样他再次把孩子送走（遗弃母题）。这个传说的开端直截了当地证实了一个父亲把孩子慈爱地抚养大之后，为孩子们闯荡世界做好准备，把他们

---

[1] 在遗弃之初有个"生金子"母题，这是陌生的联系，我们暂且不进一步分析。在相当程度上，生金子的鸟代表了父亲和分金子而给孩子们经济独立性的特征。

推出了父亲的房间。①

随着儿子们进入②艰难的现实生活，英雄冒险历程的前传方才真正开始，也就是说，必要的兄弟分离（分离的母题）以及以闪亮小刀为迹象的彼此忠诚的誓约，在故事的后面，这一母题才显示出它的意义。

现在，接下来便是对与恶龙之战与解救处子这一整个独立母题尤为详尽的阐述。这一阐述可以看作是众多民族神话的典型构成。因此，为了让我们熟悉神话形成的一些特性，我们可以先思考拯救者片段，略过兄弟母题，因为哥哥根本没有出现。如果带着某种特定的精神分析倾向去阅读传说中关于献祭处子的详细描述，是很难读懂其中所蕴含的纯粹人性内涵的。城市的装饰，伴随着纯洁的处子走向教堂的欢乐而壮观的游行队伍，将她留在那儿独自面对自己不可逃避的命运，所有这一切是如此一致，看起来秘密地暗示着一场公主的婚礼，而她却正满怀焦虑既害怕又想看她未来的夫婿，但是，在即将到来的神秘事件中，等待她的却只有一只会将她撕碎的怪兽。这一观念对传说自身来说并不陌生，在某些地方就有体现，即当公主"远远看到了猎人站在恶龙住的山上，以为是恶龙在等她，所以不肯上山"。因此，她直接把恶龙认作未来的郎君，当然，尽管仅仅是转瞬即逝的错误，但由此，我们可以读出这一母题更深层次的心理学意义的回响。然而，在阐释意义上，我们利用相同母题的类似传说可以直接证明这一观点。罗马诗人阿普列乌斯（Apuleius）为我们留下了爱神厄洛斯与普赛克（Eros and Psyche）的神话故事。这个众所周知的古老的米利都（Milesian）传说是这样的：神谕命令普赛克的父王将自己的女儿以盛大而欢乐的婚礼送至山顶，并在那里将她交给女婿，这个女婿来自龙族，"所以普赛克流下了泪水，因为她参加的不是婚礼，而是她的葬礼"（同样的，在我们的传说中，城市

---

①在该传说的开头部分，遗弃这一古老的母题就通过父亲遗弃自己的孩子直接展现出来；两兄弟与他们善良的养父的关系好像与上述关系完全相反，因为在故事中，后来他们拒绝吃饭，喝水，直到养父允许他们离开到外面的世界去才罢休。然后他们高兴地对老人说："你说的正是我们自己的愿望。"

②关于遗弃的秘密含义，在这里我们不再赘述，相应地，英雄的出生在后文中也不会再做进一步阐释；然而，我们可以指出，他们的母亲由于喝了神泉而怀孕，孩子被放在一个大木箱子和水里。这时，英雄传说中有用的动物们出现了，它们代表了重要的乐于助人的父母形象。为了帮助英雄，它们提供了两个小动物（双胞胎母题），由此英雄放走它们。由于为水所孕育，男孩们的名字也与水相关，他们常常被称为水彼得（Water Peter）和水保罗（Water Paul）；有时候是约翰（John）和卡斯帕（Caspar），来自于水；沃特曼（Wattuman）和沃特森（Wattusin），强壮之泉与可爱之泉。由此可以反映我们传说中值得注意的参照之处，即这两位无名男孩长得"就像两滴水珠"一样。

一片黑色装饰)。① 但是，这里处子同样并没有等来原以为会令人战栗的恶龙，它根本没有出现，而是成为爱神厄洛斯的妻子，厄洛斯每天晚上都来陪公主，可是他却不让公主看见自己的真面目。直到好奇的普赛克（受到了姐妹的怂恿）一天晚上违背了爱人的命令，却发现躺在自己身边的不是那个假想中的怪兽，而是一个帅气的小伙子。结果，小伙子离开了她，以示惩罚。这个传说非常清楚地表明：在将纯洁的处女献给恐怖的龙的故事中，我们应对的是一场因为幻觉而被认为是很让人讨厌的婚礼，这是由于焦虑的处女在一种神经质的情况下想象出的恐怖的怪兽。由此，从解析的某一层面来看，如果说龙代表的是丈夫令人害怕、可恶的动物性一面，那么毋庸置疑，它指的就是男人的性行为，它最先以龙这一象征表现出来。正如在时间长河中许多其他神话那里，所有纯洁的处女都必须被献祭给龙，这使得我们更加确定它的生殖器含义。除此之外，它还一定具有其他含义，因为这一点仅仅揭示了传说的皮毛，我们需要在其他层面上做出解释。不过，我们现在甚至可以断言，这些不同的含义（还有其他意义）不是相互排斥，反而在某种程度上有一个共同点。在这一清晰的解析中，性交之前的处子的焦虑贯穿着恶龙这一叙述片段，这同样显示在这一幕的结尾，故事并不像我们所期待的，以当即举行婚礼收尾，而是将婚礼推迟到一年之后，这一要求或为新娘的命令，或如其他传说中为英雄的自愿（禁欲母题）。本来按照逻辑习惯，婚礼应该立即举行，就像在厄洛斯和普赛克的传说中一样。可是，在这个故事中，只有在一年时间到期后才能举行婚礼，如此一来，在我们看来就像是对于性交的情愿态度与不情愿态度是如此势不两立，以至于它们必须被安排在两个时间上完全分开的场景中，否则的话，它们看起来似乎就是一体的了。这一特征的深层意义以及插入关于不忠诚的礼仪官那一节的深层意义，只有当我们追溯其无意识基础——真正的兄弟母题后，才可以理解。现在我们就对这一兄弟母题进行分析。

在该传说的最后一部分，同时也是最自相矛盾的一部分——手足相残最需要阐释，因为它与故事的整体倾向极其背离，同样也将揭示最深的精神层面。在我们试图通过对比同一母题变异较少的版本来证明上述观点之前，我们先要尝试确定，将一些基本原则应用于手头的材料上会在多大程度上使我们接近传说的真实意义。在丈夫由兄弟轮番替换，以及由于兄弟竞争与嫉妒而导致的谋

---

① 这一附着的死亡母题自然有其含义，但是，在此我们暂时略去。在后面我们提到重生母题时，它会得到部分说明。

杀情节中，我们认识到，尽管后来在该故事中得到了感情上的改善，可是我们依然可以看出，原始的爱和精神生活的那些原始特性是多么粗鲁，让人无法接受，只不过通过故事的"完满结局"艺术性地掩盖住了。以怨报德——给救了弟弟的哥哥的报答，让我们不禁怀疑，它本来应该是用于实际上敌对的兄弟关系以及更为基本的嫉妒之间，如果我们没有回避承认这些强烈的兄弟嫉恨之情和必要的放弃仇恨的满足，事实上这是形成传说的本能力量之一，那么，与龙打斗以及结尾中不忠诚的礼仪官章节，同时都是同一种原初母题的进一步翻版变形，在结尾中成功地以情感改善的形式表现出来。在这三个场景中，我们看到的是消灭对手，因为这个对手为了取代功成名就的兄弟睡到公主床上，试图想要夺走他的性命和妻子。如果邪恶的龙和邪恶的礼仪官代表嫉恨的哥哥形象的拟人化——他满怀着性嫉妒，那么我们就可以明白在与龙打斗之前，为什么受宠的弟弟要与手足兄弟分离（分离母题），为什么他没有出现在接下来的两个片段中：其实，两个替代性形象龙和礼仪官代表了它，杀死了它也就是杀死了兄弟。因此，年轻的国王幸福之余，让所有的亲戚乃至店主过来，并奖赏了他们，然而被"杀死"的兄弟并未被提及。不忠诚的礼仪官是"忠诚"的兄弟可恶面的拟人化，这一点在场景中有所暗示，两个人都被带入了成功兄弟的同样情境，例如，在同样的相认场景里，主人公都是凭借所拥有的项链，证明自己才是真正的丈夫，而不是礼仪官或哥哥。龙代表了要与之争斗的兄弟也毫不奇怪。例如，我们可以在齐格弗里德传说里认出类似的联系，英雄在养父雷金（Regin）的煽动下，杀了化身为龙守护宝藏的兄弟，接下来，同样为自己赢得了处女。稍后，我们还要提到齐格弗里德传说与我们的传说的其他联系。值得注意的是，同一个情境的三次反复变化——正如许多梦一样——用更直白的方式代表对手（龙、礼仪官、哥哥），告诉我们，为了获得同样的妻子而与兄弟竞争并消灭对手的竞争母题。

　　这个母题在这个故事中的原始含义将在另一个传说中展示出来，这个传说较少变形，它将揭示尚未显露的母题含义。这是个所谓世界文学中最古老的传说，大概在两千年前形成文字，是一个关于艾奴卜和巴塔两兄弟的埃及故事。"艾奴卜有一所房子和一个老婆，他的弟弟像儿子一样跟他生活在一起。"一天，嫂嫂试图勾引年轻的小叔子。弟弟拒绝了她，没有跟哥哥透露一句话。她反而诽谤巴塔，说他对她施暴。"哥哥暴跳如雷，磨好刀，拿着它"，准备等弟弟晚上回家杀了弟弟。弟弟事先得到他的牛的警告（有益的动物母题）①，逃跑了。"他的哥哥追着他，手里拿着刀。"弟弟向拉神（Re）求救，拉神听到了，变出大水把兄弟俩分开，兄弟俩各自在岸上过夜。太阳升起来时，巴塔对着太阳为自己辩白，告诉哥哥他妻子的企图，发誓自己是清白的，还自我阉割以此来证明清白。"他抽出一把刀，割了他的生殖器，扔到水里，它被一条鱼给吞了。"艾奴卜充满悔恨，开始哭泣，巴塔乞求道，"我将挖出我的心，放到雪松树的松花上，当有人给你一杯酒，它冒泡时，你应该过来找我的心"（真爱母题）。艾奴卜回家杀了老婆，把她的尸体喂狗。然后，他坐下来，以灰盖头，哀悼弟弟。

而弟弟这时在一个雪松谷生活，神灵赞扬他的坚贞，允诺他可以实现一个愿望。他要一个女人，神灵们联手为他造了一个。他跟她生活在一起，还透露了他的心在松花里这一秘密。但她的轻浮、她的好奇心和她的淫荡促使她不顾丈夫的禁令：她来到海边，波浪卷走了一绺头发，飘到了埃及国王的洗衣房。国王找出了她，最终让她成为妻子。为了避免巴塔的报复，在她要求下，国王砍倒了雪松。

巴塔倒地而亡（死亡之眠）。他的兄弟注意到预言中的不幸应验了。他的啤酒冒出了泡，赶到雪松谷。他用了三年时间寻找弟弟的心脏。第四年他终于发现了它，并给死去的巴塔灌下一种饮料。巴塔醒了过来，拥抱了哥哥（重生）。

然后，巴塔变成一只神牛，由哥哥赶着进入了埃及国王的王宫。神牛让王后认出来自己是巴塔。王后很害怕，与国王欢爱了一小时后，怂恿国王杀了神牛。两滴血落到王宫门前的地上，一夜之间长出了两棵悬铃木（九头蛇母题），再一次，巴塔让王后认出了自己，王后再一次下令砍倒了树。当砍树的时候，一片木屑飞进了她嘴里，她怀孕了，生下了作为她的儿子的巴塔（重生母题）。国王死后，巴塔继承了王位，杀了王后。在统治了三十年之后，弥留之际他把王位留给哥哥艾奴卜。

在我们考察各个母题与德国两兄弟传说的关系之前，我们先试着理解这个著名故事的整体内容和结构，H. 施奈德（H. Schneider）说："如果人们忽略了历史和神话的精髓，完全孤立地看待神话，那么最初人们就会把它视之为多种因素的外在联合，一闪而逝的观念的幻想游戏罢了。"② 似乎缺乏整体性，也缺

---

① 事先警告他的牛，代表了悔过的妻子，总体来说，传说中有益的或者是有害的大部分动物代表了关系密切之人。

②《古埃及人文化和思想》（*Kultur und Denken der alten Ägypter*），第 2 版，莱比锡 1909，第 257 页。

乏逻辑性……人物的改变就像在梦里一样……不管怎样，对这个诗性作品，我感觉到它有最完整的内在统一，最完整的艺术驾驭，最完整的逻辑发展。只是，它的统一性和必然性不在于其表面而是隐藏在背后。"如果我们想要通过比较分析的基本原则从传说中挖掘出其隐含意义，那么我们首先就得承认，在这一埃及传说的不同章节中都有对同一个基本情景的复制，埃及传说较少掩饰，这与前面提到的德国传说不同，不过各种传说变体最后都满足了"禁忌"的欲望。如此，第二部分中的国王其实就是哥哥的一个社会地位上升了的翻版，而邪恶的王后就是对艾奴卜邪恶妻子的直接复制，所以施奈德得出结论说："这两个女人其实就是同一个人。"（第260页）还有，在德国传说中，可恶的哥哥以新形象不断出现，先是龙、礼仪官，最后是他自己。同样，巴塔以牛、树现身，最后是以人形现身，他以自己儿子的身份再生。他名义上的父亲是国王，我们认出，他是哥哥的翻版，用传说中的措辞来说，他取代了父亲的位置。这样巴塔一开始引诱"母亲"，在故事的第二部分，他在各种象征掩饰下不停地追求她，这就清楚地表明她的诽谤只是他乱伦欲望的投射而已。如果说埃及传说把兄弟间的尖锐竞争掩饰成指向不可取代的乱伦对象的倾向①，那么，它同样也承认，阉割其实就是对于禁止上述欲望实现的一个相应的惩罚。从其本质上来说，阉割是嫉妒的对手（兄弟、父亲）引起的，而不是因为对被禁止的欲望的忏悔，不是自我阉割，这一点不仅在比较神话讲述中可以看出来，还在于从埃及传说本身也可以看出，尽管它是以伪装的淡化的形式。巴塔先是变成神牛——男性生殖力的象征，然后是头被国王下令砍掉，最后是悬铃木，它从具有神奇生长力的血滴中长出，它的木屑具有男性生殖力，它们都被无情地砍掉了。在这两个母题中，由于个体心理经验和神话的众多同类对应，我们可以看出，在故事的第一部分中，阉割象征性的表述是嫉妒的对手的原始报复。接下来让我们特别感兴趣的是砍头，从外在细节中可以看出，它是阉割的替代，这个细节就是

---

① 在一个阿尔巴尼亚传说中，也讲了一个国王的女儿被献给了猛兽［路比亚（Lubia），对应德国传说中与龙的争斗］后来获救的故事。故事是这样的，一个英雄救了自己的母亲（拯救幻想）并娶她为妻。后来他又无意间杀了国王，自己的父亲（即猛兽），然后继承了他的遗产［格里希·u. 哈恩（Griech. u Hahn），《阿尔巴尼亚传说》，莱比锡1864，No. 98］。在这里要指出的是，希腊传说中的那些英雄，如珀尔修斯、阿波罗、柏勒罗丰（Bellerophon）等经常都是杀掉了一个猛兽（戈尔贡、米诺陶等等）。正如杀掉了狮身人面女怪的俄狄浦斯其实也就是杀掉了自己的父亲。

具有繁殖力的血通常来自被割掉的男性生殖器①。如果国王砍掉神牛的头是阉割对手的一种象征性（掩饰性）表述，那么，我们可以用这一意义来解释德国传说，从而相应地，我们就可以发现，为什么年轻的国王得知自己的哥哥取代他睡在公主的床上之后，要将哥哥的头砍掉。德国传说中的重生对应的就是埃及传说中的再生。接着，同样我们也可以把礼仪官砍掉弟弟的头看作是对讨厌对手的阉割。另一方面，砍掉龙头②以及更明显的割掉龙的舌头指的都是复仇。有了以上联系，我们认为从把小刀插进树中并宣誓忠诚这个母题中，同样可以发现古老阉割母题的最后一丝残余，这个母题现在在道德上已经不被允许了。小刀对应的就是艾奴卜追自己弟弟时手里拿着的刀，它也对应那把哥哥放在自己和弟弟妻子之间的双刃剑。因此，将小刀插入树干中似乎可以看作是砍掉这棵树（阉割）的最后一声回响，同时，按照自己的愿望，两兄弟又是怎样通过小刀了解对方是否死去也变得可以想象。

正如在埃及传说中一样，在德国传说中我们也发现了一系列连续场景，有各种各样的伪装：兄弟之间的敌对、彼此乱伦之爱的目的以及对可恶对手的阉割。

这些古老的母题如何驾驭那些传说材料，这是何等清楚。在很多方面，伊西斯和奥西里斯的神话比埃及传说说得更为清楚。伊西斯和奥西里斯神话是这一埃及传说形成的基础，我们将会把注意力主要集中在该神话的主要特点上，而不去详细考虑附着在这些特点的变形和复杂性。

大地之神盖布（Keb）和女天神努特（Nut）有四个孩子：两个儿子——奥

---

①因此，乌拉诺斯（Uranus）被阉割了之后，阿芙洛狄忒诞生，正如巴塔的"造出来的"神女一样。双性神阿格狄斯提斯（Agdistis）的传说很明显就是这一埃及传说的重复。阿格狄斯提斯被阉割后，从他滴下的血中长出了一棵石榴树（即新的生殖器）。南娜（Nana）把石榴树果实放在自己的胸部，然后就怀孕了并生下了阿提斯。阿提斯后来由于受不了他爱嫉妒的母亲而发疯，并在一棵松树下阉割了自己（就像巴塔一样），从他的血中又长出了紫罗兰。在庆祝母神的春节时，都会砍下一棵巨大的松树作为阉割的象征，正如在埃及传说中从血滴中长出了一棵悬铃木。阿格狄斯提斯自己就是从宙斯射在地上的精液中长出来的，当时，宙斯想要强奸库碧莉（Kybele），可是对方一直奋力反抗，从而导致精液射在了地上；同样，厄里克托尼阿斯（Erichthonios）还有其他很多的神也都是在不同时候从精液中长出来。其实，血滴对应的就是精液。另外，那棵生殖器树的果实黏在南娜的胸部，这完全可以被解释为是一种性交，这一点在匝格瑞俄斯（Zagreus）的神话中比较明显。匝格瑞俄斯借口要阉割自己，却将一只公羊的睾丸扔到了神（Deo）的胸部，从而使其怀孕了。

②有几句典型的话来形容普赛克："同样，她恨怪兽又爱自己的丈夫。"普赛克的姐姐们告诉她："晚上跟她睡在一起的是一条恐怖的龙，这条龙用自己肿胀充血且有毒的颈部以及丑陋的爪子将身体的好多部分打成结。"而且她们建议普赛克晚上趁着龙睡觉的时候，偷偷接近龙的卧榻："她大胆地举起右手，用尽全身的力量，用双刃剑砍断了那个将龙的颈部和头部连在一起的结。"

西里斯和塞特（Seth），两个女儿——伊西斯和奈芙蒂斯（Nephthys）。伊西斯成了她的兄弟奥西里斯的妻子，奈芙蒂斯也成了赛特的妻子。后来，奥西里斯成了大地之王，却被他的兄弟赛特因为嫉妒害死了。赛特耍手段骗他钻进了一只有盖的大木箱里，然后把箱子扔进了尼罗河。在普鲁塔克（Plutarch）的版本中，赛特仇恨奥西里斯的原因是奥西里斯曾在无意中与赛特的妻子，也就是他自己的妹妹奈芙蒂斯发生了关系。伊西斯开始寻找她丈夫的尸体，最终她找到了，把它带到了森林里。赛特发现了伊西斯藏尸体的地方，跑去把哥哥的尸体肢解了。伊西斯把四散的尸体都收集起来，又把它们重新组合在一起，可是少了生殖器。原来生殖器已经被冲到海里，而且还被一条鱼吃掉了（就像巴塔的一样）。于是她就用悬铃木（树木生殖器）做了一个生殖器，来代替死者已经丢失的那一部分，并且创立了生殖器崇拜以示纪念。后来在她的儿子荷鲁斯的帮助下，伊西斯向杀害自己丈夫兼哥哥的凶手复仇。据后面的故事介绍，这个儿子系奥西里斯死后所生。当时荷鲁斯和赛特之间——这两个从本源上来说是兄弟——发生了一场激战，激战中，两个参战者都从对方身上扯下了某些器官作为赋予自己力量的护身符：赛特挖掉了对手的一只眼睛并吞了下去，而同时他自己的生殖器也丢了（阉割）——按照施奈德的说法，赛特的生殖器肯定是被荷鲁斯给吃了。最后，赛特被迫归还荷鲁斯的眼睛，荷鲁斯又将眼睛给了死去的奥西里斯，奥西里斯得以复活。然后，奥西里斯来到阴间，成了统治者。

在这里我们无法对奥西里斯的神话做详尽的阐释，但是这一神话至少清楚地表明在刚开始的时候，哥哥确实代替弟弟上了弟弟妻子的床，因此接下来才会有心怀嫉恨的弟弟阉割自己的哥哥。另外，悬铃木的生殖器意义以及将它砍下就意味着阉割这一观念在此得到很好的证明。因为当奥西里斯的生殖器像巴塔的一样被鱼吞掉了以后，伊西斯准备了一个由悬铃木的木材做成的复制品来代替遗失的部位，包裹在象征外衣下，这个母题在奥西里斯传说中同样也出现了。奥西里斯尸体所在的那个地方长出了一颗柽柳（据普鲁塔克，C. 15 以下），国王下令将其砍掉做根柱子。在皇宫中任职的伊西斯向国王要了这根圆柱，通过亲吻，她使奥西里斯被肢解的尸体又复活了，并且再次拥有了生育能力。伊西斯生了一个小孩，可这孩子的双腿是弯曲的，虚弱无力（阉割的象征）。这其实就是奥西里斯的一个新化身。在这里，我们发现在巴塔、阿提斯还有很多其他人物的身上，都有与自己的母亲乱伦再生这一环节，这是一个非常有力的母题。有了它作为基础，我们就可以理解传说中的重生母题。如果说砍头是阉割的一种象征，"上移"，那么生殖器的替换则表示对它的一种补偿，就像在奥西里斯传说中一样。正如在德国传说中重生是因为吃了一种起死回生的草根，在埃及传说中是因为放在雪松树上的心的传递。在奥西里斯传说中重生则表现为吞下一只抠出的眼睛。这个荷鲁斯和赛特战斗中原始母题的残存告诉我们，其实重生讲的就是对丢失了的生殖器的再次获得、融合，从而使得被其母亲再生以及战胜死亡成为可能。如此一来，下面的事实就变得很明白了：英雄不光使死去的兄弟重返人间（以他的儿子的身份，其实就是他自己），而且还从地下王国中（由龙来代表）抢回了公主。通过分析以及神话自身所提供的证据，现在我们知道了，拯救幻想通常关注的是母亲，因此，我们也可以将英雄的第一次重生想象为乱伦性再生。这一点非常容易证实，因为奥西里斯神话和巴塔传说都清楚地揭示了追求性对象的乱伦含义。如果我们将这一阐释用到德国传说那儿，那么我们就会理解为什么在故事中没有提及兄弟俩的母亲了，因为她就在故事当中的其他女性人物背后隐藏着。同时我们也明白了为什么故事中的人物会自动放弃性交（禁欲母题），就像在公主的一年禁戒以及在床上放把剑（象征性的阉割）① 的母题中表现的那样。原来，一方面是拒绝乱伦，另一方面是以一种矛盾的忏悔态度在面对已经完成的对于对手（父亲、兄弟）的弑杀。在传说中，母亲不光以友好的形象出现，比如生命赋予者或者让人渴求的性交对象，她还会以可怕的死亡女神形象出现。她会使人陷入永远的睡眠（如龙的征服者似死了的那种状态；石化），而且英雄必须像征服其他邪恶力量一样战胜她。所以，巴塔在他的母亲兼妻子重新生出自己之后处死了她。在德国传说中也是一样，女巫在使被石化的弟弟重新复活后被烧死了。

为了对神话心理学有个总体认识，我们先暂停解释，稍后②再详尽解释具体细节。为此，我们只需将一些神话人物简化为神话创造者所给出的一个以自我

---

①通常情况下，人们总是认为用剑把床上的两个人分开的母题是月下老人留下来的历史习俗，它象征着婚礼仪式的完成。然而，这一观点不能解释它所用到的特殊的象征手法，因此，似乎要求助于一种神话观念了。F. 冯·瑞森斯坦（F. v. Reitzenstein）（《民族学》，1909，第644—683页）指出这一神秘观念的基础就是原始人的婚礼习俗。据此，我们所提到的传说中用到的象征着阉割的剑原本是以一根棍子或者长杆的形状出现用以求子。当时，新婚前三夜，丈夫都要在自己和新婚妻子之间放一根这样的棍子，禁止发生性关系。由于不懂性交和怀孕之间的因果关系，在新婚的前三夜，丈夫把初夜权让给神灵，为了多子多孙，只有在这个神灵的所谓介入之后，他才开始享受性交的愉悦。

②除了接下来的心理阐释，我们也放弃了任何可能的自然神话阐释。因此，不能排除这个城市不同时间内，一年前黑色，一年后红色，与一个很明显的太阳位置（或月亮的一种现象）有关。正如值得注意的是为什么带回让英雄还阳的草根需要整整24小时一样。如果我们注意到英雄醒来后倒转的头是在正午（正如太阳改变了一下要下山了）又倒回原位的，那么通过投射到自然的发展过程来解释各个母题就变得有可能了。另外，这些阐释绝不会排斥故事的心理学意义，而是会要求在人类外衣的掩饰下理解传说，而且，在描述自然发展过程中，形成神话的本能力量几乎取之不竭。

为中心的人物。相信我们都注意到双胞胎兄弟不光外表上极其相似，"就像两滴水一样"，就连性格和一些特点也都几乎一样（他们有着同样的动物，穿着同样的衣服，等等），而且也没用名字加以区分，因此公主只能通过一些人为的标志认出她的丈夫。只要有个东西适合复制，它就会被用于两兄弟身上，这其中一个人就是另一个人的精确摹本。然而，如果我们不记得巴塔传说中清楚表现的：兄弟二人中有一个年长一点，代表的是年轻一点的那个的父亲。那么，有了上述将两兄弟简化成一个人①的观点，传说的主要意义，即两兄弟之间为了同一个爱的对象而产生敌对就出现了（作为老版本的残余，德国传说在一个地方仍然提到了"年轻一点"的弟弟，尽管它预设的是双胞胎）。同样，按照我们的理解，在德国传说中，想要把公主占为己有的龙以及不愿意放弃女儿的国王代表的就是父亲，而确切一点来说，被追求的女人代表的是母亲。这两个假设被许多兄弟传说的变体所证实。这些传说通常这样开头，心存嫉妒的国王将自己的女儿关起来与世隔绝，可是女儿却以一种神秘方式（乱伦之果实）怀孕了，生出一对双胞胎儿子，并将他们遗弃；然后就正如第 453 页注解 25 引用的路比亚的传说一样，其中一个兄弟与国王的女儿，也就是自己的母亲结婚了。后来，老国王（父亲）去世了，他也就继承了王位。这样看来，在这些传说中，我们看到的其实是一些充满敌意和嫉妒的冲动的移置。这些冲动原本应该是指向父亲以及受宠的哥哥（还有姐妹而不是母亲）。而且在奥西里斯神话中，这种取代可在一系列后代中②找到。这种神话移置在某种程度上反映了原始文化的一点进步成就。随着文化的进步，原本极不相似的敌人变成了双胞胎，忠诚兄弟的传说中就是这样一个在道德上令人较为满意的结果。

但是，进步是以对这些原始冲动的不断压抑为基础，它没有停留在这种形式的改善上，而是产生伪装程度更深的表现形式。对于这种伪装的形式，我们只有在对兄弟母题做精神解析的基础上才能理解。格林兄弟的故事已经使我们

---

①在这一组的某些传说中，实际上只出现了一个"兄弟"。可参见奥博莱特纳（Oberleitner）翻译的《瑞典民间故事》（*Schwedische Volkssagen*）第 58 页以下。

②奥西里斯神话在其发展中，进一步展现了原来谋杀自己兄弟的人是如何变成自己的复仇者。其实，杀害奥西里斯的除了赛特之外，还有透特（Thoth）；后来，在荷鲁斯与赛特的打斗中，透特又以医生兼裁判的身份出现。最终，透特直接成了奥西里斯的坚定支持者，并为了奥西里斯对抗赛特（参见施奈德，前引书，第 445 页以下）。

注意到了齐格弗里德传说与我们的传说①之间的内部联系。在这儿我们只稍微提一下，像传说中的英雄一样，齐格弗里德从龙手中救下了处女，但却离开了她。可是，就像龙一样，他也曾试图取代对手的位置与处女睡在一起。而事实上，到了最后，他也在巩特尔（Gunther）的强迫下直接去为他征服强大的处女②。齐格弗里德也在他和那个处女之间放了一把双刃剑，然而他所遭受的不体面的死亡仍然很清楚地表明，原本在现实中他肯定是那个受宠的对手。只是这里，对手之间的关系已经弱化为血亲的兄弟之情了③。关系改善的还有另一类德国传说，保存在较晚的抄本中：奥特尼特－沃尔夫迪特里希史诗（the Ortnit-Wolfdietrich Epic）。奥特尼特的国王父亲阿尔贝里希（Alberich）是个侏儒，在父亲的帮助下，他赢得了异教国王马赫热（Machorel）的女儿，她没有一个配得上的求婚者，于是奥特尼特带着她私奔到了自己的家加尔达湖（Gardasee）。老异教国王假装求和，送了好多昂贵的礼物，其中就有两条小龙（双胞胎母题）。当两条小龙长大后，它们会将这片土地彻底毁灭。奥特尼特不听妻子的劝告，任由怪兽的存在。他告诉妻子，如果自己死了，就让妻子主动嫁给复仇的人。在没有任何随从跟着的情况下，他骑马进了森林，并且陷入了沉睡（石化），以至于无论是接近的怪兽还是在一旁狂吠和撕咬的狗（有益的动物）都没有弄醒他，于是他被怪兽杀了。

在这个传说中，年轻的英雄沃尔夫迪特里希为奥特尼特复了仇。在这个故事中，把女儿锁起来的父亲母题，被拒的求婚者对妻子的造谣中伤，遗弃还有

---

①曼哈特（德国神话，第214页以下）曾经提过我们这组传说与一个印度传说的一致性。这个传说和印度史诗《摩诃婆罗多》有关，讲的是因陀罗（Indra）在杀死了龙阿悉（Ahi）之后，自行放逐，此时另外一个神占据了因陀罗的位置，并且想要娶他的妻子。后来因陀罗回来杀掉了冒犯者。曼哈特认为另外一个神也许可以被追溯到与因陀罗有着密切关系的一个兄弟阿耆尼（Agni）。阿耆尼一直以来被认为是因陀罗的孪生兄弟，也是"水神的孙子"（apam napat）。另外，曼哈特还提醒我们注意弗雷（Freyr）、托尔（Thor）以及奥丁（Odin）这些神话中的一些相似的特性（第221—223页）。

②她像死去一样睡眠对应的是传说中的石化母题，并且指出了她所扮演的其实就是英雄母亲的角色。这一点在其他一些迹象中很明显。

③格林断言，讲述血亲的兄弟之情的传说同样也应该归入我们这一组传说。在故事中，两兄弟中的一个充当了另一个的角色，与其妻子睡在一起，但是却在两人之间放了一把剑，最后他得了麻风病（按照格林的说法：石化）。然后他真正的朋友用自己孩子们的血救了他。接着，被救了的这个又奇迹般地使孩子们重获生命。同样的，"忠实的约翰"（True John, No. 6）的传说也可以归入这一类。约翰被石化了，国王砍掉了自己儿子们的头救活了他，后来约翰又使那些孩子重获生命。有一个版本说，约翰其实就是国王的结义兄弟。根据我们的解释，生命之水的传说（the legend of life water, No. 97）以及许多其他的传说在很多方面变得可以理解了。在将这些传说归类到兄弟传说这一组时，冯特（《民族心理学》Ⅱ，第三部分，莱比锡1909，第271页以下）在更宽泛的意义上使用了双胞胎传说这一术语，因为他涵盖了"所有的神话或传说材料，只要其中两个人属于同一辈，这两个人物或是友好或是敌对……"

其他母题，作用方式是相似的。沃尔夫迪特里希为了继承权与兄弟争斗，寻求奥特尼特的帮助，当他得知奥特尼特已经死亡，他毫不犹豫地为他复仇。像上述传说中的第二个兄弟一样，他碰到了同样的命运，不过在关键时候，他用奥特尼特的剑解救自己。他征服了龙，还有反叛的诸侯，作为回报，他娶了奥特尼特的遗孀，在她的帮助下，他征服了其他兄弟，获得了他的王国。我们很容易在我们的传说中再次发现相似的特征，得出结论说沃尔夫迪特里希为他兄弟之死复了仇，还娶了他的遗孀。当然，显而易见，如果这不在历史表面，它也在故事的神话底层，而这一点，研究者们也早已知道了。如果我们看看吉瑞泽克（Jiriczek）关于德国英雄传奇（Sammlung Göschen，No. 32）①的全面表述，我们就会发现，两个来源不同、互相之间没有任何关系的传奇在我们面前的传说中融为一体：一个是有关奥特尼特的神话故事，一个是有关沃尔夫迪特里希的历史故事，其中沃尔夫迪特里希可能在奥特尼特传说中是一个神话人物。一个更为清楚的奥特尼特传说版本可能包含在泰德瑞克传说（Thidrek Saga）的片段中，其中国王赫特尼特（Hertnit）与一条龙在打斗中死去，一位英雄［伯尔尼的泰德瑞克（Thidrek of Bern）］征服了龙，娶了遗孀。"从斯堪的纳维亚传说中的暗示和片段中，可以推定一个更古老的传说，其中死者的兄弟充当了复仇者的角色。神话中的这对兄弟在北方术语中叫'哈丁亚'（Haddingjar），在德语中叫'哈通根'（Hartungen）。再看看这个名字'哈特尼特'（Hartnit）［赫特尼特（Hertnit）］，奥特尼特其实就是由它变形而来。在这些名字的启发下，米勒霍夫（Müllenhoff）以一种非常聪明的方式获得了哈通根传说与一个德国版狄俄斯库里神话（Germanic Dioscuri myth）之间的联系。"（吉瑞泽克，第146页以下）②。通过比较研究，现在我们可以确定两个英雄之间最初的关系是手足的话，那么，在阐释的基础上，我们可以辨出在复仇者忠诚角色背后，隐藏着两个人之间敌对的真正关系。而且也知道了从心理阐释的更深一层的意义上来说，受歧视的兄弟杀掉了以龙的形象出现的受宠的对手，目的就是为了拥有对方的遗孀，这与希腊神话中的俄狄浦斯颇为相似。此外，在许多传说中，用一只怪兽

---

①可以参读施奈德最近的专著：《关于沃尔夫迪特里希的诗歌和传说》（*Die Gedichte und die Sage vom Wolfdietrich*），慕尼黑1913。

②同样，狄俄斯库里母题本身，即两兄弟为妹妹被拐而雪耻复仇，在很多民族的神话中都有表现。这一母题刚开始时的内容是这样的：两个双胞胎兄弟都爱上了他们的那个妹妹（代表的是母亲），于是互相争斗，最终，其中的一个被阉割了。根据自然神话学家施华茨的推测，这一内容其实是对希腊神话中狄俄库斯里、卡斯托尔（Castor）（被阉了）故事的一个翻版。

来代替兄弟其实代表的就是儿子与不知名的父亲之间的一场特殊形式的决斗。奥特尼特和他大权在握的父亲阿尔贝里希①之间就是如此。这个未被辨出的决斗本身其实就是不被承认的（乱伦）性交的对应。这一点在我们的那组传说中通过更换丈夫这一母题（通过贞洁来淡化）来表现。

因此，最后分析表明，传说将我们带回了对抗大权在握的父亲的原始家庭冲突中，并且以一种伪装的方式，表达了受歧视的儿子或者最小儿子不满地去适应现实的修正愿望。如果我们注意到，随着古老丑陋的风俗逐渐进步到尊尊亲亲之爱，神话结构反映了文化的道德进步。因此，我们应该提到，难以想象原始情感生活的古老残余将继续存留在传说中。如此一来，不可否认的便是，传说表现了道德感情的发展，但却不是以它现在已经变成的这种形式，即放弃早期的一些快乐之源，最终适应现实苛刻的要求，而是保留原始的满足模式。这模式可以以伪装的愿望幻想的方式在表面的道德层面上找到象征性的满足。

前面讲过的那些兄弟传说的历史为我们提供了一个典型的例子。该例子立刻揭示出包裹在神话外衣下的原始的人类核心家庭。经过最终分析，我们发现，几乎在所有的神话结构中，都有一个拥有无限力量的老父亲，还有一个从原始的幻想形成层面上来反抗他的儿子。如果正如原始的关系所预设的那样，父亲拥有对家里的男性成员生活的无限掌握权（包括儿子们），也全权控制着所有女性成员的生活（包括女儿们），那么，儿子努力奋斗以夺取"父亲"的这种特权，就变得可以令人信服了。而事实上，刚开始儿子通过一些相应的行为来挑战父亲权力的发展。父亲总是经常使用各种法令将长大了不顺从自己的儿子当作权力对手一样驱逐出家族，或者将儿子视为性对手而将其阉割。这样一来，他正好加深了儿子心中相应的复仇想法，使他更加强烈地想要复仇。根据弗洛伊德的观点，文化发展的这一层面在大量传说中有所反映。在这些传说中，如在我们这组传说中，成年的儿子总是被父亲或者年长一点的哥哥赶出去（遗弃），去异乡追求功名和妻子。然而，在早期的文化发展过程中，事实上是儿子自己要求这种牺牲和努力。同时，他试图通过幻想使自己得到补偿。他按照自己丢失的那个旧家的样子给自己造了个新家。在这个新家里，有一个具有自己父亲特征的陌生的国王，他为其服务（家庭罗曼史），有一个自己一直渴望与之发生乱伦关系却未能如愿而直到现在才捕获到的爱的对象。因此，埃及兄弟传

---

①这一点在盖尔人的传说（格林传说的一个变体，第 21 个）中有恰如其分的（K. Köhler 的措辞，Kl. Schr., I, 21ff）展示，故事中，两个彼此并不认识的兄弟都向骑士的女儿求婚，随后就打了起来。

说中想要引诱其母亲的英雄其实就是受宠的对手（父亲、哥哥）（拿了一把刀追逐）赶了出去或阉割（自我阉割），或杀掉（雪松谷里的住处）。然而，无论他走到哪里，母亲的形象一直伴随着他：刚开始他与神-妻子住在一起，直到她被国王带走，而我们认为，国王是一个父亲形象。然后，英雄跟着她来到了皇宫，这一行为唯一表达的就是他想要回到父母家中的愿望（改动得无法看出），其中，儿子可以以好几个陌生人的形象出现，这表达的是不被现实允许的愿望的满足。一系列传说以及大部分神话故事都在原始的层面表现了同一个模式，即最受歧视的小儿子无情地实施杀戮。然而，随着文化的不断进步以及个体在统治力量的作用下做出相应的重组及屈服，从与父亲的关系①这一点来看，这总会被矛盾的悔恨和忠诚的相反冲动所掩盖。到了神话形成的这个阶段，一些在道德上有着很高价值、在心理学上次之的母题开始备受关注，如为父复仇、兄弟之情、保护母亲或姐妹不被讨厌的攻击者侵犯。只要难以察觉的性欲动机以及原始的利己主义动机还能控制人类的有意识行为及思想，那么它们就不会有形成神话的必要，也没有那个能力。幻想形成中的替代的满足与逐渐放弃这些冲动真正实现平行对应；这些补偿使得人类有可能逐渐成功地将某些冲动压抑至某个程度。神话故事只要进入显意识，它在任何情况下就不是原始冲动的如实表达。否则，这些冲动就不能成为显意识。另一方面，基于同样的理由，神话故事并不讲述原始家庭，这还是太令人震惊，而是将其归为一些超人类存在，可以是神秘的具有强大力量的天体，又或者是背后的一些神灵，再或者提升到神灵程度的一些英雄。这样一来，就可以解释这个矛盾了，神话不光有意识地表现了有关大自然的一些粗浅知识，还可以扮演调解的角色。当一些纯粹人类的因素想要结束神话故事这一形式时，它就会从中调解，使得对于神话故事的强烈抑制，反过来为神话形成提供真正的本能力量。

  根据上述观点，神话和传说的形成更应该被看作是文化发展过程的一个保守力量，采用某种方法，比如禁锢一些欲望冲动，这些冲动在现实中并不可行，也不可能获得满足，现在的小孩为了迎合文化习惯也必须学着放弃对它们的满

---

  ① 当然，尽管程度有限，一定还是有一些原始幻想来自父亲被禁止的欲望冲动。尤其是大量的神话和传说都有父亲对女儿的性迫害这一内容，这其中所包含的高度复杂的愿望机制见证了人类是如何困难地放弃这些原始的冲动。它们的模式与前面提到的儿子的神话很相似，就是对于家庭的补偿：一个国王追求自己的女儿，并向她求爱，女儿逃跑了，历尽千辛万险，碰到了另一个国王，国王娶了她。然而，人们可以发现，这个人或多或少是她父亲的一个复制品。在现实生活中也是如此，一个女儿由于受不了父亲的性暴力而逃跑，另一个男人接纳了她，这个男人像对待小孩一样接纳和保护她。

足，即使充满困难和不快，正如原始人一样。然而，承认这些在社会中不被接受的本能冲动，并将其包裹上象征的外衣给予满足，是神话和宗教共有的功能。长久以来，神话和宗教是不可分割的整体。在改变和升华本能方面，在对这些本能的满足的伪装程度方面以及达到的思想道德高度方面，只有少数的伟大宗教达到了完美，所以这使得这些宗教超越原始神话和幼稚的传说。但是与神话和传说一样，宗教也包含着这些基本的本能力量和元素。

伊甸园

吉沙·罗海姆

(哲学博士,伍斯特州立医院)

《创世记》中的叙事

"耶和华神所造的,唯有蛇比田野一切的活物更狡猾。蛇对女人说:'神岂是真说不许你们吃园中所有树上的果子吗?'女人对蛇说:'园中树上的果子,我们可以吃;唯有园当中那棵树上的果子,神曾说:"你们不可吃,也不可摸,免得你们死。"'蛇对女人说:'你们不一定死,因为神知道,你们吃的日子眼睛就明亮了,你们便如神能知道善恶。'于是,女人见那棵树的果子好作食物,也悦人的眼目,且是可喜爱的,能使人有智慧,就摘下果子来吃了;又给她丈夫,她丈夫也吃了。他们二人的眼睛就明亮了,才知道自己是赤身露体,便拿无花果树的叶子,为自己编做裙子。天起了凉风,耶和华神在园中行走。那人和他妻子听见神的声音,就藏在园里的树木中,躲避耶和华神的面。耶和华神呼唤那人,对他说:'你在哪里?'他说:'我在园中听见你的声音,我就害怕;因为我赤身露体,我便藏了。'耶和华说:'谁告诉你赤身露体呢?莫非你吃了我吩咐你不可吃的那树上的果子吗?'那人说:'你所赐给我、与我同居的女人,她把那树上的果子给我,我就吃了。'耶和华神对女人说:'你做的是什么事呢?'女人说:'那蛇引诱我,我就吃了。'耶和华神对蛇说:'你既做了这事,就必受诅咒,比一切的牲畜野兽更甚。你必用肚子行走,终身吃土。我又要叫你和女人彼此为仇;你的后裔和女人的后裔也彼此为仇。女人的后裔要伤你的头,你要伤他的脚跟。'又对女人说:'我必多多加增你怀胎的苦楚,你生产儿女必多受苦楚。你必恋慕你丈夫,你丈夫必管辖你。'又对亚当说:'你既听从妻子的话,吃了我所吩咐你不可吃的那树上的果子,地必为你的缘故受诅咒。你必终身劳苦,才能从地里得吃的。地必给你长出荆棘和蒺藜来,你也要吃田间的菜蔬。你必汗流满面才得糊口,直到你归了土,因为你是从土而出的。你本是尘土，仍要归于尘土。'亚当给他妻子起名叫夏娃，因为她是众生之母。耶和华神为亚当和他妻子用皮子做衣服给他们穿。耶和华神说：'那人已经与我们相似，能知道善恶。现在恐怕他伸手又摘生命树的果子吃，就永远活着。'耶和华神便打发他出伊甸园去，耕种他所自出之土。于是把他赶出去了。又在伊甸园的东边安设基路伯，和四面转动发火焰的剑，要把守生命树的道路。"①

作为惩罚的劳作和文明

假如我们试图解释"人类的第一次不顺从和那棵禁树的果实，它的致命美味给人类带来死亡，给我们带来莫大的悲哀"，我们就必须首先试图理解故事本身，因为这里讲的是起源神话。这里人类有三种罪行和三重惩罚。蛇的厄运看似仅仅是众多解释某种动物物种特性的故事之一。乍看之下，根据显示的内容，其他两种惩罚也仅仅是添加在故事上的标签而已。它们把女人的命运和男人的生命解释为土地的耕作者。女人的命运就是生育，因此我们认为故事涉及性交。但就男性而言，很少涉及后代。相反，而是涉及一些我们看来似乎与生育很不一样的东西，即农业。男人现在是土地的耕作者，他用自己的汗水换来食物。这正是原始人做不到的，或者至少说是没有达到文明人的程度。就像一位患者曾如此评论："一个人对小孩过于严厉并不过分。他们必须尽早知道生活不是游戏，而是辛苦的工作和痛苦。"这位先生是文明人的典型代表。这一观点在《圣经》叙述中也有提到，但却有差异。叙述者明显将劳作和文明看作一种不幸，一种如此可怕的命运以至于它只能以上帝的诅咒来解释。

从这个观点出发，我们应当尝试神话学的解析，并希望能从中获得一些关于文明起源的信息。

显而易见，单纯从历史的与批评的角度看，文本都有其历史。不知多少世纪以来，在形成书面形式之前，文本叙事已经受过改编。神学只不过是其中的一个立脚点而已。耶和华宣称食用该树果实的人都会死。蛇视之为空头威胁，而这个故事似乎证实了毒蛇此前所说的话。因此，故事对我们是否能够认同上帝的正谬提出了疑问，而且，我们必须承认仁慈的天父在道德上的某种可疑性。他与其说是一个焦虑的父亲，谨防自己无知的孩子做一些伤害自己的事情，毋宁说他是一个嫉妒之神，守着永生之树而不让凡人享用永生之福。

---

①《创世记》3：1—24。

巴比伦的永生追求

在希伯来故事所属的同样的文化地域，我们找到在某些方面与人类堕落相似的故事。所有这些故事的主题都是对永生的追求。其中一个故事的主角是阿达帕（Adapa），或根据赛斯（Sayce）的解读，他叫阿达姆（Adamu）。凡人阿达帕与其他两位神灵塔穆兹和宁吉兹达（Ningiszida）一同来到天堂门前。他正哀悼从大地上消失的两位神灵。这些神灵看起来可能是他的两位同伴，因为我们知道，塔穆兹和宁吉兹达是巴比伦宗教中的"垂死之神"。阿达帕是伊亚神（Ea）的人类之子，继承了父亲的智慧却没有获得永生。因此，他的地位对应着偷吃了知识之树的果实的亚当，因为怕他偷吃生命之树的果实，耶和华驱逐了亚当。正如耶和华，伊亚也给自己的儿子一个不真实的却语气肯定的建议，"当你见到阿努（Anu）时，他会给你死亡果，千万别吃！也会给你死亡水，千万不能喝"。然而，事实上这些是生命果和生命水，不过，阿达帕是个孝顺的儿子，相信了父亲的谎言，因而失去了永生的机会。"或许在早些时候的伊甸园故事版本中，故事的中心点同样是生命之树，上帝禁止凡人食用这树上使人永生的果子。为了使得该禁令得以施行，上帝称生命之树为死亡之树。"① 因此给阿达帕真正生命果的塔穆兹和宁吉兹达或阿努都与希伯来版本中的蛇对应，而伊亚和耶和华之间的类似表明，后者应该被认为是亚当的父亲。②

在亚当和阿达帕之间有一个不可否认的相似之处，我们也必须承认阿达帕和吉尔伽美什的相似之处。恩启都（Engidu）死后，吉尔伽美什为他的朋友哀悼了六天六夜。丧失是难以忍受的——他必须找到永恒的生命并使他的朋友复活。于是他踏上了寻找祖先乌特纳庇什提姆（Ut-Napishtim，即"他找到了生命"）和永生的秘密的漫长旅途。然而，像亚当一样，他注定要失败。女神拉比图（Labitu）揭示了真相。"你永远都找不到永恒的生命，因为诸神都把永生留给了自己，而给人类设立了死亡。所以要吃喝玩乐享受人生，就像要在玫瑰凋谢前去采摘一样。"③

---

① H. 格瑞斯曼（H. Gressman），《天堂叙事的神话遗迹》（*Mythische Reste in der Paradieserzählung*），A. R. W. X.，第 351 页。

② S. 兰登，《塔穆兹和伊什塔尔》（*Tammuz and Ishtar*），1914，第 32 页。H. 格瑞斯曼，《天堂叙事的神话遗迹》，A. R. W. X.，第 351、352 页。鲍狄新（Baudissin），《阿都尼斯和艾斯蒙》（*Adonis und Esmun*），1911，第 493 页。

③ 阿格那德·格瑞斯曼（Ungnad Gressmann），《吉尔伽美什史诗》（*Das Gilgamesch Epos*），1911，第 145 页。

在吉尔伽美什的史诗中，我们找到一些与堕落故事相似的特征。我认为提及一下该故事的大概内容是有帮助的。

乌鲁克国王吉尔伽美什正在建造王国的城墙、阿努庙与伊什塔尔庙。在遗失的章节里似乎有一节是关于阿努怎样创造如野牛般强悍的吉尔伽美什并让他成为乌鲁克国王。吉尔伽美什迫使他的臣民绕城建坚固的城墙。"他不允许儿子同父亲相见，不允许少女同爱人相见。"于是，人们向诸神求助来推翻这个暴君，诸神就命令女神阿鲁鲁仿照天神阿努创造一个勇士成为吉尔伽美什的劲敌。女神把恩启都造成一个半兽人，浑身是毛，身披粗糙的兽皮而非合体的衣服。他就像牛一样吃草度日，并有着女人一样的长发。格瑞斯曼把该生物比作我们可以在欧洲民间传说和民间信仰中发现的"野人"。在"铁约翰"故事（《格林童话》No. 136）中，这个野人是一位狩猎人的猎物。恩启都与水生物生活在一起，而这个野人发现于水底。他的身体是铁锈色，而他的毛发遮住身体一直垂到膝前。恩启都来到吉尔伽美什的宫廷，那个德国野人被带入宫廷，关进铁笼，而钥匙藏在王后的枕头下面。最终，王后的儿子释放了他。[①] 这与欧洲民间信仰中"野人"的相似性更加明显。他们浑身是毛发，手里握着杉木，在山峰上喂养牧民的奶牛，晚上带着存满牛奶的母牛回来。然而，人类并无感激之情。他们把酒倒入水槽让野人饮用，野人喝了酒便马上入睡，农夫趁此给他们绑上脚镣。在凯尔特文化中我们发现了一个可怕的巨人，他的头有几码宽，牙齿像野猪的獠牙，有着红眼睛和一直垂在脸边的黑毛发，就像巴西安第斯山脉（Brezilliande）的神秘森林中野兽的牧者似的。[②] 恩启都出现在吉尔伽美什史诗中的作用和未开化的自然守护神一样。他保护野兽，破坏猎人设下的陷阱。在欧洲民间故事中，这种生物因被酒灌醉而被俘虏，而恩启都却是因为爱欲。猎人问父亲他能做什么，父亲建议他去找吉尔伽美什，伊什塔尔城的统治者。这个统治者很友好地接见了他并给他一位妓女。[③] 在与这个妓女度过了六天七夜后，他回到他的动物身边，但却遭到小羚羊的驱逐，所有的兽类都避开他。然而，他"耳朵开窍了"，也就是说他现在变聪明了。那个妓女劝他去乌鲁克找吉尔伽美什。他的拜访已经在国王的梦中预示了。一颗星星从天而降，他无法撼动，它

[①] 格林，《儿童与家庭童话集》（*Kinder und Hausmärchen*），No. 136。伯特·波利夫卡（Bolte-Polivka），《注解》（*Anmerkungen*）Ⅱ，第94页。

[②] K.曼哈特，《森林和信仰》（*Wald und Feldkulte*）Ⅰ，1904，第96页。

[③] 伊什塔尔图（Ishtaritu）意味着一位神圣妓女，而妓女代表着女神伊什塔尔。兰登，《塔穆兹和伊什塔尔》，1914，第81页。

是众星之一。吉尔伽美什压在敌人身上，好像这敌人是个女人，然后把他丢到了他母亲的脚下。

恩启都去了乌鲁克，此时国王正在举行伊什塔尔宴会。人们把吉尔伽美什当作神灵一样在伊什塔尔庙为他准备了床位。显然，他是为了庆祝他与爱情女神的婚姻。恩启都挡在门口，不让吉尔伽美什入内，然后两人开始搏斗，结果吉尔伽美什战胜，从此两人成了挚友。

在遗失的史诗部分中，太阳神沙玛什（Shamash）似乎招来勇士攻击由恩利尔（Enlil）创造的雪松林守林怪物洪巴巴（Humbaba）。在进入森林时，勇士们杀死了一个他们认为可能是洪巴巴化身的守林人。勇士们花了三天三夜攀爬这座传说中的雪松山。最后，他们战胜了洪巴巴并砍下他的脑袋。第二个奇遇与天堂神牛有关。女神爱上了吉尔伽美什并要他娶她。她的嫁妆是对世界的主宰。所以，他将变得富有而强势，连国王都要亲吻他的脚，他的母羊将生育双胞胎，而他的马匹和骡子将是整个世界中品种最优良的。

然而，爱情女神给予的这些好处甚至对于神圣的国王来说都非常危险。她就像一扇无法遮风避雨的大门，一座压死居住者的宫殿，一双夹脚的鞋一样。每年都有人哀悼她年轻时的丈夫塔穆兹。她所深爱的牧羊人现在是一只折断了翅膀的鸟，而其他的爱人都变成了狮子和马。她的第五位爱人曾经是牧羊人，而现在他是一只狼，整日被他自己的儿子和狗追逐。吉尔伽美什告诉她这一切，并说自己与她毫无关系。于是带着愤怒和复仇的渴望，她去找自己的父亲天神阿努，请他创造一头能够杀死吉尔伽美什的天堂神牛。结果是恩启都抓住了神牛的尾巴，并让吉尔伽美什杀了它。女神开始在城墙上显现，但她却遭到这两位勇士的嘲笑。恩启都把神牛的大腿扔到她的脸上，并说："如果我能抓到你，我也会以同样的方式对待你。我将把它的内脏绑在你身上！"于是，伊什塔尔招来她所有的圣女，为天堂神牛的右腿哀悼。吉尔伽美什把神牛的角献给神灵卢伽尔班达（Lugalbanda），它们就被挂在了庙里。史诗的第三部分是关于恩启都之死，以及之后吉尔伽美什来到了阴间。在发狂中，恩启都对挡住他找洪巴巴去路的雪松门说话，将它当成是人一样。十二天后，恩启都死了。但吉尔伽美什不敢也不会相信这是真的，他认为恩启都没死，只是睡着了。他把他的朋友打扮得跟新郎一样。此时，他才意识到了恩启都的死亡，并开始为之哀悼："假如我死了，将像恩启都一样吗？"于是，他决定去找已逃离死亡并找到永生的祖先。然而，吉尔伽美什必须穿过太阳门，可那却有蝎子精和其妻子把守着。那是一对身材庞大的夫妇。地狱仿佛就在他们的胸口，而天空似乎就在他们的头顶。对任何人来说，见到他们如同遇见死亡，尽管吉尔伽美什吃了一惊，可还是大胆地走向前。这让女蝎子认为他有天赐的神性。他们警告他不要继续行走在通往诸神之园的无人驻足的道路上。他漫游了整整一天后，来到了海边，那里是生命女神拉比图居住的地方。她试图阻止吉尔伽美什，并关上门。但他威胁说要把门弄个粉碎。此时，她意识到他是神灵，不可能被武力击退。而她——生命女神，警告他，并提醒他小心死亡之水。只有太阳神萨玛斯（Šamaš）曾穿越这片海域，而世上没有任何一个凡人可以像他一样。可是，吉尔伽美什身上具有三分之二的神性，只有三分之一是凡人之躯，没有什么可以阻挠他。终于，他跨过了这危险的水域，并向自己的祖先——巴比伦的诺亚（Noah）寻求"生命"。乌特纳庇什提姆回答说："永生不是给凡人准备的。没有任何东西永恒存在，无论是爱情或仇恨，还是性交的渴望或水灾的危险。"说完这个，乌特纳庇什提姆继续讲述记录自己永生的洪水故事，之后告诉吉尔伽美什有一条途径可以找到永生，只要吉尔伽美什六天七夜不睡觉。吉尔伽美什努力不让自己睡着，可发现一坐下来，就很难睁着眼睛。乌特纳庇什提姆嘲笑他的软弱，可他的妻子却试图帮助她的孙子。她烤了七个神奇的面包来防止吉尔伽美什睡着。但还是迟了，他已经睡着了，即使是一秒钟，他也会因此失去永生的机会。乌特纳庇什提姆给带来吉尔伽美什的摆渡人下了诅咒。我们不是很清楚吉尔伽美什是得到了永生还是失败了。后来我们得知他失败了，可现在他要沐浴并换上新装，这些新装将一直保留，直到他回到乌鲁克。乌特纳庇什提姆的妻子是我们的勇士的支持者。她恳求自己的丈夫直到他说出生命的大秘密。吉尔伽美什投身海中，带回了生命草，这草的名字是：人到终年时可以返老还童。但这个故事没有快乐的结局。在返回途中，吉尔伽美什在一个池塘里洗了冷水澡，而生命草和永生被一条大蛇偷走了。①

吉尔伽美什神话和神性国王

自然，首要的问题就是吉尔伽美什的故事是否与希伯来神话有关。吉尔伽美什为恩启都哀悼，并且根据一则残篇的记载，阿达帕（亚当）为这两位去往阴间的神灵哀悼。据推测，这两位神就是吉尔伽美什和塔穆兹。史诗中的恩启都是吉尔伽美什的某种原始复本，而且和亚当一样，恩启都是因为女人而堕落。

---

① 完整叙述见阿格那德·格瑞斯曼的《吉尔伽美什史诗》，1911。

此外，在这两个神话中，堕落也是一种自然的过渡，即从动物阶段过渡到文明阶段。人们或许可以将长满雪松树的洪巴巴花园看成是耶和华花园的对应物，其中树木起着很重要的作用。生命女神斯多瑞与母神伊什塔尔一样，看起来像万物之母的夏娃。如果就像兰登（Langdon）假设的，所有巴比伦王国的女神都仅仅是"大母蛇"的地方变体①，而夏娃（havva，即蛇）是以蛇身②出现的阴间之神，那么这两者就非常类似。两个神话都是关于丧失或未获得永生的故事，而且不死草和蛇都是这两个故事的核心因素。

在我们开始对希伯来神话分析之前，我们应该通过分析吉尔伽美什传说来做准备。

吉尔伽美什是爱神之城乌鲁克的国王。该神话描写他拒绝与伊什塔尔的美好婚姻，这很让人怀疑。因为乌鲁克的国王是女神的官方丈夫。③ 在故事中，另一个主角阻拦他通往神殿大门的道路之时，正是我们的主人公即将迎娶女神的时候。

在一篇主要以巴比伦王国封印上的恩启都形象表现为主的精彩论文中，施耐德（Schneider）试图勾勒这个神话人物的演化。以下的场景就反映在萨尔贡封印上。一个裸体的巨人跪着给一头强壮的公牛喂水，水溢出了水槽。这个巨人正是故事中的吉尔伽美什或吉斯比尔伽美什（Gisbilgamesh）或吉什（Gish）。施耐德注意到裸体对于巴比伦王国而言非同寻常。"显然裸体是这种生物的一个非常重要的属性特征，就像伊什塔尔的个案一样……在某些事例中，我们找到了男性生殖器的象征。"④ 施耐德认为，这个容器容纳了生命之水，而凡人特别是国王都渴望得到这生命之水，即从超自然存在获得长寿。古地亚印章表现了国王从天神阿努那得到一个盛满生命之水的杯子。我们发现神灵当着国王的面把生命之水倒在国王的生命树上。因此，施耐德猜想在萨尔贡的印章上，得到生命之水的那个人就是国王，尽管他是以公牛的形象展现，而作为丰产之神，吉什倒出了那生命之水。其他的印章似乎都是同样主题的变体而已。吉什与公牛或狮子打斗，或者有两个吉什，一个是完完全全的人类，另一个有着牛一样的脚、耳朵、角。这个半兽化的吉什肯定是亚巴尼（Eabani，即恩启都），主人

---

① S. 兰登，《塔穆兹和伊什塔尔》，1914，第115页。
② H. 格瑞斯曼，《天堂叙事的神话遗迹》，A. R. W. X.，第359页。
③ 格瑞斯曼，前揭，第122页。兰登，前揭，第27页。
④ 施耐德，《近东宗教二论》（*Zwei Aufsätze zur vorderasiatischen Religionsgeschichte*），1909，第43页。

公的化身。①

现在我们可以看出大概的情节了。假设吉尔伽美什的两个公牛 - 对手形象含义相同，这似乎很自然。一次与公牛恩启都打斗是因为想娶伟大的女神，而第二次打斗却是因为不想娶女神。到底哪一个是较少曲解故事本身潜在含义的版本呢？根据瑞达（Radau）所说，塔穆兹或杜穆兹（Dumuzi）不是特定的垂死之神，而只是对既作为自己母亲的丈夫又作为儿子的神的一个名称，伊什塔尔也不仅仅指一种特定的女神而是指任何的女神，母亲以及自己儿子的新娘。这对神的婚姻在新年尼散月的第一天庆祝，而在这个庆祝仪式上，神由国王代表。② 在巴比伦王国后期我们有了一些关于庆祝仪式的详细记载。国王在第五天退位了。在贝尔（Bel）神殿的入口处，拒绝他进入圣殿的大祭司接待他。他被拿走王冠和权杖（scepter），并为其罪恶受到惩罚——由祭司拳打其耳朵和鞭笞。如果国王哭泣了，他将继续顺利地统治；而如果国王没流下眼泪，那在接下来的一年里就会有些厄运发生。国王在贝尔面前祈祷并受到羞辱之后，他恢复王位，在来年受到神的恩泽。③

有两个事实是不容怀疑的。其中之一是古代东方和非洲圣王的历史统一性，另一个就是圣王与其继位者之间的争夺是王权情结的必要因素。④

因此，我们猜想神殿之门的宗教场景象征了某种意义，而另外的场景是经过数世纪的文化沉淀。从故事中我们得知，吉尔伽美什必须战胜恩启都才能迎娶女神伊什塔尔，即进入伊什塔尔神殿。而恩启都已经与代表伊什塔尔的凡间妓女进行了性交。在同一个节日，国王受到羞辱，屠龙活动也被上演。⑤ 弗雷泽推测到这种舞剧的存在，舞剧中的龙代表老国王，而屠龙者代表继位者。⑥ 在太公国（Tagaung）里，国王和龙紧密联系在一起。根据王室神话，龙一旦杀死国王，它就会被隐藏在树林中的王子杀死。这个故事很明显与俄狄浦斯神话有联

---

① 施耐德，前揭，第46页。
② 瑞达（Radau），《苏美尔散见文本》（"Miscellaneous Sumerian Texts"），见 H. 冯·希尔普雷希特（H. von Hilprecht）编，《亚述学和考古学研究》（Assyriologische und Archäologische Studien），1909，第404页。
③ S. 兰登，《巴比伦和波斯节日》（"The Babylonian and Persian Sacaea"），载《皇家亚洲协会期刊》（Journal of the Royal Asiatic Society），1924。
④ 参见罗海姆，《万物有灵论、巫术和圣王》，1930。
⑤ S. 兰登，《巴比伦和波斯节日》，载《皇家亚洲协会期刊》，1924，第70页。A. H. 赛斯，《赫梯大蛇之战传奇》（"Hittite Legend of the War with the Great Serpent"），载《皇家亚洲协会期刊》，1922，第177页。
⑥ J. G. 弗雷泽，《垂死之神》（The Dying God），1911，第113页。

系，因为王后扮演了斯芬克斯的角色，嫁给了猜出她谜语的英雄。他们所生的儿女都是失明的，因为子女在子宫里就被"飞龙的散发物"夺去了视力。王室向他们称为"伟大之父"的龙进行供奉。① 或许，古代东方的王室都起源于隐含了俄狄浦斯内容的一些图腾仪式，国王可能作为其继任者的对手在戏剧场景里出现，并戴着牛的面具或龙的面具。宁吉兹达（即吉尔伽美什）可以通过其肩上的龙头辨认出来。作为龙-王，他的对手是另一条龙或大蛇，而就是这条大蛇偷取了生命草，从而最终打败了他。与亚巴尼和天堂神牛的搏斗或许就是牛类王室（bovine royalty）以及老少公牛打斗的遗存，而洪巴巴可能以神人同形同性形式被认为代表相同含义。②

牛与皇室的紧密联系是某些非洲部落的显著特征。因此，安可利（Ankole）国王穆加贝（Mugabe）不但没有死，反而像牛返回它们的牛圈一样回到家中。③ 他们把死去国王的尸体缝在牛皮上。④ 巴尼奥罗（Banyoro）国王的住处修建得像个牛圈，他只喝牛奶和吃牛肉。这个国王是由牛化身为人的，在他死后，真正的牛也必须被宰杀。⑤ 死去的瓦万伽（Wawanga）国王以坐姿的形式保存，他的尸体在一只刚被宰割的牛皮里包裹着。这只牛在葬礼仪式上按照以下的方式宰杀：死去国王指定的继位者在指示下用矛刺死公牛，被指定为继位者副手的另一个儿子用绳子绑住公牛的脖子，同时在放置国王尸体的小屋门前，他哥哥从肩后刺死公牛。然后这只奄奄一息的牛必须被锁在放置国王尸体的小屋里，否则新任国王会重新审查此事。⑥ 国王的儿子和继位者必须杀死一只公牛，但是直到他父亲与公牛在仪式上得到确认以后（公牛冲进小屋，尸体裹在公牛的皮里），杀死自己父亲的儿子才能成为合法的继位者。在讨论古代文明和现代非洲的圣王时，我想揭示皇室王族的"情结"就是俄狄浦斯情结，因为国王就是生

---

① R. 格兰特·布朗（R. Grant Brown），《太公国之龙》（"The Dragon of Tagaung"），载《皇家亚洲协会期刊》，1917，第746页。

② 雅斯特罗（Jastrow），《巴比伦人和亚述人宗教》（Die Religion Babyloniens und Assyriens）Ⅰ，1905，第92页。施耐德，同上，第47页。苏美尔国王同基（Dungi）被称为"生命树"或"生命的气息"。S. 兰登，《圣王崇拜的三首新赞美诗》（"Three New Hymms in the cults of Deified King"），载《圣经考古学协会动态》（Proceedings of the Biblical Archaeology）XL, 1918, 第34页。

③ I. 洛斯克（I. Roscoe），《巴尼安可利人》（The Banyankole），1923，第51页。

④ 同上，前揭。

⑤ 同上，《巴尼奥罗的巴基塔拉》（The Bakitara of Banyoro），1923，第114页。

⑥ 肯尼思·R. 邓达斯（Kenneth R. Dundas），《英属东非埃尔贡地区瓦万伽和其他部落》（"The Wawanga and Other Tribes of the Elgon District, Brithish East Afica"），载《皇家亚洲协会期刊》，1913，第29页。

活在乱伦婚姻中被自己的继位者（最初是自己的儿子）所杀死的超人。①

生命之树和王室

现在我们得知生命树和不死草在巴比伦亚述（Assyrian）王室的神话象征中有着显著的重要性。不死草由马杜克拥有。在一封亚述人的信中写道："我们如死狗横卧，国王陛下恩准我们嗅不死草的气息而使我们复苏。"国王的权力隐含于或等同于不死草。阿达德·尼瓦瑞（Adad-nivari）夸耀说神赐予他统治人民的恩典，就像不死草一样。② 苏美尔国王同基被称为"生命树"或"生命气息"。③ 生命之树在巴比伦宗教中有着非常显要的作用。这种树有时被描述成棕榈树，有时是香柏，有时会是二者的结合。这种树生长在创造阿达帕的埃利都，因而为亚当、伊甸园和生命之树提供了完全的对应。在楔形文书中这样描述生命树：

一棵棕黑的棕榈树生长在埃利都，生长在一片纯净的土地上。

它像乌克努的石头一样闪亮，致使海洋都失去了色彩。

伊亚住在埃利都，一个富裕的地方。

他的住所是地下世界的住处。

他的住所是古尔的长椅。

进入光辉的房子，就像进入了无人可入的隐蔽森林。

那里就住着沙玛什和塔穆兹，

就在两条河流的三角洲。④

即使伊甸园事实上就是两条河流⑤间的地带以及死后乐园⑥，即使伊亚就是耶和华上帝，阿达帕就是亚当，也不足以怀疑这棵象征生命树的树木的特性。在巴比伦圆柱印章上，我们发现生命树用松木和结满菠萝状果实的棕榈树的结合体表征。这树一直被一对有翼的鹰面的精灵守护。右边一个超自然的生物手

---

① 罗海姆，《万物有灵论、巫术和圣王》，1930，第225页。

② 奥格斯·温舍，《生命之树和生命之水的传说》（Die Sagen vom Lebensbaum und Lebenswasser），1905，第14页；引自哈珀（Harper），《亚述书信集》（Assyrian Letters），第721页。

③ S. 兰登，《圣王崇拜的三首新赞美诗》，载《圣经考古学协会动态》（XL）1918，第34页。

④ 温舍，前揭，第2页，引自昆（Cun），《文本》（Texts）XVI，第42页。参见 A. 耶利米斯（A. Jeremias），《古代近东文化指南》（Handbuch der altorientalischen Geisteskultur），1913，第60页。

⑤ 格瑞斯曼，前揭，A. R. W. X.，第345页。

⑥ L. 利维（L. Levy），《圣经伊甸园中的生殖象征》（"Sexualsymbolik in der biblischen Paradiesgeschichte"），载《意象》V，第23页。

持松果，左边是一个类似篮子的东西。这些圆柱滚印中有一个称为"堕落"的圆柱印章。圆柱印章上，有两个人，许多解释者认为是亚当和夏娃[1]，中间是树，右边的人像有角，我们可以看到，左边的人像后面还有一条大蛇。在生命树旁边，还绘制了一个人和一只动物之间的打斗场面。[2]

生命树和森林之王

我们猜想在神话的原始说法中（或许仅仅是潜在内容），果子从生命树上摘落，就意味着年老的国王或神灵受到年轻生物的挑战。对树木的攻击就意味着对父辈（神、国王）的攻击。因此，伊甸园神话的隐含内容或古老形式都与内米祭司的规则非常相近。"内米的圣林中有一棵大树，无论白天黑夜，每时每刻，都可以看到一个令人毛骨悚然的人影，在它周围独自徘徊。他是个祭司，又是个谋杀者。他手持一柄出鞘的宝剑，不停地巡视着四周，像是在时刻提防敌人的袭击，而他要搜寻的那个人迟早要杀死他并取代他的祭司职位。"[3]"内米神殿内长着一棵树，其树枝不允许被折断。只有一个逃亡的奴隶才可以折断一根树枝，如果他能够的话。然后，他就有权与祭司决斗，如果他胜利了，就可以以林中之王的身份代替祭司的职位。"[4] 我们可以揭示，巴比伦国王被认为是从神那里得到"生命水"，或者被认为他就是"生命树"的拥有者或就是生命树。宁吉兹达（吉尔伽美什）无疑是巴比伦皇室的代表人，即"参天大树的主人"或"生命树的主人"[5]，另外，从杀死国王的王权仪式遗存来看，亚当（阿达帕即儿子）和耶和华（伊亚即父亲）在树旁斗争的假设性神话联系是很有可能的。埃及的类似例子支撑这个观点，而且因此说明该树的生殖意义。生育之神岷（Min）与柏树在一起说明了隐含在他身上的树形；站在该神前面的国王奉

---

[1] 例如，参见 F. 狄利希（F. Delitsch），《巴别塔和圣经》（Babel und Bibel），1905，第 41 页。
[2] 温舍，前揭，第 2 页。
[3] J.G. 弗雷泽，《巫术和国王嬗变》（The Magic Art and the Evolution of Kings）I，1913，第 8、9 页。
[4] 弗雷泽，前揭，第 11 页。
[5] W.W. 鲍狄新，《阿都尼斯和艾斯蒙》，1911，第 103 页。梅斯纳（Meissener），《现代传说中的巴比伦成分》（Babylonische Bestandteile in modern Sagen），A. R. W. V.，第 230 页。宁吉兹达象征着藤本植物或雪松。他是与阴间相连的蛇神中的一个。S. 兰登，《塔穆兹和伊什塔尔》，1914，第 7、117 页。这些细节与大蛇、树和伊甸一切联系起来思考，具有意义。巴比伦的国王和生命树可以参见 H. 格瑞斯曼，《天堂传说》[Die Paradiessage（Festgabe für A. von Harnack）]，1921，第 41 页。

献了两个同样树木的微小模型。① 死神和埃及的国王－神灵奥西里斯通过无疑与繁殖力相联系的树木或柱来表现。②

事实上犹太传统存在着关于生命树和繁衍相联系的有力证据。摩西手中的法杖，曾经变化为蛇，它③是亚当的杖（staff）或是从生命树上折断的树枝。通过折断和保护这树枝，摩西不仅证明了他能够承担作为先知和领袖的使命，而且更重要的是证明了他是西波拉（Zippora）——叶忒罗（Jethro）的女儿——优秀并值得期待的丈夫，也就是说，是举世无双的男子汉。④ 摩西作为折断树枝的那个人，在成为西波拉真正的新郎之前，也必须与上帝进行搏斗。⑤ 在《创世记》的记载中，蕴含了另一处显露禁忌真正含义的蛛丝马迹，即国王继任的问题。"耶和华神说：那人已经与我们相似，能知道善恶。现在恐怕他伸手又摘生命树的果子吃，就永远活着。耶和华神便打发他出伊甸园去，耕种他所自出之土。"（创3：22，23）

蛇 和 上 帝

现在我们来看故事中难解、自相矛盾的一段。尽管神话是想把蛇写成恶棍，但如果我们专心阅读文本的话，我们发现上帝像伊亚一样说了谎话，而大蛇所说的恰恰是真正的事实。神不是说过："只是分别善恶树上的果子，你不可吃，因为你吃的日子必定死。"而蛇说吃了这果子，人类就会获得某些东西，换言之，人将和上帝一样。但当人类真的这样做了，上帝难道没有证实大蛇所说的话吗？⑥

为了理解这一难题的真正含义，我们应该好好考虑下弗雷泽提出的解决方法。尽管其他一些解释者倾向于认为，这两棵树最初只是一棵树⑦，而弗雷泽猜想最早在伊甸园里有生命树和死亡树，上帝提议人类食用生命树的果实而禁止

---

① A. J. 伊文思（A. J. Evans），《迈锡尼树崇拜与柱崇拜》（*The Mycenaean Tree and Pillar Cult*），1901，第44页。

② 参见罗海姆，《万物有灵论、巫术和圣王》，1930，第224页；及 E. W. 布吉（E. W. Budge），《奥西里斯与埃及式复活》（*Osiris and the Egyptian Resurrection*）Ⅰ，1911，第365页。

③ 参见另一页中红海那一段关于法杖的生殖器的特性。

④ 温舍，前揭，第43页。

⑤ 参见与摩西神话的联系以及文本中红海一章所讲的割礼。

⑥ 参见格瑞斯曼，《天堂叙事的神话遗迹》，A. R. W. X.，第351页。

⑦ 参见利维，《圣经伊甸园中的生殖象征》，载《意象》V，第21页。

食用死亡树的果实。但人类被蛇误导吃了死亡树的果实，因而被剥夺了永生。①根据弗雷泽还原的原始版本，上帝让蛇作为一个信使来到人类跟前。消息的内容应该是这样的，"不要食用死亡树上的果子，如果哪天你吃了将必定死去；去吃生命树的果实获得永生"。但这蛇是个狡猾的动物，它更改了信息，因此，人类失去了永生，而蛇却获得了。从那以后，蛇就能蜕皮，而人却不能。②

死 亡 之 源

这个奇妙的猜想是以吉尔伽美什神话片段和蛮族（大多为非洲人）的类似版本为基础。我们已经用相当的篇幅引了吉尔伽美什的故事。蛇偷了吉尔伽美什的不死草获得了恩惠，而人类却失去了永生。③ 因为我们的故事是关于死亡或永生的问题，情节中的主人公是上帝和蛇，并且故事中有"讹传信息"的痕迹，所以，我们应该好好地研究这些叙述的结构和心理学意义。

根据布希曼人所说，月亮想让人类死后重生："就像我死后重生一样，你们也一样。"某人的母亲去世了，儿子为其哀悼。月亮说："你母亲是沉睡了。"男子说："她是死了。"他们开始争吵，于是，月亮就把男子变成了野兔，因此人类无法永生。④ 在另一种说法中，一只昆虫带去永生的消息而一只野兔干涉使之成为错误的信息。第二个消息通过对原始叙述的小小更改而传达了相反的意思。比如月亮说："就如我会死，且能死后新生，你们也一样。"野兔却改成了"我死后腐烂"诸如此类的话。或是野兔正确地传达："就像我祖父月亮消失后又回来了。"但当一些男孩子朝他喊"你在说什么"后，他更改了消息："就像我要死去一样你们也要死去。"⑤ 根据上赞比西的阿鲁伊人之说，故事源于太阳（Nyambes）的狗死了的那一刻。他很爱这狗，说道："让狗活过来吧。"但他的妻子月亮说："我不想这样做，它是个小偷。"因而这狗死后再没活过来。现在月亮的母亲去世了，这次是做女儿的她希望母亲活过来。但是，太阳说："我告诉过

---

① 弗雷泽，《〈旧约〉中的民间传说》I，第48页。
② 弗雷泽，前揭，第52页。
③ 弗雷泽，前揭，第50页。
④ W. H. J. 布利克、L. C. 劳埃德（W. H. J. Bleek and L. C. Lloyd），《布希曼民间故事样本》（*Speciments of Bushman Folklore*），1911，第57—65页。W. H. J. 布利克，《南非狐狸雷纳尔》（*Reynard the Fox in South Africa*），1864，第69页。弗雷泽，前揭，第56页。
⑤ L. 舒尔茨（L. Schultze），《纳马兰和喀拉哈里沙漠》（*Aus Namaland und Kalahari*），1907，第448、449页。

你,我的狗应该活过来,可你拒绝那样做。现在我倒希望你母亲永远地死去。"然后,他们各自派了一个信使来到人间,可是带着死亡消息的野兔先于带着生命消息的蜥蜴到达。① 阿卡巴(Akamba)故事变体很明确地揭示了两个使者的矛盾意义。蜥蜴说,死去的人会复活,就像人学步时,一前一后,步履蹒跚的样子。但那画眉鸟取笑复活的想法。"因此蜥蜴沮丧地回到上帝那,报告他任务失败了,当他对那些死人宣布令人高兴的复活消息时,画眉鸟的笑声盖住了自己的声音,以至于那些死人没有听到他所说的话。于是当上帝盘问画眉鸟是谁说蜥蜴传递消息失败时,画眉鸟才意识到,打断蜥蜴是它必须履行的职责。单纯的神相信了画眉鸟的谎言,对忠诚的蜥蜴十分生气,于是把他贬职,并使他行走缓慢,每天步履蹒跚地走路,直到今天。因而画眉鸟每天早晨把沉睡的人们唤醒。"② 这矛盾在这些故事中几经强调:(1)信使的双重性和多重性③;(2)事实上在谎言结局中,传达好消息的信使遭到惩罚,而传达坏消息的信使却受到奖赏;(3)传达死亡消息的信使就是早晨唤醒人们的小鸟,这就实现了某种程度上的复活。

在赫伯莉(Hobley)引述的版本中,变色龙依旧是以传递复活消息的信使出现,但是他遭到憎恨,因为他在路上闲逛而使传达死亡消息的蜥蜴先一步到达。④ 有一个说法是蜥蜴和变色龙都遭到厌恶,讨厌蜥蜴是因为他带来了死亡的消息,而讨厌变色龙是因为他耽搁了传达永生的消息。卡拉威(Callaway)说比起变色龙,蜥蜴更被仇恨而且总是被杀死⑤。但另一个说法就是灰色的蜥蜴带来了生命的消息,因此变色龙受到憎恨而灰蜥蜴深受喜爱。⑥ 在巴苏陀(Basuto)故事中,变色龙带来了永生的消息而他的仆人蜥蜴先发制人,带来了死亡的消息。⑦ 但在同一个部落的另一个说法里,两个角色完全相反。⑧ 在好和坏的信使

---

① 弗雷泽,前揭,I,第57页。引雅科泰特(Jacottet),《赞比西流域语言研究》(*Etudes sur les langues du Haut-Zambeze*),1901,第116页。

② J.G.弗雷泽,前揭,I,第61、62页。引自C.W.赫伯莉,《卡姆巴和其他东非民族民族学》(*Ethnology of A-Kamba and other East African Tribes*),1910,第107—109页。

③ 还有第三个信使——青蛙。

④ D.基德(D. Kidd),《卡菲尔人》(*The Essential Kafir*),1904,第76页。

⑤ H.卡拉威,《阿玛祖鲁宗教体系》(*The Religious System of the Amazulu*)I,1868,第1、3页。

⑥ T.阿巴赛特、F.多马斯(T. Arbousset and F. Daumas),《好望角殖民地东北部探险记》(*Relation d'un voyage d'exploration au Nord Est de la Colonie du Bonne Esperance*),1842,第472页。

⑦ E.雅科泰特,《巴苏陀民俗宝藏》(*The treasury of Ba-Suto Lore*)I,1908,第46页。

⑧ E.卡瑟利斯(E. Casalis),《巴苏陀人》(*The Basutos*),1861,第242页。

中，蜥蜴和蛇形象显著，因为它们都蜕皮，恢复青春。① 在非洲之外②，变色龙也是常见角色，或许是因为它蹒跚的步伐、变色的皮肤或是可憎的面目。根据弗雷泽提出的观点，希伯来-巴比伦神话无疑属于他所谓的"讹传消息和蜕皮的复合故事"③。在一个加拉（Galla）版本中，该消息由一只小鸟传达给蛇。"人类衰老后便会死去，对于你，当你发现自己开始虚弱时，你要做的就是爬出你的皮，你将恢复青春。"④

在新不列颠故事中，图卡比纳纳（To Kabinana）是创世主，他兄弟图卡乌乌（To Korvuvu）是破坏者。蜕皮和永生的消息由图卡乌乌更改后传达给人类⑤。同一地方的另一个版本是，一个小孩拒绝取火，而蛇带来了火。火种意味着生命，因此人类开始不能永生，而蛇可以。⑥ 在另一个故事中，图卡乌乌是被派去取柴火的使者。他就像《圣经》中的撒旦一样，被认为是蛇。他应该取来常青柴火，这意味着生命。但是带来的干木也给世界带来了死亡。⑦ 在另一类故事中，所蜕之皮囊不是蛇的皮而是人类的。图卡比纳纳和图卡乌乌是兄弟，他们的母亲蜕了皮，成为一个年轻的少女。但图卡乌乌哭着说自己不要这样的母亲，并把母亲的老皮拿了回来。图卡比纳纳说："你为什么要把这张老皮再次穿在我们母亲的身上？现在蛇会蜕皮，我们的后代就会死亡！"⑧ 在西里伯斯（Celebes）中部，故事如下。在古时候，人们像蛇和虾一样有蜕皮的本领，以此来恢复青春。有一个老妇人有个孙子，老妇人去洗澡，就把自己的老皮挂在树上。但当她返回家中时，孙子不停地说："你不是我祖母，我祖母老而你年轻。"然后老妇人又返回水里，把她的老皮穿上。⑨ 在新赫布里底群岛（Hebrides）的

---

① 弗雷泽，前揭，I，第74页。
② 参见吉尔霍德斯（P. Ch. Gilhodes），《卡特钦斯的神话和宗教》（"Mythologie et Religion des Katchins"），见《人类》（Anthropos），1908，第688页。
③ 弗雷泽，前揭，I，第74页。
④ A. 沃纳（A. Werner），《两个加拉传奇"人物"》（Two Galla Legends "man"），1913，No. 53。
⑤ P. A. 克莱因迪逊（P. A. Kleintitschen），《加泽尔半岛海滨居民》（Die Küstenbewohner der Gazelle Halbinsel），无日期，第334页。
⑥ R. 帕金森（R. Parkinson），《南海三十年》（Dreissig Jahre in der Südsee），1906，第684页。P. 乔斯·迈耶（P. Jos. Meier），《加泽尔半岛海滨居民神话和传说》（"Mythe und Erzählungen der küstenbewohner der Gazelle Halbinsel"），见《人类学书库》（Anthropos. Bibliothek）I，1909，第34页。
⑦ 迈耶，前揭，第39、40页。
⑧ 迈耶，前揭，第39页。
⑨ 弗雷泽，前揭，I，第70页，引自N. 阿德里亚尼（N. Adriani）、A. 克鲁伊特（Alb. C. Kruijt），《中西里伯斯岛的巴尔语托拉查人》（De Bare' esprekende toradjas van Midden Celebes）II，1912—1914，第83页。

塔拿岛（Tanna），有一天，岸边有一位在晚年生了个儿子的年长妇女，她把孩子留在岸上，自己去海里游泳。在水中她年老枯萎的皮肤掉落了，她成了拥有光滑肌肤的年轻女子。她走到孩子身边说："儿子，走吧！"但儿子哭了："我不认识你。"她回答说："我是你母亲。"最后，在愤怒和绝望中，她回到海里，沉入海底，今天或许还可以看见她在石头上。当地人说，如果儿子知道那年轻的女子是自己母亲的话，他和他的子子孙孙都可以永生。"直到今天，当地人向一块岩石扔枯枝和石头，他们说岩石是那儿子。"① 班克斯（Banks）岛民说第一代人不会死去，而是当他们老去时，就像蛇和蟹一样蜕皮，变得年轻。过了一段时间，一位开始衰老的妇女去小河里换皮肤，而根据某些人所说，她就是卡特（Qat）的母亲。另外一些说法是邬塔马拉马（Ul-ta-marama）给世界换皮。她把老皮扔到水里，发现当它下沉的时候卡在了树枝上。然后，她回到了家，孩子在那。但孩子不认她，哭着说他母亲是个老妇人，并不像这个年轻的陌生人，于是她又重新穿上了老皮。从那时起，人类不再蜕去他们的皮，都慢慢死去。② 新几内亚岛统治地区的恺人（Kai）说，起初人类不会死去，他们只需去水里蜕去褶皱的皮，换来光滑白皙的新皮肤。有一天一位老祖母在河里沐浴，带着一身新皮肤返回村庄。当她的孙子见到她时，不肯相信这是他的祖母。因此她气愤地返回河中，又穿上了自己的老皮。孩子很高兴看见自己的祖母回来了，她说："蝗虫可以蜕皮，而人类从今开始只能死去。"③ 阿德默勒尔蒂群岛居民也有同样的故事。一位老妇人有两个儿子。她剥去了褶皱的皮肤，像从前年轻的自己一样。她的儿子打鱼回来后，看见她很惊讶。年长的儿子说："是我们的母亲。"而另一个说："她或许是你母亲，但会是我的妻子。"他们的母亲无意中听到他们的谈话，就说："你们两个在说什么？"他们说："没什么！我们说你是我们的母亲。"她反驳道："说谎，我都听见了。如果按照我的方法，虽然我们会变老，但蜕去皮，我们就又回到年轻的样子了。但是你们有你们的活法，即我

---

① C. B. 汉弗莱（C. B. Humphreys），《新赫布里底群岛南部》（*The Southern New Hebrides*），1926，第97页。

② R. H. 科德林顿（R. H. Codrington），《美拉尼西亚人》（*The Melanesians*），1891，第265页。参见第260页。卡特也创造了白昼和黑夜。他母亲的名字是伊洛－乌尔（Iro-Ul），他妻子是伊洛－列伊（Iro-Lei）。他妻子是个令人垂涎的美人，但她打扮成一个老太婆出现。前揭，第156—160页。

③ C. 基瑟（Ch. Keysser），《凯洛特人的生活》（*Aus dem Leben der Kaileute*）。R. 尼奥霍斯（R. Neuhauss），《德属新几内亚》（*Deutsch New Guinea*）III，1911，第161页。

们会变老，然后就死去。"①

《创世记》中堕落神话的一部分类似非洲故事版本大有可能。创世神的存在、蛇的角色、信息误解或含混、死亡是错误行为的惩罚，这些都是共通因素。如果我们一方面记得希伯来和巴比伦宗教类似，另一方面记得希伯来和非洲东北部的神话类似，这个可能性就大大增加了。如果我们试图从心理学角度去理解这些故事，我们首先会注意到这些叙述的典型特征。有两个信使、两条信息或是两个神物，一个管生，另一个管死②，而死亡源于某个人或超自然生物的邪恶意念或破坏意愿。

爱、矛盾感情和母子情境

换句话说，我们都恐惧死亡，因为我们同其他人类的关系是矛盾的，因为我们想要杀死其他人，却害怕我们的攻击受到惩罚。佛祖示寂，因为他最好的弟子阿难（Ananda）没有请求他驻世。③ 根据帕比拉泰（Papilatai）故事，我们死亡的原因就是一个人给树供奉了一白一黑两头猪，而非两头白猪。④ 这都是由人类二元对立的矛盾本性导致的。每个人以华丽的盛装打扮出现在喜庆日，蟾蜍看见后，就嫉妒而死。这是最初的死亡⑤，即死亡是由嫉妒和攻击反作用于自我而造成的。在上述几个关于死亡原因的故事中，死亡仅仅是因为某个原始成员希望这样，或者说是不想永生。这是原始人类对个人死亡的普遍态度，有些人肯定是这样希望的，或通过巫术造成。这些故事还有另一方面。我们可以说，死亡是因为仇恨或缺少爱，爱更具体是指母子关系的温情。子孙都不肯承认他们变年轻的祖母或母亲。在上面提到的诸如此类的最后的说法里，困难就在于恋母情结。如果母亲蜕去了她们的皮，人类就因此获得永生，而且儿子会希望母亲成为自己的妻子，所以人类必须死亡。或者换个角度说，我们的自恋忍受

---

① P. J. 迈耶，《阿德默勒尔蒂群岛岛民神话和传说》（"Mythen und Sagen der Admiralitätsinsulaner"），见《人类》（*Anthropos*）Ⅲ，1908，第193页。弗雷泽，前揭，Ⅰ，第69页。

② 《蜥蜴和老鼠》（*Lizard and Rat*），参见 P. I. Bt. 苏阿斯（P. I. Bt. Suas），《新赫布里底群岛土著神话传说》（*Mythes et Légendes des Indigens des Nouvelles Hebrides*），见《人类》，1911，第906—909页。

③ 参见 F. 亚历山大（F. Alexander），《心理过程的生物学意义》（*Der biologische Sinn psychischer Vorgänge*），载《意象》Ⅸ。

④ J. 迈耶，《阿德默勒尔蒂群岛岛民神话和传说》，见《人类》，1908，第194页。

⑤ R. 图恩瓦尔德（R. Thurnwald），《所罗门群岛和俾斯麦群岛民研究》（*Forschungen auf den Salomo-Inseln und dem Bismark Archipel*）Ⅰ，1912，第315页。

的最初震惊，是因为年龄的差异。我们的母亲逐渐成熟时，我们还是孩子，之后是恋母欲望的挫败、焦虑的增加以及性机能丧失（aphanisis）的威胁性阴影。① 在我们年轻时，我们的母亲不再年轻，她们不可能是我们的妻子，而我们也不可能永生。

父亲和女儿

根据尤马（Yuma）族的创世神话，死亡的来临是因为父女间的乱伦。"科威库曼特（Kwikumat）② 没有妻子，只有一个女儿蛙（Frog）。她跟她父亲一样是在水里出生。他们住在黑屋里。蛙裸体躺在门旁，科威库曼特感到很恶心，蹒跚地走出去。当他走过蛙身旁时，手碰到了他女儿的私处。他向南边走去透气。蛙立即转身埋在了泥土里，在科威库曼特脚下钻了出来，大口张开接到了四块粪便。"吃了她父亲的粪便，她就杀了她父亲，而这就是世上最早的死亡。③ 一个公开的乱伦故事讲的是郊狼④，他在这类神话里属于创世神的对立面。该神话意义明白，展示的是一个关于肛门性虐的乱伦神话。死亡归因于乱伦是因为母子关系不仅包含了温情的因素，而且包含了更多肆意的性交欲望。因此，我们可以认为，如果从个体发育的角度来看，死亡是由憎恨和缺少爱所导致的，那么，这种焦虑可以归因于与父亲之间的矛盾，以及对母亲不能满足的欲望。

根据奇瓦伊（Kiwai）故事，第一个死亡的人是西多（Sido）。他没有母亲，父亲是瑟帕兹（Sopuse）。瑟帕兹把泥土做成女人的阴道，然后与其性交了一段时间。这就是西多出生的原因。有一天，父亲给了他一个熟透的香蕉。他死时说，在这之后，每个人都会死去。假如他父亲给他的是"硬食"而非熟透的香

---

① 也就是说，失去快乐能力相当于无意识的死亡（琼斯）。
② 据资讯人说，创世神是科可曼特（Kokomat）。
③ J. P. 哈灵顿（J. P. Harrington），《尤马族起源记述》（*A Yuma Account of Origins*），载《美国民俗学期刊》，1908，第 326 页。参见克罗伯，《加利福尼亚印第安人手册》（*Handbook of the Indians of California*），美国民族事务处（Bureau of American Ethnology），Bull. 78, 1925，第 790 页。L. 斯皮尔（L. Spier），《希拉河畔的尤马部族》（*Yuman Tribes of the Gila River*），1933，第 349 页。
④ 郊狼只有一个女儿，她非常漂亮。自从他妻子死后，他再没找过女人。他告诉女儿他要出行，因而他的朋友会来询问他。他长什么样子呢？他和我长一模一样，只是在他身上有苍耳！不论他要干什么，让他做就是！而他想要什么呢？他想交媾。如果他要这样做的话，就让他做。因此他走了，在苍耳树里翻滚了一下又回来了。女孩知道他就是自己的父亲，但因为她害怕父亲，就让他那样做了（我的收集）。这个故事的另一种说法以郊狼在月亮黑暗的阴影里变得看得见而结尾。哈灵顿，前揭，《美国民俗学期刊》，1908，第 339 页。我收集的一个故事里把郊狼和月亮、梅毒联系在一起。

蕉的话，他或许会永生，而其他的人也会因此活下来。"假设你给我硬凯凯（kaikai），我会活得很好。"他说，"我是个黑人小孩，属于大地，与你是不同的。我不喝母亲的乳汁"。于是，西多死了，因为他父亲给了他错误的食物，而他从未尝过母亲的乳汁。①

原 罪

根据传统评释者的观点和利维的精神分析学解释，人类堕落的原罪是性交。在塔木德（Talmud）里，"吃"是一种频繁使用指代性交的委婉说法。② 这个解释是由"二元对应的因素"（parallels）充分表现出来的，即使那些"二元对应的因素"都源于希伯来神话，但都由无意识的感知过程恢复了那些神话潜在的意义。根据格瑞斯曼引用的与之有关的吉尔伯特（Gilbert）岛的故事传说，上神那日瓦（Nareua）创造了第一对人类，但禁止他们性交。人类不顾上帝的禁令，因此惹怒了上帝。③ 根据阿善堤（Ashanti）人的说法，一男一女从天而降，另一对却从地里出现。还有一只蟒蛇从天而来，住在河里。起初这些男女不生育后代。他们没有欲望，没有怀孕，那时都不知道生育。某天蟒蛇问他们有没有后代，当告知没有时，蟒蛇说，它可以使女人怀孕。它盼咐他们面对面站着，然后它潜到水中，上来之后，嘴里边念"喀斯喀斯"（kus kus）④ 边给他们的肚子上喷水，然后让他们回家躺在一起。女人怀孕了，生下了第一代孩子，他们把河当作他们的恩陀罗（ntoro，父系图腾）⑤。

畔威（Pangwe）故事内含圣父（上帝）圣子之间的对话、用男人脚趾创造出来的女人和装满善恶的房子，畔威故事无疑深受传教士影响。迪斯曼（Tessmann）了解几种故事的变体，他归纳如下。

"人类和女人交媾，违背了上帝的意愿。是蛇怂恿他们这样做，而蛇是上帝派来的。因此他的灵魂寻求一种与上帝意愿相违背的意图"。"恩撒木比（Nsambe）对这种罪恶的惩罚就是颁布了死亡。男人谢罪，说他们并没有犯下让上帝

---

① G. 兰德曼（G. Landtman），《奇瓦伊巴布亚人的民间故事》（"The Folk Tales of the Kiwai Papuans"），载《芬兰社会科学年鉴》（*Acta Soc. Scientiarum Fennicae Tom.*） XLVII（1917），第95、96页。
② L. 利维，《圣经伊甸园中的生殖象征》，《意象》V，第19页。
③ L. 弗罗贝尼乌斯（L. Frobenius），《原始人的世界观》（*Die Weltanschauung der Naturvölker*），1898，第117页；引自格瑞斯曼，A. R. W. X.，第354页。
④ 仍在大多仪式上使用，与恩陀罗（生殖原则）和至上神（天空）相联系。
⑤ R. S. 拉特雷（R. S. Rattray），《阿善堤人》（*Ashanti*），1923，第47页。

来惩罚他们的罪恶，上帝创造万物时，他也创造了我们违背他的意志，以及那代表了上帝某些方面的蛇"。"好和坏、白天和黑夜都处在自然中。上帝所说的罪恶（nsöm），我们称之为上帝的意愿"。

"畔威单词 nsöm 在日常生活中意为'罪恶'或违背上帝的意愿，但是在宗教仪式中却是遵循上帝意愿的意思"。①

故事的其中一个版本是上帝把男人和女人放在一起，说：你们就待在这，我要出去一会，马上就回来。"不要吃木树的果子。"② 后来，上帝想起来他没有给男人吃的，所以就先派大猩猩，然后派黑猩猩带去食物与火种。他们都留在丛林里吃果子，最后，上帝派蛇作为第三个使者。而蛇告诉人类"你必须吃木树（ebon）的果子"。当蛇回复上帝他怎样传达消息时，上帝大怒，把蛇贬入灌木丛。回到人类那，上帝说："你们之所以躲着我，是因为你们吃了那些我禁止让你们吃的果子！"上帝对女人说："我告诉你，你将为人类生育子女，他们中的一半会活着而一半会死去。"上帝对男人说："你会知道我将离开这个靠近海洋的地方，到天空去。""这就是为何我们会感到羞耻。"另一种版本中交媾代替了食用"木树"，当他犯下此"罪"后，所有的动物都离开了人类。根据另一个故事，蜥蜴带去了消息，"人类有一半将死去，一半将存活"。③

此后，迪斯曼对该传说做了解释。就像力量是由手臂表征，心理能力是由头颅表征那样，罪恶是由犯罪者（如阴茎）表征。他引用畔威的谜语，"蛇行于其中的腐烂树干"；谜底是，"阴茎进入阴道"。蛇象征着男性，树和果子象征着女性的生殖器或女人。

显而易见，畔威神话材料受现代传教士的影响而被更改，但我们仍能说明它包含了与希伯来 – 巴比伦传说有联系的古代踪迹。当男人与女人交媾后，动物离开人类原来的家园，就像在他的"堕落"后，动物不愿与伊亚巴尼（Eabani）有更多的关系一样。不过更重要的是这句话"他们一半会存活，而另一半会死去"。根据犹太民间传说，亚当的第一个妻子是丽莉丝（Lilith），她拒绝遵从上帝并逃离了她的丈夫。她变成了一个试图杀死小孩的恶人，而上帝下令，每天丽莉丝的一百个孩子（恶魔）将死去。因此，这就真正成了生命和黑暗之间的较量，而问题在于"存活多"还是"死亡多"（即恶魔）。这就是伊邪那岐

---

① G. 迪斯曼（G. Tessmann），《畔威人》（*Die Pangwe*）Ⅱ，1913，第24—27页。
② 同时指牛乳树毒籽山榄木的果实和阴道。
③ 迪斯曼，前揭，第27—30页。

(Izanagi）和伊邪那美（Izanami）的分歧。"女性要求她的威严"（伊邪那美）说："如果你这样做，我每天会将你们家园的一千人勒死"。"男人要求他的威严"（伊邪那歧）回答："如果你这样做了，我将每天建一千五百多间产房，这样每天就肯定有一千人死去，而有一千五百人出生"。①

这句话——一半存活，一半死亡——暗示了希伯来传说传到畔威国土的年代。然而问题的重点是人类最初的违抗——交媾的意义。这经常被认为是故事的意义。现在我们还可以说，在故事中，神和人之间的对立，父亲和儿子间的对立，不能仅仅解释为神禁止人类这样做，而人类无视这个禁令，我们还应该说，这"果实"是禁忌，因为它属于父亲，而且只能以与父争斗的代价来换得。

俄狄浦斯情结和超我

分析者非常熟悉每个男性患者中的某种典型幻想。病患在接触女性前，会与想象中的对手打斗，比如警察、战士、神秘生物、怪物、学校的老师以及朋友等等。当病患试图交媾，一旦性能力受到困扰，这些防卫性幻想将马上出现，这或许被看作是失败的原因。或者对手会以曾在幻想中杀死的某人形象出现，然后悔恨会与这种幻觉或幻想联在一块。无论对手在何时出现，分析表明，所提到的对手象征着父亲，而因为所爱的人是母亲，所以使得父亲成为敌人。因此我们推测堕落故事的潜在含义里，亚当（阿达帕）赢得了与父亲上帝（伊亚）②的争斗，与母亲夏娃进行了交媾，然后才因此痛苦蒙羞。在吃了果子后，他们发觉彼此赤身裸体。他们把自己藏起来不让上帝看到，只听到了上帝的声音。细数人类犯下罪恶而遭受惩罚时，我们看到"亚当给他妻子起名叫夏娃，因为她是众生之母"（创2：20）③。插入这一句肯定有其不自觉的理由，它不能看作是惩罚，毋宁说它是惩罚的原因。因为如果夏娃是万物之母，那亚当的妻子也是他自己的母亲。前一句证实了这个解释："本是尘土，仍要归于尘土（回到母亲那里）"（创2：19）④。然后世上就出现了焦虑、羞耻、无形的神圣声音

---

① E. 施图肯（E. Stucken），《东方神话论文集》（"Beiträge zur orientalischen Mythologie"），见《近东社会》（Mitteilungen der vorderasiatischen Gesellschaft）I, 1902, 第5、9页。奥斯卡·丹哈特（O. Dähnhardt），《自然传说》（Natursagen）I, 1907, 第229、354页。

② 弥尔顿的夏娃建议亚当通过拒绝成为一个父亲（你将没有子女，并一直没有。《失乐园》X, 第989页）来抗争命运或上帝的命令。这就说明了堕落和父亲情结的联系。

③ 原文有误，应为创3：20。——译注

④ 原文有误，应为创3：19。——译注

及惩罚，也就是，俄狄浦斯情结得到了压制，而超我提升。在超我出现的地方，我们可以发现惩罚的念头。

在失乐园这出剧中，三位角色受到了如下的惩罚：蛇从此只能用肚子行走，终生吃土。女人的后代和蛇的后代从此结下了世仇，女人的后代一见到蛇，就要踩它的头部，而蛇的后代一见到女人的后代，就咬他们的脚后跟。这也可看作是一个简单的解释性神话，它试图解释，人为何踩蛇的头部和蛇为何咬人的脚后跟。但实际上我们知道，蛇并不是以土为食。但是，食土在巴比伦-亚述人的宗教中是亡灵的一个标志性特征。这也说明，蛇被看作是地狱的居民。① 其他一些流传下来的闪米特人资料将蛇视为疗伤术士②。我们在前文已经指出，蛇是最广泛的男性生殖器的象征。我们也可以看一下利维引文对应的波斯神话。根据《创世记》所叙，米希亚（Meshia）是第一个渴望性交的男人，所以他这样对自己的妻子米希亚妮（Meshiane）说："让我看一下你的蛇，我的勃起来了。"③ 犹太教传统本身就意识到蛇的生殖器象征意义，因为它是当时撒旦引诱夏娃导致月经来临时的形状。④ 吃是交媾的委婉语，而泥土象征着大地母亲，也就是女性，因此蛇在地上爬行和食土意味着交媾。⑤ 但是将交媾看作是一种惩罚意味着从超我的立场看待交媾，而且很可能是对有关女人的后代和蛇之间的仇恨的附加审判，不仅仅是指人和蛇之间的对立，而且还指蛇（男性生殖器）和女性之间的对立。对于夏娃，惩罚的意味相当清楚。生产的剧痛和对男性的渴望仅仅是对一次冒犯的惩罚，是对交媾而言。而亚当，也就是男人现在则必须在土地上耕作，在闪米特人的传统中，肥沃的土地是女人的一个重要象征⑥，而闪米特人的巴力（Baal）则是为土地施肥的丈夫。⑦

因此，这则神话只是在向我们说明，性欲或者说性成熟是对父亲（俄狄浦斯）的反叛。因而从隐形的"声音"也就是内化的父亲形象或者说超我的观点

---

① 格瑞斯曼，《天堂传说》，1921，第32页。
② 鲍狄新，《阿都尼斯和艾斯蒙》，1911，第326页。弗雷泽，《普萨尼亚斯笔下的希腊》（Pausanias' Description of Greece）Ⅲ，1898，第66页。
③ L. 利维，《圣经伊甸园中的生殖象征》，载《意象》V，第25页。
④ 奥斯卡·丹哈特，《自然传说》Ⅰ，1907，第211页。
⑤ 利维，前揭，第28页。
⑥ 利维，前揭，第29页。
⑦ 罗伯逊·史密斯（Robertson Smith），《闪族的宗教》（The Religion of the Semites），1907，第108页

来看，这种反叛也是一种罪过。对这种罪过的惩罚就是性交，也就是罪过本身。①

我在亚利桑那州的库肯（Kuccan）印第安部落发现的关于死亡起源神话里，虽然超我的发展是这个神话的一部分，但在这个案例中，灾难并非归因于超我的存在。在很大程度上，灾难的起因在于超我的攻击性结构。创世神可可马特（Kokomat）即将死亡。每个人都知道郊狼——可可马特的儿子——一直在谋划盗取父亲的心脏。他回想起父亲生前说过的话。父亲这样对他说："无论我将在什么时候死去，你都要取走我的心［iwam（心）我（你）thauha（带走）］。"这句话的意思是郊狼继承父亲的遗志，不改父道，但是郊狼却是以字面意思来理解这句话。② 人们知道郊狼将要盗取父亲的心脏，所以他们派遣郊狼去取火种。他们以为在这期间也可以自己生火来火葬创世神的尸体。当太阳从地平线升起的时候，郊狼用尾巴将火种带了回来。创世神的尸体已经化为灰烬但他的心脏却仍然在燃烧。当郊狼看到很多人在悲恸地哭喊，他自己也开始哭喊。他一边揉着自己的大腿，一边哭喊"我的大腿呀"。然后又说道："但是我父亲是出于好意（echott ezutya）而把它留给我的呀。"随后他就跳入火堆取出心脏。吞食父亲的心脏很明显地被看作是罪孽，因为郊狼的嘴和舌头被烧坏了。库马斯坦克奥（Kumastamxo）说："郊狼简直不是人。他简直就是一个禽兽。他应该既没有朋友也没有家。"后来郊狼还与他的女儿交媾。③

郊狼代表了人性中"不受限制""野蛮"的一面。可可马特也同自己的女儿交媾，但是他们的交媾却是委婉地表述。④ 灾难与郊狼对父亲的不敬联系起来。他吃了自己父亲的心脏，但却没有领会父亲之道。他的哀悼不够真诚，相反他非常高兴。从表面上来看，这个神话似乎是在说问题在于超我的缺失，但从更深的层面来说，我们也可将被郊狼吞吃掉的心脏看作是一个"古老"的超我。

---

① 参见"最近的研究使我们了解到这样一个事实：一个民族的宗教和道德发展一直都与父权和母权紧密联系，而个体的宗教信仰发展恰好与为了具备这些功能身体上的进化一致。"G. A. 巴顿（G. A. Barton），《闪族起源》（*Sketch of Semitic Origins*），1932，第307页。

② 在乔·霍默（Joe Homer）关于这个情节的解释中，这一要点并没有被揭露："可可马特（Kwikumat）在临死前对郊狼说：'因为我在你们三人中最重视你，所以你必须好好表现给大家树立一个榜样。'可可马特和所有其他人一样都早就知道郊狼打算盗取自己的心脏。雷恩（Wrench）这样对郊狼说：'你将我的心脏当做替代品带走吧'。"J. P. 哈灵顿，《尤马族起源记述》，载《美国民俗学期刊》，1908，第338页。

③ J. P. 哈灵顿，前揭，第339页。

④ 她送出她的"恩伊沙科（nyishacho）"（巫医所拥有的超自然的血凝），它直接穿过了她父亲的直肠（我自己收集的资料）。

因为它"烧"了郊狼的嘴。至少我们可以看出，这个最初的死亡是一个关于俄狄浦斯情结和超我起源的描述。

树作为母亲的象征

一方面我们将树解读为生命之树，或者是天父，或是上帝的阳物。我们不难注意到，这个象征物的双性性质。土地、沃土、乐园，无一例外都是女性的象征，而作为"矗立的树"，除了男性象征意义，还有着女性生育后代的象征意义，树会开花结果。特拉布尔（Trumbull）相信，早在第一次写下圣经故事时，像"树""树上的果实""知识""蛇"等词语已经是为大众所熟悉的比喻或是委婉语，换句话说叙事者那时仍然了解故事寓意。[①] 他指出《圣经》中的相应章节，其中就有用树象征女人或母亲，果实象征后代的。例如："你的母亲先前如葡萄树，极其茂盛、（原文作在你血中）栽于水旁，因为水多，就多结果子，满生枝子。"（《以西结书》19：10）。"你妻子在你的内室，好像多结果子的葡萄树，你儿女围绕你的桌子，好像橄榄栽子。"（《诗篇》128：3）孩子被称作"子宫之果"。（《创世记》30：2）"儿女是耶和华所赐的产业，所怀的胎，是他所给的赏赐。"（《诗篇》127：3，《诗篇》，132：11；《以赛亚书》13：18；《弥迦书》6：7；《使徒行传》2：30）。身体之果和动植物的丰产之间的对应是一个永恒的公式。"他必爱你，赐福与你，使你人数增多；也必在他向你列祖起誓应许给你的地上，赐福与你身所生的、地所产的，并你的五谷、新酒和油，以及牛犊、羊羔。"（《申命记》7：13）"你身所生的、地所产的，牲畜所下的，以及牛犊、羊羔都必蒙福。"（《申命记》28：4；《申命记》，28：18，28：53，30：9）树木以及灌木是自然中普遍的雌性象征。这点我们可以从以下例子中看出，亚斯他录（Ashtaroth），树或树干象征"妻子"，方形石塔象征着"巴力""主"[②] 或是"丈夫"，这两者相对立。"你为耶和华你的神筑坛，不可在坛旁栽什么树木作为木偶"（《申命记》16：21，22）表明女性常常被比喻为树。[③]

亚述人的雕像中有一个常见的场景：一个长着翅膀的神手持一个篮子和一个棕榈球果，并用手中的棕榈球果去接触圣树的球果或者是向一国之君赐福。

---

① H. 克莱·特朗布尔（H. Clay Trumbull），《门槛之约》（*The Threshold Covenant*），1896，第238页。
② H. 克莱·特朗布尔，《门槛之约》，前揭，第214页。
③ H. 克莱·特朗布尔，《门槛之约》，前揭，第233页。

已经有证据表明，这种表征与一种常见的做法相联系：将雄性棕榈树的球果放到雌性棕榈树的球果上，使其通过授粉而使生命获得延续。因为球果是阴茎约定俗成的象征①，而巴比伦宗教的生命之树是棕榈树②，所以，至少在这个传说的一个层面上，雌性和树的等同是显而易见的。因而，我们可以找到这个传说与其他神话的二元对立关系，即各类传说讲述生命之树、财富或一个美女由一条蛇或是龙看守着，最后一位英雄为之而战，最终获得了它或她。亚当就是这个故事中的英雄，然而，在这个传说中，他的英雄行为却是一项致命的罪行。

金苹果乐园

古希腊人也有相同的神话，其形式可以在欧洲民间传说中找到相应的东西。在西天边阿特拉斯肩扛天庭之处有一座美丽花园，园里有一株结着金苹果的树。这些苹果是众神的食物，吃了它们可以长生不老。它们是由阿特拉斯的女儿们——赫斯佩里德斯姊妹（Hesperides）或是一条可怕的巨龙看守。③ 赫拉克勒斯必须为欧律斯透斯（Eurystheus）做的十二件事之一就是为他摘取这长生不老的苹果。在赫斯佩里德斯姊妹的父亲阿特拉斯的帮助下，赫拉克勒斯杀死巨龙，并摘取了苹果。但是，他却将苹果还给了女神雅典娜，否则，众神将有可能失去长生不老的能力。根据另一个版本，阿特拉斯试图自己将苹果献给欧律斯透斯，以换取解除自己掮天的重担。

赫拉和宙斯举行婚礼时，金苹果是大地之母该亚赠给他们的贺礼。爱与美的女神阿芙洛狄忒的苹果也源于金苹果园。④ 这个苹果是爱的象征，而爱是阿波罗和阿芙洛狄忒的共同特征。向女人掷苹果就意味着向她求爱，⑤ 但如果是女人

---

① H. 克莱·特朗布尔，《门槛之约》，前揭，第231页。
② 参见上文。
③ 苹果树和围绕它的蛇是远古的生命象征。蛇是一种善灵，它是正在生长之物的守护精灵，不论是在伊甸园还是在赫斯佩里德斯的金苹果园中都是由蛇守护着生命之树。参见 T. E. 哈里森（T. E. Harrison），《西弥斯》（*Themis*），1927，第3、11页。
④ 参见西利格（Seeliger），《罗舍神话辞典》（*Hesperiden Roschers Lexikon*）I, Bd. 2. 温舍，前揭，第9页。A. B. 库克（A. B. Cook），《宙斯》（*Zeus*）II，1925，第101页以下、1021页。
⑤ R. 哈里斯（R. Harris），《奥林匹斯的上升》（*The Ascent of Olympus*），1917，第41页。

主动向男人掷苹果则意味着放荡。① 阿芙洛狄忒雕像的手里总有这个象征着爱的金苹果。② 金苹果树是由赫斯佩里德斯姊妹和一条巨龙守护，其中赫斯佩里德斯姊妹是吟唱诗人（aoidoi）或者歌唱家③，显然是和缪斯女神（mousai）来自同一个家族。在希腊神话和传说中，很多女性的形象特征是拥有美妙的嗓音，外形美丽多变，或人兽组合，或犹如魔鬼。④ 因此，或许金苹果树的两类守护者只是同一概念的不同形式。金苹果的永生功能在神的食物中也有类似的寓意。在位于世界西端的俄开阿诺斯（Okeanos）河岸边居住的是被赐福的亡灵和神。这里是众神的玉液琼浆的源头。为了到达那里，普勒阿得斯（Pleiades）七姐妹化为鸽子，飞过撞岩，最后，她们中最后的一个为此牺牲。她们用神食喂养刚刚出生的神王宙斯。这种神食其实是蜜，而无论是神是人，蜜都被看作是最适合新生儿的食物。⑤ 仙女们也用蜜来喂养新生的狄俄尼索斯。希腊诗人品达（Pindar）也曾提到萨摩斯（Samos）是由一条蛇用蜜喂养的。⑥ 由此看来，用蜜喂养新生儿肯定是当时的一种习俗。另一方面，这个故事也可让我们联想到这样一个流传甚广的传说母题：一个婴孩和一条蛇从同一个碗里取食牛奶。

德国利森山区（Riesengebirge）的一位农民讲述了这样一个故事：一个小孩坐在地板上，面前放着一大碗牛奶。一条巨蛇出现，喝着碗里的牛奶。孩子并未受到惊吓，他也没有打扰蛇喝牛奶。然而，最后孩子用汤匙敲着蛇头并说道：

---

① 参见维吉尔（Virgil），《牧歌》（*Ecl.*）Ⅲ，第64页。见盖多兹（Gaidoz），《苹果的象征与爱的要求——哲学与历史学的研究》（*La requisition et le symbolisme de la pomme. Ecole pratique des sciences historiques et philologiques*），1902。论苹果的意义，可参见罗海姆《哈哈镜》（*Spiegelzauber*），1919，29，2，3（氏著，*Adalékok a magyar néphithez*，1920，169，3）。

② R. 哈里斯，前揭，第127页。

③ A. 迪特里希（A. Dietrich），《尼基亚》（*Nekyia*），1893，第37页。

④ H. A. 邦克尔（H. A. Bunker），《作为女性生殖器的声音》["The Voice as (female) Phallus"]，载《精神分析季刊》Ⅲ，第411页。这是一篇补充论述塞壬（Syrens）所唱歌曲的文章。

⑤ W. H. 罗舍，《希腊神话和文化史研究》（"Studien zur Griechischen Mythologie und Kulturgeschichte"），见《蜜和神的食物》（*Nektar und Ambrosia*）Ⅲ，1883，第29页。L. 弗罗贝尼乌斯，《太阳神时代》（*Zeitalter des Sonnen gottes*），1904，第406页。

⑥ 罗舍，前揭，第62页。

"你喝了牛奶,为什么不也来点面包呢?"因为牛奶里泡着一些面包。① 作为婴儿的食物,蜜常常和牛奶相关,甚至在新生儿吃奶以前,就给他们喂蜜,或是黄油和蜜,这似乎也是希腊人、日耳曼人、斯拉夫人以及希伯来人共有的一个古老传统。② 根据希伯来先知以赛亚的预言,牛奶和蜜(黄油和蜜)是婴儿的食物,并和失乐园故事中分辨善恶知识的故事直接相关(《以赛亚书》7,14,15)。但是,赫拉克勒斯以及赫斯佩里德斯姊妹的金苹果的故事只是一个传说,是众多分支的一个变体罢了。在概述中,我们可以把这种主题总结为"天涯之旅"。在这个主题的一类分支中,旅程在君主、父亲、魔鬼或者上级的命令下进行,而旅行的目的往往是为了取回具有某种神秘价值的物品(一个神奇的竖琴或者镜子、会唱歌的水果、一匹金马等等)和世界最美的女人或者仙后。其中某些物品可以让年迈的君主重新获得健康和青春。年轻的英雄可能要克服滚石、龙以及其他类似的障碍。

在匈牙利、斯拉夫和乌拉尔-阿尔泰民族此种传说变体中,年轻的英雄带回的神物是一匹牝马的乳汁。希望在这种乳汁中沐浴以重获青春的国王却在沐浴的过程中被烫死,而年轻的英雄则成功地在乳汁中沐浴,并且获得了美女。在这个传说的另外一类变体中,英雄的行动历程是从魔鬼头上拔出三根金头发。但是,与此同时,英雄还必须找到某个问题的答案,而这个问题都是或直接或象征性地具有性的特征。在这个故事的中心场景,英雄藏在魔鬼(巨龙)和它的妻子的床底下。他偷听到了想要得到的答案。魔鬼的妻子就像一位慈祥的母亲,她将孩儿英雄藏在自己的婚床底下。同时,她还帮助英雄拔下了魔鬼丈夫的三根金头发。我们可以在《吉尔伽美什》中乌特纳庇什提姆及其妻子的故事章节中找到相同的场景,所以,我们推测这类传说在《吉尔伽美什》写就时已存在了。"睡觉"母题从乌特纳庇什提姆(即恶魔、龙)转换到"英雄寻找永生"(或龙的头发、答案等等)。尤其是"摆渡人"或是"冥府渡神"这个形象

---

① R. 居诺(R. Kühnau),《西里西亚传说》(Schlesische Sagen)Ⅱ,1911,第39页。家蛇是用牛奶喂养,同上,第42页。参见 Ad. 伍德科(Ad. Wuttke),《德国民间信仰》(Der deutsche Volksglaube),1900,第51页。P. 狄利希勒(P. Drechler),《西里西亚民间信仰与风俗》(Sitte, Brauch und Volksglaube in Schlesien)Ⅱ,1906,第182页。M. 特里维廉(M. Trevelyan),《威尔士民间传说》(Folk-Lore and Folk-Stories of Wales),1909,第182页。罗海姆,《马扎尔传统信仰》(Magyar Néphit és Népszokasok),1925,第88页。除了有关长生不老的传说,父子冲突也常常与关于蛇的传说相联系。春天,群蛇推选了一个新的国王,而原有的群体反抗新一代的统治者。M. 特里维廉,前揭,第171页。蟒蛇一出生就会吃掉它的父母。前揭,第174页。

② 2. 参见罗舍,前揭,第65页。赫尔曼·乌西诺(H. Usener),《小书》(Kleine Schriften)Ⅳ,(莱茵州博物馆,1902),第398页。《奶与蜜》(Milch und Honig)。

将"魔鬼的三根金发"类型传说和史诗《吉尔伽美什》联系了起来。我在《国际精神分析杂志》中发表的一篇文章中指出：这个故事的潜在内容是表现最原始的场景或是梦中的原始场景。① 乌特纳庇什提姆并非是父亲而是人类祖先。乌特纳庇什提姆在吉尔伽美什睡觉的时候对他的妻子说话，也就是说，他出现在吉尔伽美什的梦中。从这个角度来说，《吉尔伽美什》中所描述的情节与其说近于民间传说，不如说更接近于原始的梦境形式，因为故事中的核心因素就是儿子关于原始情景的梦。我们可以将第三类故事表述为"寻找上帝或运气的历程"。寻找"特定问题"的答案这一母题与"魔鬼的三根金发"类型的传说有关联。在匈牙利北部流传的一个斯洛伐克民间故事中，那个向公主求婚的年轻厨师被派去问太阳，为什么它从早上到中午慢慢升起，并且逐渐变强，而从中午到晚上，又逐渐变弱。最后他找到了太阳沉入海底的地方。他不知道该做些什么，怎样才可以越过海洋。这时他看到了一条大鱼。大鱼的背在太阳的照射下闪闪发光。大鱼要求年轻人帮自己向太阳询问，为什么像自己这么大的一条鱼，竟然不能像其他鱼类一样潜入海底。作为回报，它将帮助年轻人渡到对岸。最后他终于见到了太阳，这时太阳正坐在母亲的怀里休息。太阳这样回答他的问题："回去问你的主人，为什么在他出生后，他的力量逐渐增强直到变老，而之后力量逐渐减弱直到他去世？这和我相同。每天早上我母亲将我生出来时，我是一个漂亮的孩子，而到了晚上，我成为一个虚弱的老人，这时，母亲就将我埋葬。"② 年轻人跟着太阳，发现它果然回到了母亲的子宫。

毛利的传说、火种与永生

大洋洲（Oceania）的神毛利前往天涯——女祖先的子宫。火种是由一位年长的神守护，我们很容易就可以认出这位神是毛利双亲之一。毛利与鸟类，尤其是鸽子有着亲密的联系。守护孩子的神被罗网困住，由此我们也可以看出，这位神是某种鸟类。③ 拉罗唐刚（Rarotongans）的祖先居住在号称红羽毛之地的鸟岛。④ 在新西兰的传说中，鲁普（Rupe）最初的名字是毛利－木（Maui-

---

① 罗海姆，《精神分析与民间传说》（"Psychoanalysis and the Folk-Tale"），载《国际精神分析杂志》Ⅲ。
② J. 温茨希（J. Wenzig），《西斯拉夫童话宝藏》（Westslavischer Märchenschatz），1858，第36页。
③ 埃利斯（Ellis），《波利尼西亚研究》（Polynesian Researches）Ⅰ，第342页。参见Ⅱ，第235页。
④ G. 格雷（G. Grey），《波利尼西亚神话》，1855，第89页。

mua），直到毛利化身为一只鸟之后，才改名为鲁普。① 他借了塔涅（Tane）的红鸽子。这只红鸽子名叫阿考图（Akaotu），意思是无畏。接着，他就跟着母亲前往阴间。当他说出他之前无意间听到的魔咒时，通往阴间的石门打开了，毛利进入鸽子的身体随后潜入阴间。从这儿我们可以看出，毛利是藏在一只鸟的体内而进入阴间，这是大洋洲一种常见的灵魂之旅观念。② 然而，当洞口守卫的两个坏脾气的魔鬼发现自己被骗后非常愤怒。在鸽子进去之前他们奋力扯下了它的尾巴。之后，毛利重新夺回了鸽子的尾巴，再次进入鸽子体内，并且飞回地上的世界。鸽子的两个爪子各自抓着一根燃烧的木棍。再次见到光亮之后，红鸽子奋力挥动翅膀，点亮了一个僻静的峡谷，这个峡谷从此被称作鲁普－堂（Rupe-tan）或者鸽子的栖息地。③ 这个传说又让我们注意到有关毛利取火的一系列传说。在这些取火之路中，毛利不得不对付一位令人敬畏的对手，这个对手是那时唯一掌握着火种的年长的神或女神。至少在社会岛（the Society Island），这个对手就是唐格拉（Tangaroa）。在母亲艾娜（Ina）的建议下，毛利前往阴间寻找掌握火奥秘的祖先。这位神赐给他一个火种，但是毛利并不满意，他想要知道的是如何生火，而不是仅仅得到一个火种。他找来一只白鸭帮忙。毛利拿出两根干燥的木棍，让白鸭叼着其中一根，而自己用另外一根在上方快速摩擦，直到火苗产生。但成功之后，毛利对这位帮手的行为极其不友善，他用已经燃烧起来的木棍烧白鸭的头。这时，毛利还与唐格拉发生了争吵，赠予毛利礼物的唐格拉的处境比白鸭还糟糕，因为他被这个不孝的后代杀死了。④ 在取火传说的其他版本里，毛利违抗了父亲的意愿，跟随自己的父亲唐拉格（Talanga）进入阴间，或许，这个唐拉格只是唐格拉的另外一个存在形式罢了。⑤ 住在地下的地震之神马福（Mafuie）非常喜爱唐拉格，在他所居住的地下，烈火熊熊燃烧，终年不灭。唐拉格只需说："石头裂开，我是唐拉格。"然后石头就会自动裂开放他进去。当看到特提（Titii，毛利的另外一个名字）成功尾随进入地下，父亲非常吃惊，尽管父亲极力劝阻他向马福求取火种。在他与马福的搏斗中，特提首先扭断了对方的一只胳膊，而当他即将扭下另一只时，马福开始向

---

① 阿道夫·巴斯蒂安（Ad. Bastian），《大洋洲群岛》（*Inselgruppen in Oceanien*），1883，第23页。
② W. W. 吉尔（W. W. Gill），《南太平洋地区的神话和歌谣》（*Myths and Songs from the South Pacific*），1876，第52页。参见 L. 弗罗贝尼乌斯，《原始人的世界观》，1898，第134页。
③ 吉尔，前揭，第57页。魏斯特维尔特（Westervelt），《毛利传说》（*Legends of Maui*），1910，第70、72页。
④ 魏斯特维尔特，前揭，第66、67页。后来复活了。
⑤ 魏斯特维尔特，前揭，第60页。

他求饶。开始，马福许诺给他一百个妻子，特提拒绝了，马福接着许诺给他火种。这次，这个年轻的对手回答："同意，你留着你的胳膊，而我得到火种。"①在现实中，我们常常遇到两种可以互相替代的东西（在这个传说中就是指一百个妻子和火种），指的是同一个物品，这个说法可以从一项波利尼西亚方言的研究中找到证据。动词 hika 既指用力摩擦两块木头来生火，还有性交的意思。② ai 的意思是繁殖后代；ahi 的意思是火；kaure-ure 是阴茎。③ 这是毛利语中的几个例子，而在同样流传着有关特提和马福的传说的萨摩亚（Samoa），tolo 的意思是钻木取火，而 moetotolo 的意思是通奸。④ 这毫无疑问地说明了，对这位年轻的英雄来说，火远比一百个妻子更珍贵，因为如果没有火，即繁衍之火，一百个妻子对他毫无用处。野蛮岛（Savage Island）上也有类似的传说流传，所不同的是，两个主人公的名字都是毛利，即父亲毛利和儿子毛利而不是毛利和唐拉格。⑤ 我们还记得唐拉格（父亲毛利）是反对儿子向地震之神讨要火种，也就是他站在这位年长的神一边。而如果这里的唐拉格就是前面所提到的被毛利在取火过程中杀掉的唐格拉，我们就不得不提到比这个传说更古老的一个版本，即毛利杀死了自己的父亲（唐拉格，唐格拉，父亲毛利，马福）而取得生火秘诀。在以上引用的版本中，生火秘诀和无数个妻子可以互相交换，由此我们可以勾勒出这个传说背后的原始场景，儿子杀死父亲从而得到他的妻妾以及繁衍后代的能力。在夏威夷的一个版本中，毛利从秧鸡那儿得到了火，并用火烧了秧鸡的头。⑥ 这时我们再一次想起毛利是怎样烧了帮他取得火种的鸭子的头，而他是通过进入一只鸽子的体内而进入阴间，再通过变成一只鹰以躲过女火神而得到火种。⑦ 那只被称作无畏的"红"鸽子或许本身就是一个火的象征。在芒阿雷瓦岛（Mangareva）的传说中，母题发生了巨大转变，毛利从他的祖父——特·鲁普（Te Rupe，鸽子）那里得到了一根魔杖——坦恩（Atua-Tane）。⑧ 另外一只魔鸽是从坦恩那儿得到的。这让我们在解释时感到很迷惑，就我们所了解，坦

---

① G. 特纳（G. Turner），《一百年以前的萨摩亚》（Samoa a hundred years ago），1884，第 210、211 页。

② 崔吉尔（Tregear），《毛利语 - 波利尼西亚语对照词典》（The Maori Polynesian Comparative Dictionary），第 66 页。

③ 崔吉尔，前揭，第 138 页。

④ 崔吉尔，前揭，第 66 页。

⑤ 特纳，前揭，第 211 页。

⑥ 魏斯特维尔特，前揭，第 64 页。

⑦ 崔吉尔，前揭，第 234 页。

⑧ 崔吉尔，前揭，第 236 页。

恩的意思是男性。毛利的鸽子祖父所赐予的魔杖"神 – 男性"（atua tane）很可能与尤利陶斯（Ulitaos）的男性生殖器是同一个东西，因此无论我们说是"雄性"给了我们的英雄一只"红鸽子"去取火种，还是说他拥有一只来自鸽子的"雄性 – 棒"，意思都一样。只要是对梦的象征稍微有所了解的人都可以看出，上面括号里的词都是被普遍接受的男性生殖器象征。取火的英雄和之前掌管火种的神都是鸟类，战败的神在失去火种的同时也确实失去了自己身体的一部分。头部的烧伤和手臂被扭下都是不同形式的阉割象征。从后代的角度来看，取火者和守火者之间存在一种紧密的联系，这种联系进而可以发展为相互替代的关系。在托克劳群岛（Tokelau）的传说中，不是毛利而是唐拉格是发现火的英雄，是父亲而非儿子[①]；在新西兰，毛利通过拔掉藏着火种的众神的指甲而取得火种。[②] 那么在波利尼西亚奥林匹斯山或者说冥府哪位神秘人物的名字和毛利的名字非常接近？魏茨（Waitz）试图通过名字的相似，将马福克（Mafiuke）和毛利联系起来，但是他却不能解释，毛利何以同自己斗争以取得火种这个矛盾。[③] 有时，毛利克（Maui-ka）以男性的身份出现，而在大多数情况下，她是一位女性。一个可能的解释就是毛利伊卡（Maui-ika）就是鱼毛利。我们不要忘记毛利有一个姐姐伊娜卡（Ina-ika）——鱼伊娜（Ina），并且在另外一个版本里，海因奴（Hine-nui）代替了以上版本中的马福克。[④] 但是，我们还有一个疑问，虽然名字各异，但毛利的对手往往以一位老妇人的形象出现。毛利并不满足于从火神那里仅仅得到火种，他想学会生火的方法。生火的方法才是真正的秘密（"生殖的秘密"）。这个秘密必须通过暴力手段才能得到。现在我们再来仔细回顾一下搏斗的细节。毛利身材矮小，所以马福一下子就将毛利扔向空中，并威胁他离开阴间。马福换上战袍，返回时发现毛利肿得很大。马福用力将他扔出去，达到了椰子树的高度，但是在毛利落回地面的过程中，他又变得非常轻，

[①] 魏斯特维尔特，前揭，第73页。
[②] 魏斯特维尔特，前揭，第74、75页。
[③] 西奥多·魏茨，《原始人人类学》（Anthropologic der Naturvölker）VI，第261页。
[④] 西奥多·魏茨，《原始人人类学》VI，第258页。在另外一个版本的神话中，出现了三个毛利，父亲，儿子和孙子。他们的名字分别是毛利，莫图亚·阿塔龙亚（Motua Atalonga）和毛利·凯基凯基（Maui Kitjikitji）。阿塔龙亚是唐拉格（海洋之神），凯基凯基是提凯基（Tikitii）。最年幼的毛利跟随父亲穿过一个岩洞，来到阴间（Bulotu），尽管他的父亲禁止他，他还是杀死了老毛利，为人类取得了火种（魏茨，前揭，VI，第251页）。很明显地，父亲和儿子是这场在地下争夺火种之战的对手。W. 布罗迪（W. Brodie），《论新西兰的过去和现在》（Remarks on the past and present state of New Zealand），1845，第158页。将马福 – 伊卡（Mahu-ika）称为毛利之父，引自 C. 希伦（C. Schirren），《新西兰传说和毛利神话》（Die Wandersagen der Neuseeländer und der Mauimythos），1856，第32页。

所以着地时丝毫没有受伤。① 如果我们还记得之前分析过的取火的性本质，可以从这个角度来解释这场搏斗，扔向空中即暗示着男性生殖器的勃起。我们还必须重复的一点是，身材矮小的毛利肿得很大。这可以看作是一个男孩子的白日梦，在梦中他的生殖器比父亲的更适合进入繁衍后代的阴道。这样解释是因为同样的一场搏斗也发生在毛利和他的父亲鲁（Ru）之间，搏斗的结果是毛利杀死了自己的父亲，所以这也再次证明了上述解释的合理性。② 如果我们将取火的性本质认为是理所当然，就能理解为什么毛利的对手变为一位女性。在波利尼西亚的神话中，这个女人的多个不同形象就像毛利和海洋之神的形象一样，非常典型。一天，毛利发现了母亲掌握了烹饪的秘密③，然后尾随母亲穿过灌木丛与黑石，但是他没有发现黑石裂开了。④ 我们应该特别注意最后这个细节。在夏威夷原住民的传说中，毛利曾试图劈开一座山。他在山的一边用力掰开了一个口子。蚋鹟（elapaio）鸟一唱起歌，咒语就被破除了，毛利再也不能扩大山上的裂口了。"如果这个故事有个结尾——魏斯特维尔特说——毛利死在不能顺利打通的山道，就不足为奇了。"⑤ 随后我们将根据魏斯特维尔特提供的这条重要线索进行分析。这里我们必须要注意的是毛利似乎总是在试图突破岩石前往阴间。我们还发现在米歇尔群落的传说中，毛克（Mauke，即毛利）本身就是从石头中生出来。⑥ 我们知道毛利和夸特（Quat，海洋之神）的密切关系，而夸特的母亲是一块圆形的岩石，这块岩石后来裂成了碎片。⑦ 因此，我们可以将毛利穿过岩石的行为看作是他返回母亲的子宫，所以很自然地，如果人类都可以完成这个过程，那么就可以由母体不断再生，从而长生不死。波利尼西亚的英雄发现日月永生的原因是它们在生命泉（即 Wai Ora Tane）中沐浴。因此他也下定决心要进入 Hine-nui-te-po 的子宫，也就是生命泉所在的冥府沐浴以求长生。在另外一个版本中，他想杀掉 Hine-nui-te-po 以取得其心脏。海因（Hine）将一切都淹没在自己的子宫中，但是不允许任何人再出去。因为对自己的伟大力量很自

---

① 吉尔，前揭，第 54 页。
② 吉尔，前揭，第 59 页。擎天之举，将父亲与母亲分开也同样必须解释为勃起。在被抛向空中之后，毛利在落下地面时化作一只小鸟（男性生殖器的象征）或者一根羽毛（魏斯特维尔特，前揭，第 71 页）。
③ 在佛罗里达州，一个女人是一个掌握玉手（Tamate）的秘密的人。科德林顿，前揭，第 76 页。
④ 吉尔，前揭，第 52 页。
⑤ 魏斯特维尔特，前揭，第 130、131 页。
⑥ 特纳，前揭，第 280 页。
⑦ 科德林顿，前揭，第 156 页。

信，毛利决意一试，但在尝试之前他严厉地告诫自己的鸟类朋友们不能笑。然后，他请求伟大的夜之母亲把自己吸入她的子宫。在他的头和肩膀刚刚进入的时候，Ruvaka 鸟笑了出来。这时黑夜母亲关闭了入口，毛利被切成两半死掉了。如果当时 Ruvaka 鸟没有笑的话，毛利就有可能喝到生命泉的水，那么人类也就会永生了。① 让我们再次注意一下毛利进入阴间的入口。我们可以确切地认为，这个入口象征着阴道，而同时流淌着生命泉的阴间则是其女性祖先或者祖母海因的子宫。在格雷（Grey）的叙述中，毛利是通过黑夜母亲的嘴进入②，虽然这极有可能是创作神话的人将入口"向上的位移"（displacement upwards）。在这个传说中，我们注意到翻译者只是用了一个委婉语。泰勒原封不动地引用了格雷的传说版本，但是他在一个注释中写道："我不得不对 G. 格雷表示感谢，因为与英语的翻译相比，他所给出的关于毛利进入 hine-nui-te-po 的子宫及被夹死在其大腿之间的翻译更加明晰，并且前后一致。"③ 如果毛利试图通过他的女祖先海因或者母亲的阴道寻找永生的秘密④，我们会发现，这与波拉克搜集（Pollack）的变体一致。在这个传说中，海因是毛利的妻子，她因为丈夫通奸而杀死了他。⑤ Hina-uri 是毛利的妻子，鲁普的姐姐⑥，但是既然我们知道鲁普就是毛利，那么姐姐（母亲）和妻子就应该是同一个人。如果我们可以如此明显地看出妻子、母亲和姐姐是同一个人，那么令毛利流芳的伟大成就，即他通过回到母体恢复青春，使得人类达到永生，这毫无疑问是乱伦。毛利试图安全通过的那块岩石，也就是产生自己的岩石。

在新西兰的一个传说中，毛利决意要窥探母亲的秘密，所以跟随她进入了阴间。他看见她拔起一簇草，然后就从地面上消失了。毛利这时化为一只鸽子，飞过山洞，然后在一棵圣树下看到了一群人。这棵树看起来像是夏威夷最早生长的那种树。他飞到那棵树上，摘下果子，并投向人群。这些人却向他扔石头，最后他允许来自父亲的一块石头击中他，这一击使得他落下地面，恢复了人

---

① R. 泰勒，《特·伊卡·阿·毛利或新西兰》（*Te ika a Maui or New Zealand*），1855，第 30、31 页。
② 格雷，前揭，第 57 页。
③ 泰勒，《原始文化》Ⅱ，1903，第 336 页。
④ 魏斯特维尔特，前揭，第 74、75 页。
⑤ J. S. 波拉克，《新西兰人的礼仪和习俗》（*Manners and Customs of the New-Zealander*），1840，第 15 页。
⑥ 魏斯特维尔特，前揭，第 105 页。在这个神话的一个变体中（同上，第 125 页）是毛利在寻找带走他妻子的怪兽。

形。① 通过比较我们知道，这个传说中的游戏是苦涩的欲望：对于毛利弑父，我们在多个传说中都会读到，但这次，当他试图进入母亲的"地下区域"时，他的父亲杀了他。因此，我们可以毫无疑问地确定这个事实："人类的首次悖命"（乱伦和弑杀父母）是死亡出现的原因之一。

这里，我们不得不提起这个神话的另外一个古怪的细节。洗礼仪式，即将小孩浸入水中，习俗上与重生和净化联系起来。这个仪式根源于对"生命之水"的信仰。这两者都可以理解为是对羊水的象征性重复。在这个传说中，毛利清楚地进入了母亲的子宫去找生命来源之水，这些水也因此给了他永生。这其实就是洗礼仪式的一个删减版。事实最终证明，这次行为对毛利是致命的。毛利的母亲在他出生时曾经赐福于他，并预言他将爬过女祖先家的房子门槛，从而避过死神的力量。但是，他却被父亲带去用水洗去罪恶。当仪式完成时，毛利的父亲突然震惊地想起他错误地跳过了浸礼仪式中祈祷的部分。他知道众神一定会以毛利之死来惩罚他。他感到了极端的恐惧和不安。② 我们或许会怀疑，他是否是真心地感到恐惧，并将他的错误归结于他想要除掉儿子的无意识意图，这是因为他不可能期望儿子"在水中重生"，无论这个表达是指仪式（洗礼）还是神话（生命之水）。我们之前所引用的另外一个新西兰的传说中有这样一个场景，在说到毛利是怎样被父亲的石头击落后③，接着说到父亲在洗礼仪式上所犯的错误，本来这两件事情被模糊地描述为无心之过，但是这两件事的母题又使得毛利父亲真正的意图清楚起来。这个神话其实在整体上非常一致：与毛利或者说人类争夺母亲的真正对手其实就是父亲。

因此，我们可以看出，去往阴间的行程象征着交媾，而山洞、大地或者裂开的岩石（灌木丛象征阴毛）则是象征着女性的阴道。④ 在子宫向宇宙的一次惊人喷射中⑤，地平线就成了进入自然母亲身体的入口。因此，毛利伟大的女先辈"在天地相接的远方剧烈地闪烁着"。⑥ 向上移动的阴道就是女祖先"巨大的鱼形开口"。鸟儿的笑声惊醒了她，她那锋利的黑曜石牙齿瞬间猛烈地合了起来，

---

① 魏斯特维尔特，前揭，第9页。
② 格雷，前揭，第22页。
③ 魏斯特维尔特，前揭，第9、10页。
④ 他也是石头帕帕魏茨·盖兰的丈夫，前揭，Ⅵ，第260页。
⑤ 参见罗海姆，《原始人和环境》（"Primitive Man and Environment"），载《国际精神分析杂志》Ⅱ（1921），第15页。
⑥ 格雷，前揭，第56页。

正处于中间的毛利被拦腰切成了两半。① 这位有着鱼形嘴巴的女神可能原本就是一条鱼，毛利探查的大地代表着他的妻子②，他还有一个叫作伊娜卡的姐姐，即鱼伊娜。③

有一组著名的约拿类型传说。主人公进入一只鲸鱼的体内后，不是点燃了一个火把，就是切下了鲸鱼的心脏。等他出来时，头光秃秃的，就像一个刚刚出生的婴儿。毛利想取得掌管永生法则的黑夜母亲的心脏。这个心脏是否指的就是火呢？明显如此，我们还记得之前讲过的神话中，火就被看作火神身体的一部分。在新西兰的一个传说版本中，存在三个毛利。最年少的毛利从 hine-nui-te-po 那里盗取果实，但是因为他手脚并用行走，肚子朝上就像一个阿图阿④（上帝），hine-nui-te-po 要求她的随从不能伤害毛利。第二个毛利是以人的身份过来，他被带到海因面前，"海因用力地将他夹死在自己的大腿之间"，这就是世界的第一次死亡。为了复仇，小毛利从海因身上盗走了火，而海因也因他引起的燃烧而死亡。⑤ 在汤加群岛上流传的传说中，海因娜（Hina）是"火行者"（fire walker）的守护女神。⑥ 为了得到生火的方法，毛利杀死了母亲海因娜的鸟儿 Mudhen。⑦ 我们不可避免地看出，毛利的两位女性祖先海因娜和马胡克（Mahuike）指的是同一个人。虽然人类最终获得了火，但是却没有获得永生的能力，所以毛利的这次历程，可以说一方面是成功了，另一方面却又失败了。阉割焦虑是俄狄浦斯情结在神经官能方面的表现，而毛利是在母亲的阴道间被夹死。在取火的神话中，母题反过来了，是毛利拔出了女神的指甲，这象征着阉割。当我们说毛利的鸽子不能顺利穿过隐藏火的奥秘岩石，它的尾巴还被岩石拔掉了时，这两个神话的一致性就很明显了。⑧ 在寻找这个神话的最初来源时，我们发现了一个具有孩子气的观念——逃亡即交媾，以及一个具有男性生

---

① 魏斯特维尔特，前揭，第 137 页。参读《阴道之齿》。
② C. 希伦，前揭，第 75 页。
③ 参见 L. 弗罗贝尼乌斯，《太阳神时代》，1904，第 60—79 页。大洋洲的神话，弗罗贝尼乌斯增加了神话中毛利的死的部分。但是他却没有解释以下三个重要细节的联系，这三个细节分别是鱼形的海因娜、取火事业和取心的母题。
④ 这种行走的方式似乎是婴儿期的爬行，但是很难解释肚子向上的意义。
⑤ E. 夏特兰（E. Shortland），《新西兰人的传统和迷信》(*Traditions and Superstitions of the New Zealanders*)，1854，第 45—46 页。魏茨，前揭，Ⅵ，第 258 页。
⑥ 魏斯特维尔特，前揭，第 169 页。《火中的海因》(*Hine of the Fire*)。
⑦ 同上，同上，第 27、65 页。
⑧ 吉尔，前揭，第 53 页。化身为鸽子的毛利进入阴间所通过的岩洞在开头很狭窄，但随后就逐渐宽阔起来。格雷，前揭，第 59 页。

殖器（女神锋利的指甲）的可怕母亲。具有摧毁力的火种藏在毛利的女祖先的最后一个脚趾甲底下，因为他坚持要得到火种，所以她用力将火种抛向地面，以至于整个大地都被点燃了。这时，她向毛利喊道："这下你得到它了吧！"毛利此时只得奋力逃命，但是火焰快速蔓延，眼看就要烧到他了，此时毛利化作一只苍鹰，但是火焰还是紧追不止。苍鹰这时又冲入一池水，但是却发现池水几乎沸腾，森林也燃烧起来了，苍鹰无处可藏；大地和海洋也燃烧起来了，眼看着毛利就要丧生火海了。情急之中，毛利向祖先求救，他们用雨水浇灭了大火，从而救了毛利一命。[1] 在这则神话的文本中，所有的因素都得到了体现；我们不能忘记，追逐毛利的女神是黑夜、死亡和睡眠之神，所以我们可以毫不犹豫地将此神话与因膀胱的憋胀感而产生的醒梦联系起来。如斯塔克（Stärcke）和冯·奥普森（Van Ophuijsen）将这位偏执的追击者解释为 skybalum 的拟人化形象[2]。同样，至少在某个方面来说，我们也可将追逐的女火神视为膀胱的象征。但是，兰克指出，在梦境之外，这个传说还有更深层次的意义[3]。这第二层意义是和无意识的乱伦渴望与憋尿联系起来的。这个解释和毛利想要进入其女祖先阴道的愿望几乎完全相同，同时它也将毛利所寻求的生命之水和火种联系起来。

乳汁和永生之果

　　天涯之旅也就是回家之旅。母马的乳汁其实就是指母亲的乳汁，而永生之果就是母亲的乳房。在一个俄罗斯民间传说中，重生之水从美女身体流了下来。"我听说，在三重第九之土第三十帝国有一位美丽的少女，从她的手上和脚上源源不断地流淌着生命之水，不论谁喝了这水，都会年轻三十岁。"但是，到那里英雄必须要经过三个渡口，越过三条宽阔的河流。在第一个渡口，英雄差点失

---

[1] G. 格雷，前揭，第48、49页。J. 怀特，《毛利古代史》（*Ancient History of the Maori*）Ⅱ，1887，第89、104页。

[2] 斯塔克，《国际精神分析杂志》Ⅴ，第185页。冯·奥普森，同上，Ⅵ，第71页。

[3] O. 兰克，《醒梦的象征》（"Die symbolschichtung im Wecktraum"），载《精神分析研究年鉴》（*Jahrbuch für Psychoanalytische Forschungen*）Ⅳ。

去了右手,在第二、第三个渡口分别是他的脚和头遇到危险。①

我们在前文已经提到,在世界最西端或者说在苹果园中守护永生之果的女孩们,她们的形象有时候又可以替代为一只巨龙或恐惧的象征。在关于毛利和 hine-nui-te-po 的神话中,巨龙、裂石和其他焦虑的象征都代表着阴道。另一方面,我们还可以看出苹果象征乳头,神的美食也就是乳汁,长生之果就是联系母亲和孩子的纽带。但是途中潜藏着重重危险,危险包括交媾、性欲和阴道。之后,对夏娃和智慧树、智慧果的紧密联系,以及与蛇的紧密联系,我们就不会感到吃惊了。在死亡起源的神话中,母亲(祖母)和蛇都可以蜕皮(重生)。夏娃或是 Havva 本身可能就象征着蛇,在腓尼基人的墓碑上往往雕刻着一位女神夏娃,她很可能是掌管阴间的神。② 夏娃和蛇的身份等同还涉及另外一个身份的等同,即夏娃和伊什塔尔的身份等同,她们都是作为伟大的蛇母亲(amau-

---

① J. 柯廷,《俄罗斯、西斯拉夫和马扎尔神话和传说》(*Myths and Folk-Tales of the Russians, Western Slavs and Magyars*),1890,第72、73页。参见《论民间传说的类型"宝物和美女"(赫斯佩里德斯)》。A·阿尔奈,《民间故事类型索引》,载《研究会通讯》(*Fellows Communications*),1910,第3页,类型550、551、707。《我们民间传说中的东方因素》["Solymossy. Keleti elemek népmeséinkben (Eastern elements in our folktales)"],《民族学》,1921。("母马的乳汁")波尔特、玻利夫卡(Bolte und Polivka),《格林童话研究》(*Ammerkungen zuden Kinder und Hausmärchen der Brüder Grimm*)Ⅰ,1913,第380—401、503—515页。I. A. 马库洛赫(I. A. Macculoch),《小说的童年期》(*The Childhood of Fiction*)第三章,1905,第52页。在罗马尼亚的一个神话中,主人公想要得到的是鸟的乳汁、拉米亚的镜子和"世上最佳的美女"。赛涅努(Sainenu),《罗马传说》(*Basmele Romane*),1895,第411页。在土耳其版本中也是鸟的乳汁。波尔特、玻利夫卡,前揭,第400页。在希腊神话中,鱼的乳汁恢复了国王的视力,而马尿却造成了相反的结果。J.G. 冯·哈恩(J. G. von Hahn),《希腊与阿尔巴尼亚童话》(*Griechische und albanische Märchen*),第198页。对心爱之物的寻找常常与焦虑相关联,体现在"会动的石头"。(这个联系的意义参见上述毛利的传说)"治愈和生命之水被保存在两座紧邻的高山中,但每天它们都会有几分钟分开。""他自己安全地离开,但是马的后腿却被夹在两个山峰之间而撕成了碎片。"在斯洛伐克的一个神话中,是一位母亲将儿子送到了有那两座山的地方,这个母亲想要谋杀自己的儿子。这其中的一座山在每天正午会分开,其中保存着生命之水,而另一座会在午夜的时候分开,其中保存着死亡之水。W. R. S. 拉尔斯顿(W. R. S. Ralston),《俄罗斯民间传说》(*Russian Folk-Tales*),1873,第235、236页。在俄罗斯的一则神话中,年轻的英雄必须到达"阴间","在那里,人们都是在黎明之前工作"。阿法涅夫耶夫-迈耶(Afanevjew-Meyer),《俄国民间童话》(*Russische Volksmärchen*)Ⅰ,1906,第230页。(参见"原初场景")在大多数的神话中提到的三个神物都是:(1)生命/青春之水,也就是乳汁,(2)金苹果,即母亲的乳房;(3)美女,即母亲。另外一个常见的是一个会唱歌的树枝或者可以演奏音乐的水果。一个病人说希望拥有所有的柔软和轻柔的东西,"会唱歌的牛奶",以此表达希望回到童年的愿望。在这里,音乐明显地意味着母子间的温馨情景。参见 L. 拉德马赫(L. Rademacher),《希腊神话研究》(*Das Jenseits im Mythos der Hellenen*),1903,第44页。参见《论天涯之旅》和《魔鬼的三根金发》类型。A·阿尔奈,前揭,类型460、461。波尔特与玻利夫卡,前揭,Ⅰ,第276—293页。R. 科勒(R. Köhler),《民歌与童话论文集》(*Aufsätze über Märchen und Volkslieder*),1894,第104页。罗海姆,《精神分析和民间传说》,载《国际精神分析杂志》Ⅲ。

② H. 格瑞斯曼,《天堂叙事的神话遗迹》,A. R. W. X.,第359页。H. 格瑞斯曼,《天堂传说》,1921,第36页

sumgal)①，迪尔（Dir）的蛇女神卡迪（Ka-Di）被叫作永生夫人。② 因此，如果赫斯佩里德斯姊妹、巨龙、金苹果都是母亲的象征，我们必须指出，在众多故事中获得长生之果或者公主的"童话"（Märchen）英雄，都是一位具有代表性的年轻人。

乌西诺（Usener）从词源学的角度解释了赫拉克勒斯。他认为赫拉克勒斯名字的最后一个音节是"微小"，所以他的名字就是"小英雄"③，孩子。他是一个迅速长大的英雄，还在摇篮时就杀死了由天后赫拉派来的两条蛇，后来还杀死了恶龙。④ 带回长生果后，赫拉克勒斯乘坐一辆火焰车升入天堂，迎娶青春女神赫柏（Hebe），她是天后赫拉的女儿和赫拉自己的复本。如果金苹果树确实是盖亚送给赫拉的结婚礼物，那么这一点就尤为重要了。⑤ 据乌西诺说，希腊人将赫拉克勒斯看作人的神性原型，"他通过创造奇迹充分展现了自己的力量，为自己赢得了天神般的权力"。⑥ 小英雄赫拉克勒斯战胜了所有的恐惧，在为母子关系获得幸福的斗争中赢得了不朽。

在位于耶路撒冷的耶和华神庙中，人们祭拜着一条叫作尼胡希坦（Nehushtan）的铜蛇。信奉该神的家族叫作利未人（Levites），即蛇之子。其实，在伊甸园神话中，耶和华是树和禁果的守护者，而果实只是夏娃的一个化身。也许在人类堕落的神话中，我们可以归纳出以下的神话形式，人之原型亚当，必须与有着蛇的形象的生育之神耶和华斗争，为赢得繁殖权、夏娃、苹果、树而斗争。值得注意的是，上帝给"选民"的最大恩赐是丰产。⑦ 上帝同时却又通过将人类驱逐出乐园的方式来惩罚交媾行为。但是，如果我们还记得耶和华是父亲伊亚，而亚当是儿子阿达帕，那么我们就可以理解上帝的这两个看似矛盾的做法了。在所谓"宗教"之约中，如果儿子能完成某些条件，父亲就会赋予儿子成长的特权。

---

① S. 兰登，《塔穆兹和伊什塔尔》，1914，第 114 页。

② 兰登，前揭，第 123 页。

③ 赫尔曼·乌西诺，《洪水故事》（Die Sintflutsagen），1899，第 61 页。

④ O. 格鲁坡（O. Gruppe），《希腊神话和宗教史》（Griechische Mythologie und Religionsgeschichte）I，1906，第 485 页。

⑤ O. 格鲁坡，前揭，第 472 页。

⑥ 赫尔曼·乌西诺，《洪水故事》，1899，第 63 页。

⑦ J. 戈尔德齐尔（J. Goldzieher），《希伯来神话》（Der Mythos bei den Hebräern），1876，第 211 页。鲍狄新，《阿都尼斯和艾斯蒙》，1911，第 325 页。格兰特·艾伦（Grant Allen），《宗教的进化》（The Evolution of Religion），1897。

口腔期的攻击欲

我们已经找到了永生果象征女性乳头的证据。如果我们顺着这个思路来理解，那么导致人类堕落以致失去永生特权的原罪只不过是一次完全单纯的行为，即婴儿吮吸母亲乳汁的行为。在拒绝这个看似荒谬的结论之前，我们要记住，根据精神分析方面的经验，这种看似矛盾的因素早在口腔期就已经存在了。婴儿吮吸乳汁的瞬间，他们得到了完全的幸福，但是他们与母亲的关系要么从一开始就是矛盾的，要么很快就变得矛盾了。攻击欲很可能是人类通过遗传而得到的一种特征，也可能是由环境产生的挫败感所导致的。我们可以假定，要么婴儿是天生的虐待狂，他希望通过摧毁母亲的身体来占有她，要么是由于婴儿不可避免地要暂时放开吮吸母亲的乳头而产生这种行为。假如是这样的话，我们应该将人类攻击欲归因于婴儿期所遭受的首次来自非我的拒绝，这次拒绝给自恋的婴儿在精神上造成了很大的创伤。

分离的创伤

这是与母亲分离所造成的创伤，即使我们认同物种起源学说提出的遗传得来的攻击性，我们还必须突出分离在这种矛盾的攻击性成分中所起的推动作用。在关于人类的堕落或死亡起源的原始神话中，它们将人类的这种状态的转变归咎于人类自身的攻击性冲动。遵循这个视角来看待《创世记》的叙述，我们会发现，被当作灾难的分离母题是这个神话中的一个明显的要素。这个分离和聚合的要素是犹太教的一个显著特征。"罪，疏离，赎罪接近了。在犹太教的神学中，罪被看作是邪恶的倾向（the Yester Ha-ra）战胜了善良的倾向（the Yetser hatob）。"[①]如果我们还记得在《旧约》中，果实是孩子的一种比喻，我们就会接受兰克的解释了，他将摘苹果视为女子的分娩创伤，或者更谨慎地将其看作是分离所造成的创伤[②]（也就是，离开母亲的身体或是母亲的乳头）。这个神话以分离收尾，即人类被赶出了伊甸园。

耶和华神说：那人已经与我们相似，能知道善恶。现在恐怕他伸
手又摘生命树的果子吃，就永远活着。耶和华神便打发他出伊甸园去，

---

① 亚伯拉罕，《犹太教》（*Judaism*），1910，第46页。
② O. 兰克，《分娩创伤》（*Das Trauma der Geburt*），1924，第108、109页。

耕种他所自出之土。于是把他赶出去了。又在伊甸园的东边安设基路伯，和四面转动发火焰的剑，要把守生命树的道路。（创3：22—24）

与母亲分离和聚合的要素也在以下的句子中得到了暗示，因为亚当造自泥土，所以他最终要回归大地母亲的怀抱。如果我们记得，人死后，灵魂回到了伊甸园，回到了天堂，伊甸园在女人的梦里获得象征，人死后何去何从的意思就显明了。① 在人类堕落的故事之前，就有了怎样造第一个女人的叙述。

耶和华神使他沉睡，他就睡了；于是取下他的一条肋骨，又把肉合起来。耶和华神就用那人身上所取的肋骨造成一个女人，领她到那人跟前。那人说：这是我骨中的骨，肉中的肉，可以称她为女人，因为他是从男人身上取出来的。因此，人要离开父母与妻子联合，二人成为一体。当时夫妻二人赤身露体并不羞耻。（创2：22—25）

这些句子在逻辑上有缺陷，但是它们的意义对于心理学研究者来说非常明显。女人并非取自男人，相反，男人是女人生的。因此，这段叙述远非"入赘"（matrilocality）婚俗的证据，相反地，这段话明显是想证明男人相对于女人的优越性。因此这种倒置，即女人来自男人，而不是男人来自于女人。这段关于男人离开父母，与女人结合的叙述并不能证明有"入赘"婚俗的群体的存在，确实我们没有理由认为它与家庭位置（locality）有任何关系。女人生出来的男人因为出生而与母亲分离，因此，他们与母亲形象的替代者——妻子相结合。"子宫之果"从树上摘下来，人类被逐出了婴幼期的乐园。这个惩罚解释了以下的行为，女人从此必须经历生产的痛苦，并且在人死后，灵魂会升入天堂，身体会回归大地母亲。所有这些神话的一个共同特征是，关于发生在远古时期的那次变化，人类将其视为堕落。亚当所经受的惩罚明显地表明这个变化包含着成长，甚至对这个神话的一个肤浅的分析也表明，性成熟被视为一种不幸，它剥夺了婴幼期的快乐。人类堕落的另外一个原因是其攻击性的冲动，或者说冲突、背叛。人类个体发育中的这两种趋向呈现了乱伦的欲望和父子之间的冲突，也就是俄狄浦斯情结。关于死亡是怎样降临到世界上的解释其实就是对于死亡和焦虑的恐惧的解释。一方面，女人或者说母亲以一些令人焦虑的形象出现（蛇）；另一方面，她们又是以滚石（阴道），一种纯粹的乐趣实现（苹果、乐园、乳房）象征。曾经享有的福祉被焦虑所玷污，成熟不仅仅是一种简单的生理现象，它还是一种不幸，或者说就像我们将会在以下的引文中看到的，成熟

---

① L. 利维，《圣经伊甸园中的生殖象征》，《意象》V，第23页。

是一项非常困难的成就。忍受变化非常困难。离开乐园之后，接下来就注定与一个新的母亲符号结合，注定与被开垦的土地结合。

L. 形象分析

一位接受我的精神分析的志愿者，一位正统的犹太教徒 L. 叙述了自己的这样一个梦：

> 河上有一大一小两个木筏。河流的一部分是水，另一部分是一种黏稠的乳。我和弟弟站在较大的木筏上。看起来，那个小木筏似乎也是在这个大木筏上的。弟弟从大筏子上走到小筏子上。弟弟和我开了一个玩笑，突然我掉进了河水，正好处在水和乳汁状液体的分界处。这就意味着如果我在向有水的一面移动一下的话，我就会被淹没，而那些乳汁状的液体非常黏稠，人不会沉下去。弟弟在嘲笑我，但是我设法抓住了一根长杆子然后抓住了大木筏。这时，我坐在大木筏上，用那根杆子向下游划去。弟弟乘坐小木筏跟了上来，但是他却突然消失了。我成功地驾驶着木筏穿行于一群小岛之间并且成功地驶向一个特别的小岛。这个小岛上满是树，由插入泥土的树枝做成的篱笆围起来的橡树。不知怎的，我意识到这些篱笆代表着长满毛发的耻骨，它们被放在那儿是为了遮住橡树的私处。在树干上，被挡住了一部分的一个阴茎可以被看到。起初，我还不确定那是一个男性的还是女性的生殖器。然后，当我四处走动后发现是一个很明显的男性生殖器，最后我看到了最大一棵树的最大的一个阴茎。它就是亚舍拉。① 我知道它是上帝。

那些乳汁状液体就是母乳，而两种液体代表了他生命中的两次分离所造成的创伤。出现于水中象征着出生，离开乳汁状液体象征着断奶。当他的母亲再次怀上他的弟弟时，他被迫断奶，这也是弟弟将他逼下大木筏的象征意义，即他与母亲分离。放在大木筏上的小木筏象征着子宫里的胚胎。长杆子象征着男性生殖器，再次抓住大木筏象征着与妻子的结合，妻子是母亲的替代。随后，他顺着生命之流往下游航行，（克服了对交媾的恐惧）直到他到达所有欲望的目

---

① 关于亚舍拉，参见罗伯逊·史密斯，《闪族的宗教讲座》（*Lectures on the Religion of the Semites*），1907，第187—189页。

标，抚平了分离的创伤。因为他把那个岛视为伊甸园，并把树视为生命之树。但是，那棵树也是他自己的身体的象征，有着同样的男性生殖器。亚舍拉是母亲的象征，她和有着男性生殖器的亚舍拉树看起来是一对共生的夫妻。这个联系让我们想到了犹太勇士基甸，他砍倒了父亲的亚舍拉树，也就好似侵犯了母亲。那棵橡树让他想起了位于幔利平原（Mamre）的那棵橡树，亚伯拉罕曾经在割礼之后，因为生殖器的疼痛而坐在这棵橡树下休息。在这里，他还见到了前来拜访的天使，天使赐予撒拉一个儿子，就是亚伯拉罕。他的分析是一个成年礼，或者说是进入青春期的一种仪式，是从童年时期向成熟时期的转换。这样，这个梦从与母亲的分离开始并且讲述了成长的问题。但是，从本我（Id）的角度来说，生命的目标总是要回到伊甸园。

参 考 书 目

Arlow, Jacob A. "Ego Psychology and the Study of Mythology." *Journal of the American Psychoanalytic Association* 9 (July 1961): 371-93. Reprinted with the permission of International Universities Press, Inc.

Boyer, L. Bryce. "Mythology, Folklore, and Psychoanalysis." In Benjamin B. Wolman, ed., *International Encyclopedia of Psychiatry, Psychology, Psychoanalysis, and Neurology*, Vol. 7 (New York: Aesculapius Publishers and Van Nostrand, 1977): 423-29.

Campbell, Joseph. "The Symbol without Meaning." *Eranos-Jahrbüch* 26 (1957): 415-75. Reprinted with the permission of Scandinavian University Press.

Carroll, Michael P. "The Rolling Head: Towards a Revitalized Psychoanalytic Perspective on Myth." *Journal of Psychoanalytic Anthropology* 5 (Winter 1982): 29-56. Reprinted with the permission of the Association for Psychohistory, Inc.

Cheney, Clarence O. "The Psychology of Mythology." *Psychiatric Quarterly* 1 (April 1927): 198-209. Reprinted with the permission of Human Sciences Press, Inc.

Drake, Carlos C. "Jung and His Critics." *Journal of American Folklore* 80 (October-December 1967): 321-33. Reproduced with permission of the American Folklore Society. Not for further reproduction.

Dundes, Alan. "Earth-Diver: Creation of the Mythopoeic Male." *American Anthropologist* 64 (October 1962): 1032-51. Reprinted with the permission of the American Anthropological Association. Not for sale or further reproduction.

Freud, Sigmund. "The Material and Sources of Dreams: Typical Dreams." Excerpted from *The Interpretation of Dreams by Sigmund Freud* (New York: Avon, 1965): 294-300. Published in the United States by Basic Books, Inc., 1956, by arrangement with George Allen & Unwin, Ltd., and the Hogarth Press, Ltd. Reprinted by permission of Basic Books, a division of Harper Collins Publishers, Inc. and Routledge.

Herskovits, Melville and Frances. "Sibling Rivalry, the Oedipus Complex, and Myth." *Journal of American Folklore* 71 (January-March 1958): 1 – 15. Reproduced with permission of the American Folklore Society. Not for further reproduction.

Hudson, Wilson M. "Jung on Myth and the Mythic." In Wilson M. Hudson, ed., *The Sunny Slopes of Long Ago* (Dallas: Southern Methodist University Press, 1966) *Texas Folklore Society Publication*, No. 33 (1966): 181 – 97. Reprinted with the permission of Southern Methodist University Press.

Jung, C. G. "The Psychology of the Child Archetype." In C. G. Jung, *The Archetypes and the Collective Unconscious*, Vol. 9, pt. 1, 2nd ed. (London: Routledge & Kegan Paul, Ltd., 1959): 151 – 81. Reprinted with the permission of Princeton University Press & Routledge.

La Barre, Weston. "Folklore and Psychology." *Journal of American Folklore* 61 (October-December 1948): 382 – 90. Reproduced with permission of the American Folklore Society. Not for further reproduction.

Levin, A. J. "The Oedipus Myth in History and Psychiatry: A New Interpretation." *Psychiatry* 11 (August 1948): 283 – 99. Reprinted with the permission of Guilford Publications.

Malinowski, Bronislaw. "Complex and Myth in Mother-Right." *Psyche* 5 (1925): 194 – 216.

Neumann, Erich. "Introduction." In Erich Neumann, *The Origins and History of Consciousness* (London: Routledge & Kegan Paul Ltd., 1954): xv – xxiv. Reprinted with the permission of Princeton University Press.

Rank, Otto and Hanns Sachs. "Investigation of Myths and Legends." In Otto Rank and Hanns Sachs, *The Significance of Psychoanalysis for the Mental Sciences* (New York: The Nervous and Mental Disease Publishing, 1916) Monograph Series No. 23: 27 – 66.

Róheim, Géza. "The Garden of Eden." *Psychoanalytic Review* 27 (January 1940): pt. 1, 1 – 26; (April 1940): pt. 2, 177 – 99. Reprinted with the permission of Guilford Publications, Inc.

译 后 记

《心理学与神话》的主编为罗伯特·A.西格尔教授。罗伯特·A.西格尔现执教于英国著名学府阿伯丁大学。罗伯特·A.西格尔长期致力于宗教研究与神话研究，目前已出版了六部著作，包括《约瑟夫·坎贝尔引论》（Joseph Campbell: An Introduction, 1990）、《神话的理论化》（Theorizing about Myth, 1999）、《神话密钥》（Myth: A Very Short Introduction）等。迄今为止，他已编纂了十五部书，其中包括"神话理论"丛书（Theories of Myth: A Reference Set, 1996）、《神话与仪式理论》（The Myth and Ritual Theory, 1998）、《荣格论神话》（Jung on Mythology, 1998）、《英雄神话读本》（Hero Myths: A Reader, 2000）、《布拉克威尔宗教研究指南》（The Blackwell Companion to the Study of Religion, 2006）等。

"神话理论"丛书共六卷，《心理学与神话》为其第一卷。《心理学与神话》一书汇集了弗洛伊德、荣格、马林诺夫斯基、约瑟夫·坎贝尔、阿兰·邓迪斯等学术大家论析神话的重要篇章。纵观20世纪欧美学界神话研究史，神话的心理学研究硕果累累。其中，弗洛伊德与荣格二人的学说最具学术影响力。荣格是弗洛伊德的学生，但因学术观点分歧，最终与弗洛伊德分道扬镳。弗洛伊德的学说被称为"精神分析学"，荣格的学说被称为"分析心理学"。

在本书中，读者首先可以领略到具有精神分析学色彩的神话解读。雅各布·A.阿尔罗用自我心理学解释神话的社会功用，他认为神话有助于个体认同和超我的形成，神话有助于个体的社会化。弗洛伊德用弑父恋母情结解读俄狄浦斯神话。受弗洛伊德启发，奥托·兰克用本能冲动满足解释格林童话第60篇、埃及兄弟故事、奥西里斯神话等文本。吉沙·罗海姆将《圣经·创世记》记载的失乐园故事解释为亚当与父亲（上帝）争斗及与母亲（夏娃）交媾，失乐园意味着与母亲分离。阿兰·邓迪斯认为北美潜水捞泥者神话存在着两个观念前提，一是排泄生殖理论，二是男性的怀孕嫉妒。迈克尔·P.卡罗尔同意邓迪斯的第一条假设，但却不同意以"男性怀孕嫉妒说"解释潜水捞泥者神话。他认为潜水捞泥者神话中大量动物因捞泥死亡，这一点也可以用泄殖腔生殖焦虑解释。卡罗尔还分析了北美广泛流传的"滚动的头颅"传说，他发现"妻子之头"故事分布最为广泛，它较为直接地反映了阉割焦虑。

在本书中，读者还可以领略到具有分析心理学色彩的神话解读。荣格在《儿童原型心理学》一文中指出儿童原型的性质、特点与功能。埃利希·诺伊曼是荣格的学生，他在《〈意识的起源与历史〉导言》中指出，神话体现了集体心理的演进，个体的心理发展又会依循集体心理的演进路线。在题为《无义之象》的演讲中，约瑟夫·坎贝尔试图探寻古老文化的心理学内涵。坎贝尔认为瑜伽修行的最高境界是关于绝对不可知的世界的体验，是关于无义之义的体验，而现代人需要有勇气探索这一世界。

任何一种学术观点，不可避免地存在着学术争议与学术修正。弗洛伊德的"俄狄浦斯情结"学说就存在着学术争议。A. J. 列文指出，弗洛伊德所引用的戏剧《俄狄浦斯王》出自索福克勒斯之手，这仅仅是俄狄浦斯传说众多版本中的一个，而且弗洛伊德的分析很少涉及幼年俄狄浦斯遭受遗弃所带来的心理影响。马林诺夫斯基则通过分析特罗布里恩群岛神话探讨母权社会的心理情结，这算是对弗洛伊德弑父恋母说的一种修正。荣格也未能幸免于批评。韦斯登·拉巴在《民俗与心理学》一文中批评荣格的"原型"概念具有"种族神秘主义"与"民族中心主义"色彩，赫斯科维茨夫妇在《达荷美人的叙事》一书中也批评了荣格。卡洛斯·德雷克在《荣格及其批评者》一文中则为荣格展开了辩护。

或许，学术就是在不断争鸣中日益进步的。当然，学术也是在不断实践中进步的。心理学具有非常浓的实践性色彩。仅荣格学派的神话研究就衍生了童话治疗、沙盘疗法、内在小孩疗法等各种治疗方法。西方心理学理论的有效性最终需要中国本土学者在实践中检验一番。

佛经云：如人说食，终不能饱。学问之道，贵在深入其内，出乎其外，又贵在明辨慎思，深造自得。《心理学与神话》一书的真味终需读者亲自品尝，自己做出评断。希望读者能在精神世界大胆与学术大家对话，成为更好的自己。高高山顶立，深深海底行。

本书由我与西安外国语大学神话学翻译小组共同翻译。叶舒宪教授在西安外国语大学开设"比较神话学"课程时组织了神话学翻译小组，其成员包括张宝龙、李亚伟、霍毅、冯军庆、宋耀春、姚丽梅、袁芳、张婧、李品、贺芸、荆慧雅、王新文、刘佳、田豆豆、张蕾、王涛、杨盈、苏永锋等。西安外国语大学高级翻译学院张旭负责分工和初步统稿，程斐、伍雪菲、郑永堂负责组织协调。上海交通大学人文学院胡建升老师负责校译工作。湖北民族大学张洪友老师审读了译稿，提出了宝贵建议。还有一些朋友在翻译与出版工作中提供了帮助，恕不一一列举名字了。在此衷心感谢各位的辛勤付出！

翻译是一件苦乐参半的事。艺无止境，译无止境。为了提升译作质量，译者几易其稿，字斟句酌，煞费苦心。虽然如此，译作仍可能存在着一些未尽之处，还望读者不吝赐正。

陈金星
2019 年 8 月